| 2판 |

사회복지조사론의 이해

Research Methods in Social Welfare

유영준 저

학지사

2판 머리말

『사회복지조사론의 이해』는 사회복지 지식 창출을 위한 과학적 연구방법론과 구체적 연구방법을 정리하기 위해 쓰인 책이다. 굳이 머리말에서 연구방법론과 연구방법을 구분하여 언급한 이유는 연구방법론이 지향하는 관점과 연구 패러다임에 따라 연구방법은 다양한 차이를 보이기 때문이다. 이러한 의미에서 이 책은 조사절차나 방법을 다루는 연구방법에 치중하고 있으며, 내용 또한 양적연구방법이 주를 이루고 있다.

책의 구성에 대해 변명을 하자면, 연구방법론을 심층적으로 다루기에는 저자의 과학철학이나 연구 패러다임에 대한 지식이 일천하기도 하거니와 이 책에 질적연구를 총괄적으로 다루기에는 학부 수준에서 수업운영이 어려울 수 있다는 생각도 일리가 있었다는 점을 지적하고 싶다. 또한 한국사회복지교육협의회가 제시한 교과목 지침서에 따라 차례를 구성하다 보니 사회복지조사론을 다룬 다른 책과 크게 다르지 않다. 2판의 내용은 기존 내용의 일부를 수정하였고, 연구윤리와 관련된 내용을 추가하는 것으로 마무리하였다.

한편, 사회복지와 관련된 연구뿐만 아니라 자연과학과 사회과학을 연구하는 방법에는 일정한 과정이 있다. 사회복지조사에서 일련의 과정과 절차를 강조하는 이유는 이러한 절차나 방법을 거쳐 생산된 지식이 재생 가능한 과학적 지식이라고 주장할 수 있기 때문이다. 그럼에도 불구하고, 사회복지 실천현장에서 필요한 지식들은 과학적 절차나 방법에 따른 지식으로만 구축되는 것은 아니다. 오히려 지식의 위계 측면에서 보면 다양한 암묵지와 현장에서 체득되는 실천 지혜야말로 가장 높은 수준의 지식이라고 할 수 있다. 그러나 이러한 유형의 지식들은 과학적 지식을 창출하는 절차나 방법을 적용할 수 없는 지식들이고, 타인과 공유가 어려우며, 소위 말하는 객관성을 담보한 표준화된 지식으로 제시하기가 어려운 지식들이다. 추후 이러한 지식들도 체계적으로 창출하고 공유할 수 있는 연구방법들이 제시되기를 기원해 본다.

사회복지 현장에 종사하고 있는 사회복지사나 앞으로 실천현장에 진출할 예비 사회복지사들은 다양한 연구방법을 학습하고 이를 실천현장에서 활용할 수 있어야 한다. 그러나 더욱 중요한 것은 자신의 실천과정을 되돌아보고, 실천가로서 책임과 의무를 다하고 있는지 끊임없이 스스로를 점검하는 것이다. 여기에는 사회복지교육을 통해 배워 왔던 이론들과 실천방법론이 인간과 사회환경을 이전보다 긍정적으로 변화시켰는지를 확인하는 일이 요청된다. 그렇다면 이러한 성과들을 어떻게 보여 줄 것이며, 사회복지 실천의 성과를 무엇으로 보여 줄 것인가를 결정해야 한다. 또한 사회복지사는 자신이 보여 주어야 하는 지식들이 타당한 방법을 통해 산출된 것이고, 타인에게 설득력 있게 제시될 수 있도록 해야 할 것이다. 우리가 사회복지조사론을 공부하는 근본적인 이유가 바로 이것 때문이 아닐까 생각해 본다.

마지막으로, 모든 지식은 인식 주체의 신념에서부터 출발한다는 점을 되새겨 본다. 사회복지조사론도 사회복지사로서 믿고 있는 신념들과 지식들이 과연 사회복지 전문직에 근거할 때 타당한 지식들인가를 묻고 해답을 찾는 데 도움이 되어야 할 것이다. 우리는 잘못된 신념이 자기 자신과 타인에게 해를 입힐 수 있고, 인간을 통제하는 수단으로 활용될 수 있다는 점을 명심할 필요가 있다. 사회복지조사론은 사회복지 실천가의 지식체계를 구축하는 신빙성 있는 방법론과 방법들을 제시하고, 기본적인 연구윤리를 제시할 수 있어야 할 것이다. 이 책에서 다루고 있는 연구방법과 연구방법론은 새로운 지식을 창출하는 방법의 일부만을 제시하고 있을 뿐이지만 사회복지 지식을 새롭게 구축해 가는 이들에게 조그마한 도움이 되기를 소망해 본다.

1판 머리말

사회복지는 우리 사회에 존재하는 다양한 사회문제를 국가나 지역사회가 해결하려는 사회적 노력의 산물이다. 사회복지 주체는 정부나 지방자치단체, 민간 차원 등 다양할 수 있으나 사회적으로 위임을 받은 책무에 대해 적절한 평가가 이루어져야 한다는 점은 공히 요청되는 사안이다. 이에 앞서 사회복지는 전문직을 수행하는 데 필요한 고유한 지식체계를 창출하기 위한 연구방법론을 필요로 한다. 나아가 사회복지 주체는 사회복지의 필요성이나 사회문제의 심각성, 사회복지실천의 효과성을 보여 줄 수 있는 구체적인 연구방법론을 활용할 수 있어야 한다. 따라서 연구방법론에 대한 체계적인 학습은 사회복지를 연구하는 이론가뿐만 아니라 실천현장에 종사하는 실천가들에게도 요청되는 사안이기도 하다.

이 책은 사회복지 실천현장에 종사하는 실천가나 예비사회복지사에게 연구방법론의 역사를 간략하게 소개하고, 실천현장에서 활용할 수 있는 구체적인 연구방법들을 제시하고 있다. 이 책이 갖는 첫 번째 특징은 사회복지 실천현장에서 다양하게 활용할 수 있는 연구방법을 소개하면서, 이를 자료분석과 연결 짓기 위한 시도를 하였다는 점이다. 이를 위해 여기에서는 양적연구 분석을 위한 통계 프로그램 실행과정과 질적연구에서의 자료분석과정을 제시하고 있다.

이 책이 갖는 두 번째 특징은 기존의 사회복지 조사방법론이 주로 실증주의를 기반으로 한 양적연구를 중심으로 기술되었다면, 이 책은 다양한 비판을 담으려고 노력하였다는 것이다. 특히 사회복지 연구방법은 사회복지 지식을 창출하는 구체적인 방법을 포함하기 때문에 실증주의 연구 패러다임이 안고 있는 가치중립성을 비판하면서 이에 대한 대안을 제시하려고 노력하였다.

이 책의 세 번째 특징은 사회복지를 공부하고 있는 예비사회복지사뿐만 아니라 사회복지 실천현장에 종사하고 있는 실천가가 직접 활용할 수 있도록 연구방법을 과정중심으로 기술하고자 했다는 점이다. 이를 위해 지역사회 욕구조사나 포커스 그룹의 활용방안 등 실제 분석 사례를 가능한 한 다양하게 제시하고자 노력하였다.

책을 마무리하면서 여전히 부족한 점이 있음을 지적하지 않을 수 없다. 그러나 사회복지 실천현장에 종사하는 실천가들이 이 책을 활용하여 자신의 실천결과를 다양한 방향으로 제시할 수 있는 방법을 찾을 수 있기를 기대해 본다. 또한 사회복지 실천현장과 연구방법론이 갖는 현실적 간극을 조금이나마 줄이는 데 기여할 수 있기를 소망해 본다.

차례

제2부 사회조사의 과정과 조사설계

제4부 질적연구방법

제5부 보고서 작성과 연구윤리

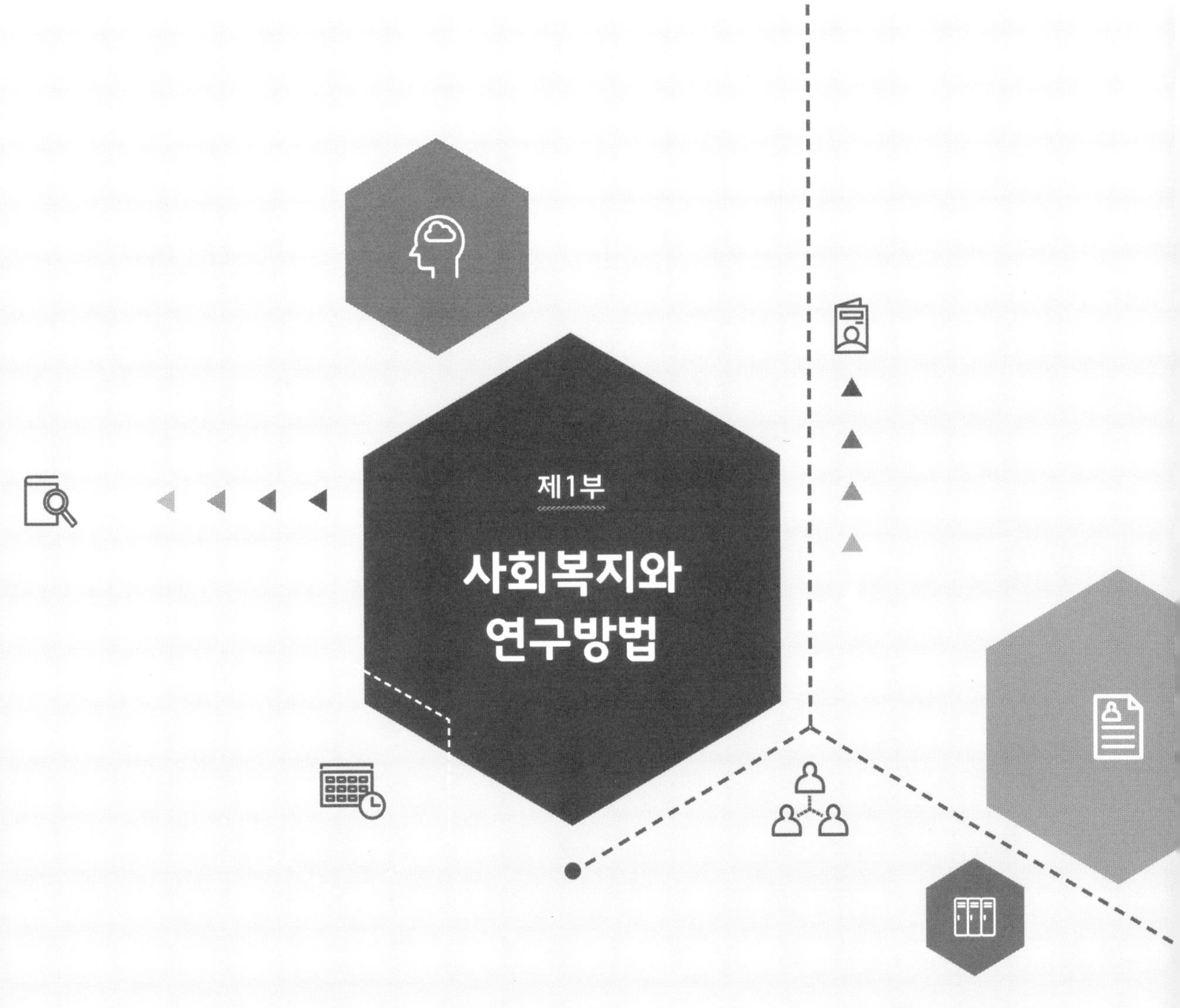

제1부 사회복지와 연구방법

제1장

과학의 의미와 과학적 지식의 특징

1. 실증주의의 발전과 한계

1) 실증주의의 등장

과학(science)이라는 용어는 우리 사회에서 널리 유통되고 있는 일상적 언어가 되었다. 그러나 과학에 대한 개념을 명확하게 정의하는 것은 쉽지 않은 작업이다. 과학에 대한 개념은 과학철학의 역사에서 끊임없는 논쟁을 불러일으키는 주제이기도 하다. 과학철학의 역사는 과학이란 무엇이며, 비과학적인 것과 구분할 수 있는 기준들을 확립하려는 시도였다고 해도 과언이 아니다. 이렇듯 과학에 대한 정의는 인식론적 입장과 과학철학의 역사 안에서 지속적으로 변화해 왔으며, 인간 세계를 구성하고 있는 세계를 어떻게 바라볼 것인가에 따라 서로 다른 개념으로 정의할 수 있다.

과학이 지닌 다양한 개념적 정의가 있지만, 과학은 인간과 자연 세계의 진리, 본질, 본성 또는 법칙을 찾아내기 위한 논리적 · 체계적 방법 또는 그러한 방법으로 얻게 된 지식을 의미한다. 따라서 과학은 지식을 창출하는 방법 자체를 말하고, 동시에 특정한 연구 방법과 절차를 통해 획득된 지식 자체를 뜻한다(김환준, 2004).

과학은 지식과 관련된 라틴어의 '사이어(scire)'라는 단어에 뿌리를 두고 있으며, 이 용어의 의미는 인간이 자신이 속한 세상에 대한 '앎(knowing)'을 뜻하는 것이었다. 그러나 과학은 인간의 신념이나 개인의 의견과 달리 정당성을 확보한 엄격한 의미의 지식(knowledge)을 뜻한다. 특히 단순한 개인의 신념이나 의견은 독사(doxa, 의견)로 칭하였고, 타당성을 확보한 지식은 에피스테메(episteme)로 구별하였다(Polkinghorne, 1983). 따라서 과학은 '지식' 혹은 '앎'이라는 용어와 근본적으로 동일한 어원에서 출발하고 있으나, 단순한 개인의 신념이나 의견과는 달리 '정당성을 확보한 지식'으로서 엄격성을 내포하고 있다. 과학철학의 중요한 관심도 새로운 지식의 발견보다는 지식의 정당성을 어떻게 확보할 수 있는가에 초점이 맞추어져 있다.

오늘날 과학에 대한 무한한 신뢰는 과학적 지식이 우리 세계를 가장 잘 설명할 수 있으며, 과학이 발전할수록 인간이 경험하는 다양한 문제를 해결할 수 있을 것이라는 낙관론에 이르게 한다. 과학에 대한 신뢰와 낙관론적 세계관이 설득력을 얻게 된 결정적인 계기는 중세의 종말과 함께 17세기에 등장한 갈릴레이(Galileo Galilei), 뉴턴(Isaac Newton) 등 자연과학자의 눈부신 활약이다. 우리가 흔히 사용하는 과학의 의미가 자연과학과 거의 동일한 의미로 사용되어 온 것은 결코 우연이 아니다. 그러나 자연과학의 발전은 고대 그리스 시대부터 중세까지 이어져 왔던 아리스토텔레스(Aristoteles)의 목적론적 세계관[1]을 변화시키는 패러다임의 전환을 초래했다. 자연과학자들은 천문학과 역학 등의 분야에서 전통적인 목적론(teleology)

1) 아리스토텔레스(BC 384~BC 322)의 목적론적 세계관은 인간의 행위, 역사적 현상, 우주의 현상 따위를 목적론으로 설명하려는 세계관으로서, 자연이란 각각의 실체들이 자기실현 및 주어진 본질의 한계 내에서 최대한 자기완성을 추구하려고 한다는 점에서 근대 과학자들이 주장한 기계론적 세계관과 차이를 보인다.

적 세계관을 거부하면서 기계론(mechanism)적 세계관에 기반을 둔 근대 과학을 탄생시켰다. 기계론적 세계관은 세상 모든 것을 인과관계의 산물로 보는 입장이며, 형이상학적 요소를 배제하고 모든 현상을 물질과 운동에 의해 설명한다. 따라서 자연과학은 관찰 가능하고 수학적 방법으로 측정 및 탐구할 수 있는 내용으로 과학의 대상을 축소하였다. 관찰과 실험에서 얻어진 권위 있는 지식과 의심할 수 없는 수학적 공리를 통해 지식의 확실성을 담보할 수 있는 근거를 찾고자 한 것이다. 이와 같이 자연과학의 발전은 중세의 '신의 섭리'와 같은 초역사적인 목표, 본질 등에 대한 사고에서 벗어나 세계를 원인과 결과의 관계로 보는 인과론적 사고가 지배하는 세상으로 변화시키는 계기를 제공했다(김희용, 2009).

한편, 과학은 연구의 대상에 따라 구분할 수 있는데, 우선 자연현상을 연구하고 자연현상의 일관된 법칙 발견을 목적으로 하는 자연과학과 인간행위와 사회현상을 연구하는 사회과학으로 구분할 수 있다. 사회과학과 자연과학을 연구대상과 연구방법의 특성, 연구자의 태도를 중심으로 비교하면 〈표 1-1〉과 같이 요약할 수 있다.

표 1-1 사회과학과 자연과학의 비교

	사회과학	자연과학
연구대상의 특성	• 인간의 자유의지와 사회현실의 불확실성 • 인간행위는 복잡하고 가변적이며 불규칙적임	• 자연과학은 물질적 · 자연적 세계 연구
연구방법의 특성	• 사회과학은 개별화가 중요한 방법 • 사회현상은 인간들이 가지는 의미로 구성(해석학적 전통) • 사회현실은 규범적인 것이며, 이해의 방법 사용	• 자연과학의 연구대상은 물질적이기 때문에 복잡한 현상이라도 작은 단위로 나누어 실험이 가능하다고 봄
연구자의 태도	• 자료수집 단계를 제외하고, 가설 설정과 연구결과 해석 및 평가, 적용 등에서 가치중립이 힘듦	• 자연과학은 가치중립적 태도

사회과학은 어디까지나 자연과학의 발전과 함께 탄생했다는 점에서 유의할 필요가 있으며, 사회과학을 연구하는 적절한 방법을 찾기 위한 기나긴 논쟁들이 있었다는 점을 기억할 필요가 있다. 이 논쟁의 핵심은 사회과학을 연구하는 방법론에 있으며, 사회과학에 자연과학을 연구하는 것과 동일한 방법을 적용해도 좋은가에 관한 것이었다. 그러나 인간행위와 사회현상을 연구하는 사회과학은 자연과학에서 사용하는 연구방법을 적용하는 데 여러 가지 어려움에 봉착한다. 예를 들어, 자연과학은 연구대상이 시간 변화와 다소 무관하거나 혹은 법칙이 성립할 경우 충분히 예측 가능하다. 또한 실험과정에서 중요 변인에 영향을 미칠 수 있는 다양한 외적 요소를 엄격하게 통제하기가 비교적 용이하다. 그러나 인간행위를 연구하는 사회과학은 인간과 사회를 대상으로 하기 때문에 객관적이고 보편적인 지식을 탐구하고 발견하는 데 여러 가지 어려움이 발생한다. 이는 인간의 내면세계는 관찰 자체가 어렵고, 설령 객관적 관찰이 가능하다 하더라도 인간의 자유의지를 이해해야 하는 난점이 있다. 또한 객관성을 담보하기 위해 배제해야 할 연구자의 가치판단은 사회과학을 연구하는 과정에서 지속적인 영향을 미칠 수 있다.

한편, 자연과학의 눈부신 발전과 함께 베이컨(F. Bacon), 홉스(T. Hobbes), 밀(J. Mill), 로크(J. Locke) 등 16~17세기 경험론(empiricism)을 이끌었던 이들은 실험과 관찰 등 자연현상을 연구하는 방법과 동일한 방법을 통해 사회현상을 설명할 수 있으며, 직접적인 관찰이 어렵지만 사회과학도 자연과학과 같이 보편적인 법칙을 발견할 수 있다고 믿었다. 이러한 초기 경험론자의 사상은 근대에 이르러 19세기 콩트(A. Comte)의 실증주의(positivism)와 1920년대에 비엔나학파(Vienna Circle)의 논리실증주의(logical positivism)에 영향을 미쳤다.

실증주의라는 말을 처음으로 확산시키면서 사회학을 창시한 콩트는 중세시대의 봉건제도가 붕괴되는 혼란스러운 시대에 살면서 사회과학을 추상적이고 관념적인 세계관으로부터 분리하려고 부단히 노력하였다. 그는 인간이 지식을 축적하는 방법은 신학적 단계, 형이상학적 단계(추상적 단계), 실증적 단계(과학적 단계)를 거쳐 발전한다고 주장하였다. 콩트가 제시한 신학적 단계는 초자연적인 힘에 의해 현상이 결정된다고 믿는 것이며, 세계는 인간과 동일시되는 신의 의지로 설명된다. 신학적 단계와 달리 형이상학적 단계에서는 논리적인 성찰과 철학, 가치와 도덕성이 중요한 영향력을 발휘하며, 개념적 추상화가 영혼의 존재를 대체하게 된다. 그러나 콩트는 추상적 개념은 허구이며, 소망의 투사가 반영된 것으로 간주했다. 마지막으로, 실증을 중요시하는 실증적 단계에서는 현상의 필연적 규칙성에 대한 지식만이 유일하게 진실로 인식된다.

콩트의 지식 축적 단계와 실증주의

- 지식 축적 단계
  - 신학적 단계(초자연적 힘에 의해 현상이 결정, 세계 속 인간의 운명은 신의 의지로 설명)
  - 형이상학적 단계(논리적 성찰과 철학, 가치와 도덕을 중요시, 인간 및 세계의 운명은 추상적 개념들로 설명)
  - 실증적 단계(실증을 중요시하는 과학적 · 실증적 단계, 사회현상들 사이의 규칙적 연관을 통해 법칙 발견)
- 실증주의

자연과학과 마찬가지로 사회과학에서도 종교적 신념과 가치를 배제한 채 인간의 오감을 이용한 관찰을 통해 인간과 사회를 객관적으로 이해

콩트는 인간에 대한 실증적이고 과학적인 연구가 필요하며, 이러한 과학적 접근을 통해 새로운 사회질서가 발전할 수 있다고 믿었다. 이를 통해 사변적인 철학자들의 사상을 토대로 구축한 사회체계에 의해 야기된 혼란을 줄여 나갈 수 있다고 본 것이다(Polkinghorne, 1983). 1789년부터 시작된 프랑스 혁명으로 봉건제도가 붕괴되고 새로운 근대 사회가 시작되는 시점에서 콩트는 근대 산업사회가 제기하는

사회문제들이 형이상학적 접근으로는 결코 해결될 수 없다고 보았다. 따라서 콩트의 실증주의는 산업사회의 이데올로기적 성격을 띠고 있으며, 실증주의적 지식들만이 혼란스러운 시기에 발생하는 문제들에 해답을 제시해 줄 수 있다고 생각하였다. 콩트에게 실증적이라는 의미는 경험적 사실성, 확실성, 모호함에 대립되는 정확성, 허구성에 대립되는 유용성 등의 의미로 사용되었다(최우원, 1997).

2) 논리실증주의의 발전

밀과 콩트에 의해 발전된 실증주의는 19세기 중반에 전성기를 이루었으며, 1920년대와 1930년대 사이에 새로운 실증주의 부흥운동으로 이어졌다. 이러한 부흥운동은 신실증주의 혹은 논리실증주의로 불리다가 이후 논리경험주의(logical empiricism)로도 불렸다. 비엔나를 중심으로 활동한 논리실증주의자로는 슐리크(M. Schlick), 카르납(R. Carnap), 노이라트(O. Neurath), 파이글(Feigl), 괴델(K. Gödel) 등이 있으며, 이들은 철학, 수학, 물리학, 경제학 등 다양한 전공의 배경을 가지고 있었다. 논리실증주의자들은 과학이라는 것을 수학, 논리학과 이론물리학의 종합적 관점에서 통일적으로 파악하고자 하였으며, 경험 자료에 기초한 실험설계를 인식론적으로 지지하였다(박희서, 김용오, 2001; Polkinghorne, 1983). 이와 함께 논리실증주의라는 명칭이 암시하듯 이들 주장의 원천은 경험론과 초기실증주의, 논리주의에서 발견된다. 논리실증주의가 초기실증주의로부터 물려받은 유산은 감각적 경험을 지식의 전형으로 삼아야 한다는 것이다. 논리실증주의는 경험주의적 입장에서 모든 지식이 경험에 근거해야 한다는 것을 기본 전제로 간주했다. 또한 논리주의로부터 영향을 받아 현대 기호논리학을 이용해서 과학의 구조를 형식화하려고 시도하였다(정상모, 1994).

비엔나학파의 초기 논리실증주의 관점은 현상론(phenomenalism)을 강조하였다. 현상론에서 지식은 우리가 알 수 있는 것이 감각자료에 의해 의식 안에 나타나는 것에 국한해야 한다고 하였다. 이어 1930년대에 논리실증주의는 물리주의

(physicalism)를 수용하게 된다. 물리주의는 감각자료를 지시하는 단어만을 과학적 지식으로 받아들일 수 있다고 주장하지 않았으며, 일상적인 환경 내에서 인식할 수 있는 물질 대상과 속성을 나타내는 단어들도 수용해야 한다고 제안함으로써 간주관적 합의를 어느 정도 허용하기에 이른다. 현상론에서 물리주의로 이동하면서 논리실증주의는 논리경험주의로 변화했다. 이어 초기실증주의는 러셀(Russell)이 발전시킨 '신논리(new logic)'를 통합하면서 발전하게 된다. 이를 토대로 논리실증주의는 인간의 감각이 인식의 자료를 제공하고, 이성은 이러한 자료를 종합하여 조직화된 지식체계를 만든다는 기본 틀을 형성한다. 20세기 초에 등장한 신실증주의 운동이 갖는 의의는 지식을 형이상학적이고 사변적인 오류가 제거된 확실성이 담보된 것으로 제시하였다는 것이다. 이러한 시도는 일반 과학철학자들 사이에서 과학적 지식을 기술하고자 하는 연구자에게 적합한 관점으로 받아들여졌으며, 시간이 지남에 따라 기본적인 공약들이 바뀌어 갔으나 기본적인 인식론적 공약은 그대로 남아 있게 된다(Polkinghorne, 1983).

논리실증주의의 주요 사상(조인래, 2003)

- 검정가능성의 원리: 경험에 의해 검정 가능한 문장들만이 의미가 있으며, 전통적 형이상학의 문장은 틀린 것이 아니라 무의미하다고 주장한다(논리경험주의에서 검정가능성의 원리는 확증가능성의 원리로 대체된다. 확증가능성은 인간의 감각이 경험할 수 없다 하더라도 입증이 가능하다면 과학의 대상이 될 수 있다는 것이다).
- 과학에 대한 철학적 논의에서 과학자 개개인의 심리적 혹은 주관적 요소를 배제한다(가치중립 혹은 가치배제).
- 과학적 지식이나 이론은 외적 세계를 그대로 반영하는 것이며, 과학이론의 타당성은 경험적 사실과 일치하는가 여부에 달려 있다.

3) 후기실증주의의 도래

과학철학을 주도하였던 실증주의는 해석학, 비트겐슈타인(L. J. J. Wittgenstein)의 후기철학, 비판철학, 후설(E. Husserl), 포스트모더니즘 등 반실증주의자들에게 비판의 대상이 되어 왔다. 그들은 실증주의가 사회현상의 역사성, 인간행위의 주체성을 간과하고 있다는 점을 신랄하게 비판한다. 또한 실증주의는 경험적 통계조사방법을 사회과학의 유일한 방법이라고 단정 지음으로써 일원론적 · 환원론적 입장을 고수하며, 가치로부터 중립적인 지식을 과학적 지식이라고 간주하는 협소한 과학관을 고수한다(박희서, 김용오, 2001).

실증주의의 한계에 대한 대안으로 등장한 후기실증주의(post positivism)와 실증주의의 차이는 주로 인식론과 존재론에 대한 인식에서 발견된다. 예를 들어, 실증주의자는 사회적 실체가 인간의 감각과 분리된 객관적 실체로서 존재한다고 믿는 반면, 후기실증주의자는 사회적 실체란 인간 인지의 주관적 결과물이라고 주장한다. 또한 실증주의자들은 지식을 획득하는 방식에서 인지의 주체인 인간이 독립된 객체로서 세계를 설명할 수 있다고 믿는 인식론을 주장하는 반면, 후기실증주의자들은 지식의 획득과정은 결국 해석적인 이해를 통해서 가능하다고 주장한다. 따라서 전자는 이론과 설명대상의 분리가 가능하다고 보는 반면, 후자는 이론에 따라 설명대상인 세상이 만들어지거나 구성된다는 것을 강조한다(황영주, 2009).

이와 함께 후기실증주의자라고 할 수 있는 포퍼(K. Popper)는 비엔나학파의 일원은 아니었지만 실증주의가 과학에 대한 엄격한 구획기준(demarcation)[2]인 검증주의(verificationism)가 지닌 비현실성을 비판하였다. 특히 포퍼는 실증주의가 경험주의에 뿌리를 두고 있음으로 인해 발생하는 귀납의 문제[3]나 관찰의 이론

2) 구획기준은 과학과 비과학을 구분하는 기준에 대한 문제를 다룬다. 논리실증주의는 검정가능성, 포퍼는 반증가능성에 따라 과학과 비과학을 구별할 수 있다고 주장하였다.

의존성을 극복하지 못하기 때문에 귀납주의(inductionism)를 포기하고 연역주의(deductionism)를 선택하게 된다. 귀납의 문제는 일찍이 경험론자인 흄(D. Hume)에 의해 제기된 바 있으며, 귀납적 추론이 앞으로 발생할 관찰의 결과를 담보할 수 없다는 한계를 말한다. 또한 관찰의 이론의존성은 관찰이 이론에 의존하지 않고 가능하다고 주장하지만, 관찰이 가능하고 불가능한 것은 절대적인 것이 아니라 상황에 따라 달라질 수 있음을 내포하고 있다. 이는 관찰용어가 이론적 함축성을 갖고 있어 관찰이 이론으로부터 자유롭다고 말하기 어렵기 때문이다(Polkinghorne, 1983). 과학철학에서 귀납주의가 갖고 있는 이러한 한계를 극복하기 위해 포퍼는 과학과 비과학을 구분하는 구획기준으로 반증주의(falsificationism)를 제안하면서 과학의 구획기준을 대체하고자 하였다.

포퍼와 달리 1960년대 이후 상대주의 입장에서 실증주의를 비판한 대표적인 학자는 쿤(T. Kuhn)이다. 그는 과학의 역사가 시간적 연속성을 가지면서 발전하는 것이 아니라, 특정 시대에 지배적인 역할을 수행하던 정상과학(normal science)이 어느 시기에 위기를 맞게 되고 인간이 당면한 문제를 해결하지 못하면 새로운 패러다임(paradigm)[4]이 정상과학으로 대체된다고 주장하였다.

쿤에 의하면 과학의 발전은 과학적 업적이 축적되면서 점진적으로 이루어지는 것이 아니라 변칙적 · 무작위적 발견이나 검정에 따른 어느 한순간의 급격한 변화에 의해서 이루어진다. 쿤은 기존의 패러다임을 완전히 부정하고 이를 대체하는 새로운 패러다임의 출현을 과학적 혁명(scientific revolution)이라 불렀다. 따라서 현재 우리 시대를 풍미하고 있는 문제해결방법으로서의 패러다임은 지금은 정상과학의 위치에 있지만, 정상과학이 해결하지 못하는 위기상황에 처하게 되면 새로운 패러

3) 귀납의 문제는 '모든 까마귀는 검다.'는 명제의 검정가능성을 확인할 때처럼 어떤 과학이론에 맞는 사례를 아무리 많이 제시해도 그 이론을 수용하는 데는 한계가 있다는 것을 의미한다.

4) 패러다임은 이론 · 원리 · 원형 · 모범이라는 의미를 함축하는 것으로서 동시대의 학자들이 공통적으로 가지고 있는 신념체계를 의미한다.

다임에게 정상과학의 지위를 넘겨줄 수밖에 없다. 따라서 실증주의가 주장하는 과학적 지식의 객관성이라는 것은 세상에 대한 영원불변의 진리가 아니라 특정한 시간과 공간에 영향을 받는 제한된 보편성을 확보할 따름이다. 예를 들어, 천동설은 지구를 중심으로 동쪽에서 뜬 해가 서쪽으로 지는 것을 본 사람이라면 누구나 당연한 진리로 받아들일 것이다. 그러나 아이러니하게도 지동설은 인간의 감각기관으로는 경험할 수 없는 진리였던 것이다.

쿤의 과학 발전과정

전과학 → 정상과학 → 위기/혁명 → 새로운 정상과학 → 새로운 패러다임

- 전과학: 패러다임이 형성되기 전 조직화되지 못한 다양한 연구활동
- 정상과학: 과거의 연구성과에 확고한 기반을 둔 연구활동. 제기된 문제에 대한 해결방식을 자신이 속한 패러다임이 제공해 줄 수 있다고 가정
- 패러다임에 대한 신뢰가 사라지는 시기: 문제해결을 위한 노력은 격렬해지나 패러다임이 약화되고 토대를 상실
- 경쟁적 패러다임의 등장: 기존의 패러다임과 다른 종류의 문제해결 접근
- 패러다임: 어느 특정 시기에 특정한 사회구성원들이 어떤 문제에 대해 공통적으로 지니고 있는 신념, 가치, 기술 등의 총체이자 구성요소를 의미

1960년대 말과 1970년대는 논리실증주의에 대한 비판이 대두되면서 과학철학에서 새로운 인식론적 논쟁이 활발하게 일어났던 시기다. 라카토스(I. Lakatos)는 포퍼의 반증주의에 대한 쿤의 비판을 선택적으로 수용하면서 비합리주의에서 벗어나 새로운 합리성 이론을 구성하려고 노력한 과학철학자다. 그는 1978년 포퍼의 비판적 합리주의를 소박한 반증주의라고 간주하면서 자신의 입장을 세련된 반증주의라고 소개하였다. 특히 라카토스가 제안하고 있는 과학적 연구프로그램 방법

론(methodology scientific research programmes)은 특정 이론이 핵심부분(hard core), 보호대(protective belt), 발견장치(heuristic)로 구성되고, 핵심부분은 처음부터 완벽한 상태로 출현하는 것이 아니라 오랫동안 시행착오의 과정을 거쳐 점진적으로 발전한다고 보았다. 따라서 포퍼의 반증주의가 갖는 합리성이 현실성을 확보하지 못하는 것은 이론의 핵심부분을 감싸고 있는 보호대가 보조적 가설을 수정할 수 있기 때문에 보완할 수 있다고 보았다. 또한 발견장치는 연구방법이 체계를 갖추도록 일종의 지침을 제공하는 것으로서, 과학자는 이론의 핵심부분을 반박하는 것을 삼가는 대신에 보호대를 형성하는 보조가설을 계속해서 수정하여 이를 보완할 수 있다고 보았다.

이와 함께 라우던(L. Laudan)은 포퍼와 쿤의 뒤를 이어 과학의 목적이 주어진 문제의 해결능력에 있다고 보았다. 또한 라우던은 이론의 참과 거짓 여부에 관심을 갖기보다는 주어진 경험적 문제를 적절히 설명할 수 있는가가 이론의 가치를 결정한다고 주장하는 실용주의 노선을 제시하였다. 라우던은 연구영역의 존재와 과정, 그 영역의 문제를 탐구하고 이론을 구성하는 데 사용되는 적절한 방법에 대한 일련의 가정을 연구전통으로 지칭하면서, 모든 학문분야는 연구전통의 역사를 가지고 있다고 주장하였다. 따라서 특정 이론을 선택하기 위한 합리성은 문제해결능력이 높은 이론이 보다 진보적이며, 비합리주의를 극복할 수 있다는 것이다. 이에 비해 파이어아벤트(P. Feyerabend)는 과학적 실천에 대한 일반적 기준을 제공하는 데 실패하였음을 선언하면서, '어떤 방법이라도 좋다.'는 극단적인 상대주의 경향을 보이기도 한다(윤석경, 이상용, 1998).

한편, 과학의 의미에 대한 인식론적 접근과 달리 존재론적으로 접근하는 실재론(realitism)은 기존의 과학적 지식에 대한 의미를 새롭게 제시하고 있어 주목할 필요가 있다. 실증주의로 대변되는 자연주의(naturalism) 전통은 과학을 외부세계에 대한 설명적이고 예측적인 지식을 획득하려는 시도로 보았다. 물론 이에 대한 입장과 달리 반자연주의 전통은 사회적 실재에 대한 인식보다는 그에 대한 이해구조를 발견하고자 노력해 왔다는 측면에서 차이를 보인다.

이에 대해 대표적인 비판적 실재론자인 바스카(R. Bhaskar)는 실증주의 전통을 잇고 있는 자연주의를 환원주의와 과학주의로 분해하고, 과학에 대한 '제한된 반실증주의적 자연주의(qualified anti-positivist naturalism)'를 표방하고 있다. 바스카는 1990년대 이후 미국 사회학계에서 주목받기 시작하였으며, 그의 독특한 인식론과 존재론의 입장은 자연주의의 옹호와 비판을 동시에 수행함으로써 '비판적 실재론(critical realism)'이라 불린다(고창택, 1995).

실증주의와 실재론의 가장 큰 차이점은 존재론에서 찾을 수 있다. 실증주의에서는 자연과 사회를 관찰 가능한 현상만으로 이루어진 단면적 세계로 전제하거나 인식의 확실성을 담보하기 위해서 관찰 가능한 현상에 초점을 맞춘다. 반면에 실재론은 존재의 영역을 중층화된 세계로 파악한다. 따라서 실재론은 특정 현상이 발현되는 원인과 현상 간의 인과적 설명을 위해서 현상을 발생시키거나 연합하는 실체의 존재 혹은 기제(mechanism)의 작용을 전제하고 있다. 그러나 실체나 기제는 흔히 관찰되지 않기 때문에 현상론적 입장과 차이가 있으며, 현상의 기저에서 작동하는 것으로 설명되고 있다. 이러한 기제들은 측정을 위해 계량화될 수 없는 것이다. 따라서 실재론적 입장에서는 확률론에 입각한 사회과학 연구를 기제 중심적 인과성의 관념으로 반박한다. 예를 들어, 전자 현미경이 발명되지 않은 상황에서 병의 원인을 둘러싸고 아직 관찰되지 않은 '바이러스'라는 실체의 존재를 옹호하는 실재론적 입장과 이를 반박하는 현상론의 입장이 대립하였다. 실재론적 입장은 비록 직접 관찰할 수 없지만 바이러스의 존재를 믿는 과학자의 신념이라고 볼 수 있다(채오병, 2007).

앞서 과학적 지식에 대한 다양한 입장을 과학철학의 역사를 중심으로 간략하게 제시하였다. 그렇다면 과학적 지식에 대한 이러한 논의가 사회복지와는 어떻게 연결되어야 할 것인가가 관건이다. 먼저, 사회복지는 확고한 지식체계를 가진 전문직이 되기 위한 방안으로 과학적 연구방법론을 중요시해 왔다. 사회복지실천에서 과학의 역할에 대한 논의는 19세기 말 과학적 자선운동의 발전에서부터 찾아볼 수 있고, 이러한 선택은 과학적 지식의 중요성이 지배적인 우리 사회에서 선택의 여지가 없는 결과이기도 하였다. 그러나 인식론과 과학철학의 역사 안에서 강력한 영향력을 발휘하였던 실증주의도 1960년대 이후 지속된 과학철학의 논쟁에서 많은 한계가 지적되어 왔으며, 후기실증주의에 이르러 '앎의 확실성'이 가능한지에 대한 논의는 여전히 계속되고 있다는 점에 유의해야 할 것이다. 무엇보다도 사회복지 실천현장뿐만 아니라 학계에서 여전히 지배적인 영향력을 발휘하고 있는 실증주의 인식론에 대해 신중한 검토가 필요하다.

이는 실증주의에 기반을 둔 과학관은 사회문제에 대해 개념적 정의를 내리거나 사회복지실천의 효과성을 무엇으로 측정할 것인가에 대한 의사결정과정에서 사회복지 전문직이 지향해야 할 사회정의, 자기결정의 원칙, 인간현상에 대한 체계론적 관점 등을 소홀히 다룰 수 있기 때문이다. 실증주의가 지향하는 인과론적이며 환원주의(reductionism)에 기반을 둔 세계관은 사회복지가 전통적으로 중요하게 다루어 왔던 인간과 환경에 대한 체계론적 시각과 전체론(holism)적 세계관을 손상할 가능성도 높다. 또한 실증주의적 과학관은 명제적 형태 혹은 이론적 지식의 정당화에만 관심을 둠으로써 언어나 글로 표현하기 어려운 실천적 지식이나 암묵지(tacit knowledge) 등에 대한 관심과 교육을 소홀히 다루기 쉽다. 따라서 지식에 기반을 둔 사회복지실천이 되기 위해서는 사회복지 실천가가 교과과정에서 지식을 단순히 습득하도록 노력하는 데 그치지 않고, 새로운 지식을 실천현장에서 창출할 수 있는 능력을 함양할 수 있도록 노력해야 할 것이다.

2. 과학적 방법론의 두 가지 전통

전통적인 과학적 방법론으로 논의되었던 내용으로는 영국의 경험론에서 나타난 귀납주의와 대륙에서 발전한 합리론에 기반을 둔 연역주의를 중심으로 논의하고자 한다. 경험론과 합리론은 인간의 이성과 감각경험을 통해 확실한 지식의 기반을 확보하려고 시도하였다. 경험론과 합리론은 상반된 주장을 펼치게 되지만 귀납주의와 연역주의는 상호 보완적인 성격을 가지고 있으며, 월러스(Wallace, 1971)는 『사회학 방법론(The Logic of Science in Sociology)』에서 귀납주의와 연역주의를 연결시켜 과학적 방법론의 원리와 과정을 종합적으로 제시하였다.

1) 귀납주의

귀납주의(inductionism)는 영국의 경험론에서 명확하게 드러난다. 영국에서 발전한 경험론은 중세 형이상학적 성격의 철학과 성서를 과학적 지식의 근원으로 여기는 태도에 반발하였으며, 르네상스를 통하여 형성된 합리적 · 이성적 사상이 사실에 근거한 경험과 이론으로 형이상학적 세계를 극복하고자 한 시도였다. 귀납주의의 전통은 멀리 그리스시대 소피스트에서 그 기원을 찾을 수도 있다.

경험론의 시작은 16세기 초 프랜시스 베이컨(F. Bacon, 1561~1626)의 주장에서 발견할 수 있다. 베이컨은 인간 인식의 원천은 경험이며, 실험과 관찰을 통하여 현상을 객관적인 입장에서 관찰하고 실험을 거듭하는 것만이 확고하고 정확한 지식을 쌓는 방법이라고 주장하였다. 여기서 인간 인식의 원천은 감각적 경험이며, 오감을 통한 세계의 인식이 결과적으로 확실하고 보편적인 진리에 도달할 수 있다고 보았다.

귀납적 방법은 개별 사례에 대한 관찰에서부터 시작하여, 반복되는 관찰의 결과를 귀납적으로 추론해 간다. 따라서 과학이란 실험을 반복하여 문제를 해결함으로써 얻은 권위를 축적하는 것이라고 보았다. 예를 들어, 서울과 대전, 대구에서 해가 동쪽에서 떠서 서쪽으로 지는 자연현상을 무수히 관찰하였다고 하자. 이는 인간의 감각기관으로 반복해서 확인할 수 있으며, 이를 근거로 '해는 동쪽에서 떠서 서쪽으로 진다.'는 귀납적 추론을 이끌어 낼 수 있다. 귀납적 논리는 구체적인 사실로부터 일반적인 원리를 도출해 내는 것이며, 실제 현상에 적용하여 확인하는 과정을 거치면서 잠정적인 결론을 일반화로 연결 짓는다.

귀납적 추론의 예

관찰 1: 서울에서 관찰한 결과, 해는 동쪽에서 떴다.

관찰 2: 대전에서 관찰한 결과, 해는 동쪽에서 떴다.

관찰 3: 대구에서 관찰한 결과, 해는 동쪽에서 떴다.

⋮

귀납적 추론: 해는 동쪽에서 뜬다.

▶ 귀납적 추론의 핵심은 관찰한 사실들을 보편적인 법칙으로 일반화하는 것이며, 모순되는 사실이 하나라도 있으면 오류가 발생한다.

그러나 귀납적 방법은 관찰된 사실에 하나라도 예외가 발견될 경우 귀납적 추론의 확실성을 담보할 수 없다는 '귀납의 문제'를 발생시키기 때문에 회의주의에 빠질 수 있다. 사회복지사가 저소득층 아동 집단을 대상으로 몇 차례 자존감 향상 프로그램을 실시하여 긍정적인 또래관계가 형성되는 것을 관찰하였다고 하자. 그러나 자존감 프로그램에 참여했다 하더라도 저소득층 아동 집단에서 프로그램의 효과가 나타나지 않는 경우도 발생할 수 있다. 그렇다면 저소득층 아동을 대상으로 한 자존감 향상 프로그램이 긍정적 또래관계를 형성한다는 귀납적 논리는 확실성을 담보하지 못하게 된다. 결과적으로 귀납의 문제는 인간이 경험하는 다양한 현상에 대해 관찰만으로 확실성을 담보할 수 없다는 것 때문에 발생한다. 따라서 사례들로부터 일반적 진술로 이어지는 귀납적 추론은 그 법칙에 대한 개연성 진술만을 산출한다. 귀납적 방법을 통해 산출한 추론의 결과는 개연성의 제한된 범위 속에서만 일반화가 가능하고, 제한된 표본을 통해 전체 모집단에 대한 특성을 귀납적으로 추론하는 것도 확실성을 확보하기가 어렵게 된다(Polkinghorne, 1983).

2) 연역주의

연역주의(deductionism)는 인간의 감각기관을 확실성의 근거로 삼는 영국의 경험론을 비판한다. 대신에 연역주의는 공리나 역사적으로 진실이라고 가정할 수 있는 일반적 전제로부터 특별한 예들에 대한 결론을 도출하는 연역적 사고에 기초하고 있다. 귀납주의의 기원은 소크라테스 이전 철학자인 프로타고라스가 “인간은 만물의 척도다.”라고 주장한 것에서 발견할 수 있다. 그의 주장은 인간이 지식을 습득하는 방법은 인간의 감각기관에 의존하며, 인간의 감각기관은 인식의 내용을 서로 다르게 인식하기 때문에 절대적인 지식을 주장하기 어렵다고 본 것이다. 이러한 주장은 소크라테스의 제자인 플라톤의 지식에 대한 정의와 상충된다. 플라톤의 지식에 대한 정의는 ‘정당화된 참된 신념’으로서 지식의 형성에서 인간의 이성을 강조하고 있으며, 상대주의적 지식관을 비판하고 있다.

연역주의는 합리론자인 17세기 데카르트(R. Descartes, 1596~1650)에 의해 발전되었다. 연역주의는 확고한 진실을 얻기 위해서는 감각기관을 통해 얻은 지식에 대하여 의심하는 태도를 취해야 한다고 주장한다.

연역주의에 근거한 과학적 방식은 전제(근거)가 타당하다면 결론(주장)도 타당하다는 논증방식이며, 이러한 패턴을 가설-연역적 설명방식이라고 한다. 가설-연역적 설명방식은 피설명항이 설명항(일반 법칙, 초기 조건)을 통해 논리적으로 연역될 수 있을 때 타당한 설명이라고 본다. 여기서 피설명항이라는 특수 사례가 설명항이라는 일반 법칙(covering law)에 포섭될 때 타당한 설명이 된다. 그러나 사회과학은 추상화된 설명모델로 환원하기에는 지나치게 복합적이며, 해석의 정당성에 대한 평가기준이 너무 상이하다는 문제점에 봉착할 수 있다. 또한 사회과학에서 다루는 사회현상은 공리나 이론을 통해 일반 법칙 구성이 용이하지 않은 경우가 다반사다. 이는 유사한 상황에서 경쟁하는 법칙들이 공존할 수 있으며, 이론들은 대부분 특정한 조건에 의해 제한된다는 점에서 일반 법칙의 지위를 갖기 어렵다는 것을 의미한다. 국내 사회과학의 많은 논문은 가설-연역적 방법에 따라 연구결과를 제시한다.

이때 서구의 기존 연구결과를 연역하여 가설을 세우고, 이를 한국 사례에 적용하여 통계 처리한 후 그 분석 결과는 경험적 일반화가 가능하다는 결론을 내리고 있다. 그런데 정작 이 과정에서 왜 그러한 결과가 나오게 되었는가에 대한 설명은 거의 탐구되지 못한다. 따라서 가설-연역적 연구방법은 이미 알려진 이론의 틀을 정당화하는 작업만을 '논리적'이라고 인정하는 풍토가 지배적이다(이황직, 2006).

연역적 추론의 예

대전제(이론): 모든 사람은 죽는다.
소전제(조작화): 소크라테스는 사람이다.
연역적 추론(관찰 혹은 경험): 소크라테스는 죽는다.

▶ 연역적 추론은 공리나 이론 등 이미 알려져 있는 전제에서 연역적 추론을 도출함으로써 지식으로서의 확실성을 확보하지만 새로운 이론을 발견하거나 이를 정당화할 수 없다는 한계를 가진다.

따라서 동일한 클라이언트가 처해 있는 문제 상황을 설명해 줄 수 있는 이론이 다양하게 존재한다면, 사회복지사는 자신이 선호하는 이론에 따라 개입가설이나 실천모델을 적용하려고 할 것이다. 그렇다면 동일한 클라이언트를 놓고 어떤 실천모델이 효과적이라고 주장할 수 있을까? 이는 연역적 추론이 확실성을 담보할 수 있는 거대한 담론이나 공리에서 출발할 수는 있지만 구체적인 클라이언트를 설명할 수 없다는 한계점을 가진다. 또한 연역적 추론과정이 갖고 있는 한계점은 연역적 추론이 새로운 이론 창출로 이어지는 것이 아니라 관찰을 통해 이미 존재하는 이론과 공리를 재확인하는 것에 그치는 경우가 많다는 점이다. 따라서 연역적 추론은 기존의 이론으로 설명할 수 없는 독특한 사회적 현상들을 과학적 연구의 대상에서 제외하는 결과를 초래할 수 있다. 따라서 국내 상황에 맞는 사회복지 실천이론을 발견하지 못하거나, 독특한 클라이언트의 특성을 설명할 수 있는 기존 이론을 확보하지 못한다면 연역적 추론에 근거한 사회복지 연구나 실천을 위한 개입전략을 구상하기 힘들게 된다.

3. 과학적 과정의 주요 정보 구성요인[5)]

월러스(1971)는 과학을 인간의 경험에 대한 진술의 진위를 가려내고 검정하는 방법이라고 정의하고 있다. 물론 경험적인 진술의 진위를 검정하는 방법은 다양할 수 있는데, 여기에는 '권위적 방법' '신비적 방법' '논리적 · 합리적 방법' '과학적 방법' 등이 있다.

권위적 방법(authoritarian mode)은 자격이 있다고 인정된 사람들이 제시한 진술을 그대로 지식으로 수용하는 방법이다. 여기서 지식을 추구하는 이들은 사회적으로 특수한 지위를 점유하고 있는 사람에게 의존함으로써 진실된 진술을 하게 된다.

신비적 방법(mystical mode)은 부분적으로 권위적 방법과 연관이 있으며, 초자연적인 지식 제공자들로부터 지식을 얻는 방법이라는 측면에서 유사한 점을 발견할 수 있다. 그러나 근본적으로 권위적 방법이 지식 제공자의 사회적 지위에 의존하는 반면, 신비적 방법은 지식을 찾고자 하는 이들의 개인적 상황에 더욱 의존한다.

논리적 · 합리적 방법(logical-rational mode)은 사실을 주장하는 진실이 나타나게 된 절차에 주로 의존하며, 그 절차는 형식적 논리의 규칙을 따른다. 이 방법은 사실을 주장하는 절차의 규칙과 공리를 받아들이게 되면 정당한 지식으로 인정하게 된다.

---

5) 과학적 방법에 대한 논의는 W. 월러스(1971)의 『The Logic of Science in Sociology』를 번역한 김영정과 남재봉(1995)의 자료를 중심으로 재구성하였다.

과학적 방법(scientific mode)은 일차적으로 문제가 되는 진술의 관찰결과에 의존하고, 이차적으로는 그 진술을 만들어 내는 데 이용한 절차나 방법에 의존한다. 이러한 방법은 기존의 권위적 방법, 신비적 방법, 논리적 · 합리적 방법에 비해 상대적으로 진술을 만들어 내는 사람의 특성이 갖는 중요성이 덜하다. 따라서 과학적 방법은 과학자의 사적인 입장을 체계적으로 배제하고자 하는데, 이는 세계를 있는 그대로 나타내 줌으로써 보편적 이미지와 객관성을 확보하고자 하기 때문이다. 이러한 방법은 척도를 구성하는 규칙, 표본추출방법, 측정의 규칙, 모수치의 추정방법, 논리적인 연역과 귀납의 규칙을 통해서 이루어진다.

과학적 과정에서 나타나는 요인들에 대한 개관은 [그림 1-1]에 제시한 바와 같

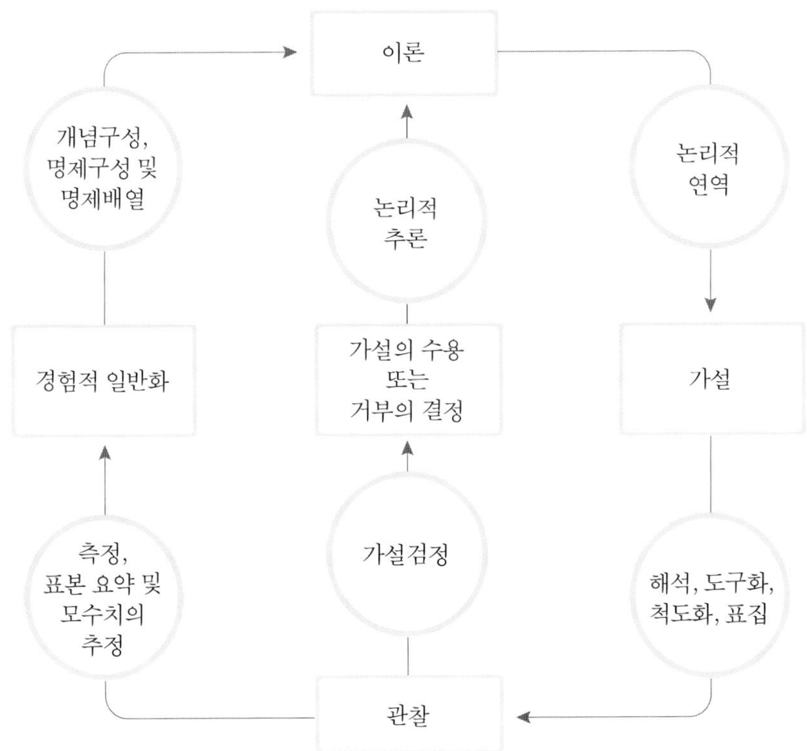

[그림 1-1] 과학적 과정의 주요 정보 구성요인

출처: Wallace (1971).

다. 월러스가 제시한 과학의 논리모델은 관찰에서 시작하여 경험적 일반화의 과정, 경험적 일반화에서 개념과 명제를 구성하여 이론을 형성하는 과정, 이론으로부터 가설을 설정하는 과정, 관찰을 통해 가설을 확인하는 과정 등 크게 네 가지 영역으로 구분하고 있다.

먼저, 첫 번째 과학적 과정은 개별적 관찰(observation)에서부터 시작된다. 이는 측정과 표본 요약 및 모수치의 추정(parameter estimation) 등을 거쳐 구체적이고 독특한 정보의 항목들을 의미하는 경험적 일반화(empirical generalization)로 이어진다. 과학적 사고는 경험에서 마주하게 되는 사건이나 사물을 관찰함으로써 출발한다. 과학의 목적은 관찰 가능한 사물들에 내재되어 있는 체계적인 질서의 일부를 간파해 내는 것이기 때문에 과학적 과정에서 관찰은 매우 중요하다. 과학적 관찰은 정교한 탐색이고, 세심한 주의와 통찰력을 필요로 하며, 우연적이고 수동적인 일상적 지각과는 차이가 난다.

한편, 측정은 관찰과 동시에 일어나거나 관찰 이후에 이루어진다. 일반적으로 측정이란 관찰의 결과에 체계적으로 기호를 부여하는 모든 절차를 의미하며, 기호화를 통해 구체화된 특정 관계가 설정될 수 있다. 표본 요약은 특정 측정간격 사이에 위치하는 모든 관찰의 상호 간 차이를 나타내 주는 과정이다. 개별적 관찰은 평균이나 비율, 점수 등으로 요약함으로써 한층 명확해진다. 기술적 통계기법은 과학적 과정에서 표본을 요약해서 제시해 주는 것으로 볼 수 있다.

그러나 관찰이 경험적 일반화로 이행되는 과정을 가능하게 해 주는 단계로 모수치를 추정하는 단계가 남아 있다. 모든 과학은 보편적인 진리를 추구한다는 측면에서 관찰들로부터 얻어진 측정치를 단순히 요약하는 것만으로는 충분하지 못하다. 따라서 측정은 관심을 가지고 있는 현상에 대해 모든 가능한 관찰이 행해지고 그것에 대한 측정치가 정확하게 부여될 때 얻어지는 수치다. 그러나 제한된 표본에 근거한 진술은 모집단에 적용할 수 있는 확실성을 담보할 수는 없다. 모수치의 추정은 제한된 표본을 추출하여 모집단의 값을 추정하는 것을 의미한다. 그 후 계속적인 관찰이 가능해지면, 단일 관찰은 더욱 정교한 경험적 일반화를 위해 대치될 수 있다. 관찰을 통한 경험의 일반화는 개별적 관찰에서 측정, 표본 요약, 모수치의 추정을 통해 이루어진다. 일반화는 동일한 사물이나 사상에 내재되어 있는 속성들의 공통된 부분을 의미한다. 사물 간의 관계는 그것에 내재된 유사한 요인들 간의 관계를 나타내는 것이다. 결과적으로 관찰이 경험적 일반화로 이행되는 논리는 귀납적이다.

과학적 과정의 두 번째 과정은 관찰된 결과에 대한 측정, 표본 요약, 모수치의 추정 과정을 통해 이루어진 경험적 일반화가 개념구성(concept formation), 명제구성(proposition formation) 및 명제배열(proposition arrangement) 등을 거쳐 이론으로 통합되는 과정이다. 이론은 각각의 개별적인 명칭 또는 용어에 포함될 수 있는 관찰 가능하거나 관찰 불가능한 것들에 대해 개념적인 명칭을 부여함으로써 구성된다. 일단 개념화가 이루어지면 개념 간의 관계에 대한 기술이 가능해지고 이것이 곧 명제가 된다. 명제는 '개념 X가 어떠하면 개념 Y가 어떠하게 된다.'라든가 '개념 X가 커지면 개념 Y도 커진다.'는 등 개념들 간의 조합이 가능하다. 그러나 여전히 명제들 간의 배열은 추상적이고 이상적이다. 따라서 이론의 구성은 추상성과 이상적인 명제들이 논리적 연역체계 또는 인과적 연쇄체계로 배열될 때 그 결과로 나타나는 구조를 지칭한다. 이론은 이미 알고 있는 경험적 일반화를 설명할 수 있으며, 아직까지 알려져 있지 않은 경험적 일반화를 예측할 수 있다. 이는 과학적 과정에서 수행되는 이론의 기본적인 기능들이다. 따라서 이론은 검정을 위해 적절한 명제를 찾아내거나 기대되는 조사결과들을 요약 정리하는 데에도 활용된다.

한편, 이론은 논리적인 연역법을 통해 새로운 가설(hypotheses)로 변형될 수 있다. 또한 가설은 추상성을 벗어나 현실세계에서 경험 가능하도록 만드는 해석(interpretation), 도구화(instrumentation), 척도화(scaling), 표집(sampling) 등을 통해 새로운 관찰로 확인할 수 있게 된다. 이러한 과학적 과정은 귀납적이지 않고, 연역적인 과정을 이룬다. 이론에 대한 논리적 연역을 통해 새로운 가설을 설정하는 것은 특정 이론이 비교 가능한 다른 이론보다 내적으로 일관성이 있어야 한다. 그리고 정보적인 면에서 타 이론보다 더 우수한 경우 그 이론으로부터 연역된 가설은 경험적 일반화와 일치하는 범위가 높다. 이와 함께 해석이란 특정 문제에 대한 이론적 가설을 경험적으로 검정 가능한 형태로 재진술하는 것을 의미한다. 이는 이론적으로 연역된 가설은 즉각적으로 관찰로 연결되는 것이 아니라 해석의 과정을 거친 후에 관찰이 이루어지게 됨을 의미한다. 해석의 과정은 가설에 내포된 개념들이 관련된 것으로 여겨지는 관찰 가능한 것들과 그 조합들을 명백히 밝힘으로써 진행된다.

이론에서 연역적으로 형성된 가설은 관찰을 가능하게 하는 도구화 과정으로 이어진다. 관찰도구는 모든 신호나 상징적 표현을 비교할 수 있는 척도로 구성될 수 있다. 척도는 구체적 관찰결과에 체계적으로 부여될 수 있는 추상적 상징의 집합이라고 볼 수 있으며, 관찰결과는 이러한 척도로 측정할 수 있다. 척도를 구성할 수 있는 상징의 범위는 제한이 없으며, 명명척도, 서열척도, 등간척도, 비율척도 등으로 구성될 수 있다. 이 과정에서 연구자는 이미 존재하고 있는 척도를 선택할 수도 있고 새로운 척도를 구성할 수도 있다. 추상적 개념의 경험적 지표를 해석(조작화)하고, 이를 측정할 수 있는 적합한 도구를 고안하고, 측정하는 척도를 선택한 이후 마지막으로 조사자는 실제로 관찰할 표본에 대한 결정을 내려야 한다. 즉, 조사자는 자신이 예상하고 있는 경험을 일반화하고자 하는 모집단을 정의하여야 한다. 이후 조사자는 연역적 방법으로 설정된 가설을 검정할 수 있는 단계로 나갈 수 있다. 이때 새로운 경험적 일반화를 구성하게 만들었던 가설은 결과적으로 그것이 주장한 바에 부합되는지의 여부가 검정되며, 이것을 통해 이론의 확인, 수정, 거부의 여부가 최종적으로 결정된다. 새롭게 발견된 사실을 연역적으로 만들어진 가설과 비교하여 가설이 발견 사실에 적합한지를 결정하면, 적합성을 평가하여 가설이 연역된 이론을 확증 또는 반증하는지를 추론할 수 있게 된다. 이러한 과정을 거쳐 조사연구에 사용된 연역적 가설은 가설을 검정하기 위해 마련된 경험적 일반화와 비교함으로써 각각의 검정결과를 이론 속으로 통합할 수 있게 된다.

4. 과학적 지식의 특성

과학적 지식이 갖는 특성은 다양하게 제시할 수 있다. 그러나 과학적 지식은 과학의 의미를 어떻게 설정할 것인지, 과학적 지식에 대한 인식론적 입장이 어떠한지에 따라 그 특성이 차이를 보일 수 있다. 여기서는 다양한 과학적 지식에 대한 정의에도 불구하고 일반적으로 합의될 수 있는 과학적 지식이 갖는 특성에 대해 간략하게 기술하고, 과학적 지식과 달리 일반적 지식을 형성하는 과정에서 범할 수 있는 지식으로서의 오류는 어떤 것이 있는지 살펴보고자 한다.

1) 경험가능성

사회과학은 경험주의 철학에 기초하고 있으며, 감각적 지각과 관찰의 역할을 강조하는 경향이 여전히 강조되고 있다. 경험주의 전통을 이어받은 실증주의는 인간의 감각기관으로 경험하지 못하는 관념적 사고를 과학적 지식의 대상에서 배제하였다. 경험가능성이란 연구대상이 인간의 감각기관에 의해 관찰 가능한 것이어야 함을 의미하며, 직접적으로 관찰될 수 없는 대상은 과학의 연구대상에서 제외된다.

그러나 사회과학의 대상은 인간행위에 그치지 않고, 추상적 사고를 포함한다. 그렇다면 과학적 지식으로서 추상적 사고에 대한 경험은 어떻게 연구할 수 있을까? 이는 특정 현상에 대한 개념적 정의와 조작적 정의 과정을 거쳐 추상적 개념들을 경험 가능하도록 함으로써 해결하였다. 이는 논리실증주의가 마흐(Mach)의 현상론에서 물리주의로 전환되는 과정에서 나타나며, 상호주관성에 근거한 경험적 명제를 과학의 대상으로 포함시키게 된 것을 의미한다. 예를 들어, 절대적 빈곤이라는 사회적 현상은 사회과학자에 의해 개념적 정의가 내려지고, 이는 측정 가능한 대체 지수로 전환시킬 수 있다. 1889년 찰스 부스(C. Booth)는 런던의 빈민촌을 연구하면서 절대적 빈곤이라는 개념을 육체적 건강을 유지하기 위한 기본적인 조건을 충족하는 데 필요한 소득의 미달 상태로 보았다. 따라서 오늘날 절대적 빈곤을 연구하기 위해서는 매년 발표되는 최저생계비 이하의 수입을 가지는 경우로 측정할 수 있게 되었다. 반면, 상대적 빈곤은 특정 사회의 평균 소득과 비교하여 상대적으로 소득이 낮은 상태로 정의할 수 있을 것이다.

이와 같이 사회복지 연구에서 많이 등장하는 삶의 만족도, 자존감, 행복감, 스트레스, 돌봄부담, 또래관계, 가족기능 등도 개념적 정의와 조작화 과정을 거치게 되면 경험이 가능해지고 연구가 가능해진다. 따라서 이들 개념을 연구하려는 조사자는 각각의 개념을 조작화한 척도를 통해 이를 측정하고, 서로 다른 집단의 평균이나 표준편차를 계산하여 유의미한 차이가 나는지 가설검정을 할 수 있다.

2) 논리성

과학적 지식이 갖는 특성으로 논리적이고 체계적이라는 점을 들 수 있다. 과학적 지식이 갖는 특성으로서 논리성은 합리론에서 주장하듯이 인간의 이성이 작용하여 지식으로서의 확실성을 확보할 수 있어야 한다. 따라서 과학적 지식은 근본적으로 논리적이며, 합리적인 사고가 지향하는 이치에 맞아야 한다. 과학적 지식이 갖추어야 할 논리성과 체계성은 연역적 방법과 귀납적 방법 안에서도 논리적인 추론방식을 발견할 수 있으며, 과학적 방법과 절차가 논리적이고 체계적일 때 그 절차를 통해 생산된 지식은 과학적 지식이 될 수 있을 것이다.

예를 들어, 새로운 이론이 형성되는 과정에서는 연구자가 관심 있는 사회적 현상을 관찰하고, 이를 근거로 새로운 가설을 설정하고, 잠정적으로 설정한 가설에 대한 검정을 통해 가설의 채택과 기각 여부를 결정하게 된다. 또한 검정된 가설은 하나의 새로운 이론을 형성할 수 있으며, 이러한 과정이나 절차 자체가 체계성과 논리성을 가진 과학적 방법이 된다.

3) 반복가능성

과학적 지식이 갖는 특성으로서 반복가능성은 흔히 재생가능성이라는 용어와 중첩된다. 반복가능성은 서로 다른 연구자가 동일한 절차나 방법을 수행한다면 동일하거나 유사한 결과가 나타나는 것을 의미한다. 이는 과학적 방법이 지향하는 절차나 방법의 중요성을 강조한 결과이며, 연구결과의 객관성을 확보하는 방법이기도 하다. 또한 이러한 결과는 과학적 지식을 형성하는 과정에서 연구자의 주관적 가치가 배제되거나 적어도 가치중립적 위치에 있어야 한다는 것을 보여 주는 예이기도 하다.

그러나 자연과학과 달리 사회현상과 인간행위를 연구할 때는 동일한 연구방법과 절차를 따랐다 하더라도 동일한 결과가 나타나지 않을 수 있다. 이는 실험설계에서 외적타당도를 확보하기 어렵게 만든다. 예를 들어, 사회복지사가 특정 클라이언트를 대상으로 집단 프로그램을 실시하고 그 효과성을 입증받았다고 하자. 만약 다른 지역에 있는 사회복지사가 유사한 집단을 대상으로 동일한 프로그램을 실시하였을 때 언제나 동일한 결과가 나올 수 있을까? 만약 차이가 난다면 이러한 차이는 어디서 기인하는 것일까? 그 차이는 프로그램의 참여자와 사회복지사가 다르기 때문에 나타난 결과일 것이다. 특히 특정 집단이 가지는 역동성은 저마다 다를 수 있기 때문에 실험결과의 일반화를 의미하는 외적타당도 확보에 실패할 수 있다. 그러나 과학적 지식이 갖는 특성으로 연구결과의 반복가능성 혹은 재생가능성의 의미는 만약 사회복지사가 외적 타당성을 저해할 수 있는 상황을 적절히 통제했다면 동일한 결과가 나타났을 것이라고 보는 것이다.

4) 객관성

객관성은 과학적 지식이 갖는 가장 중요한 특성 중의 하나다. 인류는 객관적 지식을 확보하기 위해 끊임없이 노력해 왔다. 어떻게 하면 객관적인 지식을 확보할 수 있을까? 여기서 객관성은 건전한 감각기관을 가진 사람들이 같은 대상을 인식하고, 그 결과 인식의 내용이 상호 일치하는 것을 의미한다. 이러한 측면에서 객관성은 서로 다른 인식주체 간에 상호주관성(inter-subjective)을 확보하기 위해 필요한 조건이 된다. 만약 과학적 지식이 객관성을 통해 상호주관성을 확보하기 어렵다면, 서로 다른 인식주체는 소통할 수 없으며 독단적인 자기주장을 하고 말 것이다.

그러나 인간의 인식방법인 경험과 이성의 두 가지 속성으로도 지식의 객관성을 담보하는 데는 한계가 있다. 예를 들어, 합리론은 이성을 통한 대상의 인식을 중시하고, 경험론은 감각기관을 중시해 왔다. 하지만 합리론의 경우 이성은 인식능력은 인간이면 누구에게나 공통적으로 주어져 왔다고 전제하고 있으며, 경험론은 인간이 주어진 현상을 있는 그대로 모사할 수 있다는 전제에서 출발하고 있다. 그러나 합리론은 인간 인식능력에 대한 무한한 신뢰를 가질 수 있는 근거를 제시하지 못하였고, 경험론은 귀납적 추론이 언제나 개연성을 가질 뿐 보편성과 필연성을 가질 수는 없다는 한계를 극복하지 못했다. 따라서 인간의 인식능력이 주장하는 객관성은 절대적인 지식으로 간주하기 어렵다. 따라서 과학적 지식이 담보할 수 있는 객관성의 의미는 특정 사회에서 지식 형성에 영향을 주는 지배적 신념이나 연구결과를 공유하고 인정해 주는 연구 공동체의 패러다임 안에서 인정하는 제한된 결과로 간주해야 할 것이다. 나아가 과학적 지식이 상호주관성에 기반한 객관성을 공유할 수 있게 되면, 새로운 과학적 사실이 발견되었을 때 기존의 과학적 지식은 수정 가능해질 수 있을 것이다.

5. 과학적 지식 형성을 방해하는 요인

과학적 지식이 갖고 있는 중요한 기본 전제의 하나는 인식주체가 인식대상과 분리될 수 있으며, 실재하는 대상의 객관적 관찰이 가능하다는 점이다. 그러나 객관주의 인식론이 전제하고 있는 기본 전제들을 저해하는 요인들은 다양하게 존재할 수 있다. 우선, 객관주의가 가정하고 있는 객관적 관찰이 어려운 까닭은 우리가 매일의 일상에서 벌어지는 세상의 일부만을 인식할 수 있기 때문이다. 인간은 자신이 관심을 두고 있는 현상을 선택적으로 관찰할 수밖에 없는데, 이런 선택적 관찰의 문제는 인간이 자신을 둘러싼 세상을 인식하는 과정에서 자기중심적으로 세상을 인식하게 하고 독특한 선입관과 편견을 만들어 낸다. 인간은 자신의 신념이나 믿음이 언제나 옳다고 인식할 수 있으며, 이러한 결과는 자신이 지향하는 신념에 일치하는 현상만을 선택적으로 수용한 결과라고도 볼 수 있다.

이와는 별도로 인간 감각기관의 정확성 문제도 객관적 지식으로 이르는 길을 방해할 수 있다. 우리는 흔히 정확하지 않은 관찰을 통해 세상을 부정확하게 인식할 수 있다. 이러한 오류는 귀납적 방법을 비판하는 과정에서 논의하였던 관찰의 이론의존성과도 무관하지 않다. 인간은 개인이 겪은 삶을 살아온 과정에서 수많은 경험이 만들어 낸 산물이다. 인간은 자신의 삶에 영향을 미쳤던 수많은 요인을 배경 삼아 세상과 접촉한다. 따라서 인간을 둘러싼 수많은 사회현상에 대한 인식과 이해는 다양한 인식주체만큼이나 상이한 견해가 공존할 수 있다.

또한 사회복지사는 특정 클라이언트 집단에 대한 과도한 일반화를 실천과정에 적용할 수 있다. 이는 사회복지사가 몇몇의 소수 사례를 관찰하거나 경험한 이후 유사한 집단에 대해 가질 수 있는 편견이나 선입관이 실천과정에서 드러날 수 있음을 의미한다. 사회복지사는 새롭게 마주하는 클라이언트의 개별성을 찾기 위해 노력해야 하지만 과도한 일반화는 우리가 미처 인식하지 못하는 순간에도 실천가에게 영향을 미칠 수 있음에 유념해야 할 것이다.

이와 함께 인간의 감각이나 이성으로 설명하기 어려운 현상을 신비화하는 것도 과학적 지식을 형성하는 데 방해요인이 될 수 있다. 인간의 경험을 중시하는 경험론의 입장에서는 경험가능성을 강조하며, 인간의 이성을 중시하는 합리론의 경우는 이성의 논리적 추론을 중시한다. 따라서 경험론과 합리론의 입장에서 과학적 지식은 인간의 감각기관으로 경험 가능해야 하고, 이러한 경험은 이성적 추론으로 논리성을 확보할 수 있어야 한다. 그러나 인간의 경험과 이성적 추론으로 정당화하거나 설명하기 어려운 현상을 신비화하는 방법은 인간의 오감과 이성의 범위를 벗어나 있으며, 즉각적인 판단이나 인식주체의 직관에 의존해야 하기 때문에 이러한 지식 형성은 과학적 지식의 대상에 포함되기 어렵다.

제2장

인식론과 연구방법

1. 인식론에 대한 개요[1)]

1) 인식론적 신념과 사회복지실천

철학의 하위분야로서 인식론(epistemology)은 지식을 다루는 영역이며, 인간이 자신을 포함한 세상을 어떻게 알아차리고 이해할 수 있는가에 대한 해답을 찾는 과정에서 탄생하였다(김기덕, 2002). 인식론은 지식이란 무엇이며, 지식의 정당성을 어떻게 확보할 것인가에 대해 질문하고, 지식이 확실성을 담보할 수 있는 것은 과

1) 이 절은 필자의 2006년 박사학위논문인 「사회복지사의 반성적 실천에 관한 연구」와 2008년 『한국사회복지연구』 36호에 실린 '사회복지사의 인식론적 신념과 지시적 실천정도'의 문헌고찰 부분을 재구성한 것이다.

연 가능한가에 대한 답을 찾고자 노력해 왔다.

확실한 지식을 찾고자 하는 열망은 다양한 인식론적 입장들로 나타났다. 근대 이후 영국을 중심으로 한 경험론과 대륙의 합리론, 칸트(Kant)의 비판철학, 20세기 초 형성된 비엔나학파의 논리실증주의와 그 뒤를 이어 등장한 후기실증주의에 이르기까지 과학철학의 역사 안에서 지식의 확실성을 확보하는 방법에 대한 논의는 핵심적인 주제였다. 사회복지조사론도 다양한 연구방법과 절차를 통해 사회복지 지식을 창출하는 방법을 학습하는 것이며, 사회복지 지식을 창출하는 데 적합한 인식론은 무엇인가에 대한 고민과 연결되어 있다. 나아가 사회복지 지식에 관한 인식론적 신념의 차이는 사회복지실천의 목적과 성과를 무엇으로 볼 것인가에 대한 입장도 다르게 나타날 것이다. 이는 인식론적 신념에 따라 세상을 인식하는 방법과 앎의 정당성을 확보하는 방법을 저마다 다르게 주장하기 때문이며, 인식론적 신념이 서로 다른 인식주체는 사회복지실천의 목적과 성과에 대한 판단도 달라질 수밖에 없을 것이다.

사회복지는 클라이언트가 당면한 과업들에 대처하는 능력을 키우고, 인간의 기본적 욕구를 충족할 수 있도록 사회적 여건을 마련하는 것을 목표로 한다. 사회복지가 클라이언트를 둘러싸고 있는 체계의 변화를 지향한다는 의미에서 클라이언트의 현 상황에 대한 사회복지사의 인식은 실천과정에서 중요한 역할을 한다. 클라이언트의 실재(reality)는 사회복지사에게 실천과정을 이끌어 갈 방향을 제시할 뿐만 아니라 사회복지사의 실천행위를 평가하는 근거가 되기 때문이다. 그러나 사회복지사가 클라이언트의 실재를 파악한다는 것이 언제나 확실성을 담보하는 것은 아니다. 클라이언트가 당면하고 있는 현재 상황은 실재의 근거를 무엇으로 보느냐에 따라 달라질 수 있다. 예를 들어, 유사한 상황에 처한 클라이언트라 하더라도 사회복지사가 선호하는 이론적 전제들의 상이함은 클라이언트의 문제 상황에 대한 이해를 달리하며, 우선적으로 수행해야 할 사회복지사의 역할도 다르게 제시한다. 또한 클라이언트의 변화를 무엇으로 볼 것인가도 인식론적 신념에 따라 다르기 마련이다. 따라서 인식론과 관련된 실천적 과제는 현대적 의미의 사회복지가 과학적 실천을 강조함으로 인해 질적인 평가보다는 양적인 평가에 경도되어 있는 점을 해결하는 것이다. 이는 사회복지실천의 근거가 되는 이론들이 대부분 경험론에 편중되는 결과로 이어졌다(고미영, 2000; Burris & Guadalupe, 2003).

사회복지사의 인식론적 신념에 대한 논의는 '우리가 어떻게 지식을 획득하는가'에 대한 기반을 제공하고, 사회복지사로서 '어떻게 실천할 것인가'에 대한 질문과 연결되어 있다(Peile & McCouat, 1997). 사회복지는 사회의 변화를 즉각적으로 반영하는 실천학문으로서 새로운 사회적 욕구와 이전에 경험하지 못한 사회문제들과 대면한다. 새롭게 등장하는 사회문제들을 해결하기 위해 사회복지사는 전문직에게 요구되는 고유한 지식체계를 구축하는 것과 함께 클라이언트와의 상호교류를 확대하고 그들의 주관적인 경험에 관한 지식체계를 필요로 한다.

오류가 없는 확실한 지식을 얻고자 하는 열망은 시간과 공간을 초월하여 불변하는 지식의 속성을 지녀야 한다는 신념에서 출발하였지만, 지식은 사회를 이루는 구성원들의 합의와 상호주관성(inter-subjective)을 확보하는 과정을 거치면서 구축된다. 따라서 지식이 갖는 변화의 속성은 새로운 지식을 발견하거나 자신의 지식을 타인과 공유하기 위해 필수적으로 요청되며, 사회복지 전문직은 사회복지 지식이 지향해야 할 인식론적 신념을 확고하게 설정하는 것이 요청된다.

따라서 사회복지는 기존의 이론이나 실천모델을 체계적으로 제시하는 동시에 다양한 인식론적 입장에 근거하여 사회복지실천의 기반이 되는 새로운 지식들을 지속적으로 발전시켜야 할 것이다(Sherman & Reid, 1994).

2) 근대 인식론의 한계와 사회복지 지식

인간은 자신을 둘러싸고 있는 객관적 세계를 명확하게 인식하고 확실한 지식을 얻기 위하여 끊임없는 지적 탐구활동을 수행하였고, 다양한 지식체계를 구축해 왔다. 그러나 이러한 지식체계는 불변적인 것으로 존속하는 것이 아니라 새로운 사실이 발견되면 다른 지식체계에 의해 대체되는 가변적인 것임을 상기할 필요가 있다

(엄태동, 1998). 이러한 의미에서 기존의 학교 교육은 새로운 지식을 형성하기 위해 요청되는 인식주체의 '발견의 열정'을 소홀히 다루고 말았다. 이는 학교 교육이 기존의 이론적 지식을 전달하기에 급급했던 결과이기도 하다. 근대 인식론은 지식기반사회에 요청되는 지식 창출의 패러다임으로 명성을 유지하기에는 결정적인 한계점들을 드러내고 있으며, 이러한 문제를 해결하기 위해 현대 인식론은 1960년 이후 후기실증주의, 포스트모더니즘, 사회구성주의, 후기구조주의에 대한 논의를 통해 근대 인식론의 한계를 극복하고자 노력하고 있다.

한편, 근대 과학철학은 인식주체가 파악한 인식내용에 대해 어떻게 정당성을 확보할 것인가에 대한 해답을 찾는 데 초점을 두었다. 그러나 근대 인식론적 입장을 대표하는 실증주의는 인식주체와 무관하게 자신을 둘러싸고 있는 세상을 객관적으로 관찰하는 것이 가능하다고 전제한다. 이는 정초주의 혹은 반영주의로 대변되며, 지식이 외부 대상의 표상이라는 경험론적 전통을 받아들인다. 정초주의 혹은 반영주의는 인식의 밖에는 그것과 독립된 순수하고 오염되지 않은 실재가 있다고 가정한다. 따라서 이러한 정초주의에 기반을 둔 객관주의 인식론에서는 인식활동의 최종적인 목표로 관찰대상을 있는 그대로 재생해 내는 언어를 찾고 인식주체의 개입을 가능한 한 차단시킬 것을 주장한다. 그 결과, 인식대상은 인식주체와 확고하게 독립적인 상태로 존재하게 된다는 신념을 탄생시켰다(이현욱, 2004).

근대 인식론은 객관성에 관한 치열한 논의를 통해서도 그 한계가 명확히 드러난다. 객관주의는 사회적 · 학문적 풍토에서 미신이나 편견이 제거된 객관성을 확보한 지식을 추구하려는 목적에서 발생하였고, 이른바 과학주의를 탄생시켰다. 과학주의는 측정이나 관찰을 통해 증명 가능한 지식의 경우만 객관성을 지니게 된다고 믿고 있다. 따라서 인식주체의 정서적 요소의 개입은 지식 형성에 장애물로 간주되며(이애리, 2002), 객관성에 기반을 둔 경험 가능한 지식체계는 인간의 마음과 분리된 지식을 양산하는 결과를 낳았다. 객관성에 근거한 지식이 개인의 실존에 아무런 영향을 미치지 못한다면 그러한 지식들이 실천현장에서 어떻게 활용될 수 있겠는가? 이러한 의미에서 객관적 지식은 학습자로 하여금 기계적 학습만을 반복적으로 요구하는 결과를 초래하였다. 그 결과, 근대 인식론은 객관성과 주관성을 분리함으로써 과학적 탐구에 개인적 참여의 요소를 제거하였고, 학습자의 감각경험을 넘어 개인의 열정으로 만들어지는 개인적 지식체계를 수용하지 못하는 결과를 초래하였다(김만희, 김범기, 2003).

근대 인식론은 지식이 형성되는 과정에서의 발견의 맥락(context of discovery)보다는 지식의 결과로서의 정당화의 맥락(context of justification)을 확보하는 것에 지대한 관심을 가졌다. 여기서 정당화의 맥락은 해당 이론과 관찰이 어떻게 이루어졌는가보다 관찰이 이론의 증거를 얼마나 제공하고 있는가에 관심을 둔다(Ladyman, 2002). 결국 근대 인식론은 명제적 형태 혹은 이론적 지식의 정당화에만 관심을 두어, 언어나 글로 표현하기 어려운 실천적 지식이나 암묵지(tacit knowledge)를 소홀히 다루고 말았다. 그러나 명제적 지식도 학습이 이루어지기 위해서는 인식주체의 경험에 의해 형성된 의미구조를 벗어날 수 없으며, 결국 학습은 일종의 인식주체의 탐구활동으로 가능해진다(이애리, 2002).

우리는 과학의 역사 안에서 새로운 발견이나 독창적인 이론을 개발할 때 과학자의 창의력과 뛰어난 직관력이 얼마나 중요한 역할을 하는가를 확인할 수 있다. 이는 우리가 살아가는 일상 세계와 세계에 대한 앎은 명제적 지식이나 이론적 지식 등 형식지로 표현할 수 없는 또 다른 영역이 존재한다는 것을 의미한다.

과학철학의 역사 안에서도 정초주의는 확실한 인식을 보장하는 근거를 제시할 수 없다는 의견이 수용되었으며, 현대 인식론은 정초주의의 한계를 인정하면서 이를 극복하기 위한 대안을 찾고 있다. 무엇보다 현대 인식론은 인간의 지식이 인식주체의 앎의 수준을 향상하는 데 그치지 않고, 인간 삶의 본질을 설명하고 인식주체의 삶을 변화시킬 수 있는 지식을 필요로 한다. 근대 인식론은 오늘날 우리 사회의 다양한 학문분야에서 강력한 패러다임으로 자리하면서 지식 생산과 유통과정에 지대한 영향을 미치고 있다. 그러나 근대 인식론은 지식기반사회가 요구하는 새로운 지식인 양성이라는 목표를 달성할 수 있는가라는 의문을 낳고 있다. 이는 지식창출과정에서 인식주체의 역할을 소홀히 다루었고, 교육 패러다임도 객관주의

인식론에 근거하여 교수자에 의한 지식 전달과 학습자의 지식습득에 치중하여 왔기 때문이다,

지식창출과정은 인식주체가 지식획득과정에서 능동적이고 적극적인 역할을 수행한다. 지식창출과 관련된 이론들은 콜브(Kolb)의 성인학습이론, 노나카와 타게우치(Nonaka & Takeuchi)의 지식창조유형, 폴라니(Polanyi)의 인격적 지식(personal knowedge) 등이 있으며, 다양한 전문직 종사자들이 실천과정에서 어떻게 실천지식(practice knowledge)을 획득할 수 있는가를 설명해 주고 있다(유영준, 2007). 지식기반사회는 인식주체와 무관한 지식의 양산이 아니라 인식주체와 분리하기 어려운 인격적 앎과 지식창출 능력을 요구하고 있다. 따라서 지식기반사회에서 필요한 교육과정은 학습자들에게 이론적 지식을 전달하는 데 그치는 것이 아니라 인식주체가 자신의 지식에 책임을 지는 살아 있는 지식을 창출하는 방법을 제시해야 할 것

인식론에 대한 정의

철학의 분과학문으로 인식론은 지식이론(the theory of knowledge)을 의미하며, 다음과 같은 근본적인 질문에 대한 해답을 구하고자 하는 노력이다. 첫째, '지식이란 무엇인가?', 둘째, '우리는 무엇을 알 수 있나?', 셋째, '우리가 무엇인가 알고 있다는 것을 어떻게 알 수 있는가?'이다. 이는 지식에 대한 분석과 지식의 구조와 정당화에 관한 연구들을 총칭한다(김기덕, 2003). 특히 인식론은 인식론을 구성하고 있는 요소를 인식주체, 인식대상, 인식내용으로 구분하여 이 세 가지 요소의 관계에 대해 논의하는 철학이다.

예를 들어, 인식의 주체에 관심을 두게 되면 심리학적 입장을 대변하는 것에 가깝고, 인식의 대상에 관심을 두는 입장은 존재론적 차원의 접근에 가까울 수 있다. 또한 인식의 내용에 초점을 두는 학문의 영역은 논리학에 치우치게 되는 한계를 지닌다. 따라서 인식론은 이 세 가지 요소의 관계에 초점을 둔 학문체계라고 할 수 있다.

이(홍은숙, 2003). 사회복지교육도 사회복지 실천가나 학습자가 실천현장에서 새로운 지식을 창출할 수 있는 능력을 갖출 수 있도록 교육과정을 구축해야 하는 과제를 안고 있다.

3) 객관주의와 구성주의

사회현상을 바라보는 인식론적 입장은 분류기준에 따라 다양하게 구분할 수 있다. 그러나 여기서는 두 가지 상반된 입장을 중심으로 논의하고자 한다. 첫 번째는 인식주체와 독립적으로 존재하는 진리를 옹호하는 객관주의(objectivism) 인식론이다. 이와 달리 두 번째 인식론적 입장은 인식주체의 신념이나 가치체계가 자신이 존재하는 실재에 대한 세계관에 의해 영향을 받는다고 주장하는 구성주의(constructivism) 인식론이다(Sahin, 2006). 사회복지사의 인식론적 신념을 객관주의 인식론과 구성주의 인식론으로 구분하여 논의하고자 한 이유는 인식론적 신념에 대한 상반된 인식론적 입장을 대비함으로써 사회복지사의 인식론적 신념의 차이가 사회복지실천과 어떻게 관련되어 있는지 명확하게 보여 줄 수 있기 때문이다.

일찍이 사회복지는 19세기 말 과학적 자선운동에서부터 피셔(Fischer)에 의해 제기된 사회복지실천의 효과성 논쟁, 이어 가속화된 경험적 실천운동 등을 거치면서 사회복지 지식의 과학화를 추구했다(Reid, 1998). 객관주의 인식론에 대한 사회복지의 신봉은 실천의 과학화와 전문직으로서의 성장을 추구하는 것과 관련되어 있다.

과학적 지식은 계몽주의의 등장과 16세기 후반에 이르러 갈릴레이와 뉴턴을 중심으로 한 자연과학의 발전에 힘입어 과학의 성과에 입각한 지식이 인간의 진보와 해방을 가능하게 해 줄 것이라는 신념을 형성하는 데 영향을 미쳤다. 이를 반영하듯 초기실증주의는 사회현상을 포함한 모든 현상은 법칙에 의해 지배되기 때문에 사회현상의 원인을 찾기 위해 법칙정립적인(nomothetic) 탐구방법을 적용하여야 한다고 보았다(전경갑, 2004). 이러한 인식론적 신념은 주어진 명제가 검정가능성과 확증가능성을 확보하느냐의 여부에 관심을 집중하였으며, 지식 형성과정에서 연구자의 가치중립성을 강조하였다(김인숙, 2007).

그러나 객관주의 인식론이 위세를 떨치던 시기에도 이에 대한 비판과 대안적 인식론에 관한 논의들은 공존하였다. 그중 구성주의는 1980년대에 이르러 기존의 객관주의에 대한 대안적 패러다임으로 자리 잡게 되었으며, 구성주의 인식론은 상대주의적 진리관과 주관적 인식론에 근거한다(윤종건, 2000; 이종일, 1999). 지식에 관한 이론으로서 구성주의는 인간의 모든 정보와 이야기를 인간의 창조물로 본다. 구성주의 인식론의 핵심을 이루는 원리들은 인식주체의 지향과 무관하게 형성되는 객관주의 지식보다 인식주체에 의해 능동적으로 만들어지는 지식의 중요성을 강조한다(곽영순, 2001). 이러한 인식론적 신념은 인간 경험이 물리적 현상과 달리 조작과 실험의 결과처럼 예측하는 것과 다르게 나타날 수 있고, 사회현상에 대한 예측이 늘 일치하지 않는다는 것에 동의함으로써 객관주의 인식론과 대비된다(고미영, 2005). 나아가 구성주의는 인간들과 상관없이 주어진 사실보다 인간의 가치가 개입되어 구성된 의미와 신념에 중요성을 부여하고, 삶의 의미라는 것은 그것이 구성된 맥락에 따라 달라진다고 본다(신기현, 1999).

초기의 구성주의는 인간 자신의 경험을 강조하는 경향이 강하였으나 지식사회학의 영향으로 인간의 상호작용 자체를 지식을 만드는 출발점으로 파악하는 사회적 구성주의가 강조되고 있다(이종일, 1999). 사회적 구성주의에 의하면 객관적 현실이란 사회적 구성의 산물이며, 문화와 역사, 정치, 경제 등의 조건들에 영향을 받아 형성되는 것이다. 이러한 관점에 따르면 사회복지 실천영역에서 장애인복지나 정신보건 영역에서 논의되고 있는 정상과 비정상의 기준이나 가족치료 분야에서 가족의 순기능과 역기능에 대한 정의, 수급권자의 자격기준을 설정하는 작업, 사회복지실천의 효과성을 무엇으로 볼 것인가에 관한 기준 등은 객관적인 절차나 내용에 전적으로 의존할 수 없으며, 우리 사회를 구성하고 있는 다양한 사회·문화적 요인과 경제적 조건들의 영향을 받으며 구성된다.

객관주의 인식론과 구성주의 인식론을 주요 영역에서 비교한 결과는 〈표 2-1〉과 같다. 객관주의와 구성주의가 전제하는 가정에서 가장 중요한 차이는 지식과 인간을 둘러싼 세상의 실재에 대한 인식에서 발견할 수 있다. 우선, 객관주의가 인식주체와 독립되어 외부에 실재가 존재한다고 본다면, 구성주의는 객관적 실재란 인간 마음의 산물로서 인식주체에 의해 결정된다고 본다. 따라서 객관주의는 인간의 사고가 외부 실재를 반영할 수 있으며 외부 실재에 의해 통제된다고 보는 반면, 구성주의는 인간의 사고는 지각과 구성에 의해 발생되며 신체적 · 사회적 경험을 통해 생성된다고 간주한다. 따라서 지식과 세상에 부여하는 의미도 객관주의는 인식주체와 독립되어 있는 것으로 간주하며, 구성주의에서는 의미란 본래적으로 주어

표 2-1 객관주의와 구성주의 비교

<table>
<tr><th>인식론
비교대상</th><th colspan="2">객관주의</th><th colspan="2">구성주의</th></tr>
<tr><td>실재(지식)</td><td colspan="2">인식주체와 독립되어 외부에 존재</td><td colspan="2">마음의 산물로 인식주체에 의해 결정</td></tr>
<tr><td>사고</td><td colspan="2">외부 실재를 반영, 외부 실재에 의해 통제</td><td colspan="2">지각과 구성에 근거하며, 신체적 · 사회적 경험을 통해 성장</td></tr>
<tr><td>의미</td><td colspan="2">인식주체와 독립</td><td colspan="2">인식주체에 의해 결정</td></tr>
<tr><td>상징</td><td colspan="2">실재를 표상, 외부 실재의 내적 표상</td><td colspan="2">실재를 구성하는 도구, 내부 실재의 표상</td></tr>
<tr><td>최종 목표</td><td colspan="2">보편타당한 절대적 진리와 지식 추구</td><td colspan="2">맥락에 적합한 의미 구성</td></tr>
<tr><td>대표 유형</td><td>행동주의</td><td>인지주의</td><td>개인적 구성주의</td><td>사회적 구성주의</td></tr>
<tr><td>연구자의 역할</td><td>정보의 수동적 수용자, 청취자, 추종자</td><td>정보의 능동적 처리자</td><td>의미의 능동적 구성자, 산출자, 설명자, 해석자</td><td>의미의 능동적 공동 구성자, 산출자, 설명자, 해석자</td></tr>
<tr><td>성과평가/ 연구방법</td><td colspan="2">양적 평가, 총괄평가 강조</td><td colspan="2">질적 평가, 형성평가 강조</td></tr>
<tr><td>주요 이론가</td><td>스키너</td><td>브루너</td><td>피아제, 폰 글레이저스펠트</td><td>비고츠키</td></tr>
</table>

출처: 송선희(2003), p. 3; Jonassen (1991), p. 9 재구성.

진 것이 아니라 인식주체에 의해 부여되는 것으로 본다. 인식론의 최종 목표도 객관주의는 보편타당한 절대적 진리를 추구하는 것이며, 이에 비해 구성주의는 맥락에 적합한 의미를 구성하는 것을 지식의 목표로 설정하고 있다. 따라서 객관주의와 구성주의는 연구자의 역할에 차이를 보이며, 평가와 연구방법도 객관주의는 양적 평가나 결과에 대한 평가를 선호하며, 구성주의는 질적 평가와 형성평가(과정평가)를 강조한다.

무엇보다도 구성주의 인식론이 가정하고 있는 지식관은 앎이란 사람들의 외부에 있는 것이 아니라 내적으로 존재하며, 사람들이 사물에 부여하는 의미나 해석은 자신의 지식에 근거한다는 것이다. 따라서 동일한 현상에 대한 해석과 의미는 인식주체의 기존 지식과 신념에 따라 부여되는 것으로 보기 때문에 동일한 경험에 대해서도 서로 다른 의미를 부여할 수 있다. 또한 지식이 지닌 변화의 속성을 인정하기 때문에 환경과 상호작용하면서 구성될 수 있고, 자신이 학습한 것에 대한 궁극적인 책임도 학습자의 몫으로 본다. 이와 함께 지식이란 결코 완벽할 수 없으며, 지각과 행위를 통해 구성되고, 이에는 시간과 인식주체의 열정이 요구된다고 보고 있다(송선희, 2003).

객관주의와 구성주의의 비교가 사회복지실천에 주는 함의는 사회복지가 지향해야 하는 인식론적 위치를 어떻게 설정할 것인가에 대한 성찰을 요한다는 점이다. 이러한 성찰은 사회복지가 지향하는 목적과 목표, 사회복지실천의 성과에 대한 평가를 어떻게 할 것인지 가늠하기 때문에 중요하다. 따라서 객관주의 입장에서 사회복지사와 클라이언트는 개입의 목표를 수립할 때 구체적인 수치로 나타낼 수 있는 성과 목표를 우선 설정해야 한다. 이 과정에서 사회복지사는 전문가의 입장에서 개입 목표를 측정할 수 있는 다양한 척도와 평가도구를 선택해야 할 것이다.

이에 비해 구성주의에 기반을 둔 실천가는 클라이언트와 목표를 설정할 때 클라이언트 당사자가 중요하게 생각하는 개입의 목표가 무엇인지 설정하고, 그 목표가 클라이언트 자신에게 어떤 의미가 있는지 파악하고자 할 것이다. 또한 사회복지실천의 성과를 평가할 수 있는 구체적인 항목들을 클라이언트와 함께 결정해야 할 것이다. 따라서 객관주의와 구성주의에 대한 인식론적 입장의 차이는 사회복지사가 개입 목표를 설정하는 것에서부터 개입결과를 평가하는 과정까지 영향을 미치게 된다.

2. 양적 접근과 질적 접근의 비교

1) 인식론적 입장에 따른 연구방법의 특성

인식론적 입장에 따른 연구방법의 특성은 〈표 2-2〉에 제시한 바와 같이 실증주의(positivism), 해석주의(hermeneutics), 비판주의(criticism)로 구분하여 논의한다. 인식론적 입장을 실증주의, 해석주의, 비판주의로 구분한 것은 하버마스(Harbermas, 1970)가 인지적 관심의 입장에서 지식의 출처, 앎의 형태, 어떠한 지식을 활용할 것인가를 기준으로 구분한 것에서 비롯되었다.

실증주의는 앞서 논의한 객관주의에 기반을 둔 세계관을 대표하는 인식론적 입장이며, 해석주의는 구성주의에 근거한 인식론적 입장으로 설정하였다. 그러나 구성주의가 해석주의를 대표하는 인식론적 입장이라고 단적으로 보는 입장에는 한계가 있다. 예를 들어, 구성주의적 입장을 대표하는 피아제(Piaget)의 경우는 객관주의적 구성주의자로 볼 수도 있다. 그러나 객관주의가 지향하는 연구방법의 궁극적인 목적이 객관적 실재를 관찰하고 법칙을 발견하는 것에 있다면, 해석주의는 사회적 실재에 대한 인간의 이해를 탐구한다는 입장에서 구성주의, 민속방법론, 현상학, 상징적 상호작용주의가 담고 있는 인식론적 가정과 일정 부분 합치된다고 볼 수 있다. 이와 함께 비판주의는 프랑크푸르트학파를 중심으로 발전한 비판적 합리주의로 불리고 있으며, 마르크시즘을 현대적 의미로 재해석하는 정치철학이라고 볼 수 있다.

이러한 논의를 기반으로 인식론적 입장에 따른 연구방법의 기본 특성들을 차례

표 2-2 인식론적 입장에 따른 연구방법의 특성

구분	실증주의	해석주의	비판주의
기본 특성	• (논리)실증주의자들은 과학적 명제들이 경험적으로 증명되었을 때만 참된 의미를 가진다고 주장. 한정된 수의 경험적 증명만으로 일반적 문장들을 진리라고 주장하는 것은 무리 • 사회를 자연과 동일시	• 인간의 합리성, 논리적 추론, 과학과 기술에 대한 신뢰, 인류의 미래와 진보에 대한 낙관 거부: 구성주의, 민속방법론, 현상학, 상징적 상호작용주의 • 인식의 주관적 특성 중시	• 인간이 스스로의 삶의 조건을 변화시키고 더 나은 세상을 만들어 갈 수 있도록 돕기 위해서 사회의 구조적 측면을 올바르게 파헤치는 것 • 사회적 실체는 총체적 역사 구조 속에서 파악
사회적 실재 및 인간본성에 대한 시각	• 사회적 실재 존재-일정한 규칙과 법칙 발견이 가능 • 인간은 합리적 의사결정 • 확률적 인과관계	• 사회현실은 인간의 상호작용에 의해 만들어짐 • 의미의 창조	• 사회적 실재가 존재. 갈등을 중시-일정한 사회적 규칙성 동의하지 않음-사회변화의 본질적이고 구조적인 내면 파악
사회복지 연구 목적 (이론과 과학적 방법)	• 사회현상을 객관적 서술, 설명, 예측력과 통제력 강조-경험적 관찰을 통해 재검증 • 논리적 법칙, 경험적 사실에 의해 뒷받침, 양적연구방법, 객관적 경험자료, 반복가능성, 재생가능성	• 의미 있는 사회적 행위를 이해하고 서술 • 어떤 사회집단의 의미 체계가 어떻게 창조되고 유지되는가?	• 기존 사회질서의 급진적 변화 추구 • 사회적 조건을 폭로, 내면적·구조적 요인 발견, 사회변화 설명 • 권력관계 폭로
사회문화적 가치와 과학의 관계	• 가치중립-개인의 가치, 태도, 의견, 신념은 주관적 요소로 연구 영향력 배제	• 사회문화적 가치관이 사회생활의 본질적 요소-행동의 배경이 되는 가치 중시	• 가치중립 비판, 상대주의 비판, 사회정치적 가치관 중시
대표적 학자	콩트, 밀, 뒤르켐, 비엔나학파	베버, 딜타이	프랑크푸르트학파, 하버마스

출처: 김환준(2004).

로 살펴보면, 첫째, 각각의 인식론적 지향이 갖는 기본적인 특성에서 차이를 발견할 수 있다. 우선, 실증주의는 과학적 명제들이 경험적으로 증명되었을 때 참된 의미를 가진다고 주장한다. 그러나 무수히 많은 사회현상에 대해 한정된 수의 경험적 증명만을 강조한다는 것은 실증주의가 갖고 있는 한계이기도 하다. 또한 실증주의는 사회과학을 연구하는 방법이 자연과학을 연구하는 방법과 다를 필요가 없다고 보고 있다. 이는 인간현상도 자연현상과 동일한 물리적 현상의 일부라고 보기 때문이다. 이에 비해 해석주의는 인간의 합리성과 논리적 추론능력, 과학과 기술에 대한 신뢰, 인류의 미래와 진보에 대한 낙관적 태도를 거부한다는 측면에서 객관주의와 상반된 입장에 있다. 또한 해석주의가 지향하는 연구방법의 특징은 인식의 주관적 특성을 중시한다는 점이다. 한편, 비판주의가 지향하는 연구방법론은 존재론적으로 실재론을 지지하고 인간의 이성과 합리성을 인정한다는 측면에서 실증주의적 입장과 유사한 측면을 발견할 수 있으나, 연구자의 가치중립성을 거부한다는 측면에서 해석주의의 주장과 일치하는 영역도 발견할 수 있다.

둘째, 인식론적 입장과 연구방법이 갖는 특성 간의 차이는 사회적 실재에 대한 규정에서 분명하게 드러난다. 실증주의는 인간이 합리적인 의사결정을 수행하는 존재이기 때문에 사회적 실재가 객관적으로 존재하고 일정한 규칙과 법칙을 발견하는 것이 가능하다고 본다. 해석주의 입장에서는 사회적 실재가 다양한 입장으로 구분될 수 있으며, 인간의 상호작용의 결과로 발생하고 새로운 의미가 창조된다는 측면에서 실증주의와 차이를 보인다. 또한 비판주의는 사회적 실재가 존재한다는 점에서는 실증주의와 같은 입장이지만 사회적 규칙성에 대해서는 동의하지 않으며, 사회변화의 본질적 측면과 구조적 내면을 파악하는 데 초점을 두고 있다.

따라서 인식론적 입장에 따른 연구방법이 갖는 기본 특성과 사회적 실재에 대한 인식 차이는 사회복지의 연구 목적을 달라지게 한다. 예를 들어, 실증주의는 사회현상을 객관적으로 서술하고 설명 또는 예측하는 것을 연구 목적으로 보고 있으며, 해석주의는 의미 있는 사회적 행위를 이해하고 서술하는 것을 연구 목적으로 지향한다. 이와 달리 비판주의는 기존 사회질서의 급진적 변화를 추구한다. 또한 가치와 과학의 관계에 대해서 실증주의는 연구자라면 최소한 자신의 가치를 중립적으로 유지하거나 배제해야 한다고 보며, 해석주의는 사회문화적 가치를 이해함으로써 사회현상이 지닌 의미를 해석할 수 있다고 본다. 이에 대해 비판주의는 가치와 과학의 관계에서 가치중립을 주장하는 실증주의를 비판하는 동시에 상대주의 입장에 있는 해석주의도 비판하고 있어 독특한 입장을 고수하고 있다.

2) 양적 접근과 질적 접근의 특징

양적 접근과 질적 접근과 관련하여 논의할 부분은 크게 두 가지 차원에서 접근할 수 있다. 첫 번째는 연구과정에서 사용하는 자료의 특성에 관한 내용이다. 이러한 차이의 근원은 연구대상이 되는 자료가 양적으로 측정한 자료인가 혹은 양적으로 측정하기 힘든 질적 특성을 가지고 있는가에 있다.

물론 연구자는 양적 자료와 질적 자료를 분석의 자료원으로 활용할 수 있으며, 개별 연구방법이 따르는 전통에 따라 적절한 분석기법이나 연구과정을 적용할 수 있다. 따라서 연구방법이나 절차에 초점을 둘 때 양적 접근과 질적 접근은 충분히 양립 가능하다. 다만, 연구자가 양적연구를 수행하는 경우 자신이 관심을 두고 있는 연구질문에서 사용할 개념이 정교하게 정리되어 있어야 하며, 이를 측정할 수 있는 척도를 갖추거나 고안하여 양적연구를 수행할 수 있다. 만약 특정 연구질문을 통해 밝히려고 하는 사회현상이 개념들 간의 관계나 인과관계가 아니라 사회현상 자체에 관심이 있을 경우에는 질적 자료를 수집하여 분석하게 된다. 특히 질적연구의 경우 연구질문의 내용은 사회현상을 경험하는 과정이나 경험이 주는 의미, 경험하는 현상의 의식구조나 본질, 귀납적 접근을 통한 이론 개발 등과 관련되는 경우가 많다.

두 번째는 단순히 자료의 특성에 따른 분류에 그치지 않고, 인식론적 차원으로 양적 접근과 질적 접근을 구분할 때 발생하는 인식론적 입장에 대한 논의다. 인식론적 차원에서의 접근은 소위 말하는 패러다임의 차이에 기인한다. 패러다임은 다양한 의미로 정의할 수 있으나 일종의 세계를 인식하는 방법의 차이로 볼 수 있다. 패러다임이 다를 경우 발생할 수 있는 논쟁은 사회현상을 바라보는 관점에서도 이견을 보이지만 발생한 사회문제의 해결책도 다르게 제시한다는 점이다. 이 경우에는 사회현상을 바라보는 세계관이나 사회적 실재에 대한 사고나 인식이 차이가 나기 때문에 두 가지 연구방법을 서로 통합하기는 어렵다.

따라서 연구자는 서로 다른 인식론적 입장을 대변하는 연구전통과 연구방법에서 자신의 연구에 적합한 연구를 선택해야 한다. 예를 들면, 실증주의 인식론을 선호하는 연구자는 질적연구가 지향하는 연구방법이 전제하고 있는 가정들을 수용하기가 어려울 수 있다. 이와 반대로 해석주의나 비판주의 입장에 있는 연구자는 실증주의가 지향하는 가정들에 대해 배타적일 수 있다. 따라서 양적 접근과 질적 접근이 지닌 인식론적 간극을 좁히려는 시도는 어려움에 봉착한다.

한편, 사회복지는 1980년대 이후 문헌연구를 제외한 경우 양적연구에 경도된 연구방법이 지배적이었다. 이는 사회복지의 대표적인 학술지나 학위논문의 연구방법을 분석할 경우 명확하게 드러난다. 〈표 2-3〉은 1979년부터 2002년까지 사회복지학계의 대표적인 학술지인 『한국사회복지학회지』의 연구방법에 대한 내용분석 결과다(홍경준, 2002). 물론 2000년대 중반 이후 사회복지학계에도 다양한 연구전

표 2-3 『한국사회복지학회지』 연구방법 비교

	비경험적 연구	경험적 연구		계	질적 대비 양적	비경험적 대비 경험
		양적	질적			
1979~1987(1기)	44(62.0)	15(21.1)	12(16.9)	71(100)	1.25	0.61
1988~1994(2기)	40(35.4)	54(47.8)	19(16.8)	113(100)	2.84	1.83
1995~1999(3기)	49(26.1)	108(57.4)	31(16.5)	188(100)	3.48	2.84
2000~현재*(4기)	25(19.2)	90(69.2)	15(11.6)	130(100)	6.00	4.20
계	158(31.5)	267(53.2)	77(15.3)	502(100)	3.47	2.18

*〈표 2-3〉에서 현재는 2002년 가을호(통권 50호)까지

출처: 홍경준(2002).

통에 기반을 둔 질적연구들이 등장하고 있어 이러한 간극이 좁혀지고 있으나 여전히 양적연구가 우세한 연구방법으로 자리를 잡고 있다.

그러나 사회복지연구에는 양적연구방법으로 설명하기 어려운 사회현상의 본질에 대한 심층적 이해를 위해서 질적연구의 필요성이 제기된다. 특히 양적연구를 수행하기 위해 필요한 개념화와 조작화를 통한 측정은 제한적이어서, 인간의 역동성과 인간과 환경의 상호작용 측면을 등한시할 수 있다. 따라서 사회복지실천은 클라이언트가 당면하고 경험하는 사회적 현상을 심층적으로 이해하기 위해 질적연구방법을 보다 적극적으로 활용할 필요가 있다. 이와 함께 질적연구는 한국의 사회문화적 상황에 맞는 개념과 이론을 개발하기 위해서도 다양하게 진행될 필요가 있다. 질적연구는 이미 알려져 있는 기존 이론을 실천현장에 적용하는 연역적 방법보다는 국내 사회복지 실천현장에서 구체적으로 나타나는 실천과정에서 귀납적 방법으로 접근하기 때문에 한국의 사회문화적 상황에 맞는 토착화된 이론을 개발하는데 용이하다. 따라서 사회복지 전문직은 다양한 연구방법으로 얻게 된 연구결과들을 포용적으로 수용하면서, 인식론적 차이를 강조하기보다는 서로 다른 인식론적 입장과 관점을 강점으로 활용할 수 있도록 노력해야 한다.

제2부

사회조사의 과정과 조사설계

제3장

조사설계

과학적 조사방법은 조사과정이 체계적인 절차와 방법을 통해 이루어진다는 것을 의미한다. 사회조사가 진행되는 과정의 절차를 강조하는 것은 이러한 과정을 통해 얻게 된 연구결과가 과학적 지식이 된다는 신념에 기인한다. 과학적 방법을 통해 형성된 지식이 갖는 장점은 서로 다른 연구자가 반복적인 연구를 할 수 있으며, 이를 통해 동일하거나 유사한 결과를 확인할 때 일반화를 달성할 수 있다는 것이다. 또한 사회조사과정을 공유함으로써 타인과의 의사소통이 이루어질 수 있고, 연구결과에 대한 반증 또는 수정이 가능해진다. 실증주의에 기반을 둔 사회과학의 패러다임은 자연현상의 일반적 법칙을 발견하는 자연과학과 동일한 방법으로 사회과학을 연구하는 것이 가능하다고 보는 입장에 있다. 따라서 사회과학을 연구하는 방법은 자연과학을 연구하는 방법과 차이를 두지 않고 있다. 사회조사과정에 대한 논의는 학자에 따라 다소 차이를 보일 수 있으나, 대체로 연구문제를 형성하는 단계, 가설 구성 및 조작적 정의 단계, 연구설계, 자료수집, 자료분석, 보고서 작성 등의 순으로 구성된다.

사회조사과정은 사회조사를 시작하는 연구자가 자신이 관심을 두고 있는 연구질문을 구체화하는 작업을 수행하면서 출발한다. 또한 연구자는 연구질문을 구체화하는 과정에서 연구의 주요 변인을 개념화하거나 조작적 정의를 수행하게 된다. 여기서 개념화는 변인의 의미나 뜻을 명확하게 기술하는 것을 의미하며, 조작적 정의는 변인을 측정 가능한 구체적인 수치로 대체하는 작업을 말한다. 특히 양적연구를 수행하기 위해서는 주요 변인에 대한 개념화, 조작적 정의가 분명히 제시되어야 한다. 연구설계 단계는 조사를 수행하기 위한 전반적인 계획을 수립하는 단계다. 연구설계과정에서는 자료를 어떻게 수집할 것인가에 대한 구체적인 방법이나 수집된 자료를 분석하는 방법, 모집단에서 표본을 추출하는 방법 등을 결정한다. 또한 설문지를 구성하고, 연구에서 측정도구를 사용할 경우 측정도구의 신뢰도와 타당도를 확보하는 방법을 기술한다. 측정도구의 신뢰도(reliability)는 측정문항을 반복적으로 수행하였을 때 결과의 일관성 정도를 의미하며, 측정도구의 타당도(validity)는 측정하고자 하는 개념을 정확하게 측정하고 있는가를 의미한다. 연구설계과정은 사회조사를 수행하는 전체 계획을 수립한다는 의미에서, 연구설계가 체계적으로 구성될 때 연구의 실현가능성을 높일 수 있다. 연구설계가 완료된 후에는 연구설계에 따라 자료를 수집하고, 수집된 자료를 분석하는 과정을 거친다. 마지막 단계는 연구결과에 대해 보고서를 작성하는 과정으로 연구보고서의 목차를 결정하고 이에 따라 구체적인 기술이 이루어진다. 다음에서는 사회조사의 단계별 내용과 점검해야 할 사항을 구체적으로 살펴보겠다.

1. 연구문제의 형성, 연구주제의 선정

1) 어떤 주제를 연구할 것인가

사회조사를 진행하는 과정은 연구문제의 형성(formulation of problems)에서부터 시작한다. 사회복지연구에 적합한 연구질문이 가져야 할 조건 중의 하나는 사회복지 실천현장이나 사회정책을 결정하는 데 중요한 함의를 제공하는 것이다. 사회복지연구를 수행함에 있어 좋은 연구질문은 우리 사회에 새롭게 등장한 사회문제나 심각한 사회문제임에도 불구하고 해결책이 제시되지 못한 영역을 선택하여 그에 대해 문제제기를 하는 것이다. 따라서 연구자의 연구질문은 현실세계에 사회복지가 개입해야 할 영역이 무엇인지 통찰하게 해 주며, 연구를 수행함으로써 사회문제를 해결할 수 있는 대안을 모색하는 데 기여할 수 있다. 이를 위해 연구자는 자신의 관심영역에 지속적인 관심을 기울여야 하며, 폭넓은 관련 지식을 가지고 있을 때 구체적인 연구문제를 형성하는 것이 용이해진다.

연구질문을 형성하기 위한 구체적인 방안으로는 현재까지 이루어진 선행연구들로 연구자가 알고자 하는 사항이 충분하지 않은 경우, 기존의 연구결과들이 서로 일치하지 않는 경우, 현존하는 사회현상이 기존의 이론으로 설명하기 어려운 경우를 발견하는 것 등이 있다. 그리고 사회문제의 심각성과 문제해결의 필요성을 강조함으로써 문제제기를 완성한다. 특히 사회복지와 관련된 연구들은 우리 사회의 주요 사회문제를 해결하기 위한 정책이나 사회서비스의 필요성을 강조하거나 특정 집단의 권리를 대변하거나 옹호하기 위한 목적으로 이루어지기 때문에 사회현상에 지속적인 관심을 가지면서 사회문제와 그 해결을 위한 대안을 함께 모색하는 과정에서 형성될 수 있다.

연구주제 발견하기

① 현재까지의 연구결과들로는 알고자 하는 사항이 충분하지 않은 경우

② 기존의 연구결과들이 서로 일치하지 않는 경우

③ 현존하는 사회현상이 기존의 이론으로 설명하기 어려운 경우

▶ 연구주제 선정은 개인적 배경과 경험, 가치관에 기인

▶ 사회복지의 학문적 · 실천적 발전에 기여할 여지가 많은 주제 선택

▶ 사회복지는 사회문제를 완화하여 인간의 삶의 질을 높이는 것이 목적

▶ 서론에서 연구의 주제와 관련이 있는 사회문제의 심각성에 대해 논의

연구질문을 형성하기 위한 또 다른 방안은 자신이 관심을 두고 있는 사회복지 영역을 찾고, 그 영역에서 현재 중요한 사회적 이슈가 무엇인지를 찾는 것이다. 예를 들어, 아동영역의 보육문제나 무상급식 문제, 아동학대나 가족폭력, 청소년의 학교폭력 · 비행 · 가출 문제, 장애인의 자립 혹은 독립생활 · 활동보조인 사업의 활성화, 청년실업 문제, 국제결혼 여성의 자녀양육 문제, 노인의 부양부담이나 은퇴 이후의 삶 등은 현재 중요한 사회적 이슈들이다.

관심 있는 사회복지 영역에서 연구질문 만들기

① 내가 관심을 두고 있는 사회복지 영역은 무엇인가?

예) 영유아 · 아동, 청소년, 가족, 장애인, 이주여성, 노인복지 분야, 사회복지 행정, 사회복지조직, 사회복지제도, 사회서비스, 지방자치, 사회적 기업, NGO 등

② 사회복지 영역에서 현재 사회적 이슈가 되고 있는 것은 무엇인가?

예) 아동복지 분야: 무상급식, 보육, 저출산, 방과후 교실

청소년복지 분야: 무단가출, 자살, 학교폭력, 학업 스트레스

장애인복지 분야: 장애등급 철폐, 자립생활, 활동지원, 장애아동 재활치료

이주여성복지 분야: 가정폭력, 자녀양육, 언어, 취업

노인복지 분야: 고령화, 노인학대, 은퇴 후 재취업, 자살, 우울증, 독거노인

지역복지 분야: 네트워크, 사례관리, 홍보, 자원개발, 지역사회조직

③ 현재 논의되고 있는 대안들은 사회문제를 해결하는 데 적절한 대안인가?

▶ 사회문제의 대안들로 제시되고 있는 방안들이 현재의 사회문제를 해결하는 데 성공적인가에 대한 분석

④ 사회문제에 대안이 될 수 있는 연구질문 만들어 보기

▶ 나의 연구질문은 사회문제를 해결하기 위한 대안으로 적합한가?

▶ 나의 연구질문이 사회복지 실천현장과 사회정책에 주는 함의는 무엇인가?

2) 어떻게 문제제기할 것인가

현대적 의미에서 과학은 연구결과의 해석에서 가치중립적이기를 주장한다. 이는 과학적 지식이 연구자에 따라 다르게 해석되어서는 곤란하다는 점을 강조한 결과다. 연구결과의 해석이 연구자에 따라 차이가 난다면 과학적 지식이 추구하는 반복가능성과 재생가능성이 위협받기 때문이다. 과학적 지식은 체계적인 절차를 거쳐 형성된 지식을 의미하며, 동일한 절차나 방법을 거쳐 동일한 연구가 반복적으로 수행될 수 있다. 따라서 서로 다른 연구자 간의 의사소통이 가능해지며, 과학적 지식은 반증이 가능해져서 수정될 수 있는 지식이 된다.

그러나 사회과학연구에서 연구주제의 선택이 가치중립적이어야 하는 것은 아니다. 오히려 연구문제나 연구의 핵심주제는 사회문제의 심각성과 이에 대한 개입과

대책의 필요성에 대해 문제제기를 함으로써 출발한다. 특히 사회복지 분야에 관한 많은 연구는 정치적으로 세력이 약한 집단을 다루는 경우가 많고, 사회적 논의가 필요한 특정 이슈에 대해 문제제기가 이루어진다. 또한 사회복지가 전통적으로 중요하게 다루어 왔던 사회정의, 평등, 빈곤, 클라이언트의 자기결정 등의 문제에는 특정 집단의 권익과 권리를 옹호하기 위한 가치가 포함되어 있다는 점에 유의할 필요가 있다.

또한 연구질문을 구체적으로 제시하기 위해서는 사회복지와 관련된 다양한 관심영역과 관련된 이론 및 선행연구를 충실히 검토하는 것이 중요하다. 그리고 그 분야에서 이미 밝혀진 사실은 무엇인지, 이론에서 경험적 검정이 필요한 연구문제를 도출할 수 있을 것인지, 기존 연구의 미흡한 부분은 무엇인지 등을 검토하는 작업을 충실히 수행하는 것이 중요하다. 문제제기는 전체 연구의 출발점인 동시에 연구질문과 결과분석, 연구의 함의 등을 논의할 때 일관성 있게 드러나는 것이 중요하다. 왜냐하면 특정 연구의 결과를 두고 이에 대한 분석결과를 해석하고 연구의 함의를 논의하는 것은 연구자 자신이 서두에 밝힌 문제제기의 연속선상에서 논의되기 때문이다.

따라서 좋은 연구는 사회현실에 대한 문제제기에서 시작되며, 연구결과는 연구자가 제기한 문제제기를 해결할 수 있는 방안이나 대안을 제시할 수 있어야 한다. 또한 문제제기가 명확하게 드러날 때 연구의 필요성도 자연스럽게 인정받을 수 있을 것이다. 이 과정에서 연구자가 가진 특정 사회문제에 대한 관점과 입장은 의도적이든 그렇지 않든 드러나기 마련이다. 또한 몇몇 질적연구의 경우 연구질문에 대한 연구자의 기획의도나 관점을 연구방법에 제시하기도 한다.

결과적으로 사회과학 연구에서 객관성을 추구하는 것은 연구과정의 절차나 방법에서 연구질문의 구성, 주요 변수에 대한 측정도구 개발과 측정, 표본추출방법 등에 적용될 수 있으나 연구질문이 연구자의 가치중립성 혹은 가치배제성을 담보하기는 어렵다. 또한 문제제기는 전체 연구과정을 이끌어 가는 추진력을 가지고 있다는 점에서 중요한 의의가 있다고 하겠다.

문제제기의 예

1. 홍백의(2005). 우리나라 노인 빈곤의 원인에 관한 연구. 한국사회복지학, 57(4), 275-290.

최근 우리 사회가 직면하고 있는 가장 심각한 사회문제 중의 하나는 급격하게 진행되고 있는 인구 구조의 노령화다. 2004년 현재 우리나라의 65세 이상 노령인구는 약 418만 명으로 전체 인구의 8.7%를 차지하고 있으며, 2018년에는 65세 이상 인구가 전체의 14%를 넘게 되어 고령사회로 진입할 것으로 추산되고 있다.

이러한 노인인구의 양적 증대로 인해 이들의 경제적 상태를 유지하고 적절한 노후 소득보장을 위한 정책적 개입이 그 어느 때보다도 시급하게 필요한 실정이다. 서구 선진국의 경우 일찍부터 공적연금제도를 도입하여 노인들의 소득을 보장하고 이들의 빈곤화를 방지하고자 하였기 때문에 노인빈곤 문제는 그 심각성이 일정 정도 감소되었다. 반면에 우리나라는 노인들의 노후 소득을 보장하고 빈곤화를 방지하기 위한 제도가 아직까지 제대로 정착되지 못한 실정이다.

이처럼 노인빈곤은 매우 심각한 사회문제임에도 불구하고 노인빈곤이 왜 발생하는가에 대한 연구는 매우 부족한 실정이다. 기존 연구들에서는 전반적인 빈곤문제를 논의하는 과정의 일부분으로 노인빈곤의 심각성을 간략하게 언급하거나, 성별이나 지역과 같은 변수들에 따른 빈곤율 차이 정도를 살펴보는 수준에 그치고 있다. 특히 노인빈곤의 문제는 퇴직 전 근로활동과 밀접하게 관련되어 있음에도 불구하고 퇴직 전 노동시장에서의 활동과 노인빈곤과의 관계에 대해서는 거의 분석이 이루어지지 않고 있는 실정이다. 이에 본 연구는 노인빈곤의 실태를 분석하고 노인빈곤의 발생원인을 규명하고자 한다.

문제제기에 대한 논의 ▶ 본문에서 연구자는 노인문제의 심각성을 강조함으로써 연구의 필요성에 대한 근거를 확보하고 있다. 또한 통계청 자료를 인용함으로써 연구자의 주장은 설득력을 얻을 수 있다. 또한 연구자는 기존의 선행연구를 비판적으로 분석하여 자신의 연구가 가진 차별성을 강조하면서 연구의 의의를 제시하고 있다.

2. 장혜경(2006). 현상학적 태도로 조망한 정신분열 현상-나와 세계의 모양새 짓기. 가톨릭대학교 대학원 박사학위논문.

정신보건 영역에서 우세한 힘을 발휘하는 패러다임은 생의학적 패러다임으로, 이것은 19세기 말 탄생한 정신의학을 중심으로 하여 지금까지 정신보건 영역에서 주류 패러다임의 위치를 차지해 왔다.

생의학적 패러다임에서는 정신분열 현상을 생물학적 원인-질병-치료라는 단순화된 객관적 도식 속에서 바라본다. 이러한 도식에 의하면 정신분열 현상의 진행에서 경험 당사자들은 병의 발현에도 영향을 끼칠 수 없으며, 병의 진행에도 영향을 끼칠 수 없고, 치료에도 영향을 끼칠 수 없다.

이렇게 생의학적 패러다임은 ……(중략)…… 정신분열 현상을 총체적이고 포괄적으로 설득력 있게 보여 주지는 못했다. 지금까지의 많은 연구들이 정신분열 현상의 총체적 국면을 드러내지 못했던 데에는 다음과 같은 이유가 있다.

첫째, 정신분열 현상에 대한 대부분의 논의나 조사연구는 현상을 실제로 경험하는 당사자를 배제한 채 전문가나 가족이라는 관찰자의 관점에서 이루어졌다.

둘째, 정신분열 현상을 결함과 문제, 병리에만 치중하여 조망하였다.

셋째, 정신분열 현상의 원인은 몸의 생화학적 이상이므로 치료나 개입의 대상은 오직 몸이 되며, 병을 몸과 함께 분리하고 병과 그 개선에만 초점을 둔다.

넷째, 연구방법으로 대부분 양적연구방법을 선택해 왔다.

본 연구에서는 당사자의 경험을 당사자의 시각으로 당사자의 목소리를 통해 정신분열의 포괄적인 현상을 포착하려고 하였다. 무기력하고 수동적인 '대상'으로 여겨져 온 정신분열 경험 당사자들을 '주체'의 자리로 돌리고 그들의 이야기를 들어 보려고 하였다. 이를 위해 본 연구에서 설정한 연구문제는 '정신분열 경험을 하는 사람들이 병의 과정에서 겪는 경험의 본질은 무엇인가?'다.

문제제기에 대한 논의 ▶ 연구자는 기존의 조현병에 대한 연구가 전문가나 가족 등의 시각에 치우쳐 당사자의 경험을 소홀히 하였음을 강조하였다. 또한 연구자는 기존의 선행연구가 가진 한계점을 제시함으로써 기존 연구의 지배적인 패러다임이 가진 한계점을 극복할 수 있는 대안으로서 연구질문을 완성하고 있다.

2. 조작적 정의 및 가설의 구성

1) 개념과 조작적 정의

조작화 혹은 조작적 정의(operational definition)는 연구주제가 되는 개념들이 추상적이어서 직접 조사하기가 어렵기 때문에 이를 조사가 가능하도록 양적으로 변경시킨 것을 의미한다. 조작적 정의는 사회조사를 위해 사물 또는 현상을 객관적이고 경험적으로 기술한 것이다. 특히 양적연구를 수행하는 연구자는 자신의 연구질문을 측정 가능한 지수로 대체하는 작업을 수행한 이후 측정을 할 수 있게 된다. 이에 비해 대부분의 질적연구과정에서는 연구하고자 하는 주요 개념에 대한 조작적 정의를 수행할 필요가 없다. 따라서 조작적 정의는 양적연구에서 연구자가 설정한 주요 개념을 측정할 수 있는 도구를 직접 만드는 과정이나 이미 만들어진 척도의 타당성을 확보할 때 중요한 근거가 된다.

조작적 정의의 구체적 과정은 먼저 자신의 연구에서 사용할 주요 개념들을 명확하게 기술하는 것에서부터 출발한다. 이를 위해 사회현상이나 사물에 대한 개념은 명확하게 기술되어야 하며, 논쟁을 야기하는 애매한 용어를 사용해서는 곤란하다. 왜냐하면 동일한 사회현상에 대한 개념이 다르다면 그 현상을 바라보는 관점의 차이가 발생하기 때문이다. 나아가 사회현상을 기술한 개념의 속성이 사회적 승인을 얻지 못한다면 조작적 정의도 할 수 없게 된다.

한편, 다양한 사회현상에 대한 개념은 누가 설정하느냐에 따라 달라질 수 있음을 상기할 필요가 있다. 물론 동시대에 사는 다수의 구성원이 동의하지 않는 개념은 그 사회에서 통용될 수 없기 때문에 현재 통용되고 있는 개념들은 누구나 자연스럽게 받아들일 것이다. 그러나 급변하는 사회 속에서는 언제나 새로운 개념들이 만들어지기도 하고, 특정 시대에 다수의 사람이 동의하고 사용했던 개념도 시대적 상황이 변하면서 퇴색되거나 의미가 변하기도 한다.

예를 들어, 사회복지사들이 즐겨 사용하는 클라이언트(client)에 대한 개념은 전문가나 기관의 서비스를 이용하는 사람이나 조언을 얻고자 하는 이들을 의미하지만 본래는 봉건주의 시대에 영주의 땅에 살고 있던 농노를 지칭하였던 단어다. 따라서 클라이언트라는 개념에는 '돌봄을 필요로 하는 이들'이라는 속성이 포함되어 있다. 그러나 탈근대 시대를 맞이하여 사회복지 실천현장에서 통용되는 클라이언트 개념은 도움이 필요한 사람이라는 수동적 수혜자가 아닌, 사회복지사가 협력하고 함께 파트너십을 만들어 가야 하는 이들이라는 의미가 더욱 강조된다. 이는 클라이언트라는 개념이 사회변화와 함께 그 의미도 함께 변하였다는 것을 보여 주며, 특정 사회현상에 대한 개념은 그 개념을 구성하고 만든 사회의 산물임을 알려 준다. 개념은 다양한 형태로 존재하는 사물들의 공통적 요소와 의미를 추상적 용어로 나타낸 것이라고 정의할 수 있다. 그러나 하나의 사회현상을 의미하는 개념이 모든 문화와 다른 특성을 지닌 사회를 초월하여 공통된 의미로 사용되지는 않는다. 사회적 산물이라고 보기 어려운 자연현상조차 그것을 지칭하는 개념의 뜻은 지역이나 시대에 따라 달라질 수 있다. 나아가 인간의 감각기관으로 직접 관찰하기 어려운 사회현상들, 예를 들어 삶의 만족이나 행복감, 스트레스, 자존감, 우울이나 불안, 이용자 만족도 등을 정의하는 작업은 자연현상을 설명하는 개념보다 더욱 추상적일 것이다. 따라서 사회현상에 대한 연구는 자신이 연구하고자 하는 현상을 어떻게 개념화할 것인가를 고민하지 않을 수 없다. 선행연구에 나타난 개념적 정의를 치밀하게 고찰하는 작업이 필요한 이유가 바로 여기에 있다. 또한 다양한 연구자에 의해 사용된 개념들을 자신의 연구에서 재개념화하여 사용하기도 한다. 따라서 자신의 연구에서 재개념화된 개념들이 어떤 근거를 가지고 있는지에 대해서 명료하게 제시할 필요가 있다.

특정 사회현상에 대한 개념을 명료하게 기술하였다면, 그다음으로 이 개념을 어떻게 측정할 수 있을까에 대해 고민해야 한다. 물론 동일한 사회현상에 대해서도 이에 대한 개념적 정의는 무수히 많을 수 있기 때문에 연구자는 문헌을 고찰하거나 기존 연구결과를 충분히 검토한 후 자신이 사용하고자 하는 사회현상을 새롭게 재

개념화한다.

조작적 정의를 수행하기 위해서는 사회현상에 대한 개념화(재개념화)가 이루어진 이후 개념을 구성하고 있는 중요한 속성들이 무엇인지 탐색하여야 한다. 가족임파워먼트라는 개념을 조작적 정의를 통해 계량화한 결과가 〈표 3-1〉에 제시되어 있다. 가족임파워먼트에 대한 개념적 정의는 학문영역이나 학자에 따라 다양하게 정의할 수 있으나, 여기서는 사회복지 서비스를 제공받는 가족의 선택권, 지역자원 접근성, 타인에게 미치는 영향력 정도로 설정하였다. 다음 단계는 이들 속성을 경험적으로 파악할 수 있는 질문을 구성하는 단계다. 가족임파워먼트의 개념을 구성하고 있는 '선택권'이라는 속성을 측정할 수 있는 질문내용은 '나는 우리 가족에게 필요한 것이 무엇인지 선택할 수 있다.' '나는 우리 가족에게 도움을 줄 수 있는 지역사회기관을 선택할 수 있다.' 등으로 대체할 수 있다. 물론 이러한 구체적인 개별 문항은 가족임파워먼트에 대한 명확한 개념적 정의가 먼저 이루어지고, 이 개념이 지닌 본질적인 속성을 잘 드러낼 수 있는 문항이어야 한다. 그러나 가족임파워먼트라는 개념 자체가 인간의 감각기관으로 직접 관찰할 수 없기 때문에 아무리 정교하게 조작적 정의를 내린다 하더라도 본래의 개념과 완벽하게 동일시된다고 보기는 어렵다. 개별 문항에 대한 정확성은 측정도구의 타당도와 관련이 있는데, 이는 연구자가 측정하고자 하는 개념을 얼마나 정확하게 측정하는가를 의미한다.

그러나 사회현상에 대한 개념화와 조작적 정의를 내리는 과정은 가족임파워먼트라는 추상적인 개념을 계량화하여 이를 대체할 수 있다. 따라서 조작적 정의는 다양한 사회현상이나 인간의 정신활동 등 인간의 감각기관으로 직접 관찰할 수 없는 사회의 속성도 연구할 수 있도록 만들어 주는 기능을 한다. 〈표 3-1〉은 코렌, 데칠로와 프리젠(Koren, DeChillo, & Friesen, 1992)이 개발한 가족임파워먼트 척도의 일부다. 이들 문항은 5점 만점의 리커트 척도로 구성되어 있으며, 10문항에 모두 응답을 하면 최저 10점에서 최고 50점 사이의 점수를 구할 수 있게 된다. 따라서 가족임파워먼트라는 개념을 조작적 정의라는 과정을 거쳐 경험이 가능한 지수로 대체시키는 작업이 가능해졌다.

표 3-1 가족임파워먼트 척도 문항의 예

	하위영역	문항 내용
가족 임파워먼트	가족의 선택권	가족에게 필요한 서비스들이 무엇인지 분명하게 결정할 수 있게 되었다.
		전문가들은 나의 가족이 무슨 서비스를 원하는지 반드시 가족과 상의해야 한다고 생각하게 되었다.
	자원의 접근성	내 가족 생활에서 도움이 필요한 문제가 발생하였을 때 다른 사람들에게 도움을 요청할 수 있게 되었다
		다른 가족이 필요한 서비스를 얻을 수 있도록 그들을 도울 수 있게 되었다.
	타인에 대한 영향력	가족의 성장과 발달에 도움이 되는 새로운 방안을 찾기 위해 무언가를 시도할 수 있는 의지가 생겼다.
		가족에게 필요한 서비스를 결정하기 위해서 서비스 제공기관과 전문가들과 함께 일할 수 있게 되었다.

출처: Koren, DeChillo, & Friesen (1992) 재인용.

그러나 우리가 연구하고자 하는 현상은 개념적 정의를 내리고 측정 가능한 지수로 대체하는 조작적 정의가 쉽지 않은 경우도 발생한다. 예를 들어, 프로이트(Freud)가 평생 연구한 무의식이라는 개념은 측정 가능한 것인가? 또한 사회복지기관을 이용한 클라이언트의 변화를 측정하기 위해 사회복지사는 다양한 측정도구를 사용할 수는 있다. 하지만 그 점수들이 클라이언트의 변화 전체를 보여 줄 수는 없으며, 클라이언트의 변화를 측정도구로 완전히 환원할 수는 없을 것이다. 특히 사회복지기관 종사자들이 프로그램을 기획할 때 평가를 위한 측정도구를 미리 선정하는 것은 클라이언트 변화의 특정 측면만을 보여 주는 결과를 초래하기도 한다. 이러한 결과는 환원주의(reductionism)가 가진 한계를 보여 준다. 왜냐하면 사회복지사는 자신의 프로그램을 기획하는 과정에서 어떤 특성을 지닌 클라이언트를 만날지 미리 알 수 없기 때문이다. 따라서 사회복지사가 프로그램을 기획할 때 개입의 효과를 측정하기 위한 도구를 미리 선정하는 것은 클라이언트의 변화 전체를 파악하는 것이 아니라 사회복지사가 보기 원하는 변화만을 평가할 수밖에 없을 것이다.

2) 가설의 구성: 주제를 조사 가능한 구체적인 가설로 세분화하기

(1) 가설설정

가설은 검정되지 않은 두 개 이상의 변수 간의 관계를 검정 가능한 형태로 서술해 놓은 문장이다. 가설은 어떤 사실의 원인을 설명하거나 이론체계를 연역하기 위하여 가정적으로 설정한 명제(proposition)를 의미하며, 연구문제에 대한 잠정적인 답으로 제시된 형태다. 일반적으로 가설은 두 가지 이상의 개념을 어떤 관계에 대한 진술의 형태로 표현한다. 가설이 갖추어야 할 조건은 구체적으로 검정이 가능해야 한다는 것이다. 검정이 가능하다는 것은 가설의 채택이나 기각이 실험이나 관찰로 확증할 수 있어야 함을 의미한다.

물론 수많은 자연현상(특히 천문학이나 물리학, 진화론 등)이나 사회현상을 개념화와 조작적 정의를 거쳐 가설의 형태로 제시할 수 있으나 모든 가설이 검정 가능한 형태로 제시되는 것은 아니다. 예를 들어, 아인슈타인이 제시한 블랙홀에 대한 가설은 그것을 제시한 당시 아인슈타인조차 자신의 이론을 입증할 방법이 없었다. 이후 과학의 발전으로 이러한 가설은 추후에 검정되었으며, 블랙홀이라는 가상의 존재가 확인되기도 했다. 실제로 블랙홀 이론이 처음 등장한 것은 1960년대이지만 2005년에 가서야 이 가설이 옳다는 것이 입증되었다.

또한 질병이 발생하거나 전염되는 것은 인간의 감각기관으로 관찰할 수 없는 바이러스 때문이라는 가설이 있다고 하자. 이러한 가설은 인간의 시력이라는 감각기관으로 확인할 수는 없었으나 현미경이 발명됨으로써 확증이 가능해졌다. 따라서 모든 가설이 현재 검정될 수는 없겠지만 연구자의 직관력과 통찰력에 의해 개발될 수 있다.

한편, 사회과학 영역에서 제기되는 가설은 연구자가 자신의 연구질문을 통해 사회현상을 이해하고 설명하기 위해서 만들어진다. 그리고 개념들 간의 관계에 관한 가설은 검정이 가능한 형태로 제시될 것을 요구한다. 가설이 검정 가능한 형태가 되기 위해서는 실험이나 관찰을 통해 입증할 수 있도록 추상적 개념에 대한 조작적 정의가 이루어져야 한다.

예를 들어, 교육수준과 월수입의 관계를 연구할 때, 연구자는 '교육연수가 증가할수록 근로자의 월수입은 높을 것이다.'라는 가설을 설정할 수 있다. 이 가설을 검정하기 위해서 연구자는 모집단이나 모집단의 일부를 대표할 수 있는 표본을 뽑고, 자신이 직접 분석할 수 있는 자료를 수집할 수 있다. 이때 교육연수는 정규 교육과정에 참여한 기간을 개월로 환산할 수 있으며, 월수입은 실제 수입을 표시하게 함으로써 모든 사람이 경험할 수 있는 형태로 자료를 변형할 수 있다. 따라서 교육수준과 월수입이라는 두 개념의 관계에 대해서는 자료분석을 통해 상관관계나 인과관계를 확증할 수 있게 된다.

이와 같이 가설 구성 시 자신의 연구질문을 해결할 수 있어야 하고, 연구분야의 다른 가설과 연관이 되는 것이 일반적임을 고려해야 한다. 한편, 가설은 직접 관찰을 통하여 설정되기도 하지만 그보다 선행연구나 문헌고찰의 결과를 통해 기존의 이론으로부터 설정되는 것이 많다. 또한 가설은 연구를 수행하기 위해서 경험적으로 검정할 수 있어야 하며, 독립변수와 종속변수 간의 관계를 기술함으로써 자신의 연구내용을 명확하게 밝히는 것이 좋다.

가설 구성 시 고려사항

- 가설은 연구문제를 해결하는 데 기여하여야 한다.
- 가설은 연구분야의 다른 가설과 연관이 있어야 한다.
- 경험적으로 검정할 수 있어야 한다.
- 가능한 한 명확하게 독립변수와 종속변수 간의 관계에 대해 기술하는 것이 좋다.

(2) 가설의 유형과 검정과정

연구자는 자신의 연구질문을 가설의 형태로 제시할 수 있다. 일반적으로 가설은 두 개 이상으로 구성된 변수(variable)들의 관계에 대해 진술하는 형태로 나타낸다. 여기서 변수란 특정 개념의 속성이 조작적 정의를 거쳐 두 가지 이상의 값을 가질 수 있는 것을 의미한다. 특정 개념이 변수가 되었다는 것은 개념에 대한 조작적 정의가 이루어진 이후에 가능하다.

한편, 가설의 유형에 대해서는 연구자가 주장하고자 하는 가설을 연구가설, 실험가설, 대립가설이라고 하며, 이와 상반된 주장을 제시한 가설은 귀무가설 혹은 영가설(null hypothesis)이라고 한다. 가설을 검정하는 과정은 연구자가 주장하고자 하는 가설의 진위 여부에 대해 직접적으로 검정하지 않으며, 우선 귀무가설이나 영가설에 대한 채택 혹은 기각 여부를 결정한 다음, 그 결과에 따라 실험가설, 대립가설, 연구가설의 채택 여부를 결정하는 것으로 이루어진다.

연구가설, 대립가설, 실험가설은 연구분야와 관련된 이론에서부터 추리한 진술을 의미하며, 흔히 '두 변수 간에 관계가 있다.' '두 집단 간에 종속변수의 평균 차이가 유의미하다.' '독립변수가 종속변수에 영향을 미친다.' '두 변인 간의 상관관계가 유의하다.' 등으로 제시된다. 또한 귀무가설 혹은 영가설은 둘 또는 그 이상의 값이 모수치 간에 '차이가 없다.' 혹은 '관계가 없다.'고 진술한다. 그러나 연구자가 주장하고자 하는 대부분의 가설은 '사회현상을 개념 간에 관계가 있다.'는 것을 주장하는 경우가 많기 때문에 연구가설이 대립가설, 실험가설이 된다.

예를 들어, '사회복지사와 클라이언트 간에는 가족구성의 다양성 수용도에 차이가 있을 것이다.'라는 가설을 검정하고자 한다. 이때 영가설의 채택 여부를 결정하는 기준을 먼저 설정해야 하는데, 이를 유의수준(significant level)이라고 한다. 유의수준은 1−신뢰수준으로, α(알파)로 표시한다. 사회과학 연구에서 신뢰수준은 연구자가 임의로 결정할 수 있으나, 기본적으로 95%로 설정하기 때문에 유의수준(α)은 0.05, 신뢰수준은 95%(1−0.95)가 된다. 유의수준(α)은 영가설(귀무가설)이 옳음에도 불구하고 이를 기각하고 대립가설을 채택할 때 발생하는 오류를 의미한다.

이때 통계분석 결과에서 유의수준(Sig)이 0.05보다 작은 값을 가지게 되면, 95% 신뢰수준에서 영가설을 기각하고 대립가설(연구가설, 실험가설)을 채택하게 된다. SPSS와 같은 통계 프로그램을 사용하여 데이터를 분석하면, 분석결과에 유의수준 값이 자동으로 계산되어 제시된다. 연구자는 유의수준 값을 보고, 유의수준을 $p<0.05$, $p<0.01$, $p<0.001$ 등으로 표시할 수 있다. 이때 영가설을 기각하고 대립가설을 채택할 때 오류를 범할 수 있는 확률은 각각 5%, 1%, 0.1%가 되며, 반대로 신뢰수준은 95%, 99%, 99.9%가 된다.

〈표 3-2〉는 사회복지사와 클라이언트 집단이 가족구성의 다양성에 대한 수용도가 통계적으로 유의미한 차이를 보이는지 분석한 결과를 보여 주고 있다. 분석결과에서 사회복지사 집단과 클라이언트 집단의 평균 차이는 유의수준(α) 0.001 수준에서 유의미한 차이를 보이고 있다. 따라서 분석결과는 가족구성의 다양성에 관한 수용도가 두 집단에서 차이가 없을 것이라는 영가설 혹은 귀무가설을 기각하고, 사회복지사와 클라이언트는 가족구성의 다양성 수용도가 차이를 보인다는 실험가설, 대립가설, 연구가설을 채택하게 된다. 이러한 결과는 클라이언트 집단이 사회복지사 집단에 비해 가족 범주나 형태에 있어 다양성을 수용하는 정도가 상대적으로 낮다는 것을 의미하며, 가족구성의 다양성에 대해 보수적인 성향을 가지고 있다고 해석할 수 있다.

한편, 통계치 t값은 집단 간 평균 차이의 정도를 나타내는 값이며, t값이 클수록 두 집단의 평균 차이가 크다는 것을 의미한다. 특히 t값을 구하는 공식에서 분자는 두 집단의 평균 차이가 되기 때문에 t값이 크다는 것은 비교하는 두 집단의 평균 차

표 3-2 사회복지사와 클라이언트의 가족구성의 다양성 수용도 평균 비교

종속변수	집단 구분	명 수	평균	표준편차	자유도	t
가족구성의 다양성 수용도	사회복지사	131	13.21	3.656	231.653	3.468**
	클라이언트	133	11.24	5.430		

*** p<0.001

이가 크다는 것을 암시한다. 이 연구결과에서 t값은 3.468로 나타났는데, 이 값의 크기는 99.9% 신뢰수준(유의수준 α=0.001)에서 두 집단의 평균 차이가 유의미하다고 주장할 수 있다.

사회복지사와 클라이언트의 가족구성의 다양성 수용도 차이 비교[1)]

【영가설】 사회복지사와 클라이언트는 가족구성의 다양성 수용도에 차이가 없을 것이다.

【연구가설】 사회복지사와 클라이언트는 가족구성의 다양성 수용도에 차이가 있을 것이다.

(3) 가설검정과 오류

가설이 항상 참값을 가지는 것은 아니다. 따라서 가설은 항상 오류를 범할 수 있다는 점을 명심할 필요가 있다. 이러한 오류의 종류는 크게 두 가지 형태로 구분할 수 있다.

① 1종 오류

가설이 범할 수 있는 오류에서 첫 번째는 1종 오류(Type I error)로 흔히 α오류라고도 한다. 1종 오류는 영가설(귀무가설)이 참임에도 불구하고 이를 기각할 때 발생하는 오류를 의미한다. 보통 영가설(귀무가설)은 변수들이 '서로 관련이 없다.'거나 '두 변수 간에 상관관계가 0이다.' 등의 내용으로 구성된다. 또한 인과관계를 가정한 가설의 경우는 '독립변수가 종속변수에 미치는 영향력이 0이다.'로 표현할 수 있다.

1) 김인숙, 유영준(2004). 사회복지사의 가족인식에 관한 연구. **한국사회복지학, 56**, pp. 283-307.

일반적으로 통계 프로그램을 통해 가설검정을 할 때 결과물에 함께 제시되는 유의수준은 1종 오류를 중심으로 나타낸다. 보통 1종 오류를 범할 확률이 사회과학에서 95% 신뢰수준을 기준으로 0.05(5%) 미만으로 나타날 때 영가설을 기각하게 된다. 따라서 통계분석 결과에 나타나는 유의수준 값이 0.05보다 작게 나타나면 대립가설(연구가설, 실험가설)을 채택하게 된다.

1종 오류의 예로, 보건복지부나 지자체가 실제로는 실효성이 없는 사회복지정책임에도 불구하고(영가설 참), 막대한 예산을 편성하여, 사회복지정책을 실시하는 경우(영가설 기각, 대립가설 채택) 발생하게 된다. 혹은 의사를 찾아온 감기환자에게 감기증상을 호전하는 데 효과가 없는 약(영가설 참)을 환자에게 처방할 때(영가설 기각, 대립가설 채택), 판사가 무죄인 피고인에게(영가설 참), 유죄로 판결(영가설 기각, 대립가설 채택)하는 경우, 제품에 하자가 없음에도 불구하고(영가설 참) 불량품으로 판단(영가설 기각, 대립가설 채택)하는 경우는 모두 1종 오류를 범하게 된다.

② 2종 오류

2종 오류(Type II error)는 영가설이 거짓임에도 불구하고 이를 채택할 때 발생할 수 있는 오류을 의미한다. 2종 오류는 β오류라고 한다. 2종 오류의 예를 들면, 실제로 효과가 있는 사회정책임에도 불구하고(영가설 거짓), 보건복지부나 지자체가 정책을 실시하지 않는 경우(영가설 채택), 감기환자에게 효과가 있는 약임에도 불구하고(영가설 거짓), 의사가 처방을 내리지 않는 경우(영가설 채택), 판사가 피고인이 유죄임에도 불구하고(영가설 거짓), 무죄로 판결을 내리는 경우(영가설 채택), 제품에

표 3-3 가설검정과 오류

집단 구분	H_0 채택	H_0 기각
H_0 사실	옳은 결정(1−α) 신뢰수준	1종 오류(α) 유의수준
H_0 거짓	2종 오류(β)	옳은 결정(1−β) 검정력

하자가 있음에도 불구하고(영가설 거짓) 제품으로 판매하는 경우(영가설 채택)라고 할 수 있다.

③ 1종 오류와 2종 오류의 관계

〈표 3-3〉에는 가설검정 시 발생할 수 있는 오류를 제시하였다. 표에서 영가설은 H_0로 표시하였다. 가설검정과정에서 H_0가 사실일 때 H_0를 채택하거나, H_0가 거짓일 때 H_0를 기각하면 두 가지 선택은 옳은 결정이다. H_0가 사실일 때 H_0를 채택하는 것을 신뢰수준이라고 하고, 1−유의수준으로 나타낼 수 있다. 또한 H_0가 거짓일 때 H_0를 기각하는 것을 검증력이라고 한다. 한편, H_0가 사실일 때 이를 기각하는 것을 1종 오류(유의수준)라고 하고, H_0가 거짓일 때 이를 채택하는 것은 2종 오류가 된다.

2종 오류는 1종 오류와 달리 영가설이 거짓일 때 채택하는 오류이기 때문에 가설검정의 내용에 따라서는 심각한 결과가 나타날 수 있다. 물론 가설검정의 오류는 그 결과를 예측해 봄으로써 심각한 결과가 무엇인지를 판단할 수 있을 것이다.

예를 들어, 중범죄를 저지른 피고(피고는 무죄라는 영가설이 거짓임)를 영가설을 채택하여 무죄라고 판결을 내린다면 2종 오류를 범하게 된다. 2종 오류의 결과가 미치는 피해는 피고가 또 다른 범죄를 저지를 수 있기 때문에 시민들에게 심각한 피해를 입힐 수 있다. 그러나 1종 오류는 무죄인 피고(피고는 무죄라는 영가설이 참임)를 유죄라고 판결할 경우 발생하는 오류이며, 법의 정신으로 보면 죄 없는 사람을 유죄라고 한 것이 된다. 따라서 1종 오류와 2종 오류는 다소 상반된 결과를 초래하며, 가설검정의 내용이 무엇인가에 따라 오류의 결과가 주는 피해를 고려해 볼 필요가 있다.

한편, 가설검정에서는 확인하기 어렵지만 문제 상황을 잘못 판단하여 가설설정 자체에 문제가 있다면 가설검정의 결과와 관계없이 발생하는 오류를 3종 오류라고 한다. 3종 오류는 가설검정을 통해 밝히기 어렵기 때문에 문제 상황에 대한 인식이 올바른가에 대해 먼저 타당성을 확인하는 것이 중요하다.

3. 조사설계에 포함되어야 할 내용

조사설계는 조사가 진행되는 전체 과정을 기획하고 설계하는 것을 의미한다. 조사설계가 체계적으로 준비되었을 때에 연구과정은 원활하게 진행될 수 있으며, 연구의 실현가능성도 그에 따라 높아진다.

조사설계 단계에서 다루어야 할 내용은 연구과정에서 다루는 자료의 특성이나 연구내용에 따라 차이가 있으나 연구와 관련된 모집단의 특성에 대한 기술, 연구참여자를 선정하는 표본추출방법, 자료를 수집하는 방법, 설문지 구성, 자료분석방법 등을 상세히 기술하여 제시한다. 특히 양적연구를 준비하는 경우 주요 연구 개념이 조작적 정의를 거쳐 숫자로 측정되어야 하기 때문에 측정도구의 신뢰도와 타당도를 어떻게 확보하였는가에 대해서 언급하는 것이 중요하다. 설문지를 통해 자료를 수집할 때 척도(scale)를 사용하게 될 경우는 사용하는 척도의 신뢰도와 타당도를 확보하는 방법에 대해서도 제시하는 것이 중요하다. 특히 측정도구에서 다루어야 할 신뢰도는 문항의 일관성을 묻는 것이며, 타당도는 측정도구가 측정하고자 하는 개념을 정확하게 묻고 있는가를 의미한다. 이에 비해 질적연구의 경우는 연구결과의 타당도를 확보하기 위해 시도한 다양한 자료수집방법이나 자료분석방법에 대해 상세하게 기술한다.

조사설계에서 모집단에 대한 기술은 자신의 연구대상 전체가 누구인지를 밝히는 것이며, 전체 모집단을 대상으로 전수조사를 할 것인지 혹은 표본을 통해 모수치를 추정하는 표본조사를 할 것인지 결정하고, 표본조사의 경우 확률표집을 할 것인지 비확률표집을 할 것인지 결정하여야 한다. 또한 표본추출방법에 따라 표본을 선정하는 과정에 대해서도 구체적으로 기술하는 것이 요구된다. 조사설계과정에서 모집단에 대한 정의가 중요한 이유는 모집단이 명확하게 제시되어야 표본을 추출하는 방법이나 자료를 수집하는 절차를 상세히 기술할 수 있기 때문이다. 그러나 사회복지와 관련된 연구질문은 모집단이 정확하게 누구를 의미하는지 제시하기도 어려울 뿐 아니라 전체 모집단이 누구인지 알기가 어려운 경우도 허다하다. 예를 들어, 노숙인이나 가출청소년을 모집단으로 하는 연구에서 모집단의 특성에 대해서는 개념 정의를 내릴 수 있으나 모집단을 정확하게 추정하기 어려운 경우가 많다. 이 밖에 수급자나 등록장애인의 명단을 확보하는 것도 쉽지 않으며, 가정폭력 가해자나 피해자 집단, 학교폭력 경험자, 아동학대, 동성애자에 관한 연구를 수행할 경우 모집단이 누구인지 정확하게 파악하기 힘들 수 있다. 이럴 경우에는 모집단의 목록을 확보하기 어려운 관계로 확률표집을 하기 어려워 비확률표집방법을 선택하게 되고, 구체적으로 어떤 절차를 거쳐 표본을 선정하고 자료를 수집할 것인지 자세히 언급하도록 노력해야 한다.

자료수집방법의 결정에는 자료를 질문지를 통해 수집할 것인지 혹은 면접, 실험, 관찰 등의 방법을 활용하여 수집할 것인지를 결정하는 일이 포함된다. 특히 질문지를 통해 자료를 수집하는 경우에는 질문지를 치밀하게 작성하고, 세부적인 질문이나 척도의 구성과 하위영역이 어떻게 구분되는지 등을 표로 제시하기도 한다. 또한 질문지법을 통해 자료를 수집하는 경우 완성된 질문지를 우편조사나 방문조사, 전자조사 등을 통해 수집할 수 있다. 자료수집방법에는 질문지법 이외에 면접이나 관찰 등의 방법이 기획될 수 있으며, 기존 자료를 활용한 분석의 경우 2차 자료를 어떻게 확보할 것인가를 자세히 기술하여야 한다. 자료수집방법은 실제 본 조사를 수행할 수 있는 정도로 자세한 일정과 방법을 기술하는 것이 좋으며, 구체적으로 기술할수록 자료수집방법의 재생 가능성도 높아지게 된다.

이와 함께 조사설계과정에서 연구윤리에 대한 고려도 충분히 다루어야 한다. 특히 사회복지와 관련된 연구들은 대부분 사회적 약자를 대상으로 하는 경우가 많기 때문에 자료수집과정이나 자료분석과정에서 윤리적인 문제가 발생하지 않도록 유의할 필요가 있다. 예를 들어, 조사과정에서 자발적으로 연구에 참여하였는지 여부, 연구결과를 공개함에 따라 발생할 수 있는 문제들에 대해 사전 고지가 이루어졌는지 여부, 연구참여자 개인정보에 대한 비밀보장 여부, 생명윤리위원회 등의 연구승인 여부 등 연구윤리와 관련된 내용들을 자세히 기술하는 것이 필요하다.

조사설계과정에 포함되는 내용

- 연구모형 그리기
- 자료수집방법(질문지 조사, 면접, 실험, 관찰, 내용분석, 2차 자료분석 등)
- 모집단 및 표본추출방법 결정(전수조사, 표본조사 / 확률표집, 비확률표집)
- 설문지 구성(주요 변수 소개)
- 조사도구의 간략한 역사와 사용 출처 제시
- 측정도구의 신뢰도와 타당도 검정방법 제시
- 연구가설이 있는 경우 가설 제시
- 주요 변수의 개념적 정의 및 조작적 정의

조사설계의 예[2)]

1. 논문

이상균(1999). 학교에서의 또래폭력에 영향을 미치는 요인. 서울대학교 대학원 박사학위논문.

2. 연구문제

[연구문제1]: 학생의 개인, 가족 특성, 학교생활에서의 경험 및 지각한 학교환경은 또래 폭력의 경험과 태도에 어떠한 영향을 미치는가?

[연구문제2]: 학교의 특성에 따라 학생들이 지각하는 학교환경은 차이가 있는가?

[연구문제3]: 학생의 개인, 가족 특성 및 학교생활에서의 경험은 학교환경에 대한 지각에 어떠한 영향을 미치는가?

2) 이상균(1999). 학교에서의 또래폭력에 영향을 미치는 요인. 서울대학교 대학원 박사학위논문.

3. 연구 방법 및 절차

1) 연구설계 및 표본설정

연구의 표집절차는 서울시에 소재하고 있는 중 · 고등학교에 재학 중인 학생들을 모집단으로 설정하였다. 표본의 추출은 학생이 아닌 학교를 기본단위로 하였다. 일차적으로 강북과 강남으로 지역을 구분하였고, 두 지역에서 남녀 성별, 중학교 및 고등학교(인문 · 실업)의 비율에 따라 5~7개교씩을 할당표집하였다. ……(중략)…… 설문지 구성을 위해 중학교 2개교, 인문계 고등학교 2개교, 실업계 고등학교 3개교 등 총 7개교 309명에 대해 예비조사를 실시하였다. 예비조사의 결과를 토대로 설문지의 질문항목을 수정 변경하였고, 최종 수정작업 및 조사에 사용될 척도들의 안면타당도 검정을 위해 사회복지사, 교육학 전공자, 상담전문가 등을 대상으로 설문지의 사전 확인작업을 거쳤다.

2) 분석방법

첫째, 또래폭력의 발생현황 및 이와 관련된 실태를 분석하기 위해 빈도분석, 교차분석 및 일원 변량분석을 실시하였다. 둘째, 학교의 특성, 개인의 특성, 가족 특성 및 학교생활에서의 경험 등이 개별 학생들이 지각한 학교환경에 미치는 영향을 알아보기 위해 회귀분석 및 일원 변량분석을 실시하였다. 셋째, 학생들의 또래폭력 피해경험 정도와 가해경험 정도에 미치는 다양한 요인의 영향을 알아보기 위해 최대우도방법에 의한 토빗 모형(tobit model)을 사용하였다.

3) 변수의 정의 및 측정

(1) 종속변수

① 또래폭력의 피해/가해 경험

또래폭력은 1명 이상의 다른 또래들이 학교 내 또는 학교 주변에서 피해 학생에 대해 행하는 공격적이고 의도적인 가해행동이다. 각 문항은 '전혀 없다'에서 '4회 이상'까지 4개 항의 보기를 가진 리커트 척도로 구성하였고, 점수가 높을수록 피해경험 및 가해경험이 많은 것으로 측정된다.

② 또래폭력에 대한 태도

또래폭력에 대한 허용 정도와 피해학생에 대한 부정적 인식 정도를 측정하는 것인데, 이를 통해 학생들이 또래폭력의 피해자에 대해 얼마나 지지적인지 혹은 방관적인지를 확인할 수 있다.

(2) 독립변수

- 개인속성 변수: 충동성, 공격성, 자존감, 폭력에 대한 허용적 태도 등
- 가족관련 변수: 부모자녀관계, 가족구조의 결손
- 학교생활관련 변수: 교칙위반행동, 학업태도, 비행친구와의 접촉 정도

4) 척도의 신뢰도 및 타당도

척도의 신뢰도와 타당도를 검정하기 위해 309명에 대해 예비조사를 실시하여 척도들의 하위문항 중 학생들이 이해하기 힘들고, 빈도가 지나치게 치우친 항목, 신뢰도를 현저하게 떨어뜨리는 문항 등을 본 조사의 설문지 구성 시 제외시켰다. 또한 지역사회복지관에서 청소년복지담당 사회복지사, 교육학전공 박사과정 재학생, 일선 학교교사들을 대상으로 설문지의 내용타당도에 대해 자문을 구하였다. ……(중략)…… 본 조사에서 사용된 각 척도들의 신뢰도 계수는 문항 간의 내적일관성을 보는 크론바흐 α(Cronbach's α)를 이용하였다. 신뢰도 계수는 .70 이상이 대부분이었고 따라서 척도들의 신뢰도에는 크게 문제가 없는 것으로 간주할 수 있다.

표 3-4 척도의 신뢰도 제시

척도		문항 수	신뢰도
학교환경	갈등적 환경	8	.72
	과업/경쟁지향적 환경	9	.60
	교사 지지적 환경	6	.68
	자율적 환경	7	.78
	교칙/규율의 공정	13	.78
	폭력 허용적 환경	9	.66

제4장

자료수집방법

자료수집(data collection)은 조사설계에서 결정한 표본추출방법에 따라 표본을 선정하고, 질문지법, 면접법, 관찰법 등의 방법을 통해 자료를 수집하는 과정을 의미한다. 자료수집과정에서 유의해야 할 점은 선정된 표본이 연구문제를 해결하는 데 적합하여야 하며, 자료를 수집하는 방법이 연구참여자와 연구내용에 적합한 방법이어야 한다는 점이다.

이 장에서는 질문지법, 면접법, 관찰법 등의 자료수집방법을 중심으로 각각의 자료수집방법이 갖고 있는 특징과 장단점을 소개하고자 한다.

1. 질문지법

1) 질문지법의 장단점

자료수집방법에서 질문지법은 연구질문을 설문지를 통해 작성하고, 연구참여자들이 자기기입식 방법으로 설문지를 완성하는 방법으로 자료를 수집한다. 질문지법이 갖는 특징으로는 면접법에 비해 시간, 노력, 비용이 절감되는 장점을 가진다는 점이다. 이와 함께 질문지를 구성하는 언어구성이나 질문순서 등이 표준화되기 때문에 다양한 집단 간의 비교가 가능하고, 면접원이 직접 조사를 수행하는 경우에도 일관성을 유지할 수 있다. 또한 익명성을 유지하기 때문에 자유로운 의사표현이 가능하고, 질문지를 바로 회수하지 않는 경우에는 시간적 여유도 충분하게 제공할 수 있다. 또한 연구자는 연구참여자들의 과거 행동이나 사적 행위에 대한 정보 획득이 가능하고, 비교적 넓은 범위에 걸쳐 응답자에게 접근이 가능하다는 장점을 가

표 4-1 질문지법의 장점과 단점

	질문지법	
	장점	단점
1	면접에 비해 시간 · 노력 · 비용 절감 (절차상의 기술이 필요하지 않고, 다양한 방법이 가능함-우편, 전화, 동시에 집합 가능)	융통성 결여(우편, 배포 시 설명을 못함)
2	표준화된 언어구성, 질문순서, 지시–질문의 일관성(주관성 배제 제한)	비언어적 행위나 개인적 특성을 활용하기 어려움(심리적 상태)
3	피조사자의 익명성–자유로운 의사표현 가능	대상자 제한(글을 읽을 수 있어야 함)
4	시간적 여유(보통 1~2주)	무응답 처리가 곤란(통제의 어려움)
5	과거의 행동이나 사적 행위에 대한 정보획득	응답자가 설문에 응할 의사가 있을 때만 가능
6	넓은 범위에 걸쳐 응답자에게 접근 가능	

진다.

그러나 질문지법은 질문내용에 대한 문의가 어렵고, 비언어적 행위에 대한 자료수집이 용이하지 않으며, 대상자가 문자 해독이 가능한 경우에만 이루어질 수 있고, 무응답 처리가 곤란하다는 단점을 가진다. 따라서 연구자는 질문지법이 갖고 있는 장단점과 자신의 연구질문이 질문지법을 통해 수집되는 것이 적절한지를 확인하는 것이 필요하다.

2) 질문지법의 적용방법

자료수집방법에서 질문지법은 다양한 방법으로 자료를 수집할 수 있다. 가장 보편적으로 사용되는 방법은 집합조사, 배포조사, 우편조사, 전화조사, 전자조사(인터넷조사) 등으로 구분할 수 있다. 특히 대규모 서베이 조사의 경우 우편조사나 전화조사가 가장 일반적으로 사용되고 있으나 인터넷을 활용한 전자조사를 이용하는 경우도 늘어나고 있다. 또한 질문지법은 동일한 장소에서 한꺼번에 자료를 수집하기 위해 집합조사나 배포조사 등을 활용할 경우 시간과 비용을 줄일 수 있다는

표 4-2 질문지법의 적용방법

		의의	장점	단점
1	집합조사	• 피조사자를 동시에 동일한 장소에 집합–학교, 각종단체, 집단의 성원, 직장인 • 조직의 협력이 중요	• 짧은 시간에 많은 응답자 • 조사 간편(저비용) • 설명이나 지시의 일관성 • 보충설명 가능	• 집합이 어려운 경우 • 표본추출 시 편의가 발생 • 다른 사람들의 영향 • 무응답이나 오기 통제가 어려움
2	배포조사	• 피조사자에게 질문지를 배포 후 일정 기간 후 질문지 회수 (응답 시 조사자가 없음)	• 시간적 여유 • 비용절감/편리 • 개인 일정 고려 • 우편조사보다 회수율 높음	• 수정이 어려움 • 보충 설명이 어려움 • 다른 사람들의 영향을 받음

3	우편 조사	• 피조사자에게 질문지를 송부한 후 우편으로 회수 • 소개편지, 반송봉투, 선물 동봉 • 후속조치가 중요 (전화/서면으로 응답 요청)	• 광범위한 지역조사 • 접근의 용이 • 비용절감/편리 • 대표성과 외적타당도 확보 • 면접의 어려움 용이(일정) • 무기명 • 응답내용에 대한 융통성	• 회수율이 낮음(20~40%) • 시간이 많이 걸림(20~30일) • 직접적인 접촉결여(불성실) • 보충설명이 어려움 • 다른 사람의 영향을 받음
4	전화 조사	• 피조사자에게 전화로 응답 • 응답자의 협조 • 질문의 수를 적게 하고, 질문내용도 간략해야 함	• 간편하고 비용이 절감 • 피조사자의 접근 용이 • 단시간 내 효과적 정보 • 전화번호부로 무작위추출	• 응답내용/응답시간이 짧은 경우 가능, 응답 거부 • 설명이 필요한 경우 • 상세 정보 획득의 어려움 • 전화가 있어야만 함
5	전자 조사	• 컴퓨터의 보급으로 가능 • 인터넷 홈페이지, 전자우편 조사 • 교수 · 학습평가, 상품조사, 여론조사 활용 • 컴퓨터에 접근 가능한 경우	• 광범위한 지역조사 • 저렴한 비용과 신속한 결과 • 학교, 기업체, 단체 구성원 대상으로 조사 용이 • 용이한 통계분석	• 대상자 제한 • 응답회수율 낮음 • 사생활 침해가능성

점에서 활용할 가치가 있다. 질문지법을 적용한 각각의 조사방법의 장점과 단점은 〈표 4-2〉에 제시하였다.

2. 면접법

면접법을 통한 자료수집은 연구참여자의 참여율이 질문지법에 비해 상대적으로 높으며, 모집단의 특성을 고르게 반영할 수 있다는 점에서 장점을 가진다. 그러나 면접법은 질문지법에 비해 시간과 비용이 상대적으로 많이 요구되며, 면접원에 대한 교육이 필요한 경우가 많다. 특히 면접법의 경우 면접원에 따라 수집되는 자료의 질이나 내용에 차이가 발생할 수 있음에 유의할 필요가 있다. 면접법은 자료수집과정에서 표준화 면접, 비표준화 면접, 반표준화 면접 등으로 구분할 수 있으며, 연구결과의 표준화가 필요한 경우는 구조화된 질문지를 활용하여 표준화된 면접을 실시할 수 있다. 따라서 면접법은 자료수집과정에서 융통성을 발휘할 수 있는 장점이 있는 반면에 연구결과를 표준화하기 어려운 단점이 발생할 수 있다.

1) 면접법의 장단점

면접법의 장단점은 앞서 소개한 질문지법이 갖고 있는 장단점과 상반되는 내용이 많다. 예를 들어, 면접법은 질문지와 달리 교육 정도에 관계없이 면접원과 연구참여자가 원활한 의사소통만 가능하면 자료수집이 이루어질 수 있다. 또한 질문지법과 달리 연구참여자를 직접 선정할 수 있기 때문에 모집단의 대표성을 확보하는데 상대적으로 용이하다. 한편, 면접법은 응답자의 개별 상황에 맞도록 면접원이 추가질문을 할 수 있고, 복잡한 질문이 가능해 응답자의 정확한 의도를 파악하는데 유리하다. 이와 함께 면접법은 면접이 이루어지고 있는 상황에 대한 환경 통제가 용이하기 때문에 제3자의 영향력을 배제하면서 응답자의 과거 행동과 사적 행위에 대한 정보를 획득할 수 있다.

이에 비해 면접법이 갖는 단점은 절차가 복잡하고, 면접을 수행하는 과정에서 다른 자료수집방법에 비해 시간과 비용이 상대적으로 많이 들어간다. 또한 면접법은 표준화된 자료를 수집할 수 있는 질문지법에 비해 면접원에 따른 편의가 발생할 수 있어 분석결과에 영향을 미치기도 한다. 이와 함께 면접법은 면접원이 직접 연구참여자를 방문하는 경우가 많아 지역이 넓은 범위일 경우 자료수집이 어렵고, 연구참여자의 익명성이 보장되지 못해 응답자가 신분을 밝히기 꺼리는 경우 필요한 자료수집이 어려울 수 있다.

표 4-3 **면접법의 장단점**

	면접법	
	장점	단점
1	교육 정도와 관계없이 적용 가능	절차 복잡(사전예약, 방문, 질문지 작성)
2	모집단 대표성 확보(질문지는 응답자만 분석)	시간, 비용, 노력이 많이 듦
3	개별 상황에 융통성-추가질문 가능	면접원에 따른 편의(응답에 부정적 영향, 언어구성 변경, 기록 잘못, 누락)
4	복잡한 질문 가능-응답자의 정확한 의도 파악	응답자의 상황이 결과에 영향을 미침
5	환경 통제-표준화 가능	응답의 표준화가 어려움(비교하기 곤란)
6	제3자의 영향력 배제	지역적 한계
7	응답자의 과거 행동과 사적 행위에 대한 정보 획득	익명성 결여-꺼리는 질문
		개인적 상황 노출-응답자에 부담

2) 면접법의 종류: 면접내용의 구성형식에 따른 분류

면접법은 면접 내용과 구성에 따라 다양한 방식으로 자료수집이 가능하다. 특히 면접법은 조사를 직접 수행하는 면접원의 자율성을 중심으로 표준화 면접(standardized interview), 비표준화 면접(unstandardized interview), 반표준화 면접(semi-standardized interview)으로 구분할 수 있다.

표준화 면접의 경우는 사전에 조사표를 작성하여 모든 응답자에게 같은 순서와 내용으로 질문을 하기 때문에 질문문항에 대한 오류를 최소화할 수 있다. 그러나 표준화 면접의 경우는 신뢰도가 높고 통계처리가 가능하지만 면접법이 가지는 융통성을 발휘할 수 없다는 단점이 발생할 수 있다. 비표준화 면접은 질문문항이나 질문순서가 정해져 있지 않으며, 면접원이 면접 상황에 따라 융통성 있게 자료를 수집하는 것이 가능하다. 비표준화 면접의 경우는 정신치료 분야에서 발전하였으나 사회복지 실천과정에서 이용자나 특정 집단을 대상으로 미개척분야에 대한 가설설정에 필요한 자료를 확보하는 데 용이한 방법이다. 반표준화 면접의 경우는 표

표 4-4 면접법의 종류

표준화 면접 (다수의 조사, 미숙련 면접원)	비표준화 면접 (조사의 준비단계에 적합)	반표준화 면접
• 사전에 조사표를 작성하여 모든 응답자에게 같은 순서로 질문 • 질문의 표현이나 새로운 질문 추가, 순서 등이 고정	• 질문문항이나 질문순서가 정해져 있지 않음 ⇒ 연구문제의 범위만 결정, 구체적 내용은 조사자가 면접 상황에 따라 융통성 있게 조사 • 면접지침 준비 • 정신치료 분야에서 발전 ⇒ 응답자의 정서, 태도, 믿음도 파악	• 표준화 면접과 비표준화 면접의 장단점 보완 • 면접목록과 질문목록이 있는 면접지침을 사용하되, 이 지침 내에서 융통성 확보
	장단점	
• 질문문항이나 질문순서에서 오는 오류 최소화 • 응답자의 차이를 비교 • 신뢰도가 높음 • 표준화와 통계처리 가능 • 융통성 부족, 타당도 저하	• 융통성(어구나 순서 조절) • 의미의 표준화(개별화) • 타당도 확보(라포 형성 용이) • 미개척분야에서 가설설정에 필요한 자료 확보 • 표준화 면접의 장점과 반대	

준화 면접과 비표준화 면접의 장단점을 보완하여 면접목록과 질문목록을 작성하기는 하지만 면접지침 내에서 면접원이 어느 정도 융통성을 발휘하여 질문을 추가할 수 있는 면접법이다. 일반적으로 조사의 준비단계에서는 비표준화 면접을 통한 자료수집이 용이하며, 다수의 조사가 필요하거나 면접원이 숙련되지 않았을 경우에는 표준화 면접을 통한 자료수집이 이루어질 수 있다.

3) 면접의 과정과 고려사항

면접의 과정은 면접원을 선정하는 것에서부터 출발하며, 면접원을 훈련시키는 과정이 포함된다. 면접원의 선정 시 표본의 크기나 총 연구기간 등을 고려하여 면접원 수를 결정하며, 지나치게 많은 면접원을 선정하는 경우 면접원 훈련이나 면접과정을 통제하기가 어렵기 때문에 전체 연구의 규모에 따라 20~30명 정도가 적절하다고 볼 수 있다.

특히 면접법은 면접을 누가 하느냐에 따라 연구결과가 달라질 수 있기 때문에 면접원에 대한 교육이 매우 중요하다. 면접원 훈련은 연구의 목적과 배경, 면접의 내용 등을 충분히 숙지할 수 있도록 교육이 이루어져야 하며, 면접 시에 발생할 수 있는 여러 가지 돌발 상황에 대처할 수 있도록 교육을 실시하는 것이 중요하다. 또한 면접원에 대한 교육은 연구참여자에게서 협력을 얻는 기술, 면접기술, 추가질문을 할 수 있는 기술에 대해서도 숙지하도록 하는 것이 필요하다.

면접원의 선정과 훈련과정이 끝나면 면접이 이루어지고, 면접결과에 대해 정확하게 기술하고 면접을 종결하게 된다. 특히 면접결과의 기록과정에서는 면접원이 자신의 편견이 개입되지 않고 면접에서 얻은 사실을 객관적으로 기술하는 것이 중요하다. 또한 면접이 이루어지는 과정에서 중요한 내용은 바로 기록하고, 면접을 완료하는 즉시 면접기록을 완료하는 것이 중요하다.

표 4-5 면접의 과정과 고려사항

장점	단점
면접원 선택	① 면접원 수 결정(표본의 크기, 평균시간, 총 연구기간 고려), ② 면접원 모집(유급・무급), ③ 비용 지급, ④ 면접원 선발기준(객관적인 면, 주관적인 면), ⑤ 면접원 협약 체결
면접원 훈련	① 훈련방법(개인/그룹훈련), ② 훈련 시 준비물(조사 관련 정보 및 자료), ③ 연구의 목적 및 배경 설명, ④ 전체적인 연구방법의 설명(면접원의 역할 수행에 도움), ⑤ 조사 실시 지침(할당, 일정, 조사지 반환장소), ⑥ 조사도구 검토(질문에 대한 설명), ⑦ 역할놀이(면접절차에 익숙), ⑧ 위험방지 대책

협력을 얻는 기술	① 지역사회의 협력: 연구주제와 관련이 있는 지역단체의 협력, ② 개인의 협력(사전약속, 좋은 첫인상, 기본사항 소개[기관, 면접원 소개, 조사목적, 선출방식], 심리적 장애 제거, 부재중 대처)
면접기술	① 의사소통, ② 질문하는 태도와 방법, ③ 질문의 순서와 내용, ④ 반대질문, ⑤ 시간, ⑥ 이해, ⑦ 무응답, ⑧ 상반되는 내용, ⑨ 화제 이탈, ⑩ 라포 유지
프로빙 기술 (추가질문)	① 간단한 찬성적 응답, ② 무언의 암시, ③ 명확한 대답의 요구, ④ 비지시적 질문, ⑤ 적절한 종결
면접결과의 기록	자기의 편견을 개입하지 않고 면접에서 얻은 사실을 객관적으로 정확하게 기술 ① 현장기록–면접 중 전체 혹은 중요 사항 기록, ② 면접 후 기록, ③ 기계 사용 ⇒ 면접 중 바로 기록, 응답자가 말한 대로 받아쓴다. 사소한 것도 기록, 질문과 응답 모두 기록, 면접사항에 대해 기록, 응답자의 흥미 유지
면접의 종결	마무리

4) 면접원 교육

자료수집이 면접원을 통해 이루어지는 경우에는 면접원의 행동이나 태도가 응답결과에 중요한 영향을 미칠 수 있다. 따라서 면접법의 경우 면접원을 모집한 이후 면접원에 대한 교육을 실시하는 것이 요구된다.

면접원의 교육은 일반적으로 조사과정 전체를 이해할 수 있도록 연구의 목적을 명확하게 설명하고, 질문지 내용에 대해 숙지하도록 하는 것이 필요하다. 특히 면접원이 연구참여자를 직접 선정하고 일대일 면접을 통해 자료를 수집하는 경우에는 표본추출방법에 대해서도 충분히 이해할 수 있도록 교육하는 것이 중요하다. 이밖에 면접원 교육과정에서 역할놀이(role-play)는 면접과정에 미리 익숙해질 수 있도록 하는 방법이며, 면접과정에서 발생할 수 있는 위험 상황에 대해 숙지하고 적절하게 대처할 수 있도록 연습하는 것도 중요하다.

면접원 교육내용의 예

1) 면접원은 사전에 방문을 예약하여야 하고, 전화번호와 위치를 확인해야 합니다.
2) 설문을 시작하기 전 설문의 취지와 설문결과가 어떻게 이용될지 등을 미리 설명해야 합니다.
3) 필기도구는 반드시 지참합시다.
4) 면접일지 내용(날짜, 시간, 장소, 설문대상자 등)은 미리 작성하고 설문을 하도록 합니다.
5) 조사지가 손상되거나 잃어버리지 않도록 해야 합니다.
6) 신체적 용모 및 태도에 주의하도록 합니다.
7) 응답자를 처음 만났을 때 자신의 신분을 밝히도록 합니다.
8) 방문예약 시 면접을 미루는 경우 면접 가능한 시간을 예약해 둡니다(불쾌한 태도를 보이지 않도록 합니다).
9) 면접 시 의사소통 기술이 중요하며, 긍정적 태도와 면접을 신중하게 다룬다는 것을 응답자가 느끼도록 해야 합니다.
10) 응답자가 잘 이해하지 못하였을 경우에는 반복하여 설명해 주고 질문을 알기 쉽게 바꾸어 물을 수 있어야 합니다.
11) 면접시간이 너무 길어지지 않도록 합니다.
12) 불미스럽거나 위험해 보이는 장소에서 설문은 피하고, 응답자들이 당황하거나 화가 나게 되면 면접을 중단하도록 합니다.
13) 면접이 종결되면 응답자의 협력이 도움이 되었다는 점과 지역사회 문제해결에 많은 도움이 될 것이라는 점을 말하는 것이 좋습니다.
14) 설문조사를 마친 후 그 자리에서 설문문항에 대한 응답이 빠진 것이 있나 반드시 확인하도록 합니다.

3. 관찰법

관찰은 사회조사의 자료수집방법이기도 하지만 대부분의 사람의 일상생활과정에서도 벌어진다. 그러나 사회조사에서 자료수집방법으로서 관찰법은 일상생활에서의 관찰과 다소 차이점을 가진다. 일상생활에서의 관찰과 자료수집방법으로서의 관찰의 첫 번째 차이점은 연구의 목적에 따라 제한된 관찰이 이루어진다는 점이다. 아무리 주의 깊은 관찰자라 하더라도 연구대상에서 벌어지는 모든 상황을 관찰할 수는 없다. 따라서 체계적인 관찰이 이루어지기 위해서는 관찰의 내용, 시기, 관찰의 절차나 방법 등을 사전에 설정하게 된다. 관찰법이 가지는 두 번째 특징은 체계적인 절차에 따라 이루어진다는 점이다. 관찰법이 체계적이라는 것은 관찰의 대상과 내용을 사전에 설정하는 데 그치지 않고, 관찰의 기록, 신뢰도와 타당도를 확보하기 위한 방안 등을 사전에 계획하는 것이다. 관찰법이 가지는 세 번째 특징은 일상생활에서의 관찰과 달리 연구 목적을 달성하기 위해 설정한 다양한 가설을 검정할 수 있도록 설계된다는 점이다. 따라서 연구의 관심이 되는 주요 명제의 타당성을 확인할 수 있도록 구체적인 방법과 절차가 뒤따라야 한다.

자료수집방법으로서의 관찰법은 질문지법이나 면접법을 사용할 수 없는 연구참여자의 경우에도 자료수집이 가능하다는 장점이 있다. 특히 장애아동이나 어르신 등 언어 사용이나 문자 해독이 어려운 경우에도 관찰법을 통한 자료수집이 가능하다. 또한 관찰법은 연구자가 관찰대상과의 상호작용이 어느 정도 이루어지는가에 따라 완전참여관찰과 완전비참여관찰로 구분할 수 있으며, 관찰내용의 조직화 정도에 따라 조직적 관찰과 비조직적 관찰로 구분할 수 있다. 관찰법은 관찰대상의 제한성이 다른 자료수집방법보다 포괄적인 측면이 있으나 관찰대상에 대한 접근성이 제한되는 경우가 발생할 수 있으며, 관찰내용에 대한 유추과정에서 연구결과에 대한 신뢰성과 타당성을 확보하는 과정에 어려움이 발생할 수 있다.

1) 관찰법의 종류

관찰법은 관찰자의 참여 정도와 절차의 조직성에 따라 다양한 유형으로 구분할 수 있다. 특히 관찰자의 참여 정도에 따라서 완전참여관찰, 완전비참여관찰, 준참여관찰 등으로 구분할 수 있다.

완전참여관찰은 관찰자가 관찰대상 집단 내부에 들어가 구성원의 일부가 되어 공동생활을 하는 경우를 의미한다. 특히 완전참여관찰의 경우 관찰자의 신분을 알리지 않고 관찰대상 집단의 구성원이 된다는 것이 특징이다. 완전참여관찰의 경우 특정 집단의 행위 동기나 미묘한 감정 등을 직접 관찰할 수 있다는 장점을 가지나, 연구자(관찰자)의 활동이 제한되거나 객관성을 확보하는 데 어려움이 있을 수 있다.

완전비참여관찰은 관찰자가 제3자의 입장에서 관찰대상과 일정 정도 거리를 두고 관찰이 이루어지는 경우다. 예를 들어, 완전비참여관찰은 관찰자가 자폐아동의 행동을 일면경을 통해 관찰하거나 폭주족의 행태, 광장에 모인 사람 등을 관찰하는 경우가 해당된다. 완전비참여관찰에서는 연구자의 신분이 노출되지 않으며, 연구대상이나 집단과의 접촉도 거의 일어나지 않는다. 따라서 관찰자는 관찰대상에서 개입 정도가 가장 낮고 연구결과에 영향력을 발휘하지 않는다. 또한 연구참여자나 관찰대상이 자신이 관찰대상이라는 것을 아는 것은 자연스러운 행동을 보여 주지 못하는 결과로 이어질 수 있다는 점에서 완전비참여관찰은 연구자의 개입이 거의 이루어지지 않는다는 특징이 있다.

준참여관찰은 관찰대상의 생활의 일부에만 참여하는 경우라고 볼 수 있다. 준참여관찰의 경우는 관찰대상이 되는 집단의 참여에 초점을 두는 경우는 관찰자적 참여라고 볼 수 있고, 관찰에 초점을 둔다면 참여자적 관찰이라고 볼 수 있다. 준참여관찰에서 관찰자적 참여의 예는 인류학자들이 소수민족을 연구하는 경우에 해당되는데, 이 경우 연구자나 관찰자는 자신의 신분을 미리 밝히고 참여집단의 구성원이 된다. 대부분의 문화기술지 연구는 준참여 관찰자에 해당되며, 특히 관찰자적 참여를 통해서 연구가 이루어진다고 볼 수 있다. 이와 달리 참여자적 관찰은 참여

표 4-6 관찰자의 참여 정도에 따른 구분

완전참여관찰	완전비참여관찰	준참여관찰	
		관찰자적 참여	참여자적 관찰
• 관찰자는 신분을 노출시키지 않고, 연구집단의 구성원이 되어 관찰을 진행한다. 예) 갱단 연구, 에이즈 환자 연구, 말기암 환자 연구	• 관찰자 신분은 노출과 전혀 관계없이 객관적인 제3자의 입장에서 관찰을 진행한다. 예) 자폐아동 집단활동에서 또래 상호작용 연구, 광장에 모인 사람에 대한 연구 등	• 관찰보다 참여에 중점을 둔다. 연구자의 신분을 노출시키고, 연구집단의 구성원이 되어 관찰집단과 상호작용을 할 수 있다. 예) 대부분의 문화기술지 연구, 인류학자의 소수민족 연구 등	• 참여보다 관찰에 치중한다. 연구자의 신분은 노출시키지만 연구집단의 구성원은 아니다. 예) 특정 집단을 취재하는 신문기자

출처: 김태성, 김기덕, 이채원, 홍백의(2012).

보다 관찰에 더욱 초점을 두기 때문에 참여자와 상호작용을 하지만 집단의 구성원이 되지 않는다는 점에서 차이가 있다.

이와 함께 관찰법은 관찰의 절차가 어느 정도 조직적으로 이루어지는가에 따라 조직적 관찰과 비조직적 관찰로 구분할 수 있다. 조직적 관찰은 관찰의 내용이나 대상, 절차 등을 사전에 정하고 체계적으로 관찰하여 가설검정 연구에 활용할 수 있다. 이에 비해 비조직적 관찰은 관찰의 내용이나 대상, 절차 등을 규정하지 않고 현상을 탐색하는 연구에 적합하다.

2) 관찰법의 장단점

관찰법은 자료수집과정에서 구두 표현 능력이 없는 경우도 가능하다. 또한 조사에 비협조적이거나 거부하는 경우에도 관찰은 가능하다는 장점을 가진다. 따라서 관찰법은 일상생활에서 벌어지는 다양한 내용을 수집할 수 있고, 장기간의 종단분석이 가능하다. 관찰법은 질문지법과 면접법이 어려운 경우나 자료수집과정이 복합적인 상황에서 가장 효과적인 자료수집방법이다.

그러나 관찰법은 현장 포착이 어렵고, 외부로 표현되지 않는 것에 대해서는 관찰할 수 없다는 점에서 한계를 가진다. 또한 관찰법은 대규모 조사에 어려움이 있고, 소수의 연구참여자를 대상으로 자료를 수집하는 데 용이하다. 그러나 관찰자의 선호나 관심에 따라 혹은 관찰자가 지닌 가치관, 지식의 범위, 연구 목적에 따라 관찰의 내용은 선택적으로 이루어질 수 있으며, 다수의 관찰자가 관찰내용을 동시에 관찰하는 데도 한계가 있을 수 있다. 따라서 관찰법은 관찰된 내용을 어떻게 해석할 것인지가 관건이며, 수집된 자료를 표준화하기 어려운 경우 자료분석에 어려움이 발생할 수 있다.

표 4-7 관찰법의 장단점

장점	단점
• 현장에서 사실 포착(자연스러운 상황) • 구두 표현 능력이 없는 경우도 가능 • 조사에 비협조적이거나 거부할 경우 용이 • 일상생활 관찰 가능 • 장기간의 종단분석 • 복합적인 상황에 있어 가장 효과적	• 현장 포착의 어려움 • 외부로 표현되지 않는 것은 관찰의 한계 • 대규모 조사에 어려움 • 피관찰자나 집단에 접근이 어려운 경우가 있음 • 시간, 비용, 노력이 많이 듦 • 관찰자의 선호, 관심, 가치관, 지식의 범위, 연구 목적 등에 의해 선택적 관찰 • 동시관찰의 한계 • 해석의 어려움 • 관찰 당시의 상황 특수성 • 자료분석의 어려움

4. 자료의 특성에 따른 자료수집방법의 선택

자료의 특성에 따라 자료수집과정은 연구방법마다 차이가 날 수 있다는 점을 고려해야 한다. 특히 양적연구에서는 연구 목적이 연구의 결과를 일반화하는 데 있기 때문에 모집단에 대한 정확한 설정과 표본추출과정이 모집단의 특성을 잘 대표하고 있음을 보여 주는 것이 중요하다. 이를 위해 양적연구에서의 자료수집은 주로 대규모 서베이 조사를 통해 이루어지는 경우가 많고, 질문지를 작성한 이후 우편조사, 전화조사, 인터넷조사 등을 실시하는 경우가 많다. 이에 비해 질적연구나 정성적 연구에서는 연구자가 자신의 연구에 중요한 정보를 제공해 줄 수 있는 특정 인물이나 문헌, 미디어 자료 등을 선정하여 면접법이나 참여관찰, 내용분석, 2차 자료분석 등을 통해 자료를 수집한다.

자료수집방법에서 고려해야 할 사항 중의 하나는 자료의 회수율이다. 일반적으로 사회조사과정에서 질문지를 우편으로 수집하는 경우 회수율이 30% 내외로 알려져 있으며, 인터넷을 통한 전자조사의 회수율은 더 낮게 나타날 수 있다. 따라서 질문지를 체계적으로 구성하고, 모집단의 특성을 잘 반영하도록 표본추출을 기획하였다 하더라도 회수율이 떨어지면 정확한 분석을 하기 어렵게 된다.

우편조사 시 연구자는 연구참여자에게 전화통화를 시도하거나 사은품 등을 제공하는 등 다양한 방법을 동원하여 질문지의 수거율을 높이기 위해 노력하여야 할 것이다. 이를 위해 연구의 필요성과 연구결과의 활용방안을 언급함으로써 연구참여자가 자발적으로 연구에 참여할 수 있도록 설득하는 것이 중요하다. 따라서 자료수집에서 회수율을 높이는 방법이 무엇인지 고려하여 자료수집방법을 선택하는 것이 요청된다.

제5장

측정과 척도

사회조사는 연구의 목적에 따라 몇 가지 유형으로 구분할 수 있다. 예를 들어, 연구주제에 대한 선행연구가 거의 없거나 잘 알려지지 않은 사회현상을 연구하고자 한다면 탐색적 성격의 연구라고 볼 수 있다. 또한 다양한 사회현상을 구성하고 있는 변인들의 관계를 서술하거나 기술하는 연구와 특정 사회현상의 인과관계를 밝히는 설명적 연구 등으로 구분할 수 있다. 그러나 사회조사의 목적과 무관하게 연구자가 수행하고자 하는 연구방법이 양적연구라면 추상적인 사회현상은 개념적 정의와 조작적 정의를 거쳐 수량적으로 표시할 수 있어야 한다. 이때 추상적인 사회현상은 조작화를 통하여 양적으로 표현되며, 경험 가능한 지수로 대체된다.

측정과 관련하여 연구자가 유의할 점은 사회과학에서 측정하고자 하는 현상들에는 인간의 감각기관으로 직접 경험할 수 없는 추상적인 개념들이 다수 존재한다는 점이다. 따라서 아무리 정교한 측정도구를 사용하거나 제작한다고 해도 연구자는 실재하는 사회적 실재와 측정치를 동일시할 수 없다. 측정도구는 특정 현상이나 사물을 측정하기 위해 인위적으로 만들어진 도구이며, 사회적 합의에 의해 측정값의 의미가 결정된다. 그렇기 때문에 측정은 사회현상이든 자연현상이든 실재하는 사물이나 현상 자체와는 구별되어야 한다. 이 장에서는 척도의 개념, 척도 문항 구성의 예, 측정오류, 측정에서의 변수의 예 등을 살펴보고자 한다.

1. 척도의 개념

1) 척도의 의미와 유용성

우리는 일상생활에서 측정을 위한 도구들을 쉽게 접한다. 길이를 측정하는 '자', 온도를 측정하는 '온도계', 무게를 측정하는 '체중계', 시간을 측정하는 '시계' 등은 대표적인 측정도구들이다. 이러한 도구들은 표준화된 수치를 이용하기 때문에 동일한 측정도구로 측정된 측정치를 서로 비교할 수 있다는 장점이 있다. 또한 동일한 대상을 반복적으로 측정할 경우 사물이 갖고 있는 동일한 속성의 변화도 파악할 수 있다. 그러나 측정이 갖는 이러한 특성들은 측정된 수치를 다수의 사람들이 합의를 통해 표준화했기 때문에 가능한 일이다. 예를 들어, 특정 사물의 정확한 길이나 무게 등은 전 세계 과학자들이 공통된 기준에 합의하였고, 특정 수치를 기준값으로 설정해 놓았다. 그렇기 때문에 신뢰할 수 있는 측정도구만 있다면 누구나 사물의 길이나 무게를 정확하게 측정할 수 있다. 과학의 발전은 측정의 정확성을 높이는 데 기여하였으며, 인간의 감각기관으로 파악할 수 없는 미세한 수준의 측정이나 우주 천체 간의 엄청난 거리도 측정할 수 있게 하였다.

그러나 측정의 기준이 항상 불변하는 것은 아니다. 기원전 2500년경에 만들어진 이집트의 피라미드는 정교하게 만들어진 건축물로 유명하다. 놀랍게도 피라미드를 건설할 때 사용된 길이의 기준은 통치자 파라오의 팔꿈치부터 가운뎃손가락까지 길이에다 손바닥 폭의 길이를 기준으로 만든 자였다고 한다. 그러면 우리가 잘 알고 있는 1m의 기준은 어떻게 결정되었을까? 1m의 기준은 18세기 후반 프랑스 혁명 당시 과학자들이 지구의 북극점에서 적도까지 거리의 10000만분의 1을 '1m'로 하기로 결정하였으며, 1875년 5월 프랑스 파리에서 세계 17개국 대표가 미터협약에 서약함으로써 국가 간 합의도 이루어졌다. 과학기술이 발전하면서 1m의 국제표준은 1960년 '크립톤 원자에서 나오는 스펙트럼 중 주황색 빛 파장의 165만 763.73배'로 새롭게 정의되었고, 1983년 제17차 국제도량형총회에서는 '빛이 진공 중에서 2억 9979만 2458분의 1초 동안 진행한 거리'로 정의되었다.[1] 이와 같이 1m의 길이를 정확하게 측정하는 작업도 여러 가지 기준이 있었으며, 오차범위를 줄이기 위한 시도는 앞으로도 계속될 것이다.

사물의 길이를 표준화하는 것이 이렇게 어려운 과정을 거치면서 결정되었다는 것은 측정치의 표준화가 간단한 작업이 아니라는 것을 가르쳐 준다. 1초라는 시간이 결정된 과정도 마찬가지다. 시간의 단위인 1초는 1967년 제13차 국제도량형총회 결의사항으로, '세슘 원자의 바닥상태에 있는 두 초미세 준위 간의 전이에 대응하는 복사선의 9,192,631,770Hz 진동의 지속시간'으로 정의 내리고 있다(한국표준과학연구원, 1993). 다행스럽게도 1초에 대한 이와 같은 복잡한 개념적 정의는 물리

표 5-1 미터 정의의 변천사

연도	내용	오차범위
1791	지구 자오선의 4000만분의 1	0.06mm
1889	국제미터원기	0.002mm
1960	크립톤(kr) 램프 스펙트럼 파장	0.000007mm
1983	빛의 속도	0.0000007mm
현재	빛의 속도(요오드 안정화 헬륨-네온 레이저)	0.00000002mm

출처: 한국표준과학연구원(1993).

1) http://news.donga.com/3/all/20111216/42676250/1

학자가 아닌 이상 대부분의 사람은 일상적으로 사용하지 않는다.

2) 개념적 정의와 조작적 정의

길이와 시간에 대한 측정이 어떤 과정을 거쳐 결정되었는지 살펴보았다. 그렇다면 복잡한 사회현상은 어떻게 측정하는 것일까? 또 사회현상에서 다루는 다양한 개념은 어떻게 표준화한 것일까? 사회복지 실천현장에서 즐겨 사용하는 측정도구를 예로 들어 보자. 사회복지 현장에 있는 사회복지사는 클라이언트의 삶의 질이나 사회통합, 스트레스, 자존감 등의 개념 등을 쉽게 접한다. 그러나 이러한 개념들은 길이나 시간을 표준화한 작업과 달리 학자에 따라 개념적 정의가 다를 수 있으며, 시대에 따라 변하는 개념이기 때문에 특정 연구자가 개발한 측정도구를 표준화하는 것이 더욱 어렵다.

그럼에도 불구하고 사회조사에서 사용하는 척도는 다양한 사회현상을 측정 가능한 여러 개의 문항으로 재구성하여 이를 수치로 나타낸 결과물이다. 따라서 사회과학에서 사용하는 척도는 연구자가 측정하고자 하는 현상에 대하여 정확한 개념적 정의를 내리는 작업이 선행되어야 한다. 개념적 정의는 특정 개념이나 현상을 사전적 의미로 간략하게 정의 내릴 수 있다. 이와 함께 연구자는 개념적 정의를 근거로 조작적 정의를 수행할 수 있다. 조작적 정의는 개념적 정의의 내용을 측정 가능한 지수로 변환시키는 작업이다. 조작적 정의가 완성되면 비로소 연구자는 자신이 측정하고자 하는 개념을 측정할 수 있게 된다.

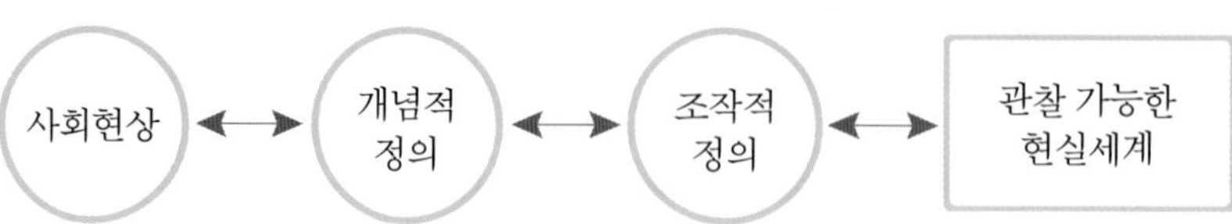

[그림 5-1] 조작적 정의의 과정

조작적 정의

예) "부부간 관계가 좋지 않은 가정의 청소년들은 비행률이 높을 것이다."

① 부부관계 측정−부부간의 다툼의 횟수, 부부간의 대화의 횟수

② 비행−지위비행, 도피비행, 폭력비행, 재산비행

사회현상에 대한 추상적인 개념을 측정하기 위해서는 개념적 정의를 거쳐 조작적 정의를 완성하면 된다. 이 과정을 척도의 구성 원리로 설명하면 [그림 5−2]와 같이 정치행위를 관찰 가능한 행위로 조작적 정의를 내리고, 각각의 행위에 가중치를 부여할 수 있다. 예를 들어, 정치행위에 대한 조작적 정의는 투표에 참여하는 것, 정치운동에 기부하는 것, 정치운동에 직접 참여하는 것, 공직에 직접 출마하는 것으로 구분할 수 있으며, 이 중에서 투표에 참여하는 것이 가장 약한 정도의 정치행위라면 공직에 출마하는 행위는 가장 강력한 정치행위라고 볼 수 있을 것이다.

추상적인 개념의 정의와 조작적 정의에 대한 또 다른 예로, 장애아동의 언어발달을 위해 언어치료사가 치료의 효과를 어떻게 보여 줄 수 있을지 고민하고 있다고 하자. 언어치료사는 자신이 언어치료를 수행하기 전에 장애아동이 표현할 수 있는

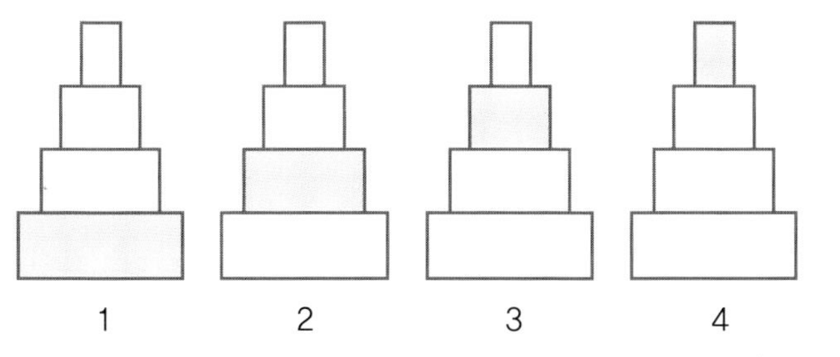

공직 출마
정치운동에 참여
정치운동에 기부
투표 참여

[그림 5−2] 측정도구의 구성 원리[2]

2) 김영석(2002)의 『사회조사방법론 SPSS Win 통계분석』에서 재인용.

단어가 거의 없다는 것을 파악한 다음, 6개월 뒤 언어치료를 종결하고 나서 장애아동이 표현할 수 있는 단어 수를 측정하였다. 만약 언어치료를 마친 장애아동이 치료 후에 5개의 단어를 표현할 수 있었다면 치료의 효과가 있었다고 볼 수 있을까? 물론 장애아동이 5개의 단어를 새롭게 표현할 수 있게 된 것이 아동의 자연스러운 언어발달 수준이 향상되었기 때문인지 언어치료의 효과 때문인지를 구분하기 어려울 수 있다. 그러나 이는 장애아동의 언어발달과 유사한 수준에 있는 아동들을 통제집단으로 설정해 놓고 통제집단과 실험집단 간의 표현 단어 수를 비교하면 언어치료와 장애아동 표현 단어 수의 인과관계를 보여 줄 수 있을 것이다. 이때 언어치료의 효과라는 개념은 대단히 추상적이지만 언어치료를 받은 장애아동이 표현할 수 있는 단어 수로 볼 수 있으며, 언어치료의 효과를 표현 단어 수로 환산한 것이다.

장애아동의 표현 단어 수는 비교적 간단한 조작적 정의였지만 이에 비해 복잡하고 추상적인 개념에 대한 조작적 정의를 내리는 작업은 쉽지 않다. 예를 들어, 우울을 측정하는 척도를 개발하는 연구자가 우울을 측정하기 위해서는 우울에 대한 개념적 정의가 무엇인지 알아야 할 것이다. 또한 우울에 대한 개념적 정의를 기반으로 측정 가능한 지수로 대체하기 위한 질문들을 개발해야 할 것이다. 우울에 대한 개념은 국내외에서 다양하게 연구되어 왔으며, 주요 증상에 대한 자기보고식 측정도구는 사회적 상황이나 문화적 배경에 따라 다소 차이를 보이는 특징을 가지고 있다. 또한 측정도구가 신체적 증상을 강조하느냐, 아니면 심리적 측면을 중요하게 간주하느냐에 따라 우울을 묻는 주요 문항의 내용도 달라진다(이중서 외, 2005).

우울에 대한 개념적 정의에 근거하여 벡(Beck, 1967)은 총 21문항으로 구성된 우울척도를 개발하였다. 〈표 5-2〉에서는 벡(1967)이 제작한 우울척도의 4문항만을 제시하였다. 벡(1967)이 제작한 우울척도를 구성하고 있는 문항에는 정서적 증상(슬픔, 비관성, 불만족, 죄책감, 울음), 인지적 증상(실패감, 벌의 예기, 자기혐오, 자기비난, 자살의 상념, 우유부단), 동기적 증상(신경과민, 사회적 위축, 신체상 장애, 작업 장애, 불면증), 생리적 증상(피로감, 식욕 상실, 체중 감소, 신체적 집착, 성욕 상실) 등을 파악

표 5-2 우울척도 구성문항의 예

우울척도(Beck's Depression Inventory: BDI)
[1] 0) 나는 슬프지 않다. 1) 나는 슬프다. 2) 나는 항상 슬프고 기운을 낼 수 없다. 3) 나는 너무나 슬프고 불행해서 도저히 견딜 수가 없다. [2] 0) 나는 앞날에 대해서 별로 낙담하지 않는다. 1) 나는 앞날에 대한 용기가 나지 않는다. 2) 나는 앞날에 기대할 것이 없다고 느낀다. 3) 나의 앞날은 아주 절망적이고 나아질 가망이 없다고 느낀다. [3] 0) 나는 실패자라고 느끼지 않는다. 1) 나는 보통 사람들보다 더 많이 실패한 것 같다. 2) 내가 살아온 과거를 되돌아보면 실패투성이인 것 같다. 3) 나는 인간으로서 완전한 실패자라고 느낀다. [4] 0) 나는 전과 같이 일상생활에 만족하고 있다. 1) 나의 일상생활은 예전처럼 즐겁지 않다. 2) 나는 요즘에는 어떤 것에도 별로 만족을 얻지 못한다. 3) 나는 모든 것이 다 불만스럽고 싫증이 난다.

출처: 김설화(2011).

하기 위한 문항들이 포함되어 있다(김설화, 2011 재인용).

우울척도는 각 문항이 0점에서 3점으로 평가되며, 전체 점수는 0점에서 63점 사이로 측정된다. 이 점수가 의미하는 우울의 정도는 0~9점 수준은 우울하지 않은 상태, 10~15점은 가벼운 우울상태, 16~23점은 중한 우울상태, 24~63점은 심한 우울상태로 간주한다(김설화, 2011). 따라서 이 척도를 활용하고자 하는 사회복지사는 우울척도의 점수를 근거로 클라이언트의 우울상태를 평가하고 진단할 수 있게 되었으며, 측정된 점수의 의미는 점수가 높을수록 우울증 상태가 심각하다고 해석할 수 있을 것이다.

이와 함께 사회복지실천과 관련된 측정도구에서 자주 활용되는 이용자의 만족도는 어떻게 질문할 수 있을까? 이를 측정하기 위해 다양한 질문을 구성할 수 있을 것이다. 사회복지기관을 이용하고 있는 이용자들의 만족도를 묻기 위한 문항에서는 우선적으로 사회복지사가 자신의 개입에 대해 클라이언트가 얼마나 만족하고 있는가를 질문할 수 있을 것이며, 이용자 입장에서는 자신이 당면하고 있는 문제를 해결하는 데 사회복지기관을 이용함으로써 어느 정도 도움이 되었는가를 파악할

표 5-3 클라이언트 만족도 구성문항

한국판 사회복지 서비스 이용자 만족도 척도(7점 척도) (Korean Version of the Client Satisfaction Inventory: CSI-K)
1. 이곳에서 받은 서비스는 나에게 큰 도움이 된다.
2. 이곳의 직원은 진심으로 나를 도와주는 것 같다.
3. 만일 다시 도움이 필요하면 이곳을 이용할 것이다.
4. 이곳의 직원은 나를 업무적으로 대하지 않고 인격적으로 대해 준다.
5. 이곳에서 나는 나의 문제를 다루는 방법에 대해 많이 배웠다.
6. 내가 이곳에서 도움받은 것에 대해 다른 사람에게도 추천하고 싶다.
7. 이곳의 직원은 자신들의 일을 성의껏 한다.
8. 나는 이곳에서 진정으로 내가 필요로 하는 도움을 받았다.
9. 이곳의 직원은 나의 모습을 있는 그대로 받아 준다.
10. 내가 처음 이곳에 왔을 때보다 지금이 훨씬 좋아졌다고 생각한다.
11. 이곳에 오기 전까지는 나를 도와준 사람은 아무도 없다고 생각했다.
12. 여기서 받은 도움은 내가 지불한 이용료만큼 가치가 있다.
13. 이곳의 직원은 자신의 업무보다 내가 요구하는 것을 먼저 해 준다.
14. 이곳에서 내가 받은 가장 큰 도움은 나 자신을 돕는 방법을 배운 것이다.
15. 내가 아는 사람들은 이곳에서 내가 긍정적으로 변화되었다고 말한다.
16. 이곳의 직원은 내가 다른 곳에서 어떻게 도움을 받을 수 있는지를 알려 준다.
17. 이곳의 직원은 내 심정을 이해하는 것 같다.
18. 나는 이곳의 직원에게 속마음을 털어놓을 수 있을 것 같다.
19. 내가 여기서 받은 도움은 기대 이상이었다.
20. 나는 이곳을 다시 이용하고 싶다.

출처: 조성우, 노재현(2009).

수 있어야 할 것이다. 한국판 사회복지 서비스 이용자 만족도 척도는 사회복지 실천현장에서 활용될 수 있으며, 척도는 문제해결 및 도움 여부, 재이용 여부와 추천 여부 등을 묻고 있으며, 사회복지 서비스 제공자와의 관계에 대한 질문도 포함하고 있다는 특징을 지녔다. 이 척도는 맥머트리와 허드슨(McMurtry & Hudson, 2000; 조성우, 노재현, 2009 재인용)이 개발한 척도를 국내 실정에 맞게 고안하였으며, 25문항의 원척도에서 문항분석을 통해 부적절한 5문항을 제외하여 총 20문항으로 재구성하였다. 이 척도는 1에서 7까지의 리커트 척도로 평가하고, 서비스 공급자에 대한 만족(1, 2, 3, 4, 5, 6, 7, 8, 9, 10, 12, 13번)과 서비스 효과에 대한 이용자 만족(11, 14, 15, 16, 17, 18, 19, 20번)의 2개 하위요인으로 이루어져 있다(김용석, 이은영, 고경은, 민은희, 2007 재인용).

사회과학에서 사용하는 측정도구의 개별 문항을 작성하는 작업은 쉽지 않다. 특히 연구자가 측정하고자 하는 개념이 명확하지 않거나 다양한 개념을 함축하고 있다면 개별 문항의 적절성을 확인하는 것은 더욱 어렵게 된다. 특히 사회복지실천의 효과성을 보여 주어야 하는 사회복지사는 자신의 실천이 클라이언트에게 어떠한 변화를 가져다주었는지 보여 줄 수 있는 측정도구를 결정하는 데 어려움을 겪는다. 왜냐하면 사회복지실천의 결과를 무엇으로 보느냐에 따라 프로그램을 평가하는 문항은 달라져야 할 것이고, 프로그램 참여자가 누구인가에 따라서도 달라질 수 있기 때문이다. 또한 사회복지사의 개입결과 중 무엇을 보여 줌으로써 효과성을 입증할 수 있겠는가를 결정하는 것은 그야말로 어려운 작업이 아닐 수 없다.

그러나 사회복지사는 자신의 실천과정을 평가하기 위해 다양한 측정도구를 활용하여 점수화하고 사회복지실천의 효과성을 입증해야 하는 입장에 있다. 이때 사회복지사는 자신의 개입이나 프로그램이 지향하는 목적과 목표를 적절히 수행하였음을 파악할 수 있는 질문들의 목록을 작성하여야 하며, 개별 문항들은 측정하고자 하는 개념을 정확하게 반영하고 있음을 보여 줄 수 있어야 한다. 여기에는 사회복지기관의 사회적 책임이나 프로그램의 효과성과 효율성을 요구하는 사회적 요구에 대한 압력이 작용하기도 한다. 또한 사회복지기관 평가제도가 실행된 이후 사회복지사는 자신이 주관하는 개별 프로그램의 효과뿐만 아니라 사회복지기관 전체를 평가하는 지표에 따라 실천의 성과를 보여 주어야 하는 어려움에 봉착하고 있다. 따라서 사회복지기관 종사자뿐만 아니라 사회복지조직은 자신의 기관이나 종사자들이 수행하는 다양한 활동과 실천의 결과를 어떻게 보여 줄 것인가를 고민하지 않을 수 없다. 최근에 사회복지기관 평가를 위해 다양한 질적 · 양적 지표가 개발되고 있는 것은 이러한 실천현장의 고민들이 반영된 결과라고 볼 수 있을 것이다. 척도를 어떻게 구성할 것인지는 연구자가 측정하고자 하는 개념을 정확하게 질문하고 있는가를 의미하며, 이는 척도의 타당도와 관련되어 있다.

이와 함께 사회조사에서 척도를 사용함으로써 얻을 수 있는 유용성에 대해 살펴보면, 척도는 단일지표에 비해 측정의 타당도가 높다는 장점이 있다. 즉, 복잡한 개념은 한두 가지 지표만으로 그 개념이 포괄하고 있는 다양한 측면을 모두 반영하기 어려울 것이다. 따라서 사회현상을 파악할 수 있는 유사한 질문들의 목록을 다양한 측면에서 구성한다면 측정도구의 신뢰도와 타당도는 높게 나올 것이다. 또한 척도는 측정도구의 신뢰도를 높이는 데 기여할 수 있다. 척도의 신뢰도는 척도를 구성하고 있는 질문이 얼마나 일관성 있는가를 나타내는 지표이며, 표본의 크기가 증가할수록 대표성과 예측의 정밀성이 증가하듯이 많은 수의 항목으로 구성된 측정도구는 척도의 신뢰도를 높일 수 있다. 이를 반영하듯 문항들의 내적일관성을 보여 주는 크론바흐 α(Cronbach's α) 값의 공식에서 문항 수는 분자값으로 나타나기 때문에 신뢰도가 동일하다고 가정하였을 경우 문항 수가 많아지면 당연히 문항의 내적일관성 값도 상승하게 되어 있다. 이와 함께 척도가 갖는 효용성은 척도를 통해 연구자가 측정하고자 하는 개념을 보다 정밀하게 측정할 수 있게 한다는 점이다. 이는 여러 항목을 결합하여 하나의 개념을 대표하는 척도를 구성하면, 개별 항목은 서열수준으로 측정되더라도 항목들의 합은 등간수준과 유사하게 취급될 수 있기 때문이다. 또 여러 항목의 합을 취하면 응답자들 간의 점수 차이가 커져 변수 간의 관련성을 분석하는 데에도 유리한 측면이 있다(김환준, 2004).

용어정리

- 개념화(conceptualization): 추상적 수준에서 측정하고자 하는 개념에 대한 명목적 정의를 도출하는 과정
- 조작화(operationalization): 직접적으로 관찰될 수 없는 추상적 개념들을 측정하기 위해 관찰 가능하도록 구체적 용어로 정의하는 것. 추상적 개념을 잘 나타낼 수 있으면서도 직접적으로 측정이 가능한 지표가 무엇인가를 찾아내고 정의하는 과정

2. 측정오류

측정은 그 과정에서 체계적 오류(systematic error)와 비체계적 오류(random error)가 발생할 수 있다. 측정의 체계적 오류는 측정도구 자체가 잘못 구성되어 있거나 사회적 당위성에 의해 조사결과가 잘못될 수 있다는 점에서 측정도구의 타당도와 밀접히 관련되어 있다. 이에 비해 비체계적 오류는 질문의 내용이 어렵거나 복잡해서 연구참여자가 측정도구를 정확하게 이해하지 못하거나 설문과정의 분위기 또는 응답자의 상태에 따라 응답이 달라지는 경우에 발생한다. 따라서 측정의 오류를 줄이는 것은 측정도구의 타당도와 신뢰도를 확보하는 과정이라고 할 수 있다.

이와 함께 측정과정에서 발생할 수 있는 측정의 오류는 측정결과를 분석하는 과정에서 생태학적 오류(ecological fallacy)와 개체적 오류(individualistic fallacy), 환원주의(reductionism) 등이 발생할 수 있음에 유의해야 한다.

1) 생태학적 오류

생태학적 오류는 개인보다 큰 집단이나 사회체계를 통해 얻은 지식을 그 집단을 구성하는 개인에게 적용하는 잘못을 의미한다. 예를 들면, 뒤르켐(Durkheim)의 『자살론(Le Suicide)』(1897)에서는 특정 지역의 자살률을 연구하였다. 그의 연구결과에서는 가톨릭 신자가 많은 도시보다 개신교 신자가 많은 도시에서 자살률이 높게 나타났다. 그는 이러한 결과에 대해서 가톨릭이 개신교보다 사회적 통합을 더욱 강조하는 경향이 있다고 분석하였다. 그러나 뒤르켐의 연구결과는 도시나 국가를 단위로 자살률을 비교한 것이기 때문에 분석결과를 특정 종교를 가진 개인에게 적용한다면 생태학적 오류에 빠지게 된다.

생태학적 오류의 예로는 일반적으로 수행되는 대규모 서베이 조사결과를 개인에게 적용할 때 발생하는 오류이다. 서베이 조사는 대규모로 이루어지는 경우가 많으며, 조사결과를 분석하는 경우 개별 사례의 값을 직접 비교하지 않고 전체 평균을 가지고 집단의 평균을 비교하거나 개념들 간의 상관관계나 인과관계를 분석하게 된다. 따라서 이러한 자료를 설문에 응답한 개인의 결과로 해석하여서는 곤란하며, 전체 집단에 대한 비교로 해석하여야 할 것이다.

2) 개체적 오류

개체적 오류는 생태학적 오류와는 상반되게 분석결과를 해석할 때 발생한다. 예를 들어, 부모의 경제수준이 높을수록 자녀가 사회적으로 성공할 가능성이 높다는 논리는 부모의 경제수준이 낮은 경우 사회적으로 성공하는 이들을 적절히 설명하지 못한다. 따라서 이 경우는 사회적으로 일반화된 통념에 예외가 되는 개별적 사례에 해당된다.

사회복지 실천론이나 실천기술 등에서 등장하는 클라이언트의 탄력성(resilience) 개념은 개체적 오류가 발생하는 사례를 적절하게 설명하고 있다. 탄력성의 예로 빈민지역에 거주하고 있는 주민들 중에 사회적 통념과 달리 사회적으로 성공한 사례가 있을 수 있다. 탄력성은 열악한 환경에도 불구하고 개인의 대처능력이나 타고난 자질 등이 사회적으로 성공할 수 있었던 중요한 자원으로 간주된다. 따라서 이 사례의 경우 탄력성은 빈민지역에서 자랐음에도 불구하고 빈곤문화의 영향을 받지 않고 사회적으로 성공할 수 있는 현상을 설명할 수 있게 된다.

3) 환원주의

일반적으로 사회과학의 궁극적인 목적은 사회현상의 법칙을 발견하고 사회현상을 설명하는 데 있다. 그러나 환원주의는 특정하고 협소한 개념의 틀로 사회현상을 바라보거나 설명하려고 할 때 발생할 수 있다. 예를 들어, 경제학자는 특정 사회현상을 설명할 때 경제학적 변인들을 가지고 사회현상을 설명하려고 할 것이며, 사회학자는 사회학적 변인들, 심리학자는 심리학적 변인들을 가지고 사회현상을 바라보게 된다. 또한 환원주의는 사회현상을 분석하고 설명할 때 다른 학문분야보다 특정 학문분야가 우월하다고 믿고 다른 분야를 무시하는 태도로 나타날 수 있다.

따라서 환원주의는 복잡한 사회현상이나 인간행위를 몇 가지 특징적인 요인으로 설명하려고 할 때 발생할 수 있다. 이는 경제학의 효율성 원칙에 근거하여 어떤 현상을 설명할 때 가장 중요한 영향요인이 무엇인가에 초점을 두고 간결성을 중시하는 경향이 반영되어 있다. 그러나 사회복지는 전통적으로 환경 속의 인간을 다루어 왔으며, 생태학이론이나 체계이론에 기반을 두어 인간과 환경의 변화를 추구해 온 역사를 가지고 있다. 생태학이론의 핵심은 유기체와 환경과의 인과관계를 다루기보다 복잡한 상호작용을 중요하게 다루고 있으며, 체계이론도 우리 사회를 구성하는 다양한 하위체계들 간의 관계를 중시하는 입장에 있다. 따라서 사회복지는 개별 클라이언트나 특정 집단을 설명하는 환원주의에 유의할 필요가 있는데, 이는 환원주의가 특정 사회현상이나 인간의 본성을 전체적으로 이해하지 못하게 하고, 단순화하는 결과만을 강조하기 때문이다.

장애인복지관에 근무하고 있는 어느 사회복지사의 성찰일지

○○○○년에 ○○○로부터 지원을 받아 장애인가족지원 프로그램을 운영하였으며, 그 일환으로 비장애-장애 형제자매 체계를 지원하기 위하여 미술치료 프로그램을 실시하였다. 1기, 2기 프로그램을 마친 후 최종평가서를 작성해야 했으며, 프로그램의 효과성 측정을 위한 과정 중 하나가 미술치료 참여를 통하여 '장애 형제자매로 인한 비장애 형제자매의 일상적 스트레스가 감소'했는지를 보는 것이었다.

먼저, 1기 참여 아동들의 사전-사후 조사를 분석하였다. 매회 참여한 아동들의 반응과 미술치료사의 결과보고, 어머님들의 보고, 매회 실시한 아동들의 만족도 조사 등으로 보았을 때, 아동들은 아주 재미있고 즐겁게 프로그램에 참여하고 있음을 알 수 있었고, 프로그램을 기다리는 모습이 보였다. 이를 바탕으로 아동들이 프로그램의 참여를 통하여 소기의 목적을 충분히 달성하고 있으리라 판단되었다. 물론 1기 참여 아동 중 1명은 프로그램 참여에 대해 부정적 반응을 지속적으로 보여 왔기 때문에 통계적으로 좋은 결과를 기대하지는 않았다. 그렇지만 이 아동도 프로그램이 진행되는 동안의 다양한 관찰을 통하여 조금씩 변화되거나 긍정적 영향을 받고 있음을 알 수 있었다. 어쨌든 사전-사후 조사자료를 분석한 결과, 먼저 사전과 사후 평균값부터가 유의미한 결과를 나타내지 못하였다. 오히려 사전 평균값보다 사후 평균값이 높게 나타났다. 당연히 t검정 결과도 미술치료 프로그램을 통하여 집단 간의 차이를 보여 주지 않았다. 외부 지원금을 받아 프로그램을 운영하고 그 효과성을 보여 주기 위한 일환으로 사전-사후 평가를 실시하였는데, 그 결과가 이렇게 나타나다니… 좀 당황스럽기는 했다. 무엇이 이런 결과를 가져왔을까… 분명 참여하는 아동들과 부모들의 반응은 아주 좋았는데….

1기 아동들이 사전조사를 실시하였을 때, 설문문항의 의미를 몰라 자주 질문을 한 것이 떠올랐다. 설명을 해 주기는 하였지만 그래도 고개를 갸우뚱… 그리고 스트레스 척도가 본래 5점 척도였는데, 이전 실시 경험으로 보아 아이들이 무척 어려워했어서 이번에는 2점 척도로 했다. 그랬더니 그 중간 지점에 체크를 하는 경우가 종종 나타나 자료값이 누락되는 경우가 나타나기도 하였다. 그리고 무엇보다 본 척도가 이 프로그램의 효과성을 보여 줄 수 있는 적절한 자료가 아니었다는 생각이 든다. 내 수준에서 최선을 다해 구한 척도가 이거였다. 너무나 많은 변수가 있고, 12회기의 짧은 기간 동안 그 효과성을 기대한다는 것 자체가 무리가 아닐까. 학생 때에는 이러한 양적 척도가 아주 중요하다고 생각했다. 통계적 결과를 기반으로 프로그램의 질을 결정할 수 있을 거라 생각했다. 그러나 현장에서 직접 프로그램을 진행한 후부터는 생각이 바뀌어 가고 있다. 만약 모든 가능한 변수를 통제한 상태에서 양적 조사를 실시한다면 그 결과를 신뢰할 수 있겠지만 현실은 그렇지 못하다. 너무나 다양한 변수가 존재하고, 너무나 다양한 사람들이 있고… 그런데 어떻게 이 모든 것을 그 척도가 포용할 수 있을 거란 생각을 했을까… 제안서 작성을 위해, 우리가 하는 일이 전문적이라는 것을 보여 주는 데 통계적 수치 자료가 능사는 아닐 텐데….

출처: 유영준(2006).

3. 변수의 기능에 따른 분류

사회현상은 개념적 정의와 조작적 정의를 거쳐 현실세계를 측정 가능한 지수로 전환할 수 있다. 특정 개념이 조작적 정의를 통하여 측정 가능하게 되면 두 가지 이상의 값(value)으로 속성을 지니는 변수(variable)가 된다. 변수는 측정수준에 따라 명목, 서열, 등간, 비율 수준으로 구분할 수 있으며, 연구모형에서 변수들이 어떤 기능을 수행하느냐에 따라 독립변수(independent variable), 종속변수(dependent variable), 매개변수(mediating variable), 조절변수(moderating variable) 혹은 상호작용변수가 될 수 있다. 따라서 변수의 기능은 연구자의 연구질문이나 가설이 설정된 이후에 결정되며, 설정된 위치에 따라 기능이 달라진다.

1) 종속변수

사회조사에서 종속변수는 연구자가 관심을 두고 있는 영역이 되는 경우가 많다. 사회과학의 궁극적인 목적이 사회현상의 법칙들을 발견하고, 사회현상을 인과적으로 설명하는 것이라고 본다면, 종속변수는 다양한 사회현상의 영향을 받는 결과물에 해당된다. 사회복지 분야를 연구하는 경우 종속변수는 현실세계에 산재해 있는 다양한 사회문제나 사회복지사가 실천을 통해 변화시키고자 시도하는 목표 등이 될 수 있다. 따라서 사회복지연구는 사회문제를 다양한 독립변수의 결과물로 설명하고, 사회문제에 영향을 미치고 있는 독립변수를 찾는 연구들이 주를 이룬다. 예를 들어, 사회복지연구에서 종속변수로 사회복지 서비스를 이용하고 있는 이들의 삶의 질이나 생활만족도, 빈곤수준, 사회통합, 복지의식, 개별 프로그램의 효과 등을 측정할 수 있을 것이다. 또한 특정 사회집단이 경험하고 있는 다양한 사회현상인 학교폭력, 학대, 양육부담, 스트레스, 우울 · 불안과 같은 심리적 안녕감, 자존감, 임파워먼트, 탄력성, 중독, 적응 등도 종속변수로 자주 등장한다. 이와 함께 사회복지 종사자를 대상으로 직무만족이나 직무몰입, 조직성과, 전문성, 의사소통, 소진 등 조직이 갖는 특성이나 근로환경과 관련된 개념들을 종속변수로 두는 연구들도 활발하게 이루어지고 있다.

2) 독립변수

독립변수는 종속변수보다 먼저 발생하여야 하며, 종속변수에 영향을 미치는 원인이 되는 변수다. 독립변수는 다양한 용어로 표현될 수 있으며, 원인변수(causal variable), 설명변수(explanatory variable), 외생변수(exogenous variable)라고 부르기도 한다. 또한 종속변수에서 설명하였듯이, 변수는 연구질문이나 연구모형에서 어떤 기능을 수행하느냐에 따라 독립변수가 될 수도 있고 종속변수가 될 수도 있다.

그러나 변수들 간의 인과관계는 비대칭적 관계이기 때문에 독립변수는 종속변수에 영향을 미치고 있지만 반대로 종속변수가 독립변수에 영향을 미칠 수는 없다. 이는 인과관계의 조건 중의 하나가 독립변수나 원인변수는 종속변수보다 시간상 먼저 발생해야 한다는 전제가 있기 때문이다. 이에 비해 상관관계는 사회현상 중에 어느 것이 원인인지 혹은 결과인지 확인하기 어려운 경우로서 두 변수가 서로 영향을 주고받는 공변관계에 해당된다.

3) 매개변수

매개변수는 종속변수에 영향을 미치는 변수이지만 동시에 독립변수의 영향을 받는 변수라고 할 수 있다. 따라서 매개변수는 종속변수와의 관계에서는 독립변수의 역할을 할 수 있고, 독립변수와의 관계에서는 종속변수의 기능을 수행하게 된다.

사회현상은 독립변수와 종속변수의 관계로 인과관계를 설명할 수 있으나 매개변수의 역할을 설정하게 되면 사회현상을 다양한 관점에서 설명할 수 있다는 장점을 가질 수 있다. 따라서 사회복지와 관련된 연구주제를 검토할 때 매개변수에 개입함으로써 종속변수의 변화를 시도할 수 있다는 측면에서 사회복지에 주는 함의를 보다 풍부하게 제시할 수 있을 것이다.

매개효과는 다중회귀분석(multiple regression analysis)을 통해 검정할 수 있다. 매개효과를 보기 위해서는, 첫째, 독립변수와 종속변수에 대한 회귀분석을 실시하여 독립변수의 설명력을 구해야 한다. 이때 독립변수가 종속변수에 미치는 주 효과가 유의미하게 나타나야 한다. 둘째, 매개변수와 종속변수에 대한 회귀분석을 실시하여 매개변수의 주 효과가 유의미하게 나타나야 한다. 셋째, 독립변수와 매개변수를 동시에 투입하여 종속변수에 대한 설명력을 구한다. 넷째, 첫 번째 회귀분석의 설명력과 세 번째 회귀분석의 설명력을 비교한다. 이때 첫 번째 독립변수의 설명력에 비해 세 번째 독립변수의 설명력이 떨어지면, 이 차이는 매개변수로 인한 차이라고 주장할 수 있다. 또한 세 번째 회귀분석을 실시하였을 때 독립변수의 주 효과가 유의미하게 나타나지 않으면 매개변수는 완전매개라고 하고, 독립변수의 설명력이 첫 번째 설명력에 비해 떨어지지만 독립변수의 주 효과가 여전히 유의미하게 나타나면 부분매개라고 한다.

4) 조절변수

조절변수는 매개효과와 같이 독립변수와 종속변수 사이에 존재하는 변수라는 점에서는 유사하다. 그러나 조절변수는 조절변수가 증가하거나 감소함에 따라 독립변수와 종속변수 관계가 변화된다는 특징을 가진다.

조절변수의 예로 개인의 탄력성을 들 수 있다. 탄력성의 개념을 개인에게 적용하면 '위기 상황이나 어려운 상황에서 본래 상태로 돌아올 수 있는 회복능력'이라고 할 수 있다. 만약 어떤 클라이언트를 둘러싼 환경적 요인이 열악하면, 우리는 클라이언트가 사회적 문제를 경험할 수 있다고 가정할 수 있을 것이다. 그러나 클라이언트 개인의 탄력성은 환경적 요인과 사회적 문제의 관계를 변화시킬 수 있는 힘을 발휘하게 된다. 이때 개인의 탄력성은 환경적 요인과 사회적 문제 사이에서 조절변수의 역할을 수행하게 된다. 흔히 개인의 탄력성으로는 자아존중감이나 자기효능감 등을 들 수 있다. 이들 변수는 환경적 요인이 개인에게 부정적인 영향력을 미칠 수 있고, 이에 따른 결과로 사회적 문제라는 결과로 이어질 수 있지만 자아존중감이나 자기효능감이 높은 경우 사회적 문제로 반드시 이어지지는 않을 수 있다는 것을 설명할 수 있게 된다. 사회현상에서 조절변수의 효과를 확인하게 되면, 조절변수의 영향력을 변화시킬 수 있으며, 독립변수와 종속변수의 결과도 변화가 가능하게 된다. 조절변수의 영향력은 위계회귀분석을 통해 검정할 수 있다. 다만, 조절변수의 영향력을 알아보기 위해서는 독립변수와 조절변수의 값을 곱하여 상호작용항을 만들어야 한다는 점에서 매개변수의 효과성을 검정하는 것과 차이가 난다. 조절변수는 회귀분석에서 독립변수와 조절변수를 먼저 투입하고, 독립변수와 조절변수의 상호작용항을 추가로 투입하여 상호작용항이 종속변수에 미치는 영향력이 유의미하게 나타나면 조절효과가 있다고 해석할 수 있다. 조절변수의 설명력은 상호작용항이 추가됨으로써 발생하는 추가설명력으로 파악할 수 있다.

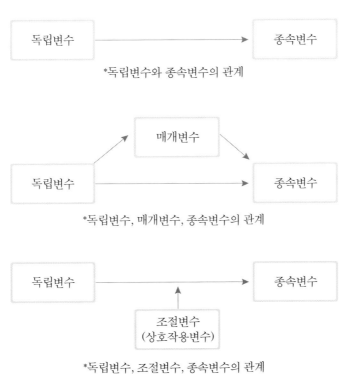

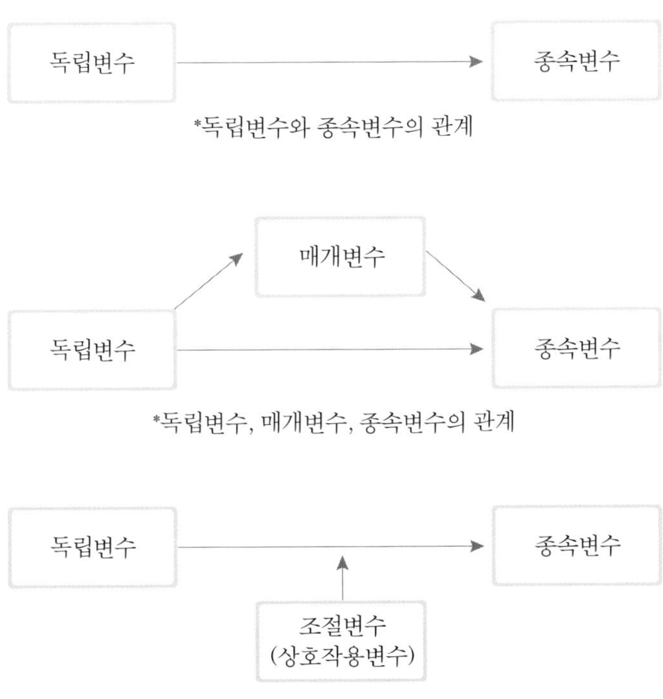

[그림 5-3] 연구모형의 종류

▶ **매개변수의 예**

- 연구질문: 학교사회복지사의 대인관계 능력은 학교사회복지사와 교사 간의 신뢰와 협력을 매개하여 직무만족에 영향을 미치는가?
- 연구의 함의: 학교사회복지사가 자신의 직무에 대해 만족하기 위해서는 대인관계 능력을 개발하거나 교사와의 긍정적 관계를 형성하는 데 필요한 지원이 필요하다.

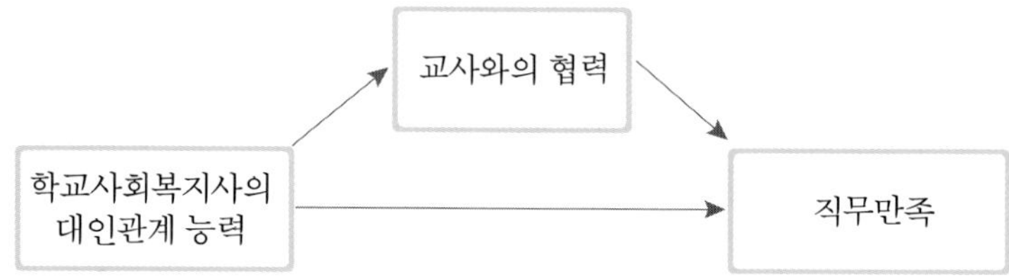

출처: 최경일(2010).

▶ **조절변수의 예**

- 연구질문: 사회복지시설의 전문성이 사회통합 지향성에 미치는 영향은 시설의 조직문화 성향에 따라 다르게 나타나는가?
- 연구의 함의: 사회복지 실천현장의 사회통합 노력과 사회복지시설의 전문성

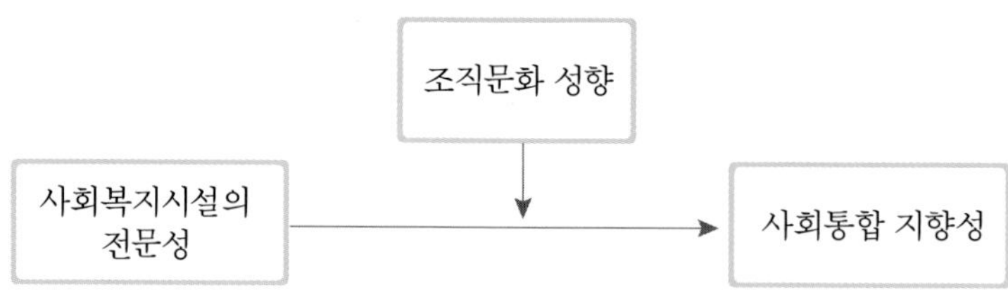

[그림 5-4] 매개변수와 조절변수의 예

출처: 최재성, 임진섭(2009).

제6장

측정수준과 신뢰도 및 타당도

우리가 사회현상을 양적 방법으로 연구하기 위해서는 사회현상을 명확한 용어로 개념화하고, 이를 측정할 수 있도록 조작적 정의를 내려야 한다. 그러나 사회현상은 자연현상과 달리 인간의 감각기관을 통해 직접 관찰하기 어려운 경우가 많다. 특히 사회과학자가 인간의 내면세계, 정서와 감정, 특정 사회현상에 대한 태도나 인식 등을 연구하기 위해서는 이러한 현상들이 명확한 용어로 정의되어 있어야 한다. 또한 사회현상에 대한 개념적 정의는 연구자가 상호주관성을 확보하기 위해 필수적으로 요청되는 사안이다. 어떤 사회현상을 연구한다는 것은 그 현상에 대한 개념을 가지고 있다는 것이며, 만약 특정 현상에 대해 개념이 없다면 우리는 그 현상을 인식할 수 없게 된다.

측정은 측정도구를 이용하여 추상적인 개념을 조작화된 결과로 표시하는 것을 의미한다. 예를 들어, 온도는 온도계를 통해 측정될 수 있으며, 무게는 저울로 측정 가능한 지수로 대체될 수 있다. 이러한 방법을 활용하면 추상적인 사회현상도 마찬

가지로 적용된다. 빈곤이라는 사회현상은 '수입이 적어 일상생활을 영위하는 것이 어려운 상황'으로 정의 내릴 수 있지만, '최저생계비'를 기준으로 빈곤 정도를 측정하게 되면 빈곤이라는 추상적인 개념은 측정 가능한 지수로 대체할 수 있게 된다.

특히 측정하고자 하는 개념이 조작적 정의를 거쳐 측정 가능한 상태가 되면 변수(variable)가 된다. 변수는 일종의 조작화된 개념인 셈이다. 또한 측정은 변수의 속성에 따라 비연속변수(discrete variable)와 연속변수(continuous variable)로 구분할 수 있다. 비연속변수의 경우 명목변수와 서열변수, 연속변수의 경우는 등간변수와 비율변수로 나눌 수 있다. 사회현상의 측정수준(measurement level)은 조사결과를 분석할 때 통계처리 기법에 영향을 준다는 점에 유의해야 한다. 따라서 연구자는 수집한 자료의 측정수준에 따라 통계기법이 결정된다는 것을 염두에 두고 질문지를 작성할 수 있어야 한다.

예를 들어, 어떤 연구자가 연령과 수입의 상관관계를 연구하고자 한다. 만약 응답자의 연령을 청소년은 '1', 성인은 '2', 노인은 '3'으로 표기하였다면, 연령과 수입의 정확한 상관관계를 구하기 어려울 것이다. 연구자가 연령과 수입의 상관관계를 분석하고자 한다면 두 변수를 연속변수로 측정해야 하기 때문이다.

1. 측정수준

1) 명목수준

명목수준(nominal level)의 측정은 측정의 속성으로 부여하는 숫자가 집단을 구분하는 의미는 가지고 있으나 그 외에 다른 의미는 가지지 못한다. 따라서 명목수준의 측정은 서열이나 거리를 나타낼 수 없기 때문에 사칙연산을 할 수 없고, 빈도나 백분율은 제시할 수 있으나 평균이나 표준편차 등이 의미를 가질 수 없게 된다.

명목척도를 구성할 때 유의할 점은 각 속성들이 상호 배타적이어야 하며, 같은 범주는 포괄적이어야 한다는 점이다. 여기서 각 속성들이 상호 배타적이라는 것은 범주들의 속성이 서로 달라야 한다는 의미다. 만약 변수들의 속성이 중복되면 응답자는 중복응답을 하거나 본의 아니게 하나의 응답을 선택해야 할 것이다. 또한 변수들의 속성이 포괄적이라는 것은 응답 속성들이 가능한 상황을 다 포함하고 있어야 한다는 뜻이다. 만약 명목척도의 속성이 포괄성을 담보하지 못하게 되면 대부분 무응답으로 처리될 것이다.

사회복지시설 이용자와 관련된 설문지를 작성한다고 가정할 때 대표적인 명목수준의 측정문항은 성별(① 남성, ② 여성), 학력(① 초등학교 졸업, ② 중학교 졸업, ③ 고등학교 졸업, ④ 대학교 졸업, ⑤ 대학원 이상, ⑥ 기타), 수급자 여부(① 수급자, ② 차상위계층, ③ 해당 없음), 직업(① 일용직, ② 사무직, ③ 전문직, ④ 자영업, ⑤ 기타), 혼인상태(① 미혼, ② 기혼) 등이 있다. 이 명목수준의 측정은 각각의 속성에 부여하는 값(value)이 있으나 이 숫자는 집단을 구분하기 위해 사용되며, 수량의 의미를 가지지 않는다. 따라서 명목수준의 측정값은 사칙연산을 할 수 없다.

2) 서열수준

서열수준(ordinal level)의 측정이 명목수준의 측정과 다른 점은 속성의 값에 순서를 매길 수 있다는 점이다. 그러나 서열수준의 측정은 측정대상의 순위에 따라 수치를 부여하지만 순서만 부여한다는 것이 특징이다. 대표적인 서열변수로 교육수준을 예로 들면, 초등학교 졸업='1', 중학교 졸업='2', 고등학교 졸업='3', 대학교 졸업='4', 대학원 졸업='5'로 수치를 부여할 수 있다. 또한 사회조사에서 즐겨 사용하는 서열수준의 측정은 평정척도(rating scale)와 리커트 척도(Likert scale) 등이 있으며, 누적척도(cumulative scale)인 사회적 거리 척도(social distance scale)나 거트만 척도(Guttman scale) 등도 서열수준의 측정으로 구성된 척도라고 할 수 있다.

흔히 성적을 표시하는 'A, B, C, D, F'는 대표적인 평정척도로 많이 사용된다. 그러나 평정척도는 평가하는 사람마다 용어의 해석이 달라질 수 있어 신뢰성과 안정성을 가지기 힘든 단점이 있다. 리커트 척도는 어떤 변수를 측정할 때 한 문항만으로는 불충분하다고 보고, 적절하게 선택된 다수 문항으로 척도를 구성하여 보다 정확하게 변수를 측정할 수 있다는 장점이 있다. 특히 리커트 척도의 경우 인간과 관련된 사회현상에서 사람들의 태도나 믿음, 감정, 상호작용 등을 수치로 측정하여 사용하고 있다. 원칙상 서열척도는 사칙연산을 하기 어려우나 실제로는 개별 문항의 합을 합산하여 사용하기 때문에 마치 비율변수처럼 사용하고 있다. 따라서 리커트 척도를 구성할 때는 각 문항에 부여하는 가중치가 동일하다는 점을 감안하여 개별 문항을 구성하여야 한다. 〈표 6-1〉은 놀러 등(Noller et al., 1992)이 개발한 가족기능 척도(Family Functioning Scales: ICPS-FFS)를 이지원(2006), 조은수(2007)가 수정하여 재구성한 리커트 척도의 일부다. 각 문항은 '전혀 그렇지 않다'(1점)에서 '매우 그렇다'(5점)까지 5점으로 구성되어 있으며, 가족 적응성을 측정하기 위한 문항은 모두 6개로 구성되어 있다. 특히 역코딩(1, 3, 5번 문항)을 한 결과, 전체 점수가 높을수록 가족 기능의 적응성이 높은 것을 의미한다.

표 6-1 리커트 척도의 예(가족 기능 척도 중 가족 적응성 측정문항)

	우리 가족은	전혀 그렇지 않다	그렇지 않다	보통이다	대체로 그렇다	매우 그렇다
1	가족의 규칙을 바꾸는 일이 매우 힘든 편이다.					
2	개개인이 무엇을 하든지 개방적인 입장을 가지고 있다.					
3	좋은 의도인지는 모르나 서로 간의 간섭이 심한 편이다.					
4	각자 개별적으로 문제에 대한 결론을 내릴 수 있는 편이다.					
5	한번 결정한 사항을 바꾸는 것이 상당히 힘든 편이다.					
6	각자의 있는 그대로를 인정해 주는 편이다.					

누적척도는 한 묶음의 문항들이 일정한 기준에 따라 논리적으로 배열되며, 응답자가 문항에 대답한 유형에 따라 순위로 배열할 수 있다는 특징이 있다. 누적척도로 많이 사용되는 사회적 거리 척도는 소수민족, 사회계급 등에 대한 사회적 거리감을 측정하기 위해 하나의 연속성을 가진 문항들로 척도를 구성하고 이를 서열화한다. 또한 누적척도는 리커트 척도와 달리 가중치가 다르며, 사회적 거리를 나타내는 정도에 따라 각 문항에 대한 가중치를 부여하여 사회적 거리를 측정할 수 있다. 이를 이용하여 사회적 거리 척도의 개별 문항은 서열수준의 측정이지만 점수로 환산한 것은 어느 정도 등간격성이 인정되어 등간척도로 취급되기도 한다.

보가더스(Bogardus)는 거트만 척도를 활용하여 사람들이 서로 다른 집단에 대해 얼마만큼 거리감을 느끼고 있는지를 분석한 바 있다. 이때 사용한 사회적 거리 척도는 누적척도의 개념이다. 예를 들어, 영국인을 이웃으로 받아들이는 데 찬성하는 사람이 그를 방문객으로 받아들일 수 있을 것이다. 한편, 영국인과의 결혼에 찬성하는 사람은 그를 방문객으로 반대할 이유가 없다고 보는 것이다. 이와 같이 거트만 척도는 한 가지 항목에 동의한 응답자가 그 항목보다 약한 수준의 다른 항목들에 당연히 동의하리라는 가정하에서 각 항목을 연속선상에 배열할 수 있다. 이러한 가정을 활용하여 거트만 척도는 단일차원의 특성, 태도, 현상 등을 측정하기 위한

표 6-2 보가더스의 사회적 거리 척도 (단위: 명)

사회적 거리 정도	영국인	한국인
결혼을 할 수 있다.		
개인적 친구가 될 수 있다.		
이웃으로 함께 지낸다.		
같은 직장 동료로 일할 수 있다.		
국민으로 받아들인다.		
방문을 허용한다.		
입국 금지한다.		

누적척도로 활용될 수 있다. 사회적 거리 척도의 점수 계산은 각 항목에 각각 1점부터 7점까지 부여하도록 하고, 가장 낮은 점수 항목을 응답자의 사회적 거리 점수로 간주한다. 혹은 각 항목에 찬성 응답자 수를 통해 비교할 수 있다.

3) 등간수준

등간수준(interval level)의 측정은 서열수준의 측정과 달리 측정치가 일정한 간격을 유지한다는 특징을 가지고 있다. 대표적인 등간수준의 측정으로는 온도를 들 수 있는데, 온도계의 수치는 간격이 동일함을 알 수 있다. 그러나 등간수준의 측정은 사칙연산에서 더하기와 빼기는 가능하지만 곱하기와 나누기를 할 수 없다. 예를 들어, 섭씨 20°는 섭씨 10°보다 간격은 2배이지만 온도가 2배 높다고 하기는 어렵기 때문이다. 자연현상을 연구하는 자연과학과는 달리 인간행동과 사회현상을 연구하는 사회과학에서 등간수준의 측정수준을 발견하기란 쉽지 않다. 등간수준의 척도 개발과 관련된 것으로는 서스톤 척도가 대표적이라고 볼 수 있다.

서스톤 척도(Thurstone scale)는 응답자들의 태도를 보다 정확하고 일정하게 측정하기 위해 개발되었으며, 측정문항을 평가하는 평가단을 별도로 필요로 한다. 서스톤 척도를 개발하기 위해서는 우선 연구자가 측정하고자 하는 태도와 관련된 진술문을 수백 개 수집한다. 다음으로 다수(30명 이상)로 구성된 평가집단을 만들어 각 진술문에 대한 호의성 혹은 비호의성을 동일한 간격의 11개 값 중에서 한 점에 체크하도록 한다. 이때 평가자 개개인이 체크한 점수의 합을 평가자 수로 나눈 값은 각 문항의 측정값이 된다. 평가자들 사이에 다수가 불일치를 보이는 문항은 제외하고, 각 문항의 측정치를 고르게 분포하도록 나열하여 척도를 구성한다. 이렇게 구성된 서스톤 척도는 거의 등간수준 이상의 척도로 사용할 수 있다. 그러나 서스톤 척도는 개발과정이 어렵고 복잡하다는 단점을 가지며, 이 척도에 대한 태도 점수가 특정 집단에 따라 응답결과가 달라질 수 있다는 한계를 지니고 있다.

4) 비율수준

비율수준(ratio level)은 사칙연산이 모두 가능한 측정수준이다. 연구참여자의 연령이나 수입, 사회복지사의 근무기간, 법인의 설립기간 등을 실제 값으로 응답하게 한다면 이들 값은 모두 비율수준의 측정이다. 등간수준의 측정과의 차이점은 비율수준의 측정에서 '0'의 의미는 절대영점의 의미를 갖는다는 점이다. 예를 들어, 온도를 나타내는 수치가 섭씨 0°라는 것은 온도가 하나도 없는 것이 아니라 물이 얼기 시작하는 온도를 나타내는 수치를 의미한다. 이에 비해 수입이 '0원'이라는 의미는 실제 수입이 하나도 없다는 것을 나타내기 때문에 절대영점의 의미를 가진다. 비율수준은 사칙연산이 모두 가능하나 사회과학 연구에서 비율수준을 찾기는 어렵다. 따라서 인간행위와 사회현상들을 연구하기 위해 사용하는 다양한 추상적인 개념들은 리커트 척도로 측정되는 경우가 많지만 비율수준처럼 사칙연산을 사용하고 있다.

표 6-3 측정수준과 특성

		범주의 구분(=)	서열(<, >)	범주 간 거리(+, −)	0의 의미(×, ÷)
비연속	명목수준	○			
	서열수준	○	○		
연속	등간수준	○	○	○	
	비율수준	○	○	○	○

2. 측정수준과 통계기법

측정수준과 통계기법의 결정은 분석하는 변수의 측정수준에 따라 결정되어 있다. 예를 들어, 독립변수와 종속변수가 모두 비연속이면 연구자가 활용할 수 있는 통계기법은 교차분석으로 분석하게 된다. 이와 달리 독립변수와 종속변수가 모두 연속변수일 경우에는 상관관계와 회귀분석을 실시할 수 있다. 특히 상관관계는 두 변수 간의 관계의 방향과 크기를 가설검정할 수 있으며, 회귀분석의 경우 독립변수와 종속변수의 인과관계를 검정할 때 사용한다.

이 밖에 독립변수가 비연속이면서 종속변수가 연속일 때 독립변수가 서로 다른 두 개 집단일 경우에는 독립 t검정, 동일 집단의 평균점수의 차이를 비교할 경우에는 대응 t검정, 독립변수가 세 집단 이상일 경우에는 분산분석(변량분석)을 사용한다. 그리고 독립변수는 연속변수인데 종속변수가 비연속일 경우에는 로지스틱 회귀분석과 판별분석 등의 통계가 사용된다.

분산분석은 두 집단의 평균 차이를 분석하기도 하지만 대부분의 분산분석은 세 집단 이상의 평균 차이를 검정하는 데 많이 사용된다. 특히 분산분석은 집단 간 평균변량과 집단 내 평균변량의 비율을 가지고 가설검정을 하기 때문에 다수의 집단 간 평균 차이를 검정하기에 적합한 통계기법이다.

상관관계는 연속변수의 공변량(covariance)을 가지고 선형상관관계를 분석하기 때문에 비연속변수는 상관관계분석이 적합하지 않다. 만약 비연속변수들의 상관관계를 구하려면 스피어만 γ(Spearman's rho), 켄달 τ(Kendall's tau) 값을 통해 분석할 수 있다.

독립변수와 종속변수가 모두 연속변수이고, 이 변수들의 인과관계를 파악하려고 한다면 회귀분석(regression analysis)을 통해 분석할 수 있다. 회귀분석은 상관관계처럼 독립변수와 종속변수의 발생시간이 유사하거나 동시에 존재하지 않고, 독립변수가 종속변수보다 발생시간이 앞서야 한다는 조건을 충족해야 한다. 따라서 회귀분석을 실시하는 경우에는 선행연구나 이론적 근거를 가지고 분석하는 것이 일반적이다. 또한 회귀분석은 독립변수들이 종속변수를 어느 정도 예측하고 설명할 수 있는가를 R^2(결정계수) 값을 통해 파악할 수 있다. 만약 비연속변수를 회귀분석에 사용할 경우에는 가변수(더미변수)로 전환해 분석할 수 있다. 예를 들어, 성별의 경우 최초에 '남성=1', '여성=2'로 입력한 값에서 기준이 되는 값을 '1'로 설정하여 '남성=1', '여성=0'으로 재입력한 다음, 회귀분석을 실시할 수 있다.

표 6-4 변수의 측정수준과 통계기법

		독립변수	
		비연속(명목, 서열)	연속(등간, 비율)
종속변수	비연속(명목, 서열)	교차분석(카이제곱)	로지스틱 회귀분석 판별분석
	연속(등간, 비율)	2집단-독립 t검정 3집단 이상-분산분석(ANOVA)	상관관계(변수 간 관계의 방향과 크기) 회귀분석(독립변수와 종속변수의 인과관계)

변수의 측정수준과 통계기법의 결정은 〈표 6-4〉에 제시하였다. 표에서 확인할 수 있듯이 통계기법의 결정은 연구자가 연구하고자 하는 변수의 측정수준에 따라 다르다. 또한 변수는 측정수준에 따라 네 가지(명목, 서열, 등간, 비율)로 구분할 수 있으나 크게 연속변수와 비연속변수로 분류하여 분석할 수 있다. 이때 명목수준과 서열수준의 측정은 비연속변수로 간주하고, 등간수준과 비율수준은 연속변수로 구분할 수 있다.

3. 통계방법 결정하기

1) 기술통계와 추리통계

본격적인 자료분석을 시작하는 경우 수집된 자료의 현황을 있는 그대로 나타내 보여 주는 것을 기술통계라고 하고, 여기에는 자료의 집중치와 분산치 등을 제시한다. 대표적인 자료의 집중치로는 입력된 변수의 평균(mean), 중간값(median), 최빈값(mode) 등이 있으며, 분산치로는 범위(range), 표준편차(standard deviation), 분산(variance) 등이 있다.

추리통계는 표본을 통해 얻어진 통계치(statistics)로 모집단(population)의 모수치

표 6-5 기술통계와 추리통계

기술통계학	추리통계학
통계자료를 수집, 정리하여 표나 그래프로 표현하고, 자료를 요약하여 대표값이나 산포도와 같은 수량화된 값으로 나타내는 방법을 다루는 분야	연구대상이 되는 모집단으로부터 추출한 통계치로 모수치를 추정
예) 빈도, 백분율 중앙치(평균, 중간값, 최빈값) 분산치(범위, 표준편차, 분산)	예) 신뢰구간, 가설검정

(parameter)를 추정할 경우에 해당되는 통계다. 일반적으로 사회조사는 전수조사를 실시하기가 어렵기 때문에 모집단에서 표본을 통해 통계치를 구하게 된다. 이때 표본을 통해 얻은 자료의 수치를 통계치라고 하고 이를 통해 모집단의 모수치를 추정하게 되는 것이다. 대표적인 추리통계에는 표본의 신뢰구간을 구하거나 가설검정 등의 방법이 적용된다.

2) 연구질문과 통계기법 결정

양적연구의 자료분석에는 다양한 통계기법이 있으나 여기서는 교차분석, t검정, 분산분석, 상관관계, 회귀분석의 기본적인 다섯 가지 통계기법을 소개하고자 한다. 자료분석방법은 독립변수와 종속변수의 측정수준에 따라 분석방법이 결정된다. 측정수준은 연구자가 수집한 자료의 변수가 명목수준과 서열수준일 경우 비연속수준이라고 보고, 등간수준과 비율수준일 경우 연속수준으로 구분한다. 또한 구체적인 통계기법은 연구자가 수집한 변수 중 독립변수와 종속변수의 측정수준에 맞는 통계기법을 사용하면 된다.

교차분석은 연구질문이 하나 이상의 집단으로 구분될 수 있는 속성끼리 독립성을 분석하고자 할 때 사용된다. 따라서 교차분석을 할 수 있는 변수는 두 개 이상의 속성으로 구분할 수 있어야 한다. 이때 각 속성에 부여한 값(value)은 집단을 구분하는 이외에 다른 기능이 없다. 즉, 집단의 속성에 부여한 값은 집단을 구분하는 기능에 그치게 된다. 이러한 변수들은 대부분 명목변수에 해당되며, 경우에 따라서는 개별 질문으로 구성된 서열변수가 해당될 수도 있다. 예를 들어, 교차분석은 성별과 취업 여부가 어떤 관련성이 있는가를 가설검정할 수 있다. 또한 학력(초 · 중 · 고 · 대졸 등)과 직업유형(사무직, 일용직, 전문직, 자영업 등)의 관계를 분석하는 데 적합하다. 이때 교차분석에 사용되는 변수들은 여러 개의 집단으로 구분할 수 있는 속성들로 구성되어 있다.

교차분석은 분석하고자 하는 변수의 측정수준이 모두 비연속변수인 경우에 많이 사용된다. 그러나 t검정의 경우는 독립변수가 비연속으로 측정된 두 개의 집단이면서 종속변수가 연속변수로 이루어진 연구질문을 분석할 때 사용된다. 이때 사용되는 t검정은 독립 t검정이 된다. 독립 t검정은 두 집단 간의 종속변수의 값인 평균이 통계적으로 유의미한 차이를 보이는지를 검정할 때 사용된다. 만약 서로 다른 두 집단의 평균 차이를 비교하는 것이 아니라 동일 집단에서 측정한 2개의 평균값의 차이를 가설검정하는 경우에는 대응 t검정(paired samlpes t-test)을 실시하게 된다.

그러나 사회과학 분야에서 집단 평균을 비교하는 경우는 2개 이상의 집단을 더욱 많이 접하게 되는데 이때 분산분석이라는 통계기법을 사용한다. 분산분석은 두 집단의 평균 차이를 분석할 때도 사용될 수 있지만 보통 3개 이상의 집단의 평균값이 유의미한 차이를 보이는지를 가설검정할 때 사용된다. 분산분석의 원리는 집단 간에 보이는 변량의 크기를 분자로 놓고, 집단 내에서 발생하는 변량의 크기를 분모로 하여 비율로 표시한 F값으로 표시된다. 따라서 분산분석에서 F값이 '0'보다 크다는 것은 집단 내에서 보이는 변량의 차이보다 집단 간 변량의 차이가 크다는 것을 의미한다. 일반적으로 집단 간 변량은 체계적 오류를 수치화한 값이며, 집단 내 변량은 비체계적 오류를 수치화한 값이다. 따라서 분산분석의 원리는 체계적 오류와 비체계적 오류의 비율을 통해서 가설검정을 하게 된다. 만약 분산분석에서 체계적 오류인 집단 간 변량이 우연에 의해서 발생한 비체계적 오류인 집단 내 변량보다 크게 나타날수록 분산분석의 통계치인 F값이 커지며, 이러한 결과는 집단 간 평균 차이가 유의미하게 나타날 확률이 높아지게 될 것이다.

상관관계와 회귀분석은 두 변수 간의 관계를 알아본다는 점에서 교차분석과 비슷하지만 상관관계와 회귀분석에 사용되는 변수는 교차분석과 달리 사칙연산이 가능한 연속자료일 때 사용된다. 또한 상관관계와 회귀분석의 차이는 상관관계가 두 변수가 가지는 공분산을 활용하여 분석하는 반면, 회귀분석은 인과관계를 파악하기 위해 실시하는 통계기법이다. 특히 회귀분석은 독립변수가 종속변수의 변량을 얼마나 설명하고 있는지를 보여 줄 수 있으며, 개별 독립변수가 종속변수에 미치는 영향력이 유의미한지를 분석할 수 있다는 장점을 가진다. 사회과학의 근본적인 목적이 사회현상의 법칙을 발견하는 것이라고 본다면, 회귀분석은 독립변수와 종속변수의 인과관계를 확인할 수 있는 통계기법이라고 볼 수 있다.

연구질문과 통계기법 예

1. 성별에 따라 취업 여부는 차이가 있는가? 학력과 직업유형의 관계는?
   –교차분석(crosstabs): 비연속변수들 간의 독립성 검정

2. 사회복지사의 성별(남/여)에 따라 월급여의 차이가 있는가?
   종교 유무에 따라 죽음에 대한 태도 인식에 차이가 있는가?
   –독립 t검정: 서로 다른 두 집단의 평균 차이 비교

3. 빈곤지역 청소년의 자아존중감 향상 프로그램이 효과가 있었는가?
   부부간의 결혼만족도에 차이가 있는가?(남편과 부인을 한 쌍으로 간주할 경우)
   –대응 t검정: 동일 집단의 평균 차이 비교

4. 근로자의 직업유형(단순 일용직, 사무직, 자영업, 전문직 등)에 따라 월급여의 차이가 있는가?
   지역(서울/경상도/전라도)에 따라 특정 정당의 지지율에 차이가 있는가?
   –일원 분산분석: 3개 이상의 집단 간의 평균 차이 비교

5. 클라이언트의 만족도와 사회복지사의 개입효과는 관계가 있는가?
   근무기간과 수입의 관계는 어떠한가?
   –상관관계분석: 연속변수들 간의 관계

6. 정신장애인의 회복에 영향을 미치는 지역사회 요인에 관한 연구
   도시 빈민의 삶에 질에 영향을 미치는 요인에 관한 연구
   –회귀분석: 독립변수와 종속변수 간의 인과관계(연속변수). 독립변수가 비연속인 경우 회귀분석은 가변수(더미변수)로 전환하여 분석

7. 노숙인의 노숙 탈출에 영향을 미치는 요인 연구
   가출청소년의 재가출 여부에 영향을 미치는 요인 연구
   –로지스틱 회귀분석: 종속변수(노숙 유지/탈출)가 비연속변수인 회귀분석

4. 측정도구의 신뢰도

1) 신뢰도의 개념

측정도구의 신뢰도 개념은 측정도구가 측정하고자 하는 현상을 얼마만큼 일관성 있게 측정하는가를 말한다. 따라서 측정도구의 신뢰도가 높다는 것은 동일한 사람에게 같은 측정도구를 적용했을 때 유사한 점수가 나오는 것을 의미한다. 예를 들어, 신뢰도가 높은 온도계가 있다면 온도를 측정하는 사람이 일정시간 동안 외부의 영향을 통제한 상황에서 측정한 체온은 거의 유사하게 나타날 것이다. 이와 마찬가지로 측정도구를 구성하고 있는 다수의 문항을 유사한 질문으로 구성한다면 아마도 응답결과는 비슷하게 나타날 것이며, 이는 측정문항들의 내적일관성이 높다고 볼 수 있다. 그러나 측정도구의 응답이 일관성 있게 나타나는 것과 측정문항이 측정하고자 하는 개념을 정확하게 질문하고 있는가는 무관할 수 있다는 점에 유

의해야 한다. 즉, 측정도구의 신뢰도가 높다고 해서 척도의 타당도가 높은 것은 아니기 때문이다.

한편, 측정의 오류와 측정도구의 신뢰도는 측정의 비체계적 오류와 관련되어 있다. 측정의 비체계적 오류는 응답자들이 설문을 하는 상황이나 자신의 상태에 따라 일관성 없이 응답하는 경우에 발생하는데, 응답자들이 평소보다 측정 점수를 더 높게 평가하거나 낮게 평가하는 경우에 발생한다. 따라서 측정의 비체계적 오류는 다수의 응답자가 참여하는 경우 측정치는 상충하기 때문에 거의 발생하지 않는 것으로 가정할 수 있다.

측정도구의 신뢰도를 높이기 위해서는 척도의 문항들을 명료하게 구성하는 것이 가장 중요하다. 설문지의 모호한 문구 때문에 응답자마다 상이한 해석을 하게 되면 측정결과의 일관성을 확보하기 어렵다. 이와 함께 측정도구의 신뢰도는 측정항목 수가 충분할수록 높아지는 경향이 있다는 점에 주목할 필요가 있다. 측정항목이 유사한 내용을 질문하고 문항들이 많으면 측정값들의 평균치는 측정하고자 하는 속성의 실제 값에 가까워진다. 그러나 측정문항이 많다고 해서 측정도구의 신뢰도가 무조건 높아지는 것은 아니며, 측정문항의 내적일관성을 유지하는 것이 중요하다. 또한 측정도구의 신뢰도를 높이기 위해서는 응답자에게 명백하게 응답요령을 설명해야 하고, 면접원이 행하는 면접방식과 태도에 일관성이 있어야 한다. 따라서 면접원이 있는 경우 설문지를 수거하기 전에 면접원의 개인적 성향이 설문지를 작성하는 과정에 영향을 미치지 않도록 사전에 충분히 교육할 필요가 있다. 한편, 측정도구의 신뢰도를 높이기 위해서는 조사대상자가 잘 모르거나 전혀 관심이 없는 내용은 측정하지 않는 것이 좋으며, 이전 조사에서 이미 신뢰성이 있다고 인정된 측정도구를 이용하는 것도 좋은 방법이 될 수 있다.

2) 신뢰도 검사방법

(1) 검사-재검사 방법

검사-재검사(test-retest) 방법은 척도의 신뢰도를 평가하기 위한 방법으로, 동일한 지표를 동일한 사람에게 시차를 두고 되풀이하여 검사하는 경우에 해당한다. 척도의 신뢰도는 두 검사 값의 상관계수가 충분히 크면 지표의 신뢰도가 높다고 판단한다. 그러나 검사-재검사 방법은 사전검사의 영향을 통제하기 어렵다는 단점이 있다. 이는 사전검사 이후 재검사를 하기 전에 통제할 수 없는 외부 사건이 발생하여 사후검사에 영향을 미칠 수 있기 때문이다. 또한 동일한 척도를 다시 측정하기 때문에 사전검사가 사후검사에 영향을 미칠 수 있다는 한계도 있다. 따라서 검사-재검사 방법은 척도를 반복 측정하는 기간을 어느 정도 둘 것인가를 결정하는 것이 쉽지 않으며, 측정하고자 하는 개념이 쉽게 변할 수 있는 경우에는 적합하지 않다.

(2) 복수양식법

측정도구를 반복해서 측정하는 경우 척도의 신뢰도에 영향을 미칠 수 있는 한계를 극복하기 위해 고안한 방법이 복수양식법(alternate form)이다. 복수양식법은 동일한 척도를 반복 측정하는 것이 아니라 동일한 개념을 측정하는 두 가지 종류의 측정도구를 만든 후 동일한 응답자를 대상으로 조사하는 방법이다. 예를 들어, 우울증을 측정하기 위한 척도를 개발하기 위해서 2개의 척도를 만들어 각각 측정하고, 2개 측정치의 상관계수를 구하는 것이다. 그러나 1개의 척도를 개발하기 위해 2개의 도구를 만드는 것은 쉬운 일이 아니며, 경우에 따라서는 많은 시간과 비용이 발생할 수 있다. 또한 두 양식 간의 상관관계가 낮을 경우 어느 양식에 문제가 있는지 판단할 수 없다는 단점이 있다.

(3) 반분법

복수양식법은 척도의 신뢰도를 측정하기 위해 2개의 척도를 개발해야 하는 어려움을 가지고 있었다. 그러나 반분법(spilt-half method)은 충분한 문항으로 구성된 하나의 측정도구를 만들어 조사한 다음, 문항을 절반으로 나누어 양쪽의 상관계수로 신뢰도를 판단하는 방법이다. 그러나 이 방법은 문항을 나누는 방법에 따라 신뢰도가 달라지며, 개별 문항의 신뢰도를 구할 수 없다는 한계가 있다. 예를 들어, 20개 문항으로 구성된 척도를 반으로 구분한다고 가정하자. 어떤 연구자는 20개 문항을 홀수번호와 짝수번호로 구분할 수도 있으며, 1번에서 10번과 11번에서 20번으로 구분할 수도 있다. 이때 측정치의 상관계수는 20개 문항을 어떻게 구분하였는지에 따라 달라질 수 있을 것이다. 또한 어떤 질문이 전체 척도의 신뢰도를 낮추는 문항인지 선별하지 못하는 단점이 발생한다.

(4) 크론바흐의 신뢰도 계수

크론바흐의 신뢰도 계수(Cronbach's α)는 반분법을 전체 문항으로 확대한 방법이며, 개별 문항끼리 구할 수 있는 모든 상관계수를 계산하고, 이를 평균한 값을 구하는 방법이다. 이를 위해 척도의 전체 문항을 둘씩 짝짓고 각 짝들 간의 상관계수를 구한 후 이 값의 평균을 구한다. 이 방법은 문항 간의 평균 상관계수가 높거나 문항 수가 많아지면 신뢰도 계수가 커지는 특성을 가진다. 그러나 이 방법은 개별 문항이 신뢰도 계수에 미치는 영향력을 파악할 수 있어 신뢰도를 낮추는 문항을 최종 분석에서 제외할 수 있다는 장점을 갖기 때문에 실제 사회조사에서 가장 많이 사용된다.

(5) 크론바흐의 신뢰도 계수 구하기

신뢰도 계수를 구하기 위해 이용자 만족도를 구성하고 있는 하위영역 중 기관의 환경에 대한 만족을 묻는 10개 문항이 있다. 이들 문항의 신뢰도 계수를 구해 보자.

▶ STEP 1: SPSS 메뉴에서 'Analyze(분석)→Scale(척도)→Reliability Analysis(신뢰도 분석)'를 선택한다.

▶ STEP 2: 신뢰도 계수를 계산할 문항들을 선택한 다음, Items로 이동시킨다.

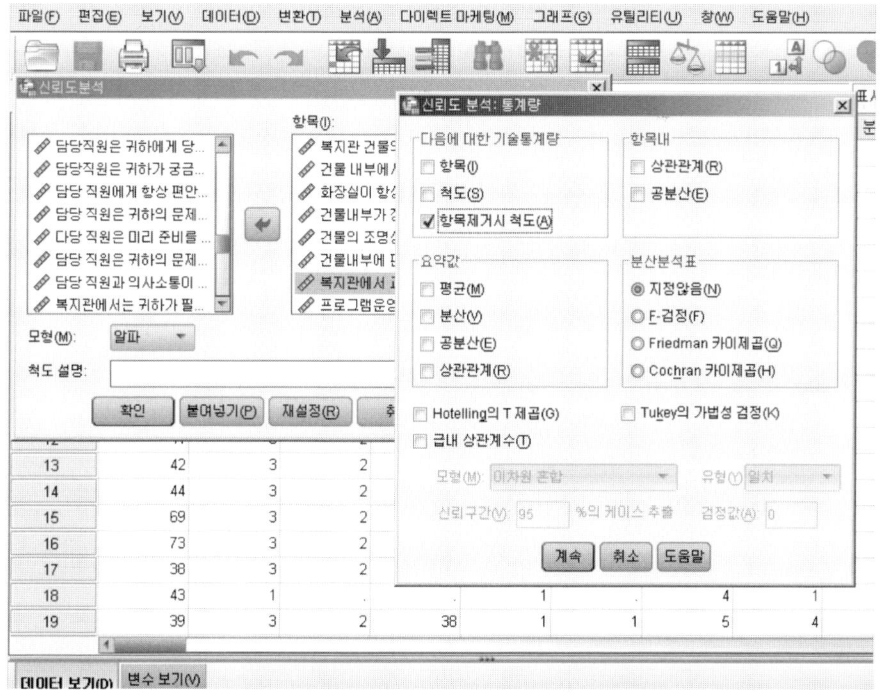

▶ STEP 3: Scale if item deleted(항목제거 시 척도)를 선택하면 그 문항을 제외하였을 때 개별 문항의 신뢰도 계수가 계산된다. 개별 문항을 제외할 경우에는 척도의 타당도를 고려해서 신중하게 제외할 필요가 있다.

****** Method 1 (space saver) will be used for this analysis ******

RELIABILITY ANALYSIS–SCALE(ALPHA)

1. 환경1 복지관 건물의 외관은 전반적으로 깨끗합니까?
2. 환경2 역-건물 내부에서 불쾌한 냄새가 자주 납니까?
3. 환경3 화장실이 항상 청결하게 관리됩니까?

4. 환경4 건물 내부가 장애인이 이용하기에 편리하게 되어 있습니까?
5. 환경5 건물의 조명상태는 충분히 밝습니까?
6. 환경6 건물 내부에 편의시설은 적절히 갖추어져 있습니까?
7. 환경7 복지관에서 교통편의 서비스를 충분히 제공합니까?
8. 환경8 프로그램 운영에 필요한 최신 시설과 장비가 갖추어져 있습니까?
9. 환경9 서비스를 제공받는 장소의 환경이 쾌적합니까?
10. 환경10 복지관으로 들어오는 길의 상태는 통행하기 편리합니까?

Item-total Statistics

	Scale Mean if Item Deleted	Scale Variance if Item Deleted	Corrected Item-Total Correlation	Alpha if Item Deleted
환경1	25.6579	13.6947	.3970	.7395
환경2	25.2368	13.9698	.2456	.7635
환경3	25.1711	13.7970	.2412	.7671
환경4	25.6711	12.8904	.5689	.7164
환경5	25.5789	13.1804	.6004	.7163
환경6	25.5526	12.6772	.5734	.7143
환경7	26.1184	13.5191	.3747	.7428
환경8	26.0263	13.8660	.3313	.7484
환경9	25.6447	13.1654	.6288	.7140
환경10	26.3158	13.0989	.4078	.7387

환경2, 환경3을 제외하였을 때 신뢰도 계수가 전체 신뢰도 계수 .7565보다 크며, 이 문항을 제외하였을 때 신뢰도 계수는 올라간다.

RELIABILITY ANALYSIS-SCALE(ALPHA)

Reliability Coefficients

N of Cases= 76.0 N of Items= 10

Alpha= .7565

앞의 예에서는 사회복지기관 이용자 만족도 척도에서 기관환경을 묻는 10개 문항의 신뢰도 계수를 측정하였다. SPSS를 실행하기에 앞서 옵션에서 Alpha if item deleted 값을 설정하였다. 이 수치는 개별 문항을 제외하였을 경우의 전체 신뢰도 계수가 계산된 것이다. 분석결과에서 이용자 만족도를 구성하고 있는 기관환경에 대한 만족도 10개 문항 중 환경2 문항과 환경3 문항을 제외하였을 때 전체 신뢰도 계수가 0.7565보다 높아진다는 것을 보여 주고 있다. 만약 연구자가 전체 척도의 신뢰도 계수가 낮다고 판단하면 이 값을 높이기 위해 이들 문항을 제외할 수 있다. 그러나 개별 문항을 제외하는 것은 그 문항을 제외해도 측정도구의 타당도가 저해되지 않을 경우에만 삭제하는 것이 좋기 때문에 신중하게 결정하여야 할 것이다. 한편, 신뢰도 계수는 일반적으로 0.6 이상이면 신뢰도가 적절하다고 볼 수 있으나, 척도의 신뢰도 기준이 높아야 하는 상황에서는 0.8 이상이 되어야 인정하기도 한다. 따라서 신뢰도 계수는 연구자가 척도의 신뢰도 기준을 어떻게 정하느냐에 따라 다소 차이를 보일 수 있다.

표 6-6 신뢰도 계수(Cronbach's α)의 의미

크론바흐 α	내적일관성(Internal consistency)
α ≥ .9	높은 수준(excellent)
.9 > α ≥ .8	좋은 수준(good)
.8 > α ≥ .7	수용할 수 있는 수준(acceptable)
.7 > α ≥ .6	의심이 가는 수준(questionable)
.6 > α ≥ .5	미약한 수준(poor)
.5 > α	수용하기 어려운 수준(unacceptable)

출처: George & Mallery (2003).

측정도구의 상관관계 구하기(검사-재검사 방법, 반분법, 복수양식법)

측정도구의 신뢰도를 확인하는 과정에서 재검사법은 동일한 측정도구를 시간 간격을 두고 두 번 측정하여 각각의 측정된 값의 상관관계를 구하여 신뢰도를 알아보는 것이고, 반분법은 측정도구를 구성하고 있는 문항을 2개로 나눈 후 상관관계를 살펴봄으로써 신뢰도를 측정하는 것이다. 복수양식법은 동일한 측정도구가 아닌 서로 유사한 개념을 측정하는 척도로 측정값을 구한 후 2개의 측정도구끼리 상관관계를 구하는 것이다.

- 상관관계는 정적상관과 부적상관이 있다. 정적상관은 비교하는 측정값이 서로 동일한 방향으로 대응하는 값을 가질 때 나타나며, 부적상관은 상반되는 방향으로 측정값이 대응할 때 나타난다. 상관계수로 피어슨(Pearson) 상관계수는 r로 표기하며, 최대 +1에서 −1 사이에서 결정된다. 피어슨 상관계수 값의 절대값이 1에 가까울수록 2개의 대응값은 상관관계가 강하다고 할 수 있으며, 0에 가까울수록 상관관계가 약하다고 해석할 수 있다.

- 상관관계의 주요 개념
  - 상관계수 r은 두 변수 x, y의 공분산을 x의 분산과 y의 분산을 곱한 값의 제곱근으로 나눈 값이다.
  - 공분산이란 두 변수 x, y가 각각의 평균으로부터 떨어진 거리를 곱한 값의 합을 사례 수로 나눈 값으로 공분산이 클수록 x, y 간의 관계가 밀접하다고 할 수 있다.
  - 공분산의 크기는 변수를 측정하는 데 사용한 단위가 달라짐에 따라 큰 차이를 나타내기 때문에 이를 표준화할 필요가 있다. 이를 위해 공분산의 값을 x의 분산과 y의 분산을 곱한 값의 제곱근으로 나눈 값이 상관계수 r이다.
  - 상관계수는 공분산이 클수록 커지고, 각 변수의 분산이 작아질수록 커진다.

• 상관관계의 특성

−상관분석은 회귀분석의 일부분으로 두 변수 사이의 관계를 다루는 분석이다. 상관분석은 두 변수 사이에 직선관계가 있는지 없는지, 만약 관계가 있다면 얼마나 강한지 등을 측정할 수 있다.

−상관관계는 x와 y의 두 가지 변수가 있을 때 x의 변화에 따라 y가 변화하는 관계를 말한다. x가 증가할 때 y도 증가하는 관계를 양의 상관관계, x가 증가할 때 y가 감소하는 관계를 음의 상관관계, 어느 쪽으로도 관계를 보이지 않는 경우를 무상관이라고 한다.

−상관계수의 성질

① 항상 −1과 1 사이에 존재한다.

② 절대값의 크기는 상관성의 강도를, 부호는 상관관계의 방향을 나타낸다.

③ 상관계수의 값이 0에 가까운 경우 상관관계가 매우 약함을 의미한다.

−상관관계의 주요 요건

① 두 변수가 모두 연속변수

② 두 변수는 직선관계

③ 두 변수가 모집단에서 정규분포

⇒ 상관관계는 독립변수와 종속변수가 없는 것이 특징

−상관계수

① 두 변수 사이의 관련성과 방향과 정도를 수치로 표현하는데, 이를 상관계수라 한다.

② 상관계수의 크기: $-1 \leq r \leq 1$

③ 두 변수가 밀접한 상관관계를 가질수록 x, y를 나타내는 점들이 그래프의 한 직선상에 놓인다. 사회현상을 나타내는 변수 간의 관계 중 두 변수 간의 관계를 직선으로 나타내기 어려운 경우가 상당히 많다.

• 복수양식법은 서로 유사한 개념을 측정하는 2개의 척도를 구성한 다음, 동일한 이들을 대상으로 값을 측정하고, 이들 값의 상관관계를 구함으로써 측정도구의 신뢰도를 보여 줄 수 있다.

• 복수양식법의 상관관계를 구하기 위한 자료들은 자존감 척도와 효능감 척도를 사용하였다. 자존감을 측정하기 위한 문항은 3개의 문항으로 구성되어 있으며, 효능감을 측정하기 위한 개별 문항도 3개의 문항으로 구성되어 있다. 이들 문항의 상관관계를 구하기 위해서는 우선 개별 문항의 측정값을 SPSS 화면에 입력한 후 개별 문항들을 합산하여 평균값을 구해야 한다.

	자존감1	자존감2	자존감3	효능감1	효능감2	효능감3
1	3	2	5	3	5	4
2	4	2	5	5	5	4
3	4	3	5	5	5	5
4	4	2	5	4	5	5
5	3	3	4	4	4	5
6	3	3	3	4	4	4
7	3	4	3	5	4	4
8	4	4	3	5	5	4
9	4	3	4	5	5	5
10	4	3	4	5	4	5
11						
12						
13						

• SPSS 데이터 창으로 돌아가면 자존평균과 효능평균이라는 새로운 변수가 형성되어 있음을 확인할 수 있다.

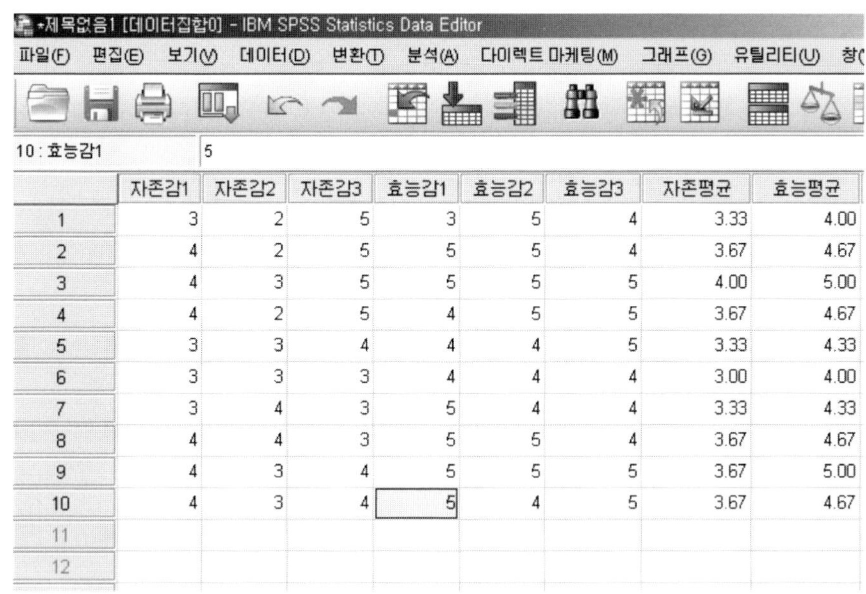

	자존감1	자존감2	자존감3	효능감1	효능감2	효능감3	자존평균	효능평균
1	3	2	5	3	5	4	3.33	4.00
2	4	2	5	5	5	4	3.67	4.67
3	4	3	5	5	5	5	4.00	5.00
4	4	2	5	4	5	5	3.67	4.67
5	3	3	4	4	4	5	3.33	4.33
6	3	3	3	4	4	4	3.00	4.00
7	3	4	3	5	4	4	3.33	4.33
8	4	4	3	5	5	4	3.67	4.67
9	4	3	4	5	5	5	3.67	5.00
10	4	3	4	5	4	5	3.67	4.67

• 분석 ⇒ 상관분석 ⇒ 이변량 상관계수를 체크한다.

• 개별 문항의 평균값을 구하기 위해서는 메뉴바에서 변환 ⇒ 변수 계산을 선택한다. 합산하고자 하는 개별 문항을 합산한 다음, 문항 수로 나눈다.

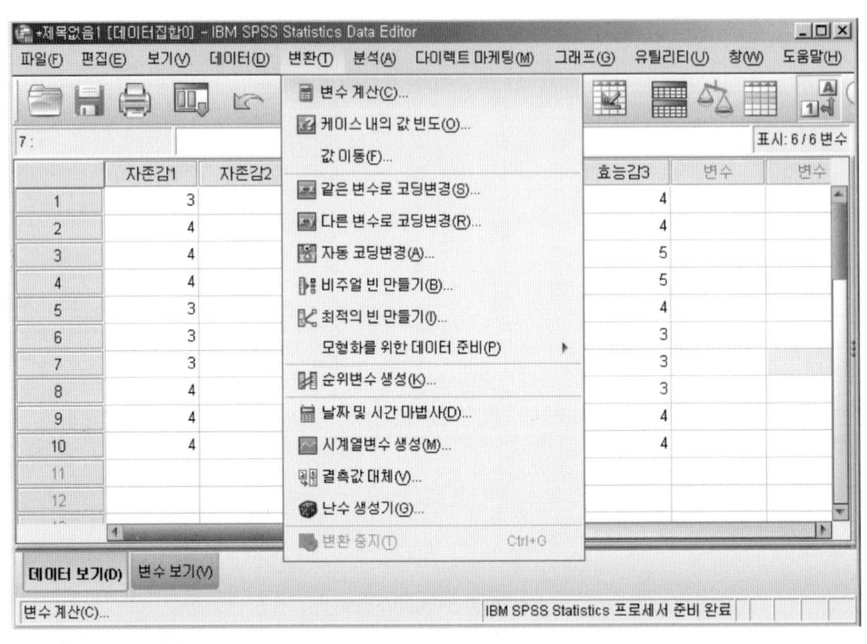

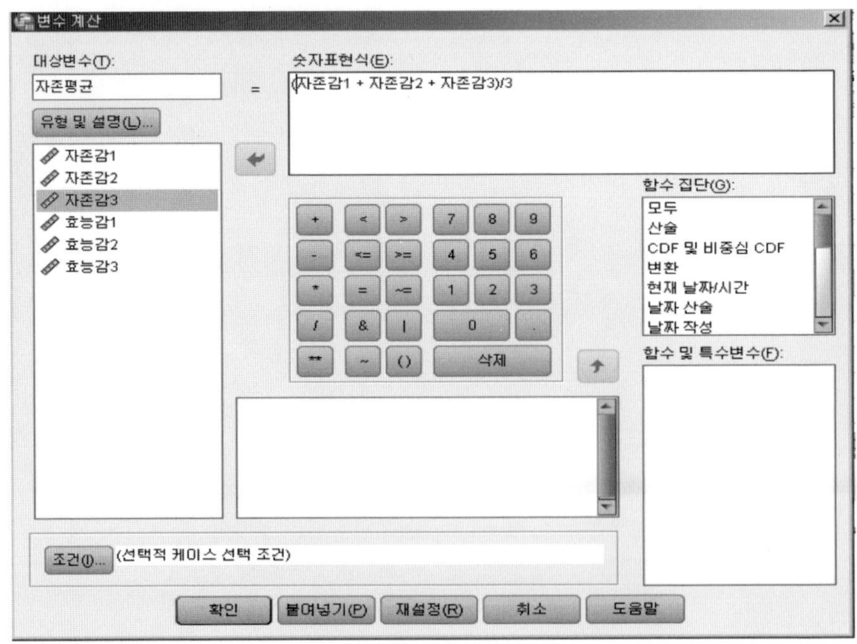

• 상관관계를 구하기 위해 자존평균과 효능평균을 변수에 투입하여 확인을 선택한다.

• 상관관계를 분석한 결과, Output은 피어슨 상관계수가 .907로 높은 정적상관관계를 보여 주고 있다. 따라서 복수양식법으로 측정한 측정값의 신뢰도는 매우 높은 수준임을 확인할 수 있다.

상관계수			
		자존평균	효능평균
자존 평균	피어슨 상관계수	1	.907**
	유의수준(양쪽)		.000
	N	10	10
효능 평균	피어슨 상관계수	.907**	1
	유의수준(양쪽)	.000	
	N	10	10

** 상관계수는 0.01 수준(양쪽)에서 유의합니다.

5. 측정도구의 타당도

1) 타당도의 개념

측정도구의 신뢰도는 측정도구가 일관성 있는 결과로 나타나는가에 관심을 두고 있다. 이에 비해 측정도구의 타당도(validity)는 측정도구가 원래 측정하고자 하는 개념을 정확하게 묻고 있는가에 초점을 둔다. 따라서 측정도구의 신뢰도가 매우 높아도 타당도가 낮다면 측정도구로서 적합하지 않게 된다. 또한 타당도를 확인하는 방법은 측정도구의 신뢰도를 구하는 것보다 더욱 어렵다. 사회조사 연구과정에서 측정도구의 신뢰도는 통계 프로그램을 통해 비교적 간단하게 계산할 수 있으나, 측정된 수치를 가지고 척도의 타당도를 파악하는 것은 쉽지 않다. 그나마 측정도구의 타당도를 구하기 위한 방법으로 요인분석(factor analysis)이라는 통계기법을 많이 사용하고는 있지만, 이 방법도 측정도구의 타당도를 간접적으로 확인하는 방법이라고 볼 수 있다. 결국 측정도구의 타당도는 측정하고자 하는 개념과 밀접하게 관련이 있을 것이라고 생각되는 다른 기준을 근거로 추측하거나 전문가 집단 또는 이론적 구성에 근거하여 개별 문항의 타당성을 확인할 수밖에 없다.

한편, 측정도구의 타당도는 측정의 체계적 오류와 관련되어 있다. 이에 비해, 측정도구의 신뢰도는 측정이 이루어지는 상황이나 응답자의 상태에 따라 비체계적 오류가 발생하는 것과 관련 있다. 그러나 체계적 오류는 측정하고자 하는 개념을 정확하게 묻지 못해서 발생하는 오류이기 때문에 측정도구의 타당도를 저해하는 요인이 된다. 따라서 측정도구의 타당도를 높이기 위해서는 측정문항 구성이 실제 측정대상을 정확하게 반영하고 있어야 하며, 측정 개념의 이론적 구성에 맞도록 개별 문항을 구성하여야 한다.

2) 측정도구의 타당도 유형

(1) 내용타당도

내용타당도(content validity)는 '척도를 구성하고 있는 하위문항들은 측정 개념과 관련된 내용을 묻는 것이어야 한다.'는 가정하에 측정도구의 문항을 전문가에게 검토를 하게 하는 방법이다. 이런 의미에서 내용타당도는 안면타당도(face validity)라고도 부른다. 내용타당도를 확인하는 절차는 먼저 측정하고자 하는 개념을 명확히 한 후, 측정 개념을 주요 영역별로 나누고, 각 영역이 뜻하는 의미를 모두 포함할 수 있도록 세부내용을 정하고, 그런 다음 이에 맞추어 질문항목이 구성되어 있는지를 확인하는 것이다.

내용타당도는 측정도구의 타당도를 비교적 단시일 내에 확보하는 방법으로 많이 사용되고 있지만 문항구성을 확인하는 조사자의 주관적 해석과 판단에 의존하므로 판단에 오류나 착오가 발생할 수 있다. 측정도구의 내용타당도는 측정 개념과 관련성 있는 전문가를 대상으로 확인을 요청하지만 측정문항의 타당도를 누구에게 의뢰하느냐에 따라 결과는 달라질 수 있다. 왜냐하면 전문가에 따라서도 특정 개념에 대한 내용타당도의 근거가 달라질 수 있기 때문이다. 따라서 측정도구의 내용타당도를 확보하기 위해서는 검사자들의 의견이 일치해야 하는 어려움이 있다. 또한 내용타당도는 측정하려는 속성과 항목 간의 상관관계를 파악할 수 없기 때문에 통계적 검정이 어렵다는 한계를 가지고 있다.

(2) 기준관련 타당도

기준관련 타당도(criterion-related validity)는 측정도구가 측정하고자 하는 개념과 밀접한 연관성이 있는 별도 기준들을 이용하는 방법이다. 이때 타당도의 기준은 이미 타당도가 높다고 인정된 척도가 되며, 비교하는 척도와 기준이 되는 척도의 시간적 순서에 따라 예측타당도와 동시타당도로 구분할 수 있다.

예를 들면, 예측타당도(predictive validity)는 수능시험 점수와 대학에서의 학업수행 능력의 관계를 통해 확인할 수 있다. 만약 수능시험이 대학 학업수행 능력을 정확하게 예측할 수 있는 타당도가 높은 시험이라면, 실제로 수능시험 점수가 높은 고등학생은 대학에 가서 좋은 학점을 받을 수 있어야 할 것이다. 그러나 수능시험 점수의 예측타당도는 동시적으로 확인하기 어렵기 때문에 대학생의 성적과 그의 과거 수능시험 점수의 상관관계를 파악함으로써 확인할 수 있을 것이다. 이에 비해 측정도구의 동시타당도(concurrent validity)는 비교대상이 되는 기준과 측정도구가 시간상 동시에 발생하는 경우라고 볼 수 있다. 예를 들어, 어떤 연구자가 인지능력을 검사하는 측정도구를 새롭게 개발하였는데 그 측정도구의 타당도를 확인하고자 한다고 하자. 이를 위해 인지능력을 측정하는 척도를 개발한 연구자는 이미 타당도가 높다고 인정받은 IQ 검사지를 함께 측정하여, 두 척도의 점수를 비교하여 상관계수를 구할 수 있을 것이다. 만약 동시에 측정한 2개의 측정치가 높은 상관관계를 보인다면 새롭게 개발한 인지능력 척도의 타당도를 확보할 수 있을 것이다.

기준관련 타당도 확보를 위한 또 다른 방법은 집단비교법(known-groups validity)이다. 이 방법은 특정 개념에 대한 태도, 의식, 성향이 잘 알려져 있는 집단을 대상으로 척도를 측정하여 두 집단의 평균이 유의미한 차이를 보이는지 검정하는 방법이다. 만약 특정 개념에 대한 태도가 상반되는 두 집단을 대상으로 연구자가 개발한 척도를 측정하고, 두 집단 간에 통계적으로 유의미한 차이를 확인한다면 그 척도의 기준관련 타당도를 확보할 수 있을 것이다.

(3) 구성타당도

구성타당도(construct validity)는 측정도구를 구성하는 문항들과 측정하고자 하는 개념이나 관련 이론들이 서로 밀접하게 연관되어 있을 것이라는 가정에서 출발한다. 따라서 측정도구의 구성타당도는 예측되는 여러 개념의 상호관련성을 보고 타당도를 판단하게 된다. 구성타당도는 크게 수렴타당도(convergent validity)와 판별타당도(discriminant validity)로 구분할 수 있으며, 다소 상반된 방법으로 구성타당도를 확인하는 절차를 거친다. 우선, 측정도구의 수렴타당도는 이론적으로 연관성이 높다고 예상되는 개념들 간에 높은 상관관계를 보이고, 판별타당도는 서로 관련성이 없을 것으로 예측되는 개념들 간에 낮은 상관관계를 보일 것이라는 가정을 확인함으로써 구성타당도를 확인하게 된다.

구성타당도는 측정도구의 타당도를 확인하는 방법 중에 가장 이론적이다. 측정도구의 구성타당도를 확인하는 방법은 측정도구와 관련성이 높은 개념을 측정하여 본 척도와 상관관계를 구하거나 SPSS를 통해 요인분석을 실시하여, 개념을 설명하는 이론에서 제시하는 요인들이 통계결과에서도 나타나는지 확인함으로써 구성타당도를 확인하는 것이다. 특히 다수의 개념을 동시에 측정하는 다속성-다측정 방법(multitrait-multimethod matrix)은 2개 이상의 개념을 측정할 수 있는 도구를 2개 이상 이용하여 수렴타당도와 판별타당도를 동시에 평가하는 방법이다. 요인분석의 경우는 개별 문항들을 상관관계가 높은 것끼리 하나의 요인으로 묶어 내는 통계방식이며, 요인들 간에는 어느 정도 상호독립성을 유지하도록 한다. 따라서 요인분석은 이론적 근거를 가지고 하위영역을 구성한 척도라면 하위영역별로 개별 문항들이 요인으로 묶이게 될 것이고, 서로 다른 개념으로 구성된 하위영역은 별도의 요인으로 구성될 것이라고 가정할 수 있게 된다. 이때 요인 내 항목들은 수렴타당도에 해당되고, 요인 간 항목들은 판별타당도가 적용되는 것으로 해석된다.

6. 측정도구의 신뢰도 및 타당도 확보의 예

측정도구의 신뢰도와 타당도를 확인하는 작업은 주로 측정도구를 개발하는 연구자에게 요구되는 것이다. 따라서 사회복지 실천현장에 종사하는 사회복지사는 자신이 사용하는 측정도구를 직접 개발하기보다는 이미 만들어진 측정도구를 선택해서 사용하는 경우가 많다. 그러나 사회복지사는 자신이 진행하는 프로그램의 효과성을 보여 줄 경우나 지역주민 또는 기관 이용자를 대상으로 설문조사를 할 경우 적절한 측정도구를 만들거나 선택해야 하는 경우가 있다. 따라서 사회복지사는 자신의 연구를 수행할 경우 연구에 필요한 최소한의 측정 개념이 무엇인지 확인하고, 척도를 구성하고 있는 개별 문항이 어떠한지 확인해 살펴볼 필요가 있다. 또한 사회복지사는 자신의 연구에 적합하도록 측정도구의 문구를 수정하거나 보완할 필요도 있기 때문에 측정도구의 신뢰도와 타당도를 확보하는 방안을 활용할 수 있어야 할 것이다. 다음에서는 기존의 사회복지 관련 연구에서 측정도구의 신뢰도와 타당도를 어떻게 확보하고 있는지 예를 통해 살펴보자.

1) 사회복지 서비스 이용자 만족도 척도[1] 개발에서 신뢰도와 타당도 검정

본 연구에서는 사회복지기관 이용자를 대상으로 만족도 척도를 개발하는 과정을 담고 있다. 또한 척도 개발을 위해 측정도구의 신뢰도와 타당도를 확인하는 다양한 방법을 소개하면 다음과 같다.

첫째, 연구자는 측정도구의 내용타당도를 확인하기 위해서 만족도에 관한 기존 연구를 검토하여 40개의 예비문항을 작성하였다. 이후 측정문항의 내용타당도는 사회복지 실무경력이 10년 이상인 실무자 3인, 사회복지학과 교수 1인이 검토하는 방법으로 확인하였다. 예비문항 평가에서 2명 이상의 전문가가 부적격이라고 판정을 내린 문항은 문항 목록에서 삭제하여 문항의 적절성을 검토하는 방식을 사용하였다.

둘째, 연구자는 측정도구의 내적일관성을 평가하기 위해 개별 문항들 간의 상관관계와 개별 문항과 총점 간의 상관관계를 분석하였으며, 크론바흐 α값을 계산하였다. 개별 문항들 간의 상관관계 크기는 0.30 이상, 개별 문항과 총점 간의 상관관계 크기는 0.50 이상, 크론바흐 α는 0.70 이상을 기준으로 하여 측정하였다. 또한

1) 김용석(2009). 사회복지 서비스 이용자 만족도 척도의 개발과 평가. **한국사회복지행정학**, 11(3), 127-160.

측정의 표준오차(standard error of measurement)를 계산하였으며, 측정의 표준오차는 관찰점수가 실제 점수로부터 벗어난 정도를 의미하기 때문에 그 값이 작을수록 신뢰도가 양호한 상태를 의미한다. 이 점수는 척도 총점의 5% 이내를 기준으로 설정하였다.

셋째, 본 연구에서 측정도구의 구조를 분석하기 위해 탐색적 요인분석(exploratory factor analysis)을 실시하였다. 탐색적 요인분석 결과, 총 33개 문항들은 2개의 요인으로 묶였으며, 요인부하량(factor loading)이 0.50 미만인 문항들을 제외하였다. 또한 2개 요인의 모형적합도를 평가하기 위해 AMOS 프로그램을 이용하여, 확인적 요인분석을 실시하고, 확인적 요인분석의 적합도를 NNFI, CFI, SRMR, RSMEA 값을 통해 확인하였다.

넷째, 측정도구의 구성타당도를 검정하기 위해 수렴타당도와 판별타당도를 평가하였다. 본 연구에서는 연구자가 개발한 만족도 척도와 보건복지부에서 개발한 만족도 척도 및 크로닌과 테일러(Cronin & Taylor, 1992)가 개발한 서비스 질 척도를 사용하였다. 연구자는 자신이 개발한 이용자 만족도 척도와 보건복지부에서 개발한 만족도 척도가 모두 동일한 개념을 측정한다고 가정하여 두 척도의 정적상관관계를 보일 것으로 예상하였다. 또한 서비스 질이 양호할수록 이용자 만족도가 높아진다고 가정하였기 때문에 이용자 만족도 척도와 서비스 질 척도도 정적상관관계를 보일 것으로 보았다. 따라서 연구자는 이들 3개 척도의 상관관계가 정적상관관계를 보이면 수렴타당도를 확보할 수 있다고 보았다. 또한 판별타당도는 연구자가 개발한 만족도 척도와 보건복지부에서 개발한 만족도 척도의 상관관계 크기가 서비스 질 척도와의 상관관계보다 높을 것이라고 가정하고, 이를 확인하였다. 판별타당도를 확인하게 되는 이유는 연구자가 만족도 척도의 문항들이 모두 만족도를 측정하기 위해 만들어진 문항이기 때문에 서비스 질을 측정하는 척도보다 더 높은 상관관계를 보여야 한다고 보았기 때문이다.

2) 한국 노인의 성공적 노화 척도 개발을 위한 연구[2]에서 신뢰도와 타당도 검정

본 연구는 고령화 사회를 맞이하여 노인의 성공적 노화를 측정하기 위한 척도를 개발하는 것이었다. 본 연구에서도 성공적 노화 척도의 신뢰도와 타당도를 확보하기 위해서 다양한 시도를 하였으며, 이를 요약하면 다음과 같다.

첫째, 본 연구는 만 65세 이상의 노인을 대상으로 대도시, 중소도시, 농어촌 지역과 남녀 비율을 고려하여 총 600명을 대상으로 예비문항을 설문 조사하였다. 또한 예비문항 설문결과를 가지고 탐색적 요인분석을 하였으며, 이를 통해 측정도구의 요인구조를 파악하여 구성타당도를 확보하였다. 탐색적 요인분석은 요인 간 상관을 고려하여 사각회전(oblimin)을 이용하였다. 사각회전은 요인 간에 상관이 없다는 것을 가정한 요인분석방법이다. 또한 문항 간 상관을 고려하여 문항 전체 합과 각 문항의 상관계수가 r=0.30 이하인 문항을 제거하였으며, 요인부하량이 여러 요인에 걸쳐 높거나 낮게 나타나는 문항들, 개념이 서로 다른 문항들이 묶인 경우 문항들을 제거하였다. 요인의 수는 이론적 근거가 명확하지 않거나 요인 수를 예측하기 어려운 경우에는 요인 수를 지정하지 않고 탐색적 요인분석을 실시한다. 그러나 본 연구에서는 노인들을 대상으로 면접조사를 실시하였고, 6개의 범주를 개발하였으며, 요인 수를 ±1개로 하여 적합한 요인 수를 결정하는 방법을 적용하였다. 탐색적 요인분석 결과, 총 66문항 가운데 전체 합과 상관분석에서 r=0.30 이하인 문항과 요인부하량이 0.40 이하인 문항을 제거하였다.

둘째, 탐색적 요인분석 이후에 타당도를 검정하기 위하여 확인적 요인분석(confirmatory factor analysis)을 실시하였다.

확인적 요인분석에서 모형의 적합도를 확인하는 지표는 NNFI(Non-Normal Fit

---

2) 김동배(2007). 한국 노인의 성공적 노화 척도 개발을 위한 연구. **한국사회복지학**, 60(1), 211-231.

Index), CFI(Comparative Fit Index), RMSEA(Root Mean Square Error Approximation) 등이 있으며, 분석결과의 적합도를 확인할 수 있다. 이때 CFI는 0.90 이상이면 좋은 적합도를 나타내며, RMSEA는 값이 0.05보다 작으면 적합도 판정기준을 만족시키는 것으로 받아들여진다.

셋째, 기준관련 타당도를 확인하기 위해서 노인의 성공적 노화 개념과 유사한 '노인의 삶의 질 척도'와 본 연구에서 개발한 한국 노인의 성공적 노화 척도 점수의 상관관계를 분석하였다. 분석 결과, 상관계수 r=0.72로 높게 나타났으며, 성공적 노화의 하위요인들의 상관계수도 0.40 이상으로 나타나 동시타당도를 확인할 수 있었다.

넷째, 측정문항의 신뢰도를 검사하기 위해 내적 신뢰도 분석과 반분법을 이용하였다. 문항 내적 신뢰도 검사에서 크론바흐 α값은 모두 0.80 이상으로 나타났으며, 반분신뢰도도 모두 0.80 이상으로 나타나 측정문항의 신뢰도가 높은 것으로 나타났다.

측정도구의 신뢰도와 타당도 정리

- 측정도구의 신뢰도: 측정도구가 현상을 일관성 있게 측정하는가?
  - 검사-재검사 방법: 동일한 측정도구를 동일한 사람에게 시차를 두고 반복해서 검사하는 방법. 두 검사 간의 상관계수가 충분히 크면 지표의 신뢰도가 높다고 판단
  - 복수양식법: 동일한 개념을 측정하는 두 가지 종류의 측정도구를 만든 후 동일한 응답자를 대상으로 조사하는 방법
  - 반분법: 하나의 측정도구를 만들어 조사한 다음, 문항을 절반으로 나누어 양쪽의 상관계수로 신뢰도를 판단하는 방법
  - 크론바흐의 신뢰도 계수: 문항을 둘씩 짝짓고 각각의 상관계수를 구한 후 평균하는 방법. 반분법의 확장

• 측정도구의 타당도: 측정도구가 원래 측정하고자 하는 개념이 맞는가?
  - 내용타당도: 측정문항들이 측정 개념과 관련된 내용을 묻는 것이어야 한다는 의미
  - 기준관련 타당도: 측정하고자 하는 개념과 밀접한 연관성이 있는 별도 기준들을 이용
    ○ 예측타당도: 수능시험 점수와 대학에서의 학업수행 능력
    ○ 동시타당도: 새로 개발한 인지능력 척도와 기존 IQ 검사
    ○ 집단비교: 이미 알려진 집단을 기준으로 태도/의식 비교
  - 구성타당도: 이론적으로 서로 관련이 있을 것이라고 예측되는 개념들의 상호 관련성을 보고 판단
    ○ 수렴타당도: 이론적으로 연관성이 높은 개념은 높은 상관관계
    ○ 판별타당도: 관련성이 없을 것으로 예측되는 개념은 낮은 상관관계

⇒ 통계적 방법으로 요인분석 활용 가능

구성타당도를 살펴보기 위한 요인분석의 예

가족중심실천을 묻는 측정도구의 문항은 모두 26개 문항으로 구성되어 있으며, 가족중심실천 척도의 구성타당도를 알아보기 위해 요인분석을 실시하였다. 요인분석은 SPSS 메뉴에서 Analyze(분석) ⇒ Data Reduction(차원감소) ⇒ Factor(요인분석)에서 실행할 수 있다.

요인분석은 측정도구를 구성하고 있는 개별 문항의 응답결과가 동일한 개념을 질문하는 것이라면 문항들 간에 상관관계를 가질 것이며, 이러한 문항들끼리 하나의 요인으로 묶이게 하는 통계기법이다. 따라서 요인분석 결과는 측정도구가 측정하고자 하는 개념의 하위요인에 따라 문항들이 재구성되는지를 보여 줄 수 있게 된다.

• 요인분석을 실시할 문항을 선택하여 변수에 추가한다. 본 예에서는 가족중심실천을 묻는 26문항을 변수에 투입하였다.

• 요인분석을 실행하기 위한 조건들을 설정한다. 요인분석 실행과 관련된 첫 번째 조건으로 메뉴에서 기술통계치를 클릭하여 KMO와 바틀릿(Bartlett)의 구형성 검정을 체크한다. KMO는 카이저-메이어-올킨(Kaiser-Meyer-Olkin)의 표본 적절성 측정치라고 하며, 단순상관계수와 부분상관계수의 크기를 비교하여 단순상관에 비해 부분상관이 작다면 1.0에 접근한다. 만약 변인들이 공통요인을 갖고 있다면 다른 변인들의 효과를 통제한 부분상관계수는 작아지게 된다. 따라서 요인이 존재한다면 부분상관계수는 0에 가까워지고, 단순상관계수는 1에 가까워진다. KMO 값은 1에 가까울수록 표본의 상관이 요인분석에 적합하다는 것을 의미한다.

바틀릿의 구형성 검정도 상관행렬의 적절성을 평가하는 방법으로 변인들 간의 상관이 0인지를 검정하는 것이며, 이 수치가 크고 이에 따른 유의수준이 작게 나타나면 자료의 상관이 요인 분석될 만큼 적절한 수준이라고 판단할 수 있게 된다(양병화, 2000).

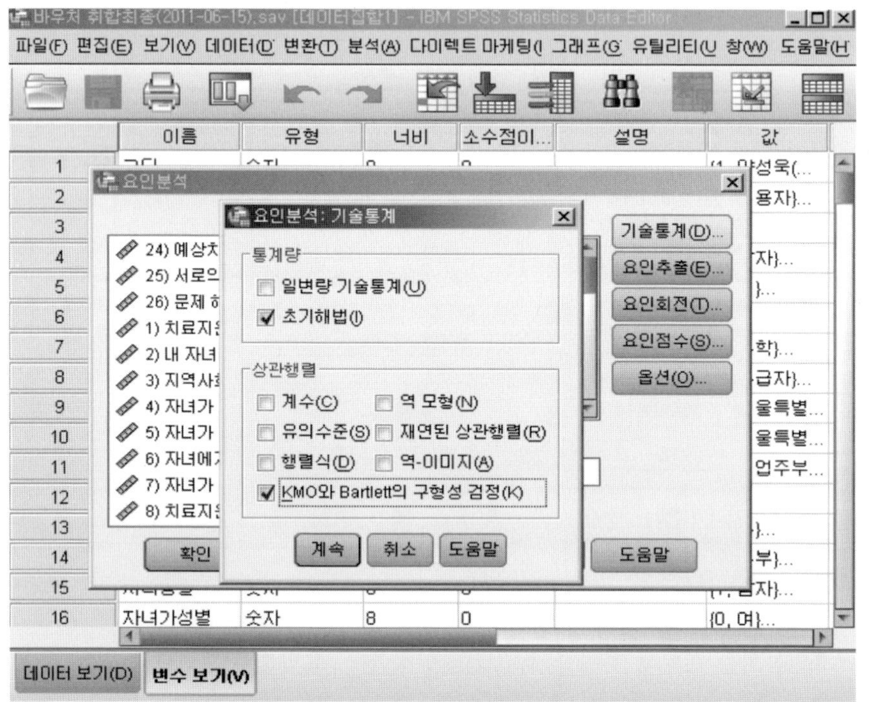

• 요인분석에서 요인추출방법은 연구 목적에 따라 연구자가 선택해야 한다. 주성분분석(principle component analysis)은 요인분석을 실시할 때 요인의 수를 최소한으로 산출하고 최초 변인들이 지닌 정보를 극대화할 때 사용된다. 요인추출 기준으로 고유값(eigenvalue)은 1로 설정한다. 고유값은 각 요인이 설명할 수 있는 분산의 양을 의미하며, 하나의 요인은 적어도 한 문항 이상의 분산을 설명할 수 있어야 한다는 의미에서 1로 설정한다. 요인의 고유값은 요인에 속한 각 변수들의 요인부하량을 제곱하여 더한 값이다.

• 요인의 회전은 베리맥스(varimax) 방식을 선택하였고, 옵션에서는 크기순 정렬을 체크한다. 요인의 회전방식은 크게 직각회전(orthogonal rotation)과 사각회전(oblique rotation)이 있다. 직각회전 방식은 요인들 간의 상관계수를 0으로 가정하는데 다중공선성을 피하는 경우에 유용하게 사용된다. 그러나 사회과학 분야에서는 요인들이 완전히 독립적인 경우가 드물기 때문에 사각회전 방식을 사용하는 경우도 많다. 직각회전 방식에는 베리맥스 방식이 많이 사용되며, 사각회전의 경우 오블리민(Oblimin) 방식이 자주 사용된다.

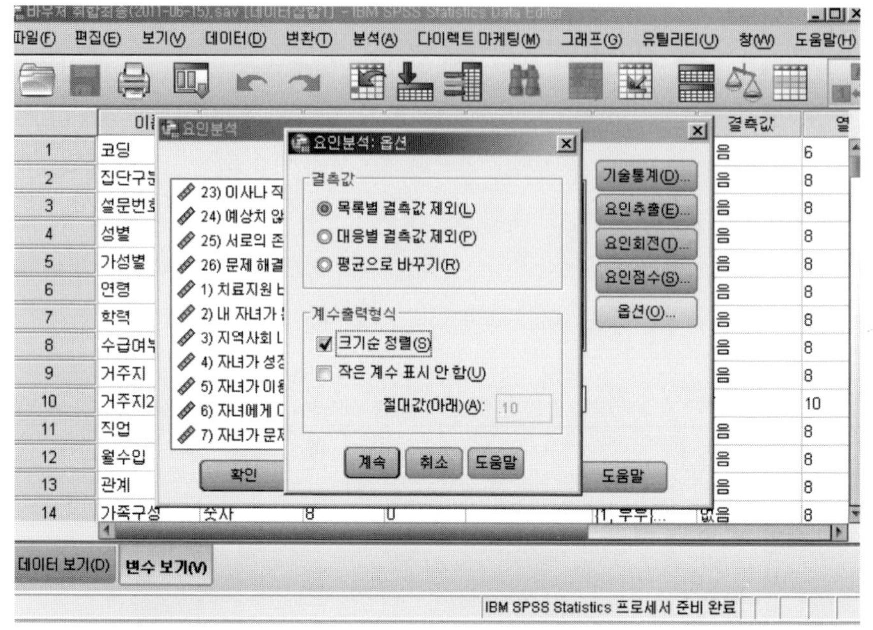

- 요인분석 결과
  - 요인분석 결과, 가족중심실천의 하위요인은 모두 3개로 나타났다. 요인추출의 기준값이 되는 고유값은 모두 1 이상으로 나타났다. 요인들의 고유값은 각 변수들의 요인점수를 제곱한 값을 합한 것과 같다. 첫 번째 요인이 15.407, 두 번째 요인이 1.451, 세 번째 요인이 1.009를 차지하고 있다. 고유값은 추출된 요인이 설명하고 있는 분산의 비율을 의미하며, 첫 번째 요인이 32.884%, 두 번째 요인이 18.6792%, 세 번째 요인이 17.154%를 설명하고 있다.

설명된 총분산									
성분	초기 고유값			추출 제곱합 적재값			회전 제곱합 적재값		
	합계	% 분산	% 누적	합계	% 분산	% 누적	합계	% 분산	% 누적
1	15.407	59.256	59.256	15.407	59.256	59.256	8.550	32.884	32.884
2	1.451	5.582	64.839	1.451	5.582	64.839	4.857	18.679	51.564
3	1.009	3.879	68.718	1.009	3.879	68.718	4.460	17.154	68.718
4	.735	2.827	71.545						
5	.643	2.474	74.019						
6	.585	2.249	76.268						
7	.560	2.153	78.421						
8	.482	1.853	80.274						
9	.448	1.724	81.998						
10	.426	1.638	83.635						
11	.404	1.555	85.190						
12	.351	1.351	86.541						
13	.345	1.326	87.867						
14	.327	1.257	89.125						
15	.315	1.213	90.338						
16	.295	1.136	91.474						
17	.287	1.103	92.577						
18	.268	1.030	93.607						
19	.253	.972	94.579						
20	.248	.955	95.534						
21	.222	.852	96.386						
22	.215	.828	97.213						
23	.192	.739	97.952						
24	.187	.720	98.672						
25	.184	.706	99.378						
26	.162	.622	100.000						

추출방법: 주성분분석.

가족중심실천에 관한 요인분석 결과 제시

문항 내용	존중	개방	참여	공통 분산치
26) 가족이 전문가에게 의사표현을 할 수 있도록 용기를 준다.	.752			.723
24) 프로그램에 대해 가족의 생각을 들으려고 노력한다.	.752			.729
23) 가족이 느끼는 감정이나 반응을 잘 수용해 준다.	.747			.744
25) 가족을 위해 무엇을 선택할 것인가에 대해 지원한다.	.744			.747
22) 가족의 권리를 존중해 준다.	.738			.764
21) 가족과 자녀를 위해 필요한 것을 얻을 수 있도록 돕는다.	.729			.730
17) 가족이 자녀를 위해 할 수 있는 일들을 적절히 제안한다.	.713			.666
20) 가족이 충분히 이해할 수 있도록 잘 설명해 준다.	.712			.701
19) 다른 기관이나 프로그램을 이용할 수 있도록 돕는다.	.707			.679
16) 가족에게 필요한 것을 얻을 수 있도록 돕는다.	.705			.703
15) 의사결정을 할 때 가족이 원하는 것을 반영한다.	.657			.658
18) 자녀에 대해 가족이 잘 알고 있다는 것을 이해해 준다.	.647			.660
14) 자녀의 욕구만이 아니라 전체 가족의 욕구에 관심을 가진다.	.635			.625
7) 가족 신념이나 문제를 해결하는 방법에 대해 존중해 준다.	.510			.711
13) 경제여건, 직업, 종교가 다르다고 편견을 갖지 않는다.		.798		.725
11) 자녀와 함께 한 것들에 대해 비난하지 않는다.		.771		.704
4) 자녀가 가진 문제들로 나를 비난하지 않는다.		.685		.578
12) 우리 가족을 존중해 준다.		.669		.747
8) 다른 아동이나 가족들과 동일하게 우리 가족을 대한다.		.539		.655
10) 가족과 만날 때 배려해 준다.		.524		.667
6) 가족의 말을 주의 깊게 들어 준다.		.500		.663
3) 친구, 지역사회로부터 가족이 원하는 것을 얻도록 돕는다.			.754	.729
2) 가족이 원하거나 필요로 하는 모든 정보를 제공한다.			.741	.730
5) 자녀나 가족이 잘하고 있는 것을 지적해 준다.			.622	.615
9) 가족이 내린 결정에 대한 책임소재를 명확히 설정해 준다.			.589	.670
1) 가족을 아동을 돕는 팀의 주요 구성원으로 받아들인다.			.551	.544
고유값(eigenvalue)	8.550	4.857	4.460	
분산비율(%)	32.884	18.679	17.154	
누적분산(%)	32.884	51.564	68.718	
신뢰도 계수(Cronbach's α)	.9629	.8953	.8685	

요인분석의 주요 개념들

- 고유값(eigenvalue): 요인추출 기준으로 고유값은 1 이상인 요인만 추출되는 경우가 대부분이다. 고유값은 그 요인이 설명하는 분산의 양을 나타내므로 고유값이 큰 것이 중요한 요인이 되며, 최소한 요인 하나는 개별 변수의 1개 이상의 변량을 설명할 수 있어야 하기 때문에 최소 1로 설정한다. 고유값 합계는 요인분석에 사용된 변수의 수와 같으며, 요인의 고유값은 요인에 속한 각 변수들의 요인부하량을 제곱하여 더한 것과 같다(노형진, 2001).
- 공통분산치(communality): 변수에 포함된 요인들에 의해서 설명되는 비율이라고 할 수 있다. 개별 문항의 분산 중 요인에 따라 설명되는 부분이며, 각 문항의 요인부하량의 제곱값을 합산한 값으로 계산한다.
- 요인부하량(factor loading): 각 변인과 요인 간의 상관관계를 의미한다. 요인 간 상관이 없는 것을 가정할 때 요인부하량은 상관계수로 해석할 수 있다. 요인부하량은 개별 측정 문항과 요인의 상관이고, 요인에 대한 각 변인의 가중치라고 생각할 수 있다. 대체로 ±0.3이나 ±0.4의 부하량이면 대체로 유의미한 부하량이라고 해석한다(양병화, 2000).
- 요인분석 결과 제시

  본 척도는 가족에게 제공되는 서비스의 가족중심실천 정도를 측정하는 측정도구로서 알렌 등(Allen et al)이 1996년에 개발하였고, 모두 26문항으로 구성되어 있다. 가족중심실천의 구성요인을 파악하기 위해 요인분석을 실시하였다. 요인분석은 직각회전 방식을 사용하였으며, 하위요인별 문항 선정기준은 요인부하량 0.4 이상으로 설정하였다. 요인분석의 적합도는 KMO의 표본적합도가 0.975, 바틀릿 검정의 유의확률(p=0.000)을 통해 확인하였고, 고유치는 두 개의 요인 모두 1 이상으로 나타났다. 요인분석 결과, 가족중심실천의 구성요인은 가족존중, 개방성, 참여로 구분할 수 있었으며, 3개의 하위영역의 누적 분산은 68.72%로 나타났다. 본 연구에서 가족중심실천 척도의 크론바흐 신뢰도 계수는 0.971로 나타났으며, 하위영역별로는 가족존중의 경우 0.9629, 개방성은 0.8953, 가족참여는 0.8685로 문항 간 내적일관성은 상당히 높은 것으로 나타났다(유영준, 김수진, 2011 재인용).

제7장

표본추출

1. 표본추출의 개요

1) 표본추출의 개념

표본추출(sampling)은 모집단에서 표본을 추출하는 사회조사과정에서 가장 중요한 부분 중의 하나다. 특히 양적연구과정에서 측정도구를 아무리 정교하게 제작했다 하더라도 표본추출이 잘못되었다면 연구자의 분석결과는 모집단의 특성을 반영하는 데 실패할 것이다. 사회조사에서 자료분석은 전수조사가 아닌 경우 표본을 대상으로 이루어지기 때문에 분석결과의 정확성은 모집단의 특성을 정확하게 반영할 수 있는 표본을 추출하였는가에 달려 있다고 해도 과언이 아니다.

우리는 동일한 연구문제에 대한 조사결과가 상반되게 나타나는 경우를 흔히 접하게 된다. 이러한 결과를 표본추출과 연결 짓는다면 모집단에 대한 추정치의 근거가 되는 표본이 연구마다 다르기 때문이라고 설명할 수 있다. 특히 대규모 서베이 조사에서 표본이 모집단(population)의 특성을 제대로 반영하지 못한다면 결국 연구결과는 모집단의 특성을 예측하는 데 성공하지 못할 것이다. 그러나 전체 모집단을 대상으로 전수조사(population study)를 수행하는 것이 언제나 정확한 분석결과를 담보하는 것도 아니다. 전수조사의 경우는 자료를 수집하는 시간과 비용이 많이 들어가고, 표집과정에서 표집오차(sampling error)가 발생할 가능성이 커질 수 있다. 오히려 모집단의 특성을 정확하게 반영한 표본은 모집단 전체를 대상으로 하는 전수조사보다 모집단의 특성을 예측하는 것에서 보다 효율적일 수 있다. 따라서 표본추출은 그 핵심이 어떻게 하면 연구대상이 되는 모집단의 특성을 잘 반영하는 표본을 효율적으로 추출할 것인지를 계획하는 일이며, 표본추출을 통해 구한 통계치(statistics)로 모집단의 모수치(parameter)를 정확하게 추정하는 데 그 목표가 있다.

(1) 표본추출 관련 용어

표본추출에서 모집단은 특정 연구에서 연구대상이 되는 모든 개체를 의미한다. 그러나 모집단의 범위는 연구의 목적에 따라 변화할 수 있기 때문에 연구과정에서 모집단을 명확하게 설정할 필요가 있다. 예를 들어, ○○지역사회복지관에서 지역주민들을 대상으로 욕구조사를 실시하려고 한다고 하자. 만약 ○○지역사회복지관이 속한 행정구역에 거주하고 있는 전체 시민들을 대상으로 욕구조사를 실시한다면, 특정 구나 시에 거주하고 있는 전체 주민이 모집단이 된다. 그러나 현실적으로 복지관을 자주 이용하게 될 인근 지역 주민들을 모집단으로 설정한다면, 복지관 근처에 거주하고 있는 몇 개 동에 거주하는 주민들을 모집단으로 설정하는 것이 효과적일 것이다. 따라서 모집단은 연구의 목적에 따라 범위가 달라질 수 있으며, 욕구조사를 실시하는 목적이 무엇인가에 따라 모집단을 명확하게 규정할 필요가 있다. 모집단에 대한 명확한 규정을 설정하였다면, 연구자는 모집단 전체를 대상으로 사회조사를 실시할 것인지, 아니면 전체 집단에서 표본(sample)을 추출하여 분석할 것인지 결정하여야 한다. 그러나 전수조사는 모집단을 정확하게 파악하기 어려운 경우도 많고, 자료를 수집하는 과정에서 비표집오차(non-sampling error)가 발생할 가능성이 높기 때문에 표본조사보다 표집오차가 작다고 보장할 수는 없다.

표본추출에서 요소(element)는 정보를 수집하는 단위를 의미한다. 요소는 모집단을 구성하는 단위이며, 경우에 따라 개인이나 집단, 지역, 사건 등이 될 수 있다. 특히 모집단을 구성하고 있는 모든 요소의 목록을 표집틀(sampling frame)이라고 한다. 표본추출과정에서 표집틀이 중요한 이유는 표집틀이 있어야 확률표본추출이 가능하기 때문이다. 만약 표본추출을 시작할 때 모집단의 요소들이 모두 포함되어 있는 목록이 없는 경우에는 표본이 모집단에서 추출될 확률을 계산할 수 없기 때문에 확률표본추출을 실시할 수 없다. 따라서 연구자가 모집단의 모수치를 추정하기 위한 확률표본추출을 하려면 모집단의 전체 요소가 포함되어 있는 표집틀이 확보되어야 한다. 그리고 모집단의 표집틀을 확보하기 어려운 경우에는 비확률표본추출을 사용하게 된다.

모수는 모집단의 특성을 보여 주는 대표적인 수치를 의미한다. 대표적인 모수는 모집단의 평균(μ)과 모집단의 표준편차(σ)다. 그러나 전수조사가 아닌 경우 대부분의 표본을 통한 분석은 모집단의 모수치를 알지 못한다. 따라서 연구자는 표본을 통해 얻은 통계치로 모수를 추정하게 된다. 그렇다면 어떤 표본이 좋은 표본이 되는가? 원칙적으로 좋은 표본이란 모집단의 특성을 잘 대변하는 표본일 것이다. 또한 모집단의 특성을 잘 대변한다는 것은 모집단의 모든 대상이 표본으로 추출될 기회가 동일해야 하며, 가능하다면 표본을 크게 하고, 이질적인 모집단보다 동질적인 모집단에 대해 표본을 추출하는 것을 의미한다.

표집오차는 전수조사를 하지 않고 표본을 통해 확보된 통계치로 모집단의 모수치를 예측함에 따라 발생하는 오차를 말한다. 따라서 모든 표본조사 결과가 모집단의 모수치와 정확하게 일치하지 않는 한 표집오차는 발생하게 된다. 표집오차의 대표적인 사례로 1936년 미국 대통령 선거에 대한 예측결과를 들 수 있다. 사전조사 결과에서는 공화당 후보가 민주당 후보를 앞서는 것으로 예측되었다. 그러나 선거에서 민주당의 루즈벨트가 당선되었다. 이는 예측조사에 사용된 표집틀이 전화번호부와 자동차 명부였기 때문에 공화당을 지지하는 사례가 표본에 많이 뽑히게 되었고, 결과적으로 민주당을 지지하는 이들이 표본에서 제외되었기 때문이다.

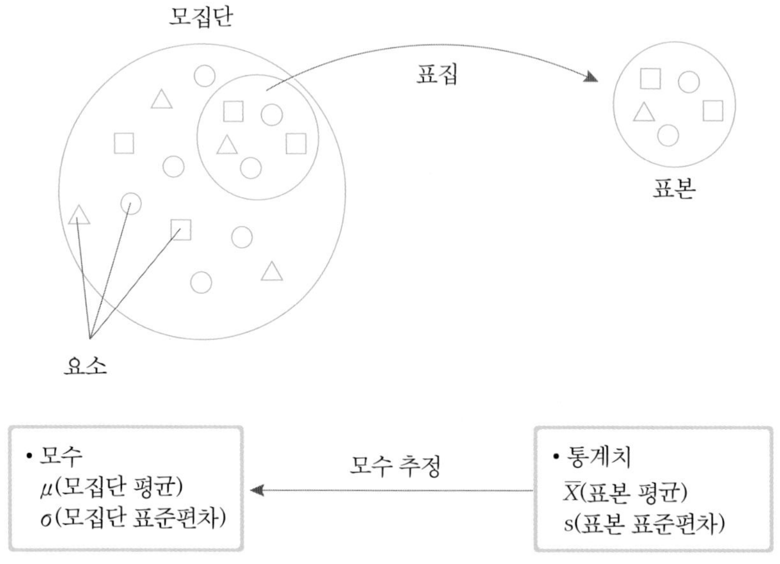

[그림 7-1] 표본추출 주요 과정과 용어

표본추출 관련 용어 정리

- 모집단: 연구의 관심대상이 되는 전체 집단
- 표본: 전체 관심집단 가운데 실제 연구의 대상이 되는 사람들
- 표본추출 혹은 표집: 표본을 골라내는 작업
- 표집오차: 전체 집단을 조사하지 않고 일부만 조사하는 데서 발생하는 오차이며, 표본의 통계치를 근거로 모수를 추정할 때 발생하는 오차

  예) 사회조사 결과, 특정 정책의 지지율이 50점이었다. 이때 표집오차가 95% 신뢰수준에서 ±3.1이라면 표본을 100번 뽑았을 때 95번은 평균이 46.9점에서 53.1점 사이에 나타난다는 것을 의미한다.

- 비표집오차: 표집오차가 아니라 자료수집과정에서 발생하는 오차(전수조사의 경우 비표집오차의 발생가능성이 높다)
- 요소: 정보를 수집하는 단위. 예) 개인, 가족, 집단, 지역, 사건 등
- 표본틀: 모집단에 속해 있는 모든 요소의 목록
- 표본추출단위: 각각의 표본추출 단계에서 표본을 뽑아내는 단위
- 모수: 모집단 전체의 특성을 요약하여 기술한 수치
- 통계치: 표본조사에서 표본의 특성을 요약한 수치(모수치 추측 근거)

(2) 표본의 대표성

표본의 대표성은 모집단이 갖고 있는 다양한 특성이 고르게 포함되어 있는 표본을 말한다. 따라서 표본의 대표성이 높다는 것은 표본과 모집단의 특성이 비슷하다는 것을 의미한다. 그러나 연구자가 잘 알려져 있지 않은 모집단을 대상으로 표본추출을 할 경우에 모집단의 특성을 대표하는 표본을 추출하는 작업은 쉽지 않다. 따라서 연구자는 모집단의 특성을 미리 알고 있다면 표본의 대표성을 확보하기가 보다 용이할 것이며, 표본추출과정에서 발생할 수 있는 표집오차를 줄일 수 있을 것이다.

예를 들어, 모집단에서 무작위로 표본을 추출한다고 가정하였을 때, 모집단이 비교적 동일한 특성을 가진 집단으로 구성되어 있다면 표본은 모집단을 대표하는 데 무리가 없을 것이다. 그러나 모집단이 다양한 특성을 가진 집단으로 구성되어 있을 때 무작위로 표본을 추출한다면 특정 집단의 다수가 선출될 수도 있고, 반대로 어떤 집단은 거의 표본으로 추출되지 않을 수도 있다. 따라서 모집단이 다양한 특성을 지닌 집단으로 구성되어 있을 경우에는 무작위로 표본을 추출하는 것보다 모집단을 특성별로 분류한 후 집단별로 무작위로 뽑는 것이 표본의 대표성을 확보하는 데 용이할 것이다.

이와 함께 표본의 대표성은 연구 패러다임이 전제하고 있는 가정에 따라 상이한

의미가 적용된다. 실증주의(positivism) 패러다임에서 표본의 대표성이 갖는 의미는 확률표본추출방법을 사용한 대표성 있는 표본 선정이 조사연구의 핵심이 된다. 또한 모집단에서 표본으로 선출될 확률을 계산할 수 없고 표집오차를 추정할 수 없는 비확률표본추출은 과학적 방법이라고 볼 수 없다고 주장한다. 따라서 계량적 연구나 양적연구에서는 모집단의 표집틀을 확보할 수 있는 확률표집을 선호하는 경향이 있다. 이는 확률표집을 통해 수집된 자료를 분석해야 그 결과를 모집단에 일반화하는 것이 가능하다고 보기 때문이다. 이에 비해 질적연구 패러다임은 표본의 대표성이나 확률표본추출방법보다는 표본이 연구에 필요한 정보를 얼마나 많이 알려 줄 수 있는가에 더 많은 관심이 있다(김환준, 2004). 따라서 질적연구에서는 연구자의 판단에 의한 의도적인 표본추출방법이 주로 사용되고, 연구결과를 모집단에 일반화하는 것을 연구 목적으로 설정하지 않는 경우도 많다. 이러한 질적 연구의 특성은 연구대상이 갖는 독특성과 다양성을 독자에게 보여 주고, 사회현상을 경험하는 이들의 의미를 파악하는 데 더욱 관심을 두고 있기 때문이다.

2. 표본추출방법의 종류

1) 확률표본추출

확률표본추출이 가진 중요한 특징 중의 하나는 연구대상이 표출될 확률이 알려져 있기 때문에 모집단으로부터 표본으로 뽑힐 확률을 계산할 수 있다는 점이다. 또한 표본을 선정하는 과정에서 연구자는 표본을 인위적으로 선정하지 않고 무작위 방법을 사용한다. 따라서 확률표본추출은 표본의 통계치로 모수를 추정하는 데 편향되지 않으며, 표본에 대한 분석결과를 모집단에 일반화하는 것이 가능해진다. 그러나 확률표본추출방법은 모집단 전체에 대한 표집틀을 확보해야 하고, 시간과 비용이 많이 든다는 어려움이 있다.

(1) 단순무작위표본추출

단순무작위표본추출(simple random sampling)은 모집단을 구성하는 각 요소가 표본으로 선택될 확률을 동등하게 부여하여 표본을 선정하는 방법이다. 이때 모집단의 크기가 N이고 표본의 크기가 n이라고 가정한다면 각 구성요소가 표본에 뽑힐 확률은 n/N이 된다. 따라서 단순무작위표본추출에서 모든 표본이 동일한 표출 기회를 갖기 위해서는 모집단에 대한 정확한 목록을 확보해야 한다.

표본추출의 과정은 우선 사전에 확보된 표집틀에 고유번호를 부여하고 표본의 크기를 결정한 다음, 무작위로 표본의 수만큼 표본을 뽑으면 된다. 이때 무작위 방법은 고유번호를 추첨하거나 난수표를 이용하는 등의 방법을 활용할 수 있고, 통계 프로그램에서는 임의로 표본을 지정하는 방법을 활용할 수 있다.

단순무작위표본추출은 연구자가 모집단의 특성에 대해 모르는 경우에 주로 이용하는 방법이며, 다른 확률표본추출방법에 비해 표집오차가 크게 나타날 수 있다. 따라서 단순무작위표본에서 표집오차를 최대한으로 줄이기 위해서는 표본의 크기를 충분히 확보하는 것이 좋다. 만약 연구자가 모집단의 특성을 사전에 알고 있다면 모집단의 특성을 고려하여 동질적인 집단으로 분류한 후 단순무작위표본추출을 실행하는 것이 좋다. 예로, 지역사회종합복지관에서 지역주민을 대상으로 욕구조사를 실시하고자 한다. 기관 종사자인 사회복지사는 연구를 준비하면서 지역이 중산층 밀집지역과 저소득층 밀집지역으로 구분된다는 것을 알았다. 이때 연구자가 주민 전체를 대상으로 단순무작위로 표본을 추출한다면 조사결과가 주민의 의견을 고르게 반영하지 못하고, 다른 집단에 비해 특정 지역에 거주하는 주민의 의견을 많이 수집할 가능성이 높다. 따라서 사회복지사는 지역사회를 중산층 밀집지역과 저소득층 밀집지역으로 구분하고, 표본의 수를 일정 비율로 나눈 후 단순무작위표본추출을 하는 것이 모집단에 대한 대표성을 확보하기에 용이할 것이다.

(2) 계통적 표본추출

계통적 표본추출(systematic sampling)은 모집단에 고유번호를 부여한 후 표집간격을 결정하고, 표집간격에서 매 k번째 표본을 선정하는 방식이다. 따라서 계통적 표본추출을 하기 위해서는 모집단 요소들의 배열이 일정한 질서나 순서에 따라 배열되지 않도록 무작위로 재배열한 후 실시한다. 또한 계통적 표본추출에서 첫 번째 표본은 표집간격에서 무작위로 k를 선정하고, 다음 표집간격에서부터는 매 k번째 표본을 뽑는다. 따라서 계통적 표본추출은 표본을 선정하기 전에 표집간격을 결정해야 하는데, 표집간격은 모집단을 표본의 크기로 나눈 값이 된다. 예를 들어, 모집단이 100명인 경우에 10명을 계통적 표본추출로 뽑고자 한다고 하자. 사회복지사는 우선 표집간격을 구해야 하는데 이때 표집간격은 10(100/10)이 된다. 또한 사회복지사는 10이라는 표집간격에서 무작위로 k를 선택해야 하는데, 표본으로 5가 나왔다고 하자. 그렇다면 다음 표집간격마다 매 5번째 표본을 선정하면 된다. 결국 모집단에서 선정된 표본은 5, 15, 25, …, 85, 95가 되며, 전체 표본의 크기는 10명이 된다.

조사표												
1	000	11	000	21	000		81	000	91	000
2	000	12	000	22	000		82	000	92	000
3	000	13	000	23	000		83	000	93	000
4	000	14	000	24	000		84	000	94	000
⑤	**000**	**15**	**000**	**25**	**000**	~	**85**	**000**	**95**	**000**
6	000	16	000	26	000		86	000	96	000
7	000	17	000	27	000		87	000	97	000
8	000	18	000	28	000		88	000	98	000
9	000	19	000	29	000		89	000	99	000
10	000	20	000	30	000		90	000	100	000

(1) 표집간격 구하기 10=(100/10)

(2) 임의의 k 선정: 1~10에서 5를 선정(5, 15, 25, 35, 45, … , 85, 95 선정)

[그림 7-2] 계통적 표본추출방법

계통적 표본추출의 장점은 표본추출을 쉽고 신속하게 진행할 수 있다는 점이다. 이는 특히 모집단이 클 경우에 효과적인 표본추출방법이며, 모집단 전체에 걸쳐 표본을 고르게 뽑기 때문에 대표성이 높다는 장점을 가진다. 그러나 계통적 표본추출은 조사단위가 무시될 수 있기 때문에 모집단이 일정한 주기성을 보일 때 분석결과가 특정 경향성을 반영할 수 있다는 점에 유의해야 한다. 따라서 계통적 표본추출은 표집틀에 고유번호를 부여하기 전에 표본들을 고르게 섞어서 일정한 주기성이 반영되지 않도록 하는 것이 중요하다.

(3) 층화표본추출

층화표본추출(stratified sampling)은 모집단을 일정한 기준에 따라 동질적인 층(strata)으로 구분한 후, 각 층별로 단순무작위추출방법을 적용하는 방법이다. 특히 여러 차례 사회조사를 실시하여 모집단의 특징이 어느 정도 알려져 있는 경우에는 단순무작위표본추출보다 층화표본추출을 실시하는 것이 모집단의 특성을 보다 정확하게 반영할 수 있을 것이다. 따라서 층화표본추출은 모집단의 동질적인 층을 무엇으로 볼 것인가를 사전에 결정하는 것이 중요하다. 층화표본추출에서 모집단의 특성을 구분하는 방법은 자료분석 결과가 집단 간에 명확히 차이를 보일 수 있는 변수를 기준으로 선정하는 경우가 많다. 또한 연구자가 모집단을 구성하고 있는 특성을 사전에 알고 있다면, 모집단의 특성을 미리 고려하여 집단을 구분할 수 있는 변수를 선정할 수도 있을 것이다. 대규모 서베이 조사에서 층화표본추출을 할 경우 동질적인 층으로 미리 구분하는 변수로는 성별이나 연령, 지역 등이 자주 등장한다. 이는 조사결과가 응답자의 성별, 연령, 지역에 따라 다르게 나타날 것이라는 가정이 반영되어 있다.

또한 층화표본추출은 동질층을 어떤 비율로 뽑을 것인가에 따라 비례층화와 비비례층화로 구분할 수 있다. 비례층화표본추출은 모집단을 구성하고 있는 동질층의 실제 분포비율을 그대로 적용하는 경우에 해당된다. 이와 달리 비비례층화표본추출은 실제 모집단의 분포비율을 그대로 적용하지 않고, 연구자가 임의로 집단비율을 배정하거나 가중치를 부여할 수 있다. 따라서 층화표본추출에서 표본추출을 비례층화로 할 것인지 비비례층화로 할 것인지는 연구의 목적이나 집단의 규모 등을 고려하여 연구자가 결정한다.

사회복지기관 종사자를 대상으로 설문조사를 실시하려고 할 경우 연구자가 성별을 동질층을 구분하는 기준으로 결정하였다고 하자. 이 경우 비례층화표본추출 방법으로 표본을 뽑는다면 사회복지사의 실제 성별비율에 표본의 비율을 맞추어야 한다. 만약 사회복지기관에 종사하는 사회복지사의 실제 성별비율이 남성 30%, 여성 70%로 알려져 있다면, 100명을 표본으로 뽑을 경우 남성 사회복지사는 30명, 여성 사회복지사는 70명을 뽑으면 된다. 그러나 연구 목적이 사회복지사의 성별에 따라 특정 이용자에 대한 태도나 인식을 비교하는 것이라면 굳이 비율을 다르게 할 필요가 없을 것이다. 이 경우에는 연구자가 임의로 남성 사회복지사 50명, 여성 사회복지사 50명을 표본으로 추출하는 것이 분석결과를 비교하기에 오히려 적합할 수도 있다. 이때 후자의 경우 연구자가 임의로 동질층의 비율을 결정하였기 때문에 비비례층화가 된다.

또한 비비례층화표본추출은 연구자가 모집단을 동질적인 층으로 구분하였으나 그 집단의 실제 비율이 너무 낮아 조사결과 분석에 어려움이 있을 때도 활용할 수 있다. 이 경우에 연구자는 실제 모집단을 구성하고 있는 비율이 낮은 집단의 표본을 다른 집단과 유사한 수준으로 조정하여 표본을 추출할 수도 있다. 예를 들어, 사회복지사가 장애인을 대상으로 사회복지 욕구조사를 실시할 때 흔히 장애유형은 장애인의 사회복지 욕구를 비교하는 기준으로 선정된다. 그러나 신장장애나 심장장애를 가진 장애인의 실제 비율은 지체장애나 뇌병변장애를 가진 장애인의 비율보다 훨씬 낮다. 이 경우 사회복지사는 비비례층화표본추출을 통하여 신장장애나 심장장애를 가진 이들에게 실제 장애유형 비율을 적용하지 않고, 다른 장애유형과 비교할 수 있는 수준으로 표본을 추가할 필요가 있을 것이다. 이와 함께 모집단이 대체로 동질적인 층으로 구성되어 있다면 적은 수의 표본을 선정하고, 모집단이 이질적인 층으로 구성되어 있다면 많은 수의 표본을 선정할 수도 있는데, 이런 경우

모집단: 20대 이상 지역주민 1,000명으로 구성된 모집단은 성별이 남녀 5:5 비율로 구성되어 있고, 연령은 20대 20%, 30대 30%, 40대 20%, 50대 20%, 60세 이상 10%로 구성되어 있다. 성별과 연령을 기준으로 비례층화표본과 비비례층화표본 추출방법을 통해 100명을 표본으로 추출하고자 한다.

• 비례층화표본 조사표 예

연령＼성별	남	여	합계
20대	10	10	20
30대	15	15	30
40대	10	10	20
50대	10	10	20
60세 이상	5	5	10
합계	50	50	100

• 비비례층화표본 조사표 예

	남	여	합계
20대	10	10	20
30대	10	10	20
40대	10	10	20
50대	10	10	20
60세 이상	10	10	20
합계	50	50	100

[그림 7-3] 층화표본추출방법

최적분할 비비례층화표본추출(optimum allocation disproportional stratified sampling) 방법을 적용할 수 있다.

(4) 집락표본추출

집락표본추출(cluster sampling)은 모집단을 이질적인 구성요소를 포함하는 여러 개의 집락으로 구분한 다음, 집락을 표출단위로 추출하는 방법이다. 집락표본추출은 넓은 지역을 대상으로 사회조사를 실시할 때 모집단의 다양한 구성요소를 포함하고 있는 집락들이 여러 개 존재하고 각 집락들이 서로 동질적인 경우에 사용하는 표본추출방법이다.

집락표본의 원리는 표출단위가 되는 집락은 모집단의 특성을 고르게 반영하고 있으며, 집락끼리는 동질적이기 때문에 어느 집락이 표본으로 뽑히더라도 모집단의 다양한 특성이 표본에 포함될 수 있다는 가정을 전제로 하고 있다. 따라서 집락표본추출은 층화표본추출의 원리와 다소 상반된 가정을 가진다. 집락표본추출과 층화표본추출의 차이를 비교하면, 집락표본추출의 경우 추출된 집락이 표출단위가 되지만 층화표본의 경우 동질층으로 구분한 모든 집단에서 표본을 선정한다는 측면에서 차이가 난다. 또한 집락표본추출은 집락 간은 서로 동질적이지만 집락 내는 이질적인 요소가 포함되어 있고, 층화표본추출은 동질층으로 집단을 구분하였기 때문에 집단 간은 서로 이질적이며 집단 내는 동질적인 특성을 갖게 된다.

만약 전국을 대상으로 집락표본추출을 통해 사회조사를 실시한다면, 연구자는 가장 먼저 전국을 몇 개의 집락으로 구분해야 한다. 이때 하나의 집락은 다른 집락과 동질적인 특성을 지니고 있어야 한다. 예를 들어, 전국에 광역시는 인천, 대전, 대구, 부산, 광주, 울산, 세종으로 모두 7개가 있지만 광역시를 하나의 집락으로 볼 수 있다면 모든 광역시를 조사할 필요는 없을 것이다. 이때 연구자는 광역시 중의 하나를 1차 집락으로 선정하고, 선정된 광역시의 '구'를 중심으로 몇 개의 집락을 2차 집락으로 선정할 수 있다. 집락표본추출은 다단계로 이루어지는 경우가 많으며, 선정된 집락이 2개 이상인 경우는 다단계 집락표본(multistage cluster sampling)이 된다.

앞의 예에서는 광역시-구-동 등으로 여러 단계를 거쳐 집락을 선정할 수 있으며, 마지막으로 '동'이 최종 집락으로 결정된다. 최종 집락인 '동'이 결정되면 연구자는 지역주민의 주소나 전화번호부를 표집틀로 하여 단순무작위표본으로 표본을 추출할 수 있다. 그러나 집락표본추출은 집락들이 서로 동질적이라고 보았기 때문에 어느 집락이 선정되더라도 유사한 결과가 나타날 것이라는 것을 전제하고 있다.

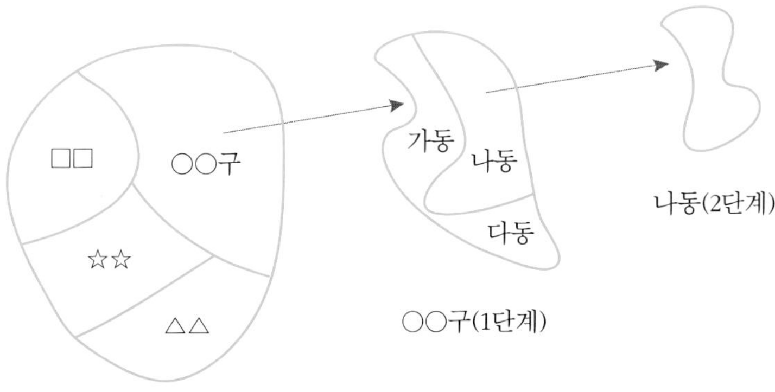

[그림 7-4] 집락표본추출방법

따라서 사회조사 결과가 집락 간에 차이를 보인다면 연구자는 집락표본추출 대신에 층화표본추출을 하여야 할 것이다.

2) 비확률표본추출

비확률표본추출은 모집단을 정확하게 알 수 없기 때문에 모집단에서 표본으로 뽑힐 확률을 계산할 수 없는 표본추출방법을 말한다. 비확률표본추출은 연구자가 인위적인 방법으로 표본을 추출하며, 표집오차를 추정할 수 없다. 따라서 비확률표본추출을 통한 분석결과는 모집단에 일반화하기 어렵다는 한계를 가진다. 그러나 확률표본추출에 비해 시간과 비용이 절감된다는 장점이 있으며, 모집단의 특성이 잘 알려져 있는 경우 비확률표본추출도 모집단의 특성이 반영될 수 있는 표본을 추출할 수 있는 다양한 방법을 활용할 수 있다.

사회복지연구에서 이용자 집단을 대상으로 사회조사를 실시할 경우 모집단에 대한 표집틀을 확보할 수 없는 경우가 많다. 따라서 비확률표본추출을 통해 사회조사를 실시하려는 실천가는 연구를 시작하기 전에 연구대상에 대한 특성을 사전에 파악해서 모집단의 특성을 대표할 수 있는 표본을 추출할 수 있는 방안을 찾도록 노력해야 한다.

(1) 임의표본추출

임의표본추출(convenience or accidental sampling)은 연구자가 임의로 모집단의 표본을 추출하는 방법으로 일정한 크기의 표본이 충족되면 표본추출을 중단한다. 확률표본추출방법에서 단순무작위는 모집단의 표집틀을 확보하고 각각의 요소에 번호를 부여한 후 추첨이나 난수표를 이용해서 표본을 뽑는 방법이다. 그러나 비확률표본추출에서 임의표본추출은 표본을 구하는 표집틀이 존재하지 않으며, 연구자가 임의로 표본을 선정한다는 측면에서 차이가 난다. 임의표본추출의 대표적인 예는 방송국 리포터가 길 가는 이들을 대상으로 인터뷰를 할 때 우연히 인터뷰할 사람을 결정하는 방법이다. 임의표본추출은 연구자가 쉽게 표본을 추출할 수 있기 때문에 경제적인 측면이나 신속하게 조사결과를 보여 줄 수 있다는 측면에서 장점이 있으나 모집단의 특성을 어느 정도 반영하고 있는지는 알 수 없다. 이러한 이유 때문에 연구자는 표집오차의 개입을 줄일 수 있는 방법을 가지고 있지 않으며, 연구자가 접근이 용이한 대상을 표본으로 선정하기 쉽기 때문에 표본이 특정 집단에 편중될 가능성이 높다.

(2) 유의표본추출

유의표본추출(purposive sampling)은 조사하고자 하는 모집단을 대표하는 것으로 판단되는 사례를 연구자가 표본으로 선정하는 방법으로 사회복지연구에서도 자주 사용되는 표본추출방법이다. 유의표본추출은 연구자가 연구내용과 관련된 정보를 가장 잘 보여 줄 수 있다고 판단되는 기준들을 사전에 결정하고, 이 기준에 맞는 연구대상을 표본으로 선정하면 된다. 유의표본추출은 연구자가 모집단의 특성에 대해 잘 알고 있을 때 활용하면 비록 확률표본은 아니어도 표본의 대표성을 어느 정도 확보하기에 용이할 것이다.

유의표본추출은 질적연구나 본 조사가 시작되기 전 예비조사의 목적으로도 사용될 수 있다. 특히 질적연구는 연구 목적이 분석결과를 일반화하는 데 있지 않고, 내부자적 관점에서 연구질문에 관한 정보를 풍부하게 제공할 수 있는 표본을 선정한다. 이를 위해 질적연구에서는 연구참여자를 선정할 때 특정한 사회현상을 가장 잘 보여 줄 수 있는 전형적인 사례(typical case), 연구자가 의도적으로 선정한 극단적 또는 일탈적 사례(extreme or deviant case)를 표본으로 하여 인간행위와 사회현상의 본질적 의미나 경험의 과정 등을 탐색해 간다. 따라서 유의표본추출은 연구자가 모집단에 관한 지식을 충분히 알고 있는 경우에 적합한 표본추출방법이다. 그러나 유의표본추출도 비확률표본추출방법이기 때문에 표본을 추출하는 과정에서 발생하는 표집오차를 계산할 수 없고, 실제로 선정된 표본이 모집단을 대표하고 있는지 확인하기가 어렵다는 단점을 가진다. 따라서 유의표본추출을 하는 연구자는 자신의 연구질문을 해결할 수 있는 연구참여자의 선정기준을 결정하고, 그에 따라 연구참여자를 표본추출하는 것이 중요하다.

(3) 할당표본추출

할당표본추출(quota sampling)은 모집단의 특성을 나타내는 하위집단별로 표본의 수를 배정한 다음, 표본을 추출하여 표본의 수가 충족되면 표집을 중단하는 방법이다. 따라서 할당표본추출이 갖고 있는 특성은 확률표본추출방법에서 층화표본추출과 유사하다. 할당표본추출도 표본을 선정할 때 조사표를 미리 작성해야 하며, 이때 조사표에는 선정할 표본의 수를 미리 결정해 놓아야 한다. 할당표본추출을 층화표본추출과 비교하면, 층화표본추출의 경우 모집단에 대한 표집틀을 확보한 상황에서 표본을 선출하지만 할당표본은 최종적인 표출단위의 선정을 연구자가 임의로 한다는 점에서 차이를 보인다. 그러나 할당표본추출에서도 층화표본추출과 같이 동일한 방법으로 조사표를 작성하여 표본을 선정할 때 활용할 수 있다. 또한 할당의 비율도 실제 모집단의 구성요소가 알려져 있고 특성을 고려할 수 있다면 할당의 구성요소별로 비례 혹은 비비례의 방법을 층화표본추출과 동일하게 적용할 수 있다. 특히 지역 주민들을 대상으로 욕구조사를 할 때, 실제 지역 주민들의 주소록을 확보하기는 어렵다. 따라서 연구자는 우선 지역을 동별로 구분한 다음, 동별로 일정한 기준에 따라 인원을 배정하고, 동별 이외에 추가로 주민들의 성별이나 연령별로 표본의 수를 할당하여 표본을 추출할 수 있을 것이다.

(4) 눈덩이 표본추출

눈덩이 표본추출(snowball sampling)은 연구자가 모집단에 대해 어느 정도 알고 있다 하더라도 모집단에 접근하기가 어려운 경우에 적합한 표본추출방법이다. 특히 눈덩이 표본추출은 연구자가 일상적으로 만나기 어려운 AIDS 환자, 성매매 여성, 가정폭력 피해자, 동성애자 등 모집단에 대한 접근성이 제한되어 있는 경우에 많이 활용되고 있다. 눈덩이 표본추출방법의 과정은 연구자가 모집단 자체를 알기가 어렵고, 연구대상이 있는 장소를 모르는 경우가 많기 때문에 최초의 연구참여자를 만나고 난 이후에 다음 연구참여자를 직접 소개를 받아 표본을 확보해 나간다. 이 과정이 마치 산이나 언덕에서 눈을 뭉쳐 굴리면 눈덩이가 점점 커지는 것과 비슷하다고 해서 눈덩이 표본추출이라고 불린다. 눈덩이 표본추출도 어느 정도 모집단을 대표할 수 있는 표본을 추출하기 위한 좋은 비확률표본추출방법이지만 대규모의 사회조사를 실시하기에 필요한 다수의 표본을 확보하기가 어려울 수 있다. 눈덩이 표본추출은 유의표본추출과 함께 질적연구의 표본추출방법으로 많이 활용되고 있다.

3. 표본추출의 실제

1) 표본추출

예) 서울특별시(2002). 재가 여성장애인 욕구조사 및 프로그램 개발.

(1) 조사대상

성인 만 20세 이상의 등록 재가 여성장애인 및 가족(청각장애 및 지적장애인 경우)

(2) 조사방법

구조화된 설문지를 이용한 일대일 면접조사를 실시한다. 각 동사무소의 사회복지 전담공무원이 조사원으로 참여한다. 자료수집과정은 서울시 장애인복지과에서 각 구청을 통해 동사무소로 조사표를 배포하였으며, 구청을 통해 서울시 장애인복지과로 취합되었다.

(3) 표본설계

본 연구는 서울에 거주하고 있는 재가 여성장애인을 대상으로 욕구조사 및 프로그램 개발을 목적으로 하는 연구다. 이를 위해 지역과 장애유형을 동질층으로 구분하였으나 서울에 거주하고 있는 등록장애인 명단을 모두 확보하는 데 어려움이 있어 비확률표본추출방법인 할당표본추출을 통하여 표본을 추출하였다. 또한 발달장애나 심장장애 등 표본의 수를 확보하는 데 어려움이 있는 장애유형의 경우 연구자는 임의로 표본을 추가하여 모집단의 특성을 반영하기 위해 노력하였다.

① 표본할당

지역, 장애유형을 기준으로 할당하였다. 모집단의 규모에 따른 비례할당방법을 적용하였다.

② 할당표본의 조정

할당과정에서 표본에 포함되지 못한 발달장애, 심장장애 여성 등은 추가로 표본조사를 실시하였다.

(4) 표본조사표 예

본 연구에서 서울 거주 여성장애인의 표본을 할당하기 위해 구와 장애유형별로 할당하는 과정은 실제 여성장애인의 등록비율을 고려하였으며, 조사표는 실제 표본을 추출할 때 사용하였다.

① 구별, 장애별 여성장애인 등록현황

자치구	장애유형별									
	계	지체	뇌병변	시각	청각언어	지적장애	발달	정신	신장	심장
종로	1,149(2.0)	482	87	163	149	112	1	93	58	4
중구	911(1.6)	437	64	136	89	95	0	24	58	8
용산	1,323(2.3)	629	105	165	152	131	3	50	77	11
성동	1,735(3.0)	876	130	195	206	141	2	73	96	16

② 조사표

자치구	조사 동 수	장애유형별									
		계	지체	뇌병변	시각	청각언어	지적장애	발달	정신	신장	심장
종로	5	50	21	3	7	8	4	1	2	3	1
중구	4	41	17	3	7	4	4	0	2	3	1
용산	5	51	24	4	5	5	5	1	2	3	2
성동	7	72	35	5	8	8	5	2	3	4	2

2) 성북구청, 정릉종합사회복지관, '성북구 지역사회 복지자원 현황과 복지욕구에 관한 조사'

(1) 조사대상 지역과 조사대상

성북구의 30개 동이 조사대상 지역이었으며, 조사대상은, 첫째, 일반주민으로 30개 동의 14세 이상 성북구민, 둘째, 여론주도층으로 30개 동의 동사무소 동장, 계장/통·반장, 부녀회장, 파출소장, 종교지도자, 학교장 등을 선정하였다.

(2) 조사대상자의 표본추출방법

일반주민은 주민들의 명단을 확보할 수 있었기 때문에 동별, 연령, 성별을 고려하는 비례층화표본추출을 사용할 수 있었으나 여론주도층은 임의표본추출을 통해 표본을 추출하였다.

① 일반주민

성북구 주민의 14세 이상 인구는 41만 6,343명이며, 이 인구의 0.6%에 해당하는 전체 표본 수는 2,498명이다. 표본추출은 30개 동별 연령 및 성별을 고려하여 비례층화표본추출을 사용하였다. 전체 조사대상자는 약 2,500명이고, 최종수거는 1,924명이었다.

② 여론주도층

각 동별 10인 내외로 일괄적으로 모든 동에서 각 대상에 같은 수의 대상을 뽑는 임의표본추출방법을 사용하였다. 총 600명을 대상으로 설문지를 배부하였고, 이 중 397명을 분석에 사용하였다.

(3) 조사표본

① 동별 인구

동별 인구는 주소록을 바탕으로 작성한다.

총계	인구(명)			
	세대별	계	남	여
	159,716	472,818	237,873	234,945
성북1동	2,678	7,647	3,778	3,869
성북2동	3,187	9,073	4,569	4,504
동소문동	1,212	12,248	5,988	6,260

② 조사표본

동별과 연령별로 표본 수를 할당하여 작성한다.

연령	성북1동			성북2동			동소문동		
	계	남	여	계	남	여	계	남	여
	41	20	21	48	23	25	41	20	21
10~19세	6	3	3	6	3	3	6	3	3
20~29세	10	5	5	11	6	5	10	5	5
30~39세	8	4	4	9	5	4	8	4	4
40~49세	6	3	3	7	3	4	6	3	3
50~59세	6	3	3	7	3	4	6	3	3
60~69세	3	1	2	5	2	3	3	1	2
70세 이상	2	1	1	3	1	2	2	1	1

4. 표본추출의 과정

1) 모집단 결정

표본추출의 과정은 연구대상이 되는 전체 집단이 누구인지 정확하게 설정하는 것에서 출발한다. 모집단을 명확하게 설정하는 작업은 연구결과를 일반화하기 위해서 중요하다. 또한 추출된 표본이 모집단의 특성을 고르게 반영하고 있다는 것을 보여 주기 위해서도 모집단을 정확하게 설정하는 작업이 선행되어야 할 것이다. 그러나 사회복지연구에서 연구참여자가 이용자인 경우 모집단을 정확하게 파악하기 어려운 경우가 많다. 특히 가출청소년이나 노숙인, 학대받는 아동, 가정폭력 피해자 등은 전체 모집단을 정확하게 파악하기가 어렵고, 수급권자나 차상위계층, 등록장애인, 탈북자, AIDS 환자, 성매매 여성 등은 모집단에 대한 정보에 접근하기가 쉽지 않다. 모집단을 파악하기 어려운 경우에는 모집단의 특성을 대표할 수 있는 기준들을 마련하고, 그에 적합한 표본을 연구자가 판단하여 추출하거나 연구결과 분석에 중요한 변수를 미리 선정하고 이들 변수의 속성에 따라 일정 비율의 표본을 할당하는 방법 등을 활용할 수 있다. 예를 들어, 학교 청소년을 대상으로 연구할 경우에는 지역별로 중학교 및 고등학교를 임의로 선정하여 표본을 추출할 수 있고, 저소득층은 지역사회복지관이나 재가봉사센터, 노인은 지역사회 내 노인정이나 노인복지관 등을 선별하여 표본을 추출할 수 있을 것이다.

실제 사회조사에서 모집단의 범위를 결정하는 것은 연구의 실현가능성과 조사비용, 연구기간 등을 고려하여 결정하는 경우가 많다. 사회복지시설에서 욕구조사를 한다고 가정하였을 때 전체 주민을 모집단으로 결정할 것인지 혹은 사회복지시설을 이용할 가능성이 높은 저소득층을 모집단으로 할 것인지는 연구의 목적이나 연구의 규모 등을 고려하여 결정해야 할 것이다. 또한 사회복지시설을 대상으로 조사를 수행할 때, 특정 지역에 있는 사회복지시설을 모집단으로 결정할 수도 있겠지만 전국 단위로 사회복지시설을 조사할 수도 있을 것이다.

2) 표집틀 확보

표집틀은 모집단을 구성하고 있는 요소들이 모두 포함되어 있는 목록으로 확률표본추출과 비확률표본추출을 구분하는 중요한 기준이 된다. 연구자는 모집단의 표집틀을 확보해야 표본이 뽑힐 확률을 계산할 수 있으며, 이와 함께 표집오차도 구할 수 있다. 그러나 사회복지와 관련된 연구문제들은 현재 우리 사회의 중요한 사회문제를 다루는 경우가 많고, 사회문제를 경험하고 있는 이들을 대상으로 연구하기 때문에 현실적으로 모집단을 정확하게 파악하기 어렵다. 따라서 사회복지연구에서 표집틀을 확보하지 못하는 경우가 많아 비확률표본추출방법을 많이 활용한다. 그러나 비확률표본추출이라고 하더라도 어느 정도 알려진 모집단의 특성을 사전에 파악하여 연구 목적에 적합한 표본 선정기준을 작성한다면 표본의 대표성을 높일 수 있을 것이다. 특히 질적연구의 경우에는 표집틀을 확보할 수 없으며, 연구결과를 모집단에 일반화하는 것을 목적으로 하지 않는다. 따라서 질적연구의 연구결과는 특정 사례의 개성을 기술하거나 특정 사회현상을 경험하는 이들의 목소리를 내부자적 관점에서 기술하고 현상을 이해하는 것을 목적으로 하기 때문에 모집단의 표집틀을 요구하지 않는다.

3) 표본추출방법 결정

표본추출방법은 확률표본추출과 비확률표본추출이 있으며, 확률표본추출은 표집오차를 알 수 있는 장점이 있다. 확률표본추출과 비확률표본추출에는 각각 다양한 표본추출방법이 있으며, 연구의 특성이나 상황에 따라 연구자가 표본추출방법을 결정할 수 있다. 예를 들어, 모집단의 특성이 잘 알려져 있지 않을 경우에 확률표본추출에서는 추첨이나 난수표를 이용하고, 비확률표본추출에서는 연구자 임의대로 표본을 추출하는 방법 등을 결정할 수 있다. 또한 연구자가 모집단의 특성에 대해 상세히 알고 있을 경우에 확률표본추출에서는 층화표집, 계통적 표집, 집락표집 등이 사용되며, 비확률표본추출에서는 할당표집, 유의표집 등을 활용할 수 있다.

4) 표본의 크기와 신뢰수준

(1) 표본 크기 결정 시 고려해야 할 사항

표본의 크기를 결정할 때에는 여러 가지 요인을 고려하여야 한다. 우선, 표본의 통계치로부터 모집단의 모수를 보다 정밀하게 추정할 필요가 있을 때 표본의 수를 늘리는 것이 좋다. 이는 통계치로 모수치를 추정할 때 발생하는 표집오차는 표본의 수가 커질수록 작아지는 특성이 있기 때문이다. 이와 함께 모집단을 구성하고 있는 요소들이 다양하고 이질적일수록 모집단의 특성을 고르게 반영하기 위해서 표본의 크기를 증가시킬 필요가 있다. 또한 연구자의 연구문제가 여러 변수 간의 상호

관련성을 분석하는 것이라면 분석에 사용되는 변수가 많을수록 표본의 크기를 늘리는 것이 좋다. 이는 각기 다른 변수의 특성을 가진 사람들이 적절한 수만큼 표본에 포함되도록 하기 위해서다(김환준, 2004).

이와 함께 자료분석과 관련하여 표본의 크기를 고려하는 경우도 발생한다. 연구자는 수집한 자료를 분석할 때 어떤 통계기법을 사용할 것인지를 미리 고려해서 자료수집에 반영할 수 있어야 한다. 예를 들어, 교차분석(crosstabs)은 변수의 속성에 따라 셀(cell)이 발생하고 변수의 속성이 많아질수록 셀이 증가한다. 교차분석의 변수가 2개의 속성으로 구분된다면 4개(2×2)의 셀이 생기게 되고, 3개의 속성으로 구분된다면 모두 9개(3×3)의 셀이 발생하게 된다. 따라서 교차분석의 특성상 각 셀에 사례 수의 기대빈도(expected count)[1]가 5개 이상이어야 하기 때문에 셀이 많아지면 이에 따라 사례 수를 충분히 할 필요가 있다. 교차분석에서 사례 수는 각 셀에 충분한 사례가 들어갈 수 있을 정도로 충분해야 할 것이다.

또한 t검정이나 일원 분산분석(one way ANOVA)의 경우 자료의 정규성을 확보하기 위해서 비교하는 독립변수의 집단별로 최소한 30명을 확보하여야 하는 원칙이 있다. 독립 t검정처럼 두 집단의 평균을 비교하는 경우 최소 60개의 사례, 분산분석처럼 세 집단 이상의 평균 차이를 비교하는 경우 각 집단별로 최소한 30개의 사례를 확보해야 할 것이다. 만약 분석할 사례 수가 적어서 자료의 정규성이 확보되지 않는다고 가정할 경우 비모수통계기법을 활용하여 집단 간 평균을 비교할 수 있다. 또한 변수들 간의 인과관계를 알기 위해 회귀분석을 하는 경우는 하나의 독립변수에 30개의 사례 수를 기본적으로 요구하기도 한다(채구묵, 2007). 그러나 실제 사회조사에서 표본의 수는 연구 목적이나 예산, 조사기간 등을 고려하여 결정하는 것이 일반적이다.

1) 교차분석은 x^2값으로 계산하며, x^2값을 구하는 공식은 각 셀(관찰빈도−기대빈도)의 제곱합을 기대빈도로 나눈 값으로 계산한다.

(2) 표본의 크기 구하는 공식

앞서 논의한 것처럼 표본의 크기를 결정하는 것은 다양한 제약이 따르기 때문에 현실적인 요소들을 고려하지 않을 수 없다. 그러나 표본의 평균을 통해 단일모집단의 평균을 추정하는 경우 표집오차를 구하는 공식을 이용하면 최소한으로 확보해야 하는 표본의 수를 계산할 수 있다. 이때 표집오차를 구하는 공식은 $Z \times \sigma\bar{x}$(Z: 표준점수,[2] $\sigma\bar{x} = \frac{\sigma}{\sqrt{n}}$: 표준오차)이며, 신뢰수준에 맞는 최소한의 표본의 수는 연구자가 신뢰수준과 표집오차를 미리 설정해야 한다. 또한 모집단의 표준편차는 과거의 조사값으로 대체할 수 있다. 예를 들어, 연구자가 추정하고자 하는 모집단의 표준편차를 정확하게 알 수는 없지만, 과거 조사결과에서 20으로 나타났고, 95% 수준에서 표집오차를 ±3점 이내로 하고자 한다. 이때 최소한의 표본 수를 구하기 위한 공식은 $3=1.96\times\frac{20}{\sqrt{n}}$[3]이고 표본수 n은 170.73으로 최소한의 표본 수는 171명이다. 여기서 1.96은 95% 신뢰수준에 해당되는 Z값(표준점수)이다. 대부분의 연구에서 모집단의 표준편차는 알려져 있지 않기 때문에 이 경우는 표본의 표준편차를 이용하는 경우가 많다(채구묵, 2007). 만약 표본을 통해 얻은 통계치가 비율이고, 통계치를 이용하여 모집단의 비율을 추정하는 경우에는 설문의 응답률을 통해 최소한의 표본 수를 산정할 수 있다. 비율의 표집오차를 구하는 공식은 다음과 같다.

$$\text{표집오차} = \left(Z\times\sqrt{\frac{p(1-p)}{N}}\right)\times 100=\left(1.96\times\sqrt{\frac{0.5(1-0.5)}{1,000}}\right)\times 100=3.1$$

이때 p는 응답률을 의미하며, 대체로 50%(0.5)로 산정하는 경우가 많다. 또한 1.96은 95% 신뢰수준에 해당되는 Z값으로 계산하였다. 이 공식에 대입하면, 비율

2) 표준점수 Z값은 평균으로부터 몇 표준편차만큼 떨어져 있는가를 나타내는 값이다.
3) 신뢰수준 95%에 해당되는 표준점수 Z값은 1.96이다.

에 대한 설문조사를 1,000명을 대상으로 실시할 때 조사결과의 95%의 신뢰수준을 확보하고자 한다면 표집오차가 ±3.1이며, 만약 표집오차를 좀 더 줄이고 싶다면 사례 수를 더욱 늘려야 할 것이다. 만약 동일한 상황에서 사례 수를 2,000명으로 늘리게 되면 95% 신뢰수준에서 표집오차는 ±2.1로 오차한계가 줄어드는 것을 볼 수 있다.

(3) 정규분포와 표준편차

정규분포(normal distribution)는 사회조사에서 많이 인용되는 분포 중의 하나다. 사회조사에서 자료의 특성을 분포표로 나타내면 정규분포로 나타나는 경우가 많기 때문인데, 정규분포는 평균과 표준편차(standard deviation)에 따라 모양이 결정된다. 물론 우리나라 노동자의 평균 월수입의 경우와 같이 고소득으로 갈수록 분포가 낮아지기 때문에 정규분포를 보이지 않는다. 그러나 전체 모집단의 특성을 파악하기 위해 표본을 반복해서 뽑을 경우 표본 평균들이 이루는 분포는 평균을 중심으로 좌우대칭인 분포를 보이게 된다. 정규분포가 갖는 특성을 나열하면 다음과 같다.

- 평균을 중심으로 종 모양으로 좌우대칭인 곡선이다.
- 정규분포의 평균, 중앙값, 최빈값은 모두 같다.
- 정규분포는 평균에서 멀어질수록 꼬리모양이 x에 가까워진다.
- 정규분포의 곡선과 축 사이 부분의 넓이는 1이며, 확률로 계산하면 100%가 된다.

모든 정규분포는 표준편차와 특별한 관계가 있다. 이러한 특성은 어떤 정규분포든지 평균으로부터 ±1 표준편차 사이를 차지하는 면적이 68%라는 점이다. 또한 평균으로부터 ±1.96 표준편차가 차지하는 면적은 정규분포 면적의 95%이며, ±2.58 표준편차만큼 떨어진 거리가 차지하는 면적은 99%다. 따라서 정규분포와 표준편차의 관계를 활용하면 정규분포상의 개별 값을 알 때 그것이 정규분포에서 차지하는 위치를 계산할 수 있다.

한편, 정규분포는 평균과 표준편차에 따라 모양이 정해지지만, 평균이 0이고 표준편차가 1인 정규분포를 특별히 표준정규분포(standard normal distribution)라고 한다. 표준정규분포에서 각 관찰값은 평균으로부터 몇 배의 표준편차만큼 떨어져 있는가를 확률변수 Z로 나타낼 수 있기 때문에 Z분포라고도 불린다. 정규분포와 표준편차와의 관계를 이용하기 위해 개별 관찰값은 표준점수 Z값으로 전환할 수 있다. 개별 값으로 구성된 정규분포를 표준정규분포로 전환하기 위해 사용하는 공식은 다음과 같다.

$$Z = \frac{X-\mu}{\sigma}$$

Z: 표준점수(평균으로부터 몇 표준편차 떨어져 있는가를 나타내는 수)

X: 각 사례의 관찰값　　μ: 모집단의 평균　　σ: 모집단의 표준편차

예를 들어, 정규분포에서 어떤 개별 관찰값을 표준점수 Z값으로 전환하였을 때 Z값이 1이었다고 하자. Z값이 1이라는 것은 개별 관찰값이 평균으로 1 표준편차 떨어진 거리에 위치해 있다는 것을 의미한다. 또한 개별 관찰값은 전체 정규분포에서 상위 16%[4]의 위치에 있다는 것을 알 수 있다. 만약 개별 관찰값의 Z값이 1.96이라면, 이 값은 평균으로부터 1.96 표준편차만큼 떨어진 위치에 있다는 것을 의미하며, 이 지점은 상위 2.5%[1−(0.5+0.475)]×100 위치에 있다는 것을 알 수 있다.

수학능력시험을 예로 들면, 어느 해 수학능력시험의 전국 평균이 200점이고 표준편차가 50점으로 나타났다고 하자. 만약 A학생의 수학능력 점수가 300점이었다면 전국에서 상위 몇 %에 위치하고 있을까? 일단 A학생의 관찰값으로 표준점수를 구하게 되면 2점이 되고, 이 점수는 전국수학능력 점수 분포에서 대략 상위 2.5% 위치

4) 정규분포는 좌우대칭이기 때문에 Z값이 1인 지점은 상위 84%로 계산할 수 있다. 이때 전체 면적은 1이 되며, 확률로 계산하면 [1−(0.5+0.34)]×100=16%가 된다.

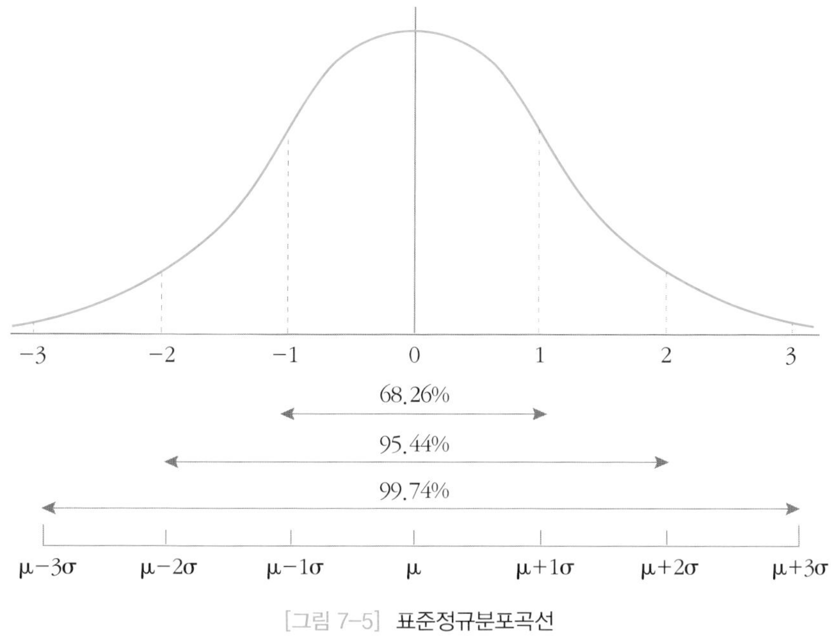

[그림 7–5] 표준정규분포곡선

를 차지하고 있음을 의미한다.[5] 따라서 정규분포와 표준편차의 특성을 이용하면 수학능력 점수가 200±50(150~250)점 사이에 응시자의 약 68%가 분포되어 있고, 200±100(100~300)점 사이에는 응시자의 약 95%가 분포되어 있다는 것을 알 수 있다.

5) 표집분포와 중심극한정리

표집분포(sampling distribution)는 모집단에서 동일한 수의 표본을 무한정 반복해

5) 표준점수를 구하는 공식은 $z=\frac{X-\mu}{\sigma}$이다. 이때 A학생의 수능점수 300점, 모집단 평균 200점, 표준편차 50점을 대입하면 Z값은 2가 된다. 이 값이 주는 의미는 A학생은 전국 학생의 수능점수 평균으로부터 2 표준편차 떨어진 위치에 있다는 것이며, 이 지점의 확률을 계산하면 대략 상위 2.5% 위치에 있다고 볼 수 있다. 정확하게 상위 2.5%는 표준점수가 1.96인 경우이나 편의상 표준점수 2를 상위 2.5%로 계산하였다. 따라서 A학생은 자신의 전국 석차를 유추해 볼 수 있으며, 자신이 지원할 수 있는 대학을 선택하는 데 중요한 정보를 얻을 수 있을 것이다.

서 추출하였다고 가정하였을 때 표본들이 이루는 가상적인 분포를 말한다. 따라서 표집분포는 현실적으로 동일한 수의 표본을 무한정 추출하지 못하기 때문에 이론상 존재하는 가상분포다.

예를 들면, 보건복지부에서 국내 사회복지사를 전수 조사하여 월급여를 조사하였더니 모집단의 평균이 200만 원이라고 발표하였다고 하자. 그런데 어떤 연구자가 전국에서 1,000명의 사회복지사를 표본으로 조사하여 월급여를 알아보았더니 평균 180만 원이었다. 그리고 두 번째 다른 사회복지사 1,000명을 표본으로 추출하여 월급여를 조사하였더니 210만 원이 나왔다. 마찬가지 방법으로 세 번째 다른 사회복지사 100명의 월급여를 조사한 결과는 190만 원이 나왔다. 만약 1,000명의 사회복지사를 무한정 반복해서 표본으로 뽑아 월급여를 계속해서 알아본다면, 이때 사회복지사의 월급여 평균들이 이루는 분포가 표집분포(표본평균들이 이루는 분포)다.

표집분포가 중요한 이유는 대부분의 사회조사가 모집단을 조사하는 것이 아니라 한번 추출된 표본치를 가지고 모수치를 추정하게 되는데, 이 과정에서 표집분포의 특징을 이용하기 때문이다. 표집분포가 갖는 가장 중요한 특징은 표집분포가 정규분포를 이룬다는 점이다. 표집분포가 정규분포를 이룬다는 것은 정규분포에서 개별 관찰값의 위치를 구할 수 있었던 것처럼 한번 추출하는 표본의 평균값이 표집분포에서 어떤 위치에 있는지 확률을 계산할 수 있음을 의미한다.

표집분포가 갖고 있는 특징들은 중심극한정리(central limit theorum)로 요약할 수 있다. 표집분포가 갖는 중요한 특징으로는, 첫째, 표집분포의 모양이 정규분포에 가깝다는 것이며, 둘째, 무작위표본추출에서 표집분포의 평균은 모수와 일치하는 특징을 가진다는 점이다. 사회복지사의 월급여를 예로 든다면, 1,000명의 사회복지사를 무한정 반복해서 표본으로 추출할 때 월급여의 평균들이 이루는 분포는 정규분포에 가까워지며, 이 분포의 평균은 모집단의 평균 200만 원과 유사하게 나타난다는 것이다. 마지막으로, 표집분포의 표준편차는 모집단의 표준편차보다 작아지는 특징을 가진다. 모집단의 표준편차보다 표집분포의 표준편차가 작은 것은 표집분포가 표본의 평균들로 구성된 분포이므로 모집단에서 개별 관찰값이 이루는 표준편차보다 훨씬 작아지기 때문이다.

표집분포가 갖는 이러한 특성을 중심극한정리라고 하며, 표집분포는 정규분포의 특성을 활용하여 표본평균의 표집오차를 구할 수 있게 된다. 중심극한정리는 표본평균들의 분포도 정규분포를 따른다는 것을 보여 주기 때문에 표준정규분포로 전환시킬 수 있고, 개별 관찰값의 Z(표준점수)도 구할 수 있다. 이때 표본평균들의 분포를 표준정규분포로 전환하기 위해서는 각 표본의 평균들이 표본평균들의 평균($\overline{\overline{x}}$)으로부터 몇 표준오차($\sigma_{\bar{x}}$) 떨어져 있는가를 계산하면 된다.

중심극한정리

1. 모집단의 분포 모양과는 관계없이(모집단이 정규분포가 아닐 때) 표본의 평균들의 분포는 n이 클수록(n≥30) 평균과 표준편차는 정규분포와 근사한 분포를 갖는다.
   즉, $\bar{x} \sim N(\mu, \frac{\sigma}{\sqrt{n}})$
2. 표본평균($\bar{x}$)들의 평균($\overline{\overline{x}}$)은 모집단의 평균(μ)과 같다.
3. 표본평균들의 표준편차($S_{\bar{x}}$)는 모집단의 표준편차(σ)보다 작다.

표집분포(표본평균들의 분포)에서 Z값 변환 공식

$$Z = \frac{\bar{x} - \overline{\overline{x}}}{\sigma_{\bar{x}}} = \frac{\bar{x} - \mu}{\sigma / \sqrt{n}}$$

$\sigma_{\bar{x}}$: 표준오차(표본평균들의 표준편차)

$\bar{x}$: 표본의 평균

$\overline{\overline{x}}$: 표본평균들의 평균

μ: 모집단의 평균

제3부 연구방법의 실제

제8장

욕구조사와 설문지 작성

1. 사회복지 욕구조사

1) 사회복지 욕구조사 개요

사회복지 욕구조사는 사회복지 실천현장에서 많이 활용되고 있는 응용조사의 하나다. 사회복지 욕구조사는 주로 특정 지역사회나 집단의 사회문제를 해결하기 위한 방안을 모색할 목적으로 이루어진다. 욕구조사의 우선적인 목적은 사회복지와 관련된 욕구의 내용과 우선순위를 파악하는 것이지만 사회복지 프로그램이나 사회복지정책 개발을 위한 기초자료를 제공하는 것일 수 있다. 또한 사회복지 욕구조사는 사회복지기관에서 현재 제공하고 있는 서비스나 프로그램에 대한 만족도를 파악하고, 서비스 제공과정의 문제가 발견되었을 때 이를 보완하기 위한 목적으로도 많이 활용되고 있다. 그러나 사회복지 욕구조사의 궁극적인 목적은 사회복지 서비스를 필요로 하는 이들의 욕구에 기반을 둔 서비스를 제공하는 데에 있으며, 심각한 사회문제가 무엇인지 확인하고 이를 해결할 수 있는 대안을 마련하는 데에도 있다.

현대적 의미의 사회복지는 핵가족화 · 산업화 · 도시화의 결과로 발생한 사회문제를 해결하기 위해 등장한 역사를 가지고 있다. 사회복지는 가족과 지역사회가 전통적으로 수행해 왔던 사회적 기능과 역할들을 사회서비스나 사회정책을 통해 보완하려고 노력해 왔으며, 시장에서 실패한 이들의 최소한의 삶을 국가가 보장하려는 시도들이었다. 이러한 측면에서 사회복지 욕구조사는 지역주민의 사회적 욕구(need)를 확인하고, 지역사회 문제 중에서 우선적으로 해결해야 할 과업을 결정하는 데 중요한 기초자료를 제공한다(채구묵, 2007).

사회복지 욕구조사에서 욕구의 의미는 인간의 다양한 생활영역에 있어서 인간다운 삶을 영위하는 데 불충분한 것을 지칭하기도 한다. 이러한 예로 지역주민들의 주거, 식생활, 보건 · 의료 서비스, 가정 경제, 대인관계, 가족관계, 교육, 정신건강, 사회복지 급여 및 서비스 등 인간 삶의 영위에 기본적으로 요청되는 내용들이 있으며, 사회복지 욕구의 주요 내용을 구성한다. 대부분의 사회복지 욕구조사는 일반적으로 욕구의 개념을 현재 상태에 대한 인식과 원하는 상태나 조건과의 차이를 의미하는 경향이 크다(서인해, 공계순, 2001). 이와 함께 지역사회 내에서 주민의 욕구를 파악하는 것은 단지 연구참여자의 표출된 욕구만을 의미하는 것이 아니라 사회복지 현장에서 전문가의 판단에 의해 규범적으로 필요하다고 인정되는 욕구들도 포함될 수 있다. 또한 특정 집단이나 특정 지역사회의 현재 상황과 다른 지역사회에서 확인되는 복지수준 등을 비교하면서 상대적으로 부족한 사회복지 욕구들이 무엇인지 파악하는 방법을 활용할 수도 있다. 욕구조사에서 자주 인용되는 브래드쇼(Bradshow, 1972; 김통원, 2009 재인용)가 제시한 욕구의 인식기준에 따른 분류는 〈표 8-1〉과 같다. 첫째, 규범적 욕구는 주로 전문가 집단에 의해 규정된 욕구를 의미한다. 기존의 자료를 활용하여 실제 생활상태가 전문가들이 설정한 기준에 미치지 못하는 경우 규범적 욕구가 존재한다고 볼 수 있다. 규범적 욕구는 측정하기가 용이하고 구체적인 생활수준의 목표가 있다는 점에서 강점을 가지고 있으나 욕구의 기준에 대한 개념 정의가 어렵고, 전문가들의 판단에 의해 욕구가 규정되기 때문에 욕구의 기준을 무엇으로 보느냐에 따라 달라질 수 있다는 단점을 가지고 있다. 둘째, 체감적 욕구는 사회조사를 통해 응답자들이 선호하는 것을 직접 질문함으로써 파악할 수 있다. 따라서 체감적 욕구는 응답자 개개인이 자신들이 욕구로 생각하는 것을 측정하는 데 용이하고 그 결과로 체감적 욕구를 파악할 수 있게 된다. 셋째, 표현적 욕구는 사회복지 서비스 수요와 밀접하게 관련된 욕구다. 표현된 욕구는 체감적 욕구가 실제 행동으로 드러난 것이라고 볼 수 있다. 예를 들어, 복지관에서 특정 프로그램의 대기자 명단은 체감적 욕구라기보다는 표현된 욕구인 셈이다. 넷째, 비교적 욕구는 특정 집단이나 타 지역과 비교해서 결정되는 욕구이며, 한 지역의 욕구와 유사하게 다른 지역에 존재하는 서비스 차이를 가지고 측정한다. 따라서 지역적 차이를 고려하여 집단의 욕구를 비교할 수 있다는 장점을 가진다.

사회복지 욕구조사에서 사용되는 욕구의 의미는 연구의 목적에 따라 달라질 수 있다. 그러나 대부분의 욕구조사는 응답자의 표현적 욕구를 파악하는 것과 관련되

표 8-1 브래드쇼의 욕구유형

인식에 따른 욕구 유형	강점	예(아동 무료급식)
규범적 욕구 (normative need)	• 객관적 · 표준적 기준이 존재 • 프로그램의 목표설정이 쉽고, 목표달성 정도를 측정하기 용이	정부가 정한 아동급식비
체감적 욕구 (felt need)	• 당사자의 욕구 파악이 용이	아동급식이 필요하다고 응답한 수
표현적 욕구 (expressed need)	• 실제 행동에 초점을 두어 계획수립에 용이	아동급식 이용자 혹은 서비스 대기자 수
비교적 욕구 (comparative need)	• 비교를 통해 욕구의 규모와 내용을 파악하는 데 용이	타 지역의 아동급식 서비스 수혜 대상자 규모 혹은 금액

출처: 김통원(2009) 재인용.

어 있다. 따라서 지역사회 내 존재하는 다양한 사회복지 욕구를 파악하는 작업은 사회복지조직의 설립과 운영의 중요한 근거를 마련하는 작업이다. 사회복지조직 운영은 공공의 재정으로 이루어지기 때문에 사회로부터 기관운영의 책임성, 전문성, 효율성 등을 요구받고 있다. 따라서 사회복지 욕구조사는 사회복지조직의 사회적 책임을 수행하기 위한 과정에서도 필요한 사업이다. 나아가 사회복지기관은 지역사회 욕구조사에 기반을 둔 운영을 함으로써 관료 위주의 사회복지 행정이나 기관 중심의 서비스 제공이 갖는 한계를 극복하고, 사회복지조직이 이용자 중심의 전달체계를 구축하는 데에도 기여할 수 있을 것이다.

2) 사회복지 욕구조사의 필요성

(1) 이용자 욕구에 맞는 프로그램 개발

사회복지기관에서 욕구조사를 실시하여 얻을 수 있는 가장 중요한 정보는 이용자의 욕구다. 나아가 이용자 욕구에 기반을 둔 사회복지실천은 사회복지조직의 존재론적 당위성을 확보하는 데 기여한다. 현실적으로 지역사회 복지기관은 프로그램을 기획할 때 기관의 상황이나 인력, 예산 등 다양한 요소들에 영향을 받을 수밖에 없다. 따라서 지역사회 내 사회복지기관은 사회복지 프로그램을 기획하는 경우 어느 정도 잠정적인 수요자가 있다는 전제하에 진행된다. 사회복지사는 기관 내에서 자체 프로그램 예산을 수립하고, 프로그램 진행일정, 프로그램 내용, 평가방법 등을 사전에 수립하면서 연간 사업계획서를 작성한다. 그러나 사회복지기관 운영의 효율성과 효과성에 대한 사회적 요구가 점차 강조되고 있고, 전문가 중심의 사회복지 전달체계의 획일성에 대한 비판이 등장하면서 소비자주의나 이용자 중심의 사회서비스 제공이 강조되고 있는 것도 사실이다. 이에 사회복지기관은 지역주민이나 기관을 이용할 이용자의 욕구에 기반을 둔 서비스를 기획하고, 기관이나 프로그램 평가에 이용자를 참여시키는 다양한 방법을 고안하기 위해 노력하고 있다.

(2) 사회복지조직의 효율적 · 전문적 운영

사회복지기관에서 실시하는 욕구조사는 지역사회 내 다양한 사회복지기관이 주요 정책을 결정하는 데 중요한 근거가 될 수 있다. 따라서 넓은 의미에서 사회복지 욕구조사는 기관의 주요 정책들을 실천하고 이를 평가하는 것까지 포함한다. 사회복지기관은 욕구조사를 통하여 기관의 전반적인 운영 효율성을 높이는 데 중요한 기준을 제시하면서 사회복지조직의 효율성을 확보하기 위해 노력해야 한다.

이와 함께 지역사회는 다양한 사회문제가 존재하며, 이러한 사회문제를 해결하기 위한 자원은 제한되어 있는 경우가 대부분이다. 따라서 주어진 자원을 어떻게 효율적으로 활용할 것인지 결정하는 것은 쉬운 일이 아니다. 그러나 사회복지기관이 욕구조사를 통하여 지역사회 문제의 심각성을 파악하고 자원할당의 우선순위를 결정한다면 사회복지조직의 효율적인 운영에 기여할 수 있다.

(3) 지역주민의 욕구변화에 따른 탄력적 행정

지역주민의 사회복지 욕구는 사회적 조건이 변함에 따라 달라질 수 있다. 인간의 생존에 필요한 기본적인 삶의 조건으로서 의식주 문제는 중요한 사회복지 욕구임이 분명하다. 그러나 인간의 삶에 기본적으로 필요한 사회적 욕구는 점차 다양하게 변하고 있으며, 사회복지도 맞춤형 서비스 제공이 강조되고 있다.

사회복지 욕구조사는 저소득층이나 특정 집단을 대상으로 하는 것이 아니라 보건 · 의료, 문화 · 여가, 교통, 보육, 교육, 주택문제 등 지역주민의 다양한 일상생활 전반을 파악할 수 있다는 장점을 가지고 있다. 이와 함께 욕구조사는 지역사회에 새롭게 등장하는 사회문제를 조기에 발견하고 이를 해결할 수 있는 대안을 모색하는 데 중요한 기초자료를 제공해 준다. 또한 기존에 이미 알려져 있는 사회문제라 하더라도 새로운 해결책을 모색하는 과정에서 욕구조사는 중요한 의사결정의 자료가 될 수 있다. 따라서 사회복지 욕구조사는 사회복지 환경의 변화를 탐지할 수 있는 수단이 되며, 사회복지조직의 탄력적 운영에 기여할 수 있다.

(4) 지역사회에서 지역문제의 부각 및 프로그램의 필요성 인식

욕구조사는 지역사회 문제의 심각성을 보여 줌으로써 사회복지 프로그램과 사회서비스의 필요성을 보여 줄 수 있다. 특히 욕구조사 결과는 사회복지 예산을 지원해 주는 사회복지법인, 기업재단, 지방자치단체 등에게 프로그램의 필요성을 설득하는 중요한 수단이 되어 왔다. 이와 함께 지방자치제 실시로 인해 사회복지기관의 예산은 지방자치단체의 지원에 더욱 의존하게 되었고, 지방자치단체도 지역복지계획을 4년마다 정기적으로 수립해야 하는 상황이다. 따라서 욕구조사는 지역사회 내 존재하는 다양한 사회문제와 자원배분의 우선순위를 선정하도록 도움으로써 공공기관과 파트너십을 형성하도록 도울 수 있으며, 지역 자원을 적극적으로 활용하는 데 기여할 수 있다.

3) 사회복지 욕구사정을 위한 다양한 방법

사회복지기관에 종사하고 있는 실천가나 사회복지정책 입안자의 경우, 지역주민이나 정책대상자의 사회복지 욕구와 우선순위, 욕구의 변화 추세 등을 파악하는 것은 중요한 과업 중의 하나다. 이를 위해 지역주민이나 특정 집단의 사회복지 욕

표 8-2 지역사회 욕구사정 방법

개인을 대상으로 한 욕구사정	집단을 대상으로 한 욕구사정
• 인터뷰(공식 인터뷰/비공식 인터뷰) • 문화기술지 조사(ethnographic research) –주로 심층면접과 참여관찰을 통하여 지역주민들의 삶의 방식, 행동, 문화, 가치와 믿음 등을 이해하기 위한 질적연구방법의 일종 –지역사회와 관련된 문서와 사진, 각종 기록물 등을 통해 자료를 수집하여 지역사회의 고유하고 독특한 문화현상에 대해 연구	• 지역포럼 • 포커스그룹(focus group) • 델파이(Delphi) 기법 • 서베이 조사 • 2차 자료분석

구를 파악하는 방법을 다양하게 제시할 수 있다. 특히 지역주민을 대상으로 자료를 직접 수집할 경우 대규모 서베이 조사를 실시하거나 지역주민 대표나 관련 단체가 중심이 되어 공청회, 집단 토의, 포커스그룹, 심층면접 등을 실시할 수 있다. 이와 함께 지역사회 내 전문가를 대상으로 델파이 기법을 활용하거나, 2차 자료분석을 통해 선행연구 자료 및 주요 사회통계, 각종 지표들을 분석하여, 지역사회를 구성하고 있는 인구집단의 특성이나 문제점 등을 연구할 수도 있다.

(1) 개인을 대상으로 한 욕구조사 방법

사회복지 욕구조사는 연구참여자의 범위를 기준으로 개인을 대상으로 한 연구와 집단을 대상으로 한 연구로 구분할 수 있다. 개인을 대상으로 한 욕구사정방법은 주로 인터뷰나 심층면접, 관찰, 개인 기록물 분석 등의 방법으로 진행된다. 인터뷰는 욕구조사의 자료수집방법으로 활용되어 질적연구 분석을 시도할 수도 있으며, 본 조사를 시작하기 전에 지역사회 전반에 대한 특성과 지역사회가 안고 있는 문제점을 사전에 파악하기 위한 방법으로 활용될 수 있다. 비공식적이거나 공식적인 인터뷰를 통해 수집된 자료는 지역사회 욕구조사 설문지를 작성할 때 유용하게 활용되기도 한다. 또한 연구자가 지역사회의 특성에 대해 잘 모르거나 지역사회 특성이 잘 알려져 있지 않은 경우에 주요 정보제공자를 인터뷰하여 필요한 정보를 수집할 수 있다.

그러나 사회복지 연구방법에서 질적연구에 대한 관심이 증가하면서 문화기술지연구, 근거이론, 질적 사례연구, 현상학 연구, 생애사 연구 등은 특정 지역사회나 사회적으로 배제된 집단의 문화적 주제, 독특한 사례의 경험, 특정 경험에 대한 본질 등을 탐구하는 독자적인 연구방법으로 자리 매김하고 있다. 특히 질적연구를 통해 자료를 수집할 경우 지역사회 주요 정보제공자를 대상으로 다양한 사회현상에 대한 경험의 의미와 본질, 서비스 전달과정에 대한 연구질문 등 양적연구로 하기 어려운 경우에 사용할 수 있다.

(2) 집단을 대상으로 한 욕구조사 방법

① 지역사회 포럼, 공청회

지역사회 포럼은 지역사회와 관련된 주요 안건에 대해 지역주민이나 주민 대표, 이해관계 집단의 의견을 수집하는 방법이다. 그러나 지역사회 포럼을 통한 욕구 파악은 다양한 이해집단의 의견이 합의에 이르지 못하고 상충될 경우 지역주민의 의견을 고르게 반영하는 데 한계가 있다. 공청회는 주로 공공기관이나 행정기관이 주체가 되어 중요한 정책을 결정하거나 법령 등을 제정하거나 개정안을 심의하기 위해 많이 이루어진다. 공청회는 주요 사안과 관련된 이해관계자나 해당 분야의 전문가로부터 공식적으로 의견을 듣는 제도라고 볼 수 있다.

지역사회 포럼과 공청회 등은 특정 지역사회 내 발생한 사회문제에 대해 지역주

지역사회 포럼, 공청회 관련 기사

- 주5일제 수업 도입과 관련된 포럼(뉴스토마토, 2012년 7월 12일자)
  서울시는 주5일 수업제 도입으로 인한 학교 안팎의 변화를 분석하고, 동제도의 향후 방향을 모색하기 위해 '청소년 주말활동 포럼'을 개최하였다. 이번 포럼은 청소년 및 학부모, 교사 등 관련 실무자들이 참석할 예정이다. 서울시 아동청소년담당관은 "이번 주말활동 포럼을 통해 주5일 수업제에 대한 수요자들의 추가적인 요구사항을 분석해 정책에 반영할 계획"이라고 밝혔다.
- 마을만들기 조례 제정을 위한 공청회(아시아경제, 2012년 7월 13일자)
  ○○구는 마을공동체 만들기 지원 조례 제정을 위해 공청회를 개최하였다. 공청회는 ○○구에서 마을공동체 사업을 주민주도 방식으로 추진하고, 이를 지원하기 위한 방안을 모색하기 위해 이루어졌다. 마을공동체 만들기 지원 조례안의 주요 골자는 마을공동체 지원센터 설립, 공간나눔 장려와 지원, 마을 아름지기 사업 등이었으며, 조례 제정을 위한 방안들이 집중적으로 논의되었다.

민들의 관심을 불러일으킬 수도 있으며, 지역사회 문제를 지역주민 스스로 해결하는 데 동기를 부여할 수 있다. 또한 지역사회의 문제에 대해 정부나 지방자치단체의 관심을 촉진시키고 공공기관과 민간이 협력할 수 있는 방안을 모색하는 데 기여할 수 있다.

② 포커스그룹 연구

포커스그룹도 소규모의 인원을 참여시켜 지역사회의 주요 정보를 얻는 데 활용되고 있는 연구방법이다. 특히 포커스그룹은 특정 주제를 잘 알고 있는 전문가나 주요 정보를 제공할 수 있는 이들을 선정하여 연구주제에 대해 자유롭게 토의하는 방법으로 자료를 수집할 수 있다.

포커스그룹의 면접은 1~3회 정도 진행될 수 있으며, 참여자들은 연구질문에 대해 중요한 정보를 제공할 수 있는 전문가 집단과 관련 집단의 대표자 등이 될 수 있다. 포커스그룹의 주요 질문은 지역사회의 주요 사회문제와 지역의 이슈, 지역사회 문제의 해결방안, 민간과 공공의 협력관계 형성을 위한 제언 등으로 구성되어 있다.

포커스그룹에 대한 자료수집을 마치면 자료분석은 질적연구 분석방법으로 진행된다. 질적연구에서 자료분석은 녹취록을 반복해서 읽고, 주요 주제나 내용을 유목화하는 과정을 거치게 된다. 자료분석과정에서는 녹취록에 대한 내용분석과정에서 다양한 의미의 개념들을 도출하고, 개념단위들은 다시 몇 가지 범주들로 묶는 과정을 거친다. 개념단위들에 의해 도출된 범주들은 주요 핵심범주들로 재구성할 수 있으며, 핵심범주를 중심으로 연구자의 해석과 분석이 이루어지면 보고서를 작성하게 된다.

지역사회복지 아젠다 형성을 위한 포커스그룹 주요 질문

- 지역사회에서 오랫동안 일하셨는데 지역사회의 개념에 대한 간단한 정의를 내려 보면 어떻게 이야기할 수 있을까요?
  - –지역사회에 대한 정의
  - –지역사회의 역할
- 지역에서 가장 시급한 사회문제–지역의 이슈는 무엇인가?
  - –지역사회의 안정성 확보와 관련된 문제: 주거, 일자리, 건강, 기초생계
  - –지역사회 위기: 다양한 가족문제, 다문화에 대한 수용
  - –탈빈곤을 위한 기회평등: 교육문제와 보육
  - –정신적 풍요나 문화생활에 대한 불평등: 여가, 성불평등, 공동체 의식 문제
- ○○구 내에 존재하는 다양한 사회문제를 해결할 방안과 전략이 있다면?
  - –○○구 지역의 특성과 지역사회 문제의 아젠다를 형성해 가는 전략
  - –단위사업 위주의 접근에서 지역사회 전체의 변화를 지향
  - –주민참여의 보장 방안
  - –지역사회 역할이 중요해지고 있는 상황에서 지역과의 밀착을 어떻게 시도하고 있는지?
  - –지역사회의 자생력을 어떻게 활용할 것인가?
- 지역사회 문제를 해결하기 위한 노력에서 민간과 공공의 관계를 어떻게 설정해 나가야 한다고 생각하십니까?
  - –시와 지자체와의 관계
  - –지역사회 내 공공기관과의 관계설정, 민간의 역할 등

출처: 박경수, 장혜경, 유영준, 이은정(2009).

③ 델파이 기법

델파이 기법도 사회복지 욕구조사의 연구방법으로 활용가능성이 높은 편이다. 예를 들어, 델파이 기법은 지역사회 문제와 관련된 전문가를 대상으로 사전에 작성

한 질문지를 배포하고, 이 전문가들의 의견이 수렴될 때까지 동일한 질문을 반복하여 자료를 수집한다. 따라서 델파이 기법을 통해 지역주민 욕구조사를 실시한다면, 기존 연구결과나 인터뷰를 통해 수집한 지역주민의 욕구를 나열하고, 가장 중요한 지역사회 욕구가 무엇인지 전문가 집단에게 질문할 수 있다. 델파이 기법은 전문가 집단의 의견이 수렴되거나 일치될 때까지 3~5회 정도 설문지를 배포하고 수거하는 작업을 반복해야 한다. 따라서 지속적으로 연구에 참여하기 힘든 참여자의 의견은 최종 분석과정에서 제외될 수 있고, 동일한 질문을 반복적으로 하며, 전체 연구기간이 길어질 수 있다는 점을 고려할 필요가 있다. 델파이 기법을 통한 자료수집 과정은 [그림 8-1]의 흐름도와 같이 진행된다.

델파이 기법은 우선 연구주제를 논의하기에 적합한 패널 참가자를 선정하고 구성하는 작업에서부터 시작된다. 또한 연구질문과 관련된 1차 설문지를 작성하고, 패널 참가자를 대상으로 1차 조사를 실시한다. 1차 조사결과를 수집한 이후에는

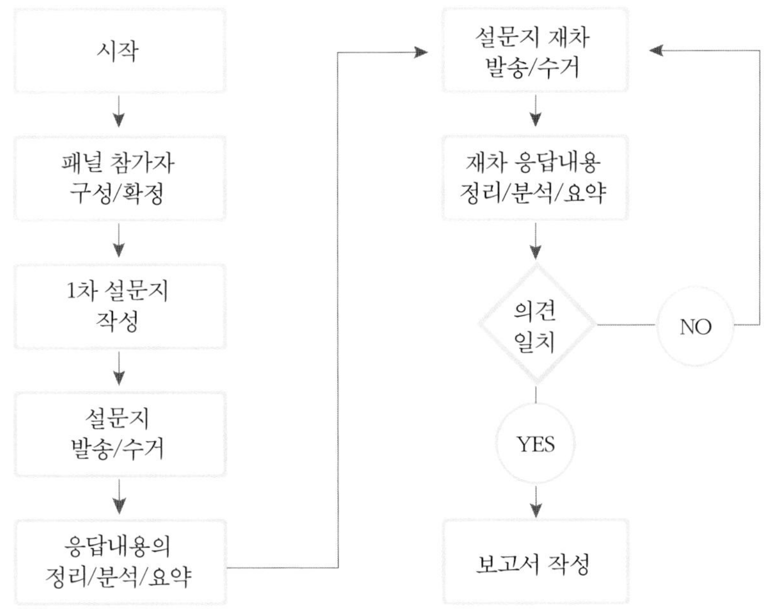

[그림 8-1] 델파이 기법의 흐름도

출처: 김영종(2009), p. 527 재구성.

응답내용을 정리하여 분석하고 요약하는 과정을 거친다. 델파이 기법을 통한 조사 과정은 1차 조사의 결과에 의해서 확정되는 경우는 거의 드물며, 패널 참가자의 다양한 의견을 수집하는 수준에서 마무리되는 경우가 대부분이다. 그러나 델파이 기법은 1차 조사에 그치지 않고, 설문지 문항을 재구성하여 설문을 재차 수행하며, 다시 응답내용을 정리하고 분석하는 과정을 거친다. 이 과정은 최소 2~3회 반복하게 된다. 그리고 패널 참가자의 의견이 일치하는지 확인하고, 자료수집을 마치게 된다.

델파이 기법 조사과정 예

- 델파이 조사 패널 선정

장애아동 · 청소년 가족지원과 관련된 분야의 전문가 25명을 델파이 조사 패널로 선정한다.

- 델파이 조사과정

–1차 조사

1차 조사는 장애아동 · 청소년 가족지원의 전반적인 실태와 개선 방안에 대한 패널의 의견을 수렴하기 위해 반구조화된 질문을 실시하여 자유롭게 의견을 개진할 수 있도록 한다.

〈표 1〉 1차 조사지의 구성

구분		문항
개선방안	가족지원의 원칙	장애아동 · 청소년 가족지원 정책 수립 시 반드시 고려되어야 할 원칙(전제 사항)에 대해 적어 주시기 바랍니다.

–2차 조사

1차 조사에서 제시된 패널의 의견을 정리하여, 주제별로 유형화하여 각 패널의 선호도 또는 욕구 정도를 파악한다. 2차 델파이 조사지는 1차 응답내용을 바탕으로 각 문항에 대해 동의하는 정도를 5점 척도로 체크하도록 하였다.

－3차 조사

1차 및 2차 조사결과를 바탕으로 각 문항의 항목별 평균치, 표준편차 및 4분 범위(중앙치의 50% 내에 있는 범위, 응답자의 과반수가 응답한 항목의 범위를 말함)를 표시하여 전반적인 응답분포를 가늠할 수 있도록 하였으며, 2차 조사에서 각 패널이 응답한 것을 참고하여 각 문항에 대해 5점 척도로 응답할 수 있도록 하였다.

• 델파이 기법 분석결과

장애아동 · 청소년 가족지원 정책 수립 시 반드시 고려되어야 할 원칙에 대해 3차 조사결과는 2차 조사결과와 비슷하게 모든 항목에 걸쳐 평균 4점 이상으로 나타났다.

〈표 2〉 장애 아동 및 청소년 가족지원 정책 수립 시 반드시 고려되어야 할 원칙 비교

구분	내용	평균(2차)	평균(3차)
서비스 연속성	아동, 청소년, 성인기 등 생애주기를 종합적으로 고려한 정책 수립	4.92	5.00
보편성	장애인의 소득/연령/장애정도/장애유형에 따른 선별적 접근이 아닌, 서비스를 필요로 하는 모든 가족에 대한 보편적 서비스 제공	4.36	4.52
통일성	타 기관과 연계가 잘 이루어져 서비스의 통일성 확보	4.84	4.90
전문적 서비스	가족에 대한 질 높은 서비스 제공. 서비스 제공인력에 대한 전문성 보장. 체계적이고 전문적인 정책연구 · 개발 및 평가 실시 등	4.72	4.86
가족참여	정책 수립 · 프로그램 계획/실행/평가 · 서비스의 결정 등의 과정에서 장애아동 · 청소년 가족의 참여/선택/충분한 의견이 반영	4.68	4.71
가족의 역량강화	가족의 역량강화를 위한 자기권리 옹호, 가족지원 시스템을 구축, 부모 자조모임 양성 및 활성화, 가족중심실천의 정책과 서비스 운영	4.72	4.67

지역사회와 통합	지역사회에서 일반 아동 및 청소년과 함께 통합된 서비스 제공	4.56	4.67
개별화된 접근	장애아동의 연령, 성별, 범주, 정도에 따른 개별화 존중의 원칙	4.64	4.76
위기가정 우선지원	중도 · 중복장애를 가진 가족, 조손가족/한부모가족/다문화가족 등에 대한 우선 지원 정책 수립	4.52	4.48
공공성의 원칙	장애아동 가족에 대한 사회적 책임을 명확히 하고, 가족지원을 법적 · 제도적으로 명시	4.68	4.76
예방성의 원칙	장애아동 · 청소년 가족지원 문제에 대한 예방적 기능을 포함한 정책 수립 또는 서비스 제공	4.52	4.62
협력의 원칙	지역사회의 가족지원 관련 유관기관과의 협력 또는 정부부처/지자체/공공기관 간의 협력체제를 구축	4.68	4.67

출처: 백은령, 유영준, 이명희, 최복천, 김기룡, 박혜성(2010).

④ 서베이 조사

다수의 지역주민을 대상으로 다양한 사회복지 욕구를 파악하기 위한 방법으로 가장 널리 활용되는 방법은 설문조사를 실시하는 일이다. 설문조사는 자료를 수집하는 방법이 비교적 쉽고, 단기간에 연구결과를 보여 줄 수 있다는 장점이 있다. 또한 설문조사를 실시할 때 표준화된 질문지를 활용하면 질문내용을 다양하게 분석할 수 있으며, 장기간에 걸친 종단연구를 실시할 경우 사회복지 욕구의 변화 추세를 파악할 수도 있다. 그러나 설문조사를 통하여 욕구조사를 시행할 때, 연구자는 설문지의 내용과 구성을 어떻게 할 것인지에 대해 충분히 논의하는 것이 중요하다.

설문지 내용은 연구의 목적에 따라 달라질 수 있다. 하지만 설문지 내용은 연구인력과 조사 예산, 연구대상의 규모 등을 고려해야 하고, 연구대상이 결정되면 그들을 대표할 수 있는 표본추출방법을 결정하는 것도 욕구조사의 중요한 과정이다.

서베이 조사는 사회복지기관에서 욕구조사나 이용자 만족도 조사 등 조사의 목적에 따라 구분할 수 있으며, 연구참여자에 따라 설문지 구성이나 질문문항에 차이가 날 수 있다. 사회복지 욕구조사에서 연구참여자는 사회복지기관을 이용할 수 있는 지역주민 전체를 대상으로 설정할 수 있지만 사회복지기관을 이용할 가능성이 높은 저소득층, 수급자, 장애인, 노인 등 특정 집단만을 대상으로 사회복지 욕구조사를 실시할 수도 있다.

서베이 조사과정은 일반적인 사회조사와 큰 차이를 보이지는 않는다. 일단 연구의 목적이 구체적으로 결정되면, 질문문항을 체계적으로 구성하여야 한다. 질문문항은 연구 목적에 따라 몇 가지 영역으로 구분하고, 영역별로 세부질문을 만들어 가는 과정을 거친다. 설문지를 구성할 항목과 세부질문들이 완성되면, 사전조사를 거쳐 설문지 문항에서 수정할 내용을 검토하고 설문지를 완성한다. 설문지가 완성되면 모집단을 대표할 수 있도록 적절한 표본을 선정해야 하며, 우편이나 전화, 면접 등의 방법으로 자료를 수집한다. 특히 연구참여자의 특성을 고려하여 질문지를 완성하고, 문자로 된 질문지를 작성하는 데 어려움이 있는 집단일 경우에는 면접원을 통한 인터뷰 방식으로 자료를 수집하는 것이 좋다.

⑤ 2차 자료분석

2차 자료분석은 지역사회와 관련된 공식적 통계자료로 국책 연구기관이나 통계청 자료를 재구성하여 다시 분석하거나 기존 연구에서 나타난 지표들을 활용하는 방식으로 2차 자료분석 결과는 욕구조사에 인용할 수 있다. 그러나 2차 자료분석의 경우 연구자에게 필요한 분석의 변수들이 모두 포함되지 않을 수도 있으며, 최근의 자료를 활용하는 데 어려움이 있을 수도 있다. 그러나 2차 자료분석을 실시하는 경우 공공연구기관에 의해 수행되는 대규모 서베이 조사들이 많기 때문에 연구자 개인이 수집하기 어려운 광대한 자료를 확보하기에 용이하고, 정기적으로 자료수집이 이루어지는 경우 패널자료로서 활용할 수 있다는 장점을 가진다.

4) 사회복지 욕구조사에 포함되어야 할 내용

사회복지 욕구조사를 수행할 때 포함되어야 할 주요 내용은 연구의 목적과 연구의 범위를 어떻게 설정하느냐에 따라 달라질 수 있다. 그러나 욕구조사에 포함해야 하는 내용으로 응답자와 지역사회의 특징을 파악할 수 있는 질문들이 기본적으로 수반된다. 또한 지역주민들의 전반적인 일상생활 영역에서 삶의 질이나 현재 상태를 파악할 수 있는 내용들이 포함될 수 있다. 이와 함께 지역사회 내 사회복지기관에서 실시하고 있는 기존 서비스에 대한 평가와 만족도, 새로운 사회복지 서비스 욕구를 탐색하는 질문들이 추가될 수 있다. 최근에는 사회복지 욕구조사에 지역사회 내에서 활용할 수 있는 자원들이 무엇인지 파악하는 문항들도 포함시키고 있다.

욕구조사에 포함되어야 할 내용들을 영역별로 정리하면 〈표 8-3〉과 같다. 우선, 설문에 참여하는 연구참여자의 기초자료를 파악하기 위한 일반적 사항을 먼저 질문할 수 있다. 응답자의 일반적 사항을 파악하기 위한 문항에서 수입, 수급자 여부, 가족형태, 결혼상태 등 개인에게 민감할 수 있는 질문들은 의도적으로 설문지

표 8-3 지역사회 욕구조사에 포함되는 영역과 내용

영역 구분	내용
기초자료(일반적 특징)	–응답자 및 가구별 인구사회학적 요인
생활영역 현재 상황	–경제 상황, 주거생활 및 환경 문제, 보건 · 의료 서비스, 여가, 취업 및 직장생활, 정신건강, 대중교통, 교육문제, 보육문제, 식생활, 가족관계 등
기존 서비스 평가	–사회복지기관 인지도, 사회복지 서비스 이용 현황과 만족도, 이용 시 문제점 등
서비스 개발 자료	–지역사회 내 사회복지 서비스 욕구 파악 (응답자의 연령, 성별, 지역 등에 따른 비교)
지역사회 활용 자원	–지역사회 내 사회복지 자원 현황 조사, 응답자의 특성에 따른 자원 분류

후반부에 배치할 수 있다. 이와 함께 지역사회 욕구조사는 응답자의 생활영역 전반에 걸쳐 현재의 상황이나 욕구 내용, 이용하고 있는 사회복지 서비스에 대한 평가, 새로운 사회복지 서비스 개발과 관련된 질문, 지역사회 활용 자원 등을 문항으로 구성할 수 있다.

5) 사회복지 욕구조사의 과정

사회복지 욕구조사의 과정은 사회조사과정과 동일한 과정을 거치며 이루어진다. 욕구조사는 우선 첫 번째 단계로 연구의 목적을 명확하게 결정하여야 하고, 욕구조사에 활용할 수 있는 자원과 시간, 대상자가 누구인지 명료화하는 과정을 거쳐야 한다. 욕구조사에 대한 전반적인 목적이 수립되고 연구과정에 대한 일정이 결정되면, 두 번째 단계에서는 욕구조사를 수행하는 데 필요한 구체적인 정보를 파악하는 것이 중요하다. 특히 지역사회에 대한 기존 자료들을 검토함으로써 연구문제를 더욱더 구체화할 수 있게 된다. 세 번째 단계에서는 욕구조사를 수행하는 방법과 자료를 수집하는 방법, 표본추출방법, 설문지 작성 등의 실행계획이 완성된다. 네 번째 단계는 세 번째 단계에서 결정한 연구방법에 따라 직접 자료를 수집하고 분석하는 단계다. 자료 수집과 분석이 끝나면, 결과 보고서를 작성하면서 욕구조사가 마무리된다.

- 1단계: 욕구조사의 목적과 이용 가능한 자원, 시간 파악. 욕구조사의 대상 인식
- 2단계: 욕구조사 수행을 위한 구체적 정보 파악(기존 자료 검토부터 시작)
- 3단계: 방법과 절차, 조사도구 등 실행계획 수립(표본추출방법, 설문지 작성 등)
- 4단계: 자료 수집 및 분석
- 5단계: 결과 보고서 작성

2. 사회복지 욕구조사 설문지 작성

1) 설문지 작성의 목적과 범위 확정

사회복지 욕구조사는 다양한 방법으로 수행할 수 있다. 특히 서베이 조사를 통해 사회복지 욕구조사를 실시할 경우 설문지 작성 과정에서 우선적으로 수행해야 할 과제는 설문을 통해 얻고자 하는 것을 명확하게 설정하는 일이다. 예를 들면, 사회복지 욕구조사를 통해 지역주민들의 생활실태나 전반적인 사회복지 욕구를 파악하는 것이 연구의 목적이 될 수 있으며, 기존 사회복지 서비스 이용에 대한 평가, 지역사회에서 활용할 수 있는 자원을 파악하는 것 등이 연구문제로 추가될 수 있다.

○○시 지역주민 욕구조사에서 설정한 조사의 목적과 목표를 예로 들면, 지역주민들의 특성과 지역현황, 복지욕구를 파악하는 것을 조사의 목적으로 제시하고 있다. 또한 주민들의 삶의 질을 높이고 더불어 사는 공동체를 만들어 가는 과정에서 지역사회복지관의 역할을 설정하기 위한 목적임을 분명하게 설정하였다.

욕구조사 목적 예

○○시에 거주하는 지역주민들을 대상으로 지역주민들의 특성과 지역현황, 복지욕구를 민감하게 파악하고 그 결과를 참고하여, 지역사회 특성에 알맞은 지역사회복지관으로서의 올바른 역할과 지역주민들의 삶의 질을 높여 더불어 사는 공동체를 정립하고자 한다.

이와 함께 구체적인 사회복지 욕구조사의 목표로는 연구참여자의 일반적 특성과 ○○지역 현황을 파악하고, 지역주민의 복지관 인식과 지역사회 문제에 대한 인식을 파악하는 것을 제시할 수 있다. 나아가 사회복지 욕구조사를 통하여 지역사회 문제에 대한 해결방안을 모색하고, 지역 특성을 반영하는 사회복지관의 역할을 모색하고자 하였다. 따라서 사회복지 욕구조사는 단순히 지역주민들의 사회복지 욕구가 무엇인지 파악하는 데 그치지 않고, 사회복지기관의 역할을 탐색하고 추후 사회복지기관의 발전방향을 수립할 수 있는 자료로 활용하도록 조사의 목표를 수립할 수 있다.

욕구조사의 목표 예

- 욕구조사를 통한 연구참여자의 일반적 특성 및 ○○지역 현황 파악
- 지역주민의 복지관 인식 및 지역사회 문제에 대한 인식 파악
- 지역사회 문제에 대한 해결방안 모색
- ○○시 지역 특성을 반영하는 사회복지관의 역할 모색
- 복지관 프로그램의 개발 및 발전 방향 수립
- 지역사회 특성을 반영하는 새로운 사업에 대한 기초자료 수집

2) 질문항목의 선정

사회복지 욕구조사의 목적과 목표가 구체적으로 제시되면, 이를 위해 설문지에 포함될 내용을 구성하여야 한다. 설문지를 구성할 질문항목은 우선 조사항목을 몇 개의 영역으로 구분한 후, 조사항목별로 세부적인 내용을 구체적으로 작성하는 것이 설문지 문항을 작성하는 데 용이하다.

다음 예에서는 조사항목을 크게 응답자 특성, 지역사회 특성, 대상자별 욕구로 구분하고 있다. 특히 지역사회 특성은 지역사회에 대한 인식, 복지관 인지도, 지역사회 결속력 등에 대해 질문하고자 하였으며, 사회복지 서비스에 대한 욕구는 미취

학 아동, 초등학생, 청소년, 장애인, 성인, 어르신, 외국인으로 집단을 구분하여 해당되는 경우에만 설문에 응답하도록 설문지를 작성하였다.

첫째, 응답자의 특성에 대한 조사항목은 주로 응답자의 인구사회학적 사항을 질문하는 경우가 많다. 구체적인 세부질문은 성별, 연령, 혼인여부, 학력, 종교, 수급여부, 거주지역, 주거현황 등과 직업, 월평균 수입, 동거가족, 거주기간 등을 질문할 수 있다.

둘째, 조사항목은 지역사회 특성을 파악하고자 하는 의도에서 지역사회 인식, 복지기관에 대한 인지도, 지역사회 결속력을 파악하고자 하였다. 지역사회 인식을 파악하기 위한 세부질문은 지역사회에 거주하면서 경험하는 다양한 사회문제들과 그 심각성, 지역사회에 대한 만족도를 묻고 있다. 또한 지역사회에 대한 주민의 인식을 파악하기 위해 지역사회 문제해결을 위한 활동, 자원봉사, 후원에 대한 참여의사를 물었다. 복지기관에 대한 인지도는 복지에 대한 인식, 복지기관에 대한 인지도 및 인지경로, 복지기관 이용여부와 프로그램 만족도, 운영주체에 대한 인지 등을 질문함으로써 사회복지와 관련된 다양한 인식을 파악하고자 하였다. 이와 함께 지역주민으로서 지역사회에 대한 연대의식을 측정할 수 있는 척도를 사용하여 지역사회에 대한 결속력이 어느 정도인지 측정하고자 하였다.

셋째, 사회복지에 대한 욕구 파악을 위해서 지역주민들을 대상별로 유형화해 세부질문을 구성하였다. 여기서는 지역주민을 아동 · 청소년, 장애인, 성인, 어르신, 외국인 등으로 구분하였으며, 설문문항에 대한 응답은 해당되는 경우에만 하도록 하였다. 사회복지에 대한 욕구는 지역사회에 거주하면서 경험하고 있는 사회문제와 그 심각성, 프로그램 개발과 개발 시 참여의사, 필요한 프로그램의 우선순위 등을 대상자별로 세부질문을 작성하여 질문하였다.

표 8-4 지역사회 욕구조사에 포함되는 조사항목과 세부질문 예

조사항목		세부질문
응답자 특성	일반적 사항	성별, 연령, 혼인여부, 학력, 종교, 「국민기초생활 보장법」 수급여부, 거주지역, 주거현황, 직업, 가족원 월평균 수입, 동거가족구성, 거주기간
지역사회 특성	지역사회 인식	본인(가족)의 문제나 고민, 심각성 정도, 거주에 대한 만족도, 지역사회 문제해결을 위해 활동할 의사, 자원봉사활동 참여의사, 후원활동 참여의사, 복지관이 지역을 위해 해 주길 원하는 사업
	복지기관 인지도	복지에 대한 가치와 태도, 복지기관에 대한 인지도 및 인지경로, 복지기관 이용 경험여부, 복지기관 운영주체 인지여부
	프로그램 만족도	복지기관에서 참여자를 대상으로 프로그램 만족도 조사
	지역사회 특성 파악	지역사회의 연대의식이나 특정 집단의 심리·사회적 특성을 측정할 수 있는 척도 사용
대상자별 욕구	미취학 아동 초등학생 청소년 장애인 성인 어르신 외국인	• 해당자가 겪는 사회문제와 문제의 심각성 정도 파악 • 문제해결을 위한 프로그램 개발 시 참여의사 • 필요한 프로그램 및 사회복지 서비스 우선순위 파악

출처: 광명종합사회복지관(2007).

3) 질문의 형태 선정

사회복지 욕구조사의 조사항목과 세부질문을 결정한 이후에는 질문의 형태를 어떻게 할 것인지 결정해야 한다. 질문의 형태는 크게 개방형 질문과 폐쇄형 질문으로 구분할 수 있다. 욕구조사에 사용되는 질문의 형태는 대부분 연구자가 사전에 작성한 폐쇄형 질문으로 구성되는 것이 일반적이며, 개방형 질문은 주로 주관식 문항의 형태로 주어진다.

개방형 질문의 경우 욕구조사와 관련하여 지역사회 문제해결과정에서 사회복지기관이 주도해야 할 역할을 묻거나 가장 심각하다고 판단되는 지역사회 문제에 대해 직접 기술하는 것을 요구하기도 한다. 특히 개방형 질문은 질문지 구성문항 안에 포함될 수 있지만 질문지 마지막 문항으로 제시되는 경우가 많다. 또한 개방형 질문은 특정 사안에 대해 응답자 입장에서 다양한 의견을 수집할 수 있다는 장점이 있으나 질문에 응답하지 않는 경우가 많다는 단점이 있다.

개방형 문항의 예

장애 아동 및 청소년의 가족지원 사업(프로그램)에 대해 하고 싶은 말씀(제안사항, 불만사항, 조언 등)이 있으시면 아래 빈 공간에 자유롭게 써 주시기 바랍니다.

하고 싶은 말

폐쇄형 질문의 경우는 다양한 형태로 질문을 구성할 수 있다. 대표적인 질문의 형태는 특정 질문내용에 대한 찬성이나 반대의 의견을 묻는 경우가 있으며, 이 경우는 '예' 혹은 '아니요', '해당' 혹은 '해당 없음'으로 응답하게 된다. 그러나 폐쇄형 질문의 경우 응답자의 의견을 분명하게 제시해야 하기 때문에 의견을 수집하는 데 용이할 수 있으나 응답자의 의견이 명확하지 않은 경우에는 응답오류가 발생할 수 있다. 따라서 폐쇄형 질문에서 '잘 모르겠다' 혹은 '보통이다' 등의 응답 문항을 포함시키는 경우 응답결과가 확연히 차이가 나는 경우가 발생할 수 있다.

폐쇄형 문항의 예

• 귀하의 가정에는 신체적인 장애나 질병의 문제를 가지고 있는 사람이 계십니까?

항목	1) 문제 없음	2) 도움이 있어 문제 소거, 문제 완화됨	3) 도움이 없거나 도움이 있어도 문제가 남아 있음
본인			
가족원			

• 귀하는 신체적인 장애나 질병의 문제를 해결하기 위한 프로그램이 개발된다면 참여하실 의사가 있으십니까?

_____ ① 없다 _____ ② 고려해 보겠다 _____ ③ 있다

• 복지관에서 **에 대한 프로그램을 실시할 경우, 귀댁의 자녀를 프로그램에 참여시키겠습니까?

① 예 ② 아니요

리커트 척도식 질문은 질문내용에 대해 의견의 강도를 서열식으로 응답하도록 제시할 수 있다. 예를 들어, 5점 만점의 리커트 척도식 질문을 하면서 질문에 대한 동의 정도를 ① 전적으로 동의하지 않는다, ② 대체로 동의하지 않는다, ③ 그저 그렇다, ④ 대체로 동의한다, ⑤ 전적으로 동의한다 등으로 제시할 수 있다.

리커트 척도식 질문은 응답의 서열순위를 부여하고, 평균점수를 구할 수 있기 때문에 응답결과를 비교하거나 표준화하는 작업을 수행할 수 있다는 장점이 있다. 리커트 척도식 질문은 응답항목의 수를 홀수로 하는 경우 가운데 값을 응답하려는 경향이 나타날 수 있다. 따라서 리커트 척도식 질문을 하는 경우 응답항목의 수를 홀수로 할 것인지 짝수로 할 것인지를 먼저 결정하는 것이 요구된다.

리커트 척도식 문항의 예

• 기관 이용 경험이 있는 경우 귀하는 기관에 대한 전반적인 만족도가 어떻습니까?

____ ① 매우 만족한다 ____ ② 대체로 만족한다 ____ ③ 보통이다

____ ④ 대체로 불만족이다 ____ ⑤ 매우 불만족이다

• 다음은 지역 내 미취학 아동의 양육 시 겪을 수 있는 문제들입니다. 문제의 심각성 정도를 표시하여 주십시오.

	전혀 심각하지 않다	별로 심각하지 않다	그저 글렇다	대체로 심각하다	매우 심각하다
① 양육의 어려움	①	②	③	④	⑤
② 양육비용 부담	①	②	③	④	⑤
③ 교육시설 부족	①	②	③	④	⑤
④ 교육 질의 문제	①	②	③	④	⑤
⑤ 또래관계의 어려움	①	②	③	④	⑤
⑥ 정서적인 문제	①	②	③	④	⑤

• 타 지역과 비교할 때 이 지역에 대해 일반적으로 느끼시는 점을 표시해 주십시오.

	전혀 아니다 – 보통이다 – 매우 그렇다				
어려운 문제로 도움을 요청할 곳이 충분하다.	①	②	③	④	⑤
이웃 간에 사이가 좋다.	①	②	③	④	⑤
노인들의 외로움을 달랠 공간이 충분하다.	①	②	③	④	⑤
청소년들이 쉴 수 있는 공간이 충분하다.	①	②	③	④	⑤
지역주민의 여가문화생활 공간이 충분하다.	①	②	③	④	⑤
지역경제가 침체되어 있다.	①	②	③	④	⑤
교통문제가 있다.	①	②	③	④	⑤
환경관련 문제가 있다.	①	②	③	④	⑤
청소년관련 문제가 있다.	①	②	③	④	⑤
주거관련 문제가 있다.	①	②	③	④	⑤

이와 함께 지역사회 욕구조사에 흔히 사용하는 질문의 형태로 다중응답식의 문항과 중요한 우선순위대로 응답을 요구하는 질문도 많이 사용된다. 다중응답과 우선순위를 묻는 질문의 형태는 연구자의 연구 목적에 따라 달라질 수 있다. 특히 연구 목적이 특정 집단의 다양한 의견을 수집하는 것이 목적이라면 다중응답을 허용하는 형태로 질문하는 것이 좋고, 연구참여자의 다양한 의견을 수집하는 것보다 지역사회 문제나 희망 프로그램의 우선순위를 결정해야 하는 경우에는 응답항목에서 두 가지 혹은 세 가지 정도를 순위별로 응답하도록 질문할 수 있다.

우선순위를 묻는 문항의 예

- 다음은 지역사회 장애인들을 위한 복지사업입니다. 장애인들에게 필요한 것이 있다면 무엇인지 우선순위대로 두 가지만 적어 주세요.

(1) 1순위 ________ (2) 2순위 ________

① 일상생활 및 가사 지원 프로그램
② 경제적 지원(후원금 · 품)
③ 생활자립을 위한 취업 알선/훈련 프로그램
④ 자녀양육 상담 및 교육
⑤ 여가 · 취미 프로그램
⑥ 교통편의시설/장애인 편의시설 확대
⑦ 주 · 단기보호, 생활시설 등의 보호시설
⑧ 질병예방을 위한 의료 프로그램
⑨ 기타 ________________________________

다중응답식 문항의 예

• 다음은 가정 경제와 관련된 복지 정책 및 서비스 영역입니다. 귀하의 가정에는 어떤 종류의 도움이 필요합니까? 해당되는 곳 모두 ✓표 해 주시기 바랍니다. (다중응답 가능) (   )

① ____ 후원 결연서비스(후원물품, 후원금 지원)
② ____ 구직서비스(자립방향 모색)
③ ____ 취업, 부업 훈련 교육 확충
④ ____ 구청 및 동사무소의 취업 알선
⑤ ____ 재테크, 부동산 등 재산 관리에 대한 보조 및 대행 지원
⑥ ____ 주택 · 사업 자금 등 각종 대출 및 융자 지원
⑦ ____ 생계비 지원
⑧ ____ 기타(상세히 작성:)

• 다음은 발달장애 자녀와 관련하여 민간기관에서 개발 · 운영하고 있는 각종 서비스에 관한 내용입니다. 민간기관에서 제공하는 서비스 중 발달장애 자녀 및 그 가족을 위해서 우선적으로 활성화되고 확대되어야 한다고 생각되는 서비스가 있다면 세 가지만 선택해 주세요.
(__________번, __________번, __________번)

서비스명	
1. 주간보호서비스	2. 단기보호 서비스
3. 장애아 가족을 위한 교육	4. 장애자녀 양육상담
5. 장애아동 형제자매지원 프로그램	6. 장애아동가족캠프
7. 장애아 부모교육	8. 가사지원(집안청소, 세탁, 부엌일 등)
9. 외출지원(차량봉사, 병원 동행, 산책 동행 등)	10. 학습지도
11. 가정방문치료	12. 가족상담(가족관계 갈등 등)
13. 부모조직(자조집단)모임	14. 각종 정보제공
15. 기타(______)	

• 다중응답의 분석

SPSS에서 Analyze(분석) ⇒ Multiful Response(다중응답) ⇒ Define Sets(변수군 정의)로 들어가서 다중응답 문항을 설정하여 빈칸으로 옮긴다. 다중응답 문항을 설정한 후 SPSS가 인식할 값을 지정한다. 이때 합계를 내야 할 값이 이분값(응답하는 속성이 '예' '아니요'인 경우)이면 해당되는 값을 지정하고, 여러 개 속성에서 선택하는 경우라면 변수값의 범위가 모두 포함되도록 설정하면 된다(본 설문에서는 응답해야 하는 값의 범위가 1번에서 15번까지며, 이때는 1과 15를 입력하면 된다).

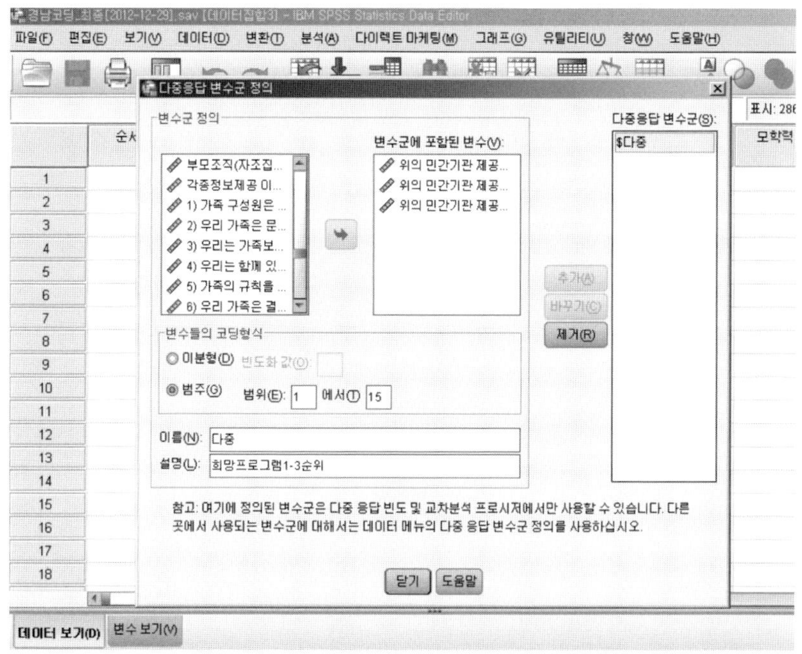

• 변수군 설정에서는 새롭게 만들어지는 변수명을 지정해야 한다. 이 과정에서 새롭게 만들어진 변수에 대해 설명을 덧붙일 수 있다. 새롭게 변수명을 지정하고 설명까지 기술하게 되면 마지막으로 추가(Add)를 클릭하여 Multiful Response Sets(다중응답 변수군)에 새로 지정한 다중응답 변수가 설정되도록 한다. 이 과정을 마친 후 닫기(Close)를 하여 다중응답 변수군 설정을 마무리하게 된다.

• 앞의 과정을 거치게 되면 다중응답을 할 수 있는 준비단계가 마무리되었다. 다중응답 결과를 분석하기 위해서는 다시 SPSS에서 Analyze(분석) ⇒ Multiful Response(다중응답)으로 들어가야 한다. 이때는 앞서 다중응답에 설정되지 않았던 다중응답 빈도와 다중응답 교차분석의 버튼이 생성되어 있음을 확인할 수 있다. 다중응답 분석에서는 빈도와 교차분석을 모두 실시할 수 있고, 개별 변수의 응답은 빈도분석으로 분석할 수 있으며, 다른 변수와의 교차분석을 실시할 경우에는 교차분석을 클릭하면 된다.

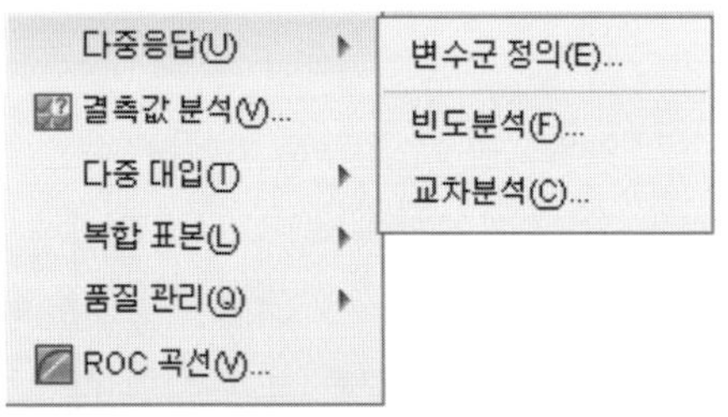

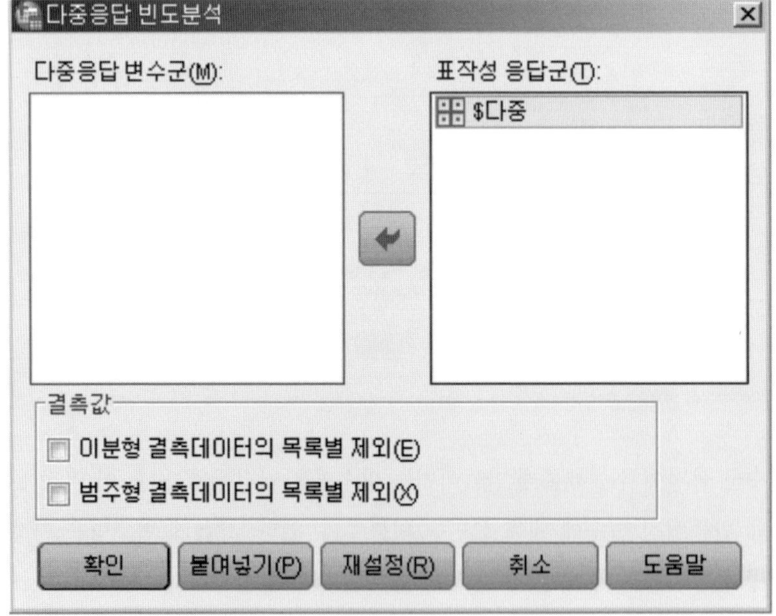

• 다중응답 빈도분석을 실시한 결과를 간략히 설명하면, 전체 다중응답에 응답한 인원은 모두 558명이다. 다중응답 결과에서는 모두 세 가지를 고르는 문항이었으며, 이 중 1,597명이 응답하였다. 이를 백분율로 환산한 것이 Pct of Responses에 제시되어 있고, 다중응답 빈도에 대한 백분율은 Pct of Cases를 통해 확인할 수 있다.

Group $ 희망 프로그램 1~3

Category label	Code	Count	Pct of Responses	Pct of Cases
주간보호서비스	1	260	16.3	46.6
단기보호서비스	2	132	8.3	23.7
장애아 가족을 위한 교육	3	130	8.1	23.3
장애자녀 양육부담	4	140	8.8	25.1
장애 아동 형제자매지원 프로그램	5	111	7.0	19.9
장애아동가족캠프	6	61	3.8	10.9
장애아 부모교육	7	101	6.3	18.1
가사지원	8	103	6.4	18.5
외출지원	9	180	11.3	32.3
학습지원	10	112	7.0	20.1
가정방문치료	11	97	6.1	17.4
가족상담	12	78	4.9	14.0
부모조직	13	26	1.6	4.7
각종 정보제공	14	63	3.9	11.3
기타	15	3	.2	.5
Total responses		1597	100.0	286.2

178 missing cases; 558 valid cases

• 다중응답 결과를 보고서로 작성하게 되면 다음과 같이 제시할 수 있다. 1순위부터 3순위는 개별 빈도표를 작성한 것이며, 마지막 합계는 다중응답 결과를 가지고 표로 재구성한 결과다.

Group $ 희망 프로그램 1~3

민간기관 서비스 부문	1순위		2순위		3순위		합계	
	사례 수	백분율	사례 수	백분율	사례 수	백분율	사례 수	백분율
주간보호서비스	233	41.8	13	2.4	14	2.8	260	16.3
단기보호서비스	34	6.1	91	17.0	7	1.4	132	8.3
가족교육	62	11.1	38	7.1	30	5.9	130	8.1
양육상담	52	9.3	59	11.0	29	5.7	140	8.8
형제자매 프로그램	27	4.8	56	10.5	28	5.5	111	7.0
장애아동가족캠프	14	2.5	24	4.5	23	4.6	61	3.8
장애아 부모교육	15	2.7	34	6.4	52	10.3	101	6.3
가사지원	38	6.8	42	7.9	23	4.6	103	6.4
외출지원	35	6.3	82	15.4	63	12.5	180	11.3
학습지원	16	2.9	47	8.8	49	9.7	112	7.0
가정방문치료	17	3.0	18	3.4	62	12.3	97	6.1
가족상담	8	1.4	17	3.2	53	10.5	78	4.9
부모조직	1	.2	4	.7	21	4.2	26	1.6
각종 정보제공	6	1.1	9	1.7	48	9.5	63	3.9
기타	0	0	0	0	3	.6	3	.2
합계	558	100.0	534	100.0	505	100.0	1,597	100.0

따라서 다중응답식으로 자료를 수집하는 경우는 응답결과를 예측하기 어려운 내용을 다양하게 제시하여 연구자가 필요로 하는 자료를 수집할 수 있고, 지역사회가 경험하고 있는 다양한 사회문제나 사회복지와 관련된 욕구가 무엇인지 전반적으로 파악하는 데 용이하다. 또한 우선순위를 선택하게 하는 문항은 연구자가 미리 선택항목을 제시하고, 질문에서 가장 중요하다고 판단되는 항목을 하나만 선택하게 하거나 두세 가지 정도의 우선순위를 제시하여 응답하게 할 수 있다. 이러한 질문형태는 사회복지기관에서 새로운 프로그램을 개발할 목적으로 응답자가 가장 선호하는 항목이 무엇인지 수집하기 위한 방법으로 활용할 수 있다.

4) 질문문항 작성 시 유의사항

사회복지 욕구조사과정에서 질문지를 작성하는 경우 몇 가지 유의해야 할 사항들이 있다. 무엇보다도 질문문항은 연구자의 연구의도가 충분히 반영될 수 있도록 구성해야 한다. 이를 위해서는 질문지를 작성하는 과정에서 연구의 핵심 질문이 무엇인지 명확하게 결정해야 하고, 이를 구체적으로 질문할 수 있는 세부항목을 만들어 가야 한다. 그러나 질문지 작성과정에서 연구자의 의도가 지나치게 강조될 경우 특정한 응답결과를 유도할 수 있다는 점을 유의해야 할 것이다. 특히 질문지를 통한 서베이 조사의 연구결과는 연구자가 구성하는 질문의 틀 안에 제한될 수밖에 없기 때문에 개별 문항의 속성을 결정할 때에는 다양한 응답을 포괄할 수 있도록 하고, 문항의 속성값이 중복되지 않도록 주의해야 한다.

질문문항을 작성할 때 유의해야 할 사항은, 첫째, 질문문항을 응답자의 특성에 맞도록 작성하는 일이다. 사회복지 욕구조사는 대체로 성인 가구주나 주부가 응답하는 경우가 많지만 경우에 따라서는 아동부터 어르신에 이르기까지 다양한 집단이 설문을 수행할 수 있다. 따라서 질문문항은 보편적으로 일상적인 용어를 사용하는 것이 좋고, 전문용어의 사용은 자제하여야 한다. 또한 문자 해독이 어려운 아동이나 어르신을 대상으로 조사를 수행해야 하는 경우에는 질문지를 우편 조사하는 것보다 면접법을 활용하여 질문지를 수거하는 것이 필요하다.

둘째, 질문의 내용이 명확하도록 문항을 구성하여 응답자가 응답하기 애매한 질문이 되지 않도록 주의할 필요가 있다. 이를 위해 질문의 내용이 한 문항에 하나의 응답을 요구하도록 구성하고, 한 문항에 여러 개의 응답을 요구하는 질문이 되지 않도록 유의할 필요가 있다. 또한 문항을 구성할 때 이중부정을 사용하는 질문을 피해서 응답자가 질문내용을 잘못 이해하지 않도록 하는 것이 중요하다.

셋째, 질문내용에 특정한 가치를 중시하는 내용이 있어서는 곤란하고, 어떤 가정이나 암시가 포함되어서도 곤란하다. 사회조사는 연구자의 의도와는 달리 특정 내용을 질문하는 것 자체가 어떤 사회적 가치를 내포하거나 연구자의 지향을 포함할 수 있다는 점을 명심할 필요가 있다. 특히 질문문항의 속성을 구성할 때 연구자의 인식수준에 많은 영향을 받기 때문에 문항의 속성은 포괄적으로 구성하고, 질문문항을 구성할 때 단어 선택에 주의하는 것이 요청된다.

넷째, 응답자의 신분이 노출될 수 있는 문항이나 개인 신상을 묻는 문항은 응답자가 민감하게 반응할 수 있기 때문에 특별한 경우가 아니라면 제외하는 것이 좋다. 특히 응답자의 일반적 사항을 묻는 문항은 질문지 첫 부분에 배치하는 경우가 많지만 응답자의 개인적 신상에 대한 민감한 내용이 포함되어 있는 문항은 질문지 후반에 배치하기도 한다.

다섯째, 질문문항의 속성을 구성할 때 찬성과 반대의 수가 균형을 이루도록 질문을 구성하는 것이 필요하다. 또한 질문의 속성은 기본적으로 상호 배타적이면서 포괄적이도록 구성해야 한다. 질문의 속성이 서로 배타적이지 못하면 응답결과를 해석하는 데 문제가 발생할 수 있으며, 질문의 속성이 포괄적이지 못한 경우 응답자가 응답할 수 없는 상황에 처할 수 있기 때문에 주의해야 한다.

질문문항 작성 시 유의사항

• 설문지 문항을 작성할 경우 변수는 포괄성과 배타성의 속성을 모두 확보할 수 있어야 한다. 따라서 개별 문항은 모든 응답자가 응답할 수 있는 항목이 있어야 하며, 서로 중복되지 않도록 주의하여 작성하여야 할 것이다.

–문항은 명확하고 간결하게 표현한다(모호성을 배제).

예) 당신은 지난번 휴가를 다녀오셨습니까?

–어려운 용어나 학술적인 용어를 사용하지 않는다.

–유행어나 은어의 사용을 자제한다.

–개인적 감정이나 편향된 질문을 하지 않는다.

예) 가정폭력 가해자는 가족 구성원 모두에게 신체적 · 정신적으로 막대한 피해를 준다고 생각합니다. 이들에 대한 국가의 지원이 필요하다고 생각하십니까?

–이중부정 표현을 하지 않는다.

–응답자의 자존심을 건드리는 표현은 피한다.

예) 당신은 요즘 유행하는 스마트폰이나 아이패드를 가지고 있습니까?

–기간이나 내용이 광범위한 표현을 피한다.

예) 일 년에 외식을 몇 번 정도 하십니까?

–질문내용이 특정한 응답을 유도하는 듯한 표현은 삼간다.

예) 도박중독 문제가 심각하다고 하는데 카지노 내국인 입장을 확대하는 것에 찬성하십니까?

예) 학교에서 결식아동이 많이 발생하고 있는데 이들을 지원하기 위한 무상급식에 찬성하십니까?

–응답항목의 중복을 피한다.

예) ○○유치원의 어떤 점이 가장 마음에 들어서 선택하셨습니까?

(1) 유치원 교육의 질이 좋아서 (2) 교육 프로그램 내용이 우수해서

(3) 교사가 아동발달에 대한 관심이 높아서 (4) 유치원 환경이 좋아서

5) 질문의 순서 결정

질문의 순서 결정은 응답자가 질문지를 작성할 때 보다 쉽게 설문에 참여하기 위해서 질문의 순서를 배열하는 것을 의미한다. 그러나 질문의 순서를 결정하는 작업은 설문의 응답률을 높이기 위한 방안이기도 하다. 일반적으로 질문지의 서두 부분에는 간단하고 흥미 있는 질문을 배치하는 것이 좋다. 또한 객관적인 사실에 대한 질문을 먼저 하고, 주관적인 사실에 대한 질문이나 응답자가 심사숙고해야 하는 질문은 뒷부분에 배치하는 것도 응답률을 높이는 데 도움이 된다. 이와 유사하게 일반적인 질문부터 시작해서 특수한 질문을 배치하는 것이 좋으며, 간단한 질문에서 복잡한 질문으로 이어질 수 있도록 배치하는 것이 좋다. 문항 중 모든 응답자가 응답해야 하는 문항은 앞부분에 배치하고, 해당되는 경우에 응답하는 질문은 뒷부분

에 배치하는 것도 자연스럽게 응답하도록 하는 방안이다.

3. 사회복지 욕구조사의 활용

사회복지 욕구조사를 수행하는 목적은 다양하다. 무엇보다 욕구조사는 사회복지기관이 주민들의 욕구를 파악하고 해결함으로써 조직활동의 정당성과 사회적 역할의 근거를 확보하는 데 크게 기여한다. 또한 사회복지기관은 지역사회 문제를 예방하고 해결해야 하는 주체로서 주민들의 욕구를 파악하는 작업을 우선적으로 수행해야 하는 당사자이기도 하다. 여기에는 사회복지기관의 책임성과 효율성을 강조하는 사회적 분위기도 한몫을 하고 있다. 이를 반영하듯 욕구조사나 만족도 조사를 실시하고 이를 사업계획서에 반영하는 정도는 사회복지기관 평가항목에도 포함되어 있다.

그러나 사회복지 욕구조사는 지역주민의 다양한 사회복지 욕구와 변화를 파악하고, 욕구에 기반을 둔 사회복지 프로그램을 기획하기 위해 실시한다. 또한 사회복지 욕구조사는 지역사회 문제를 예방하고 완화시키는 것을 목적으로 공공기관이 수행하는 것이다. 따라서 사회복지 욕구조사의 결과를 어떻게 활용할 것인가는 욕구조사 자체보다 더욱 중요한 과제가 된다. 사회복지 욕구조사 결과를 활용하는 방안은 연구참여자의 특성별로 프로그램에 대한 욕구를 분석하여 사업계획을 수립하는 것이다. 이와 함께 지역사회의 문제를 확인하고 이를 해결하기 위한 대안을 제시함으로써 지역주민과 공공기관, 사회복지기관의 역할과 협력방안을 모색하는 데 기여할 수 있을 것이다.

1) 사회복지 프로그램 욕구 파악

사회복지 욕구조사를 수행하는 가장 큰 목표는 지역주민들의 사회복지 욕구를 파악하는 것이다. 그러나 욕구조사는 지역주민들의 다양한 사회복지 욕구를 파악하는 데 그치지 않고, 주요 변수에 따라 사회복지 욕구를 비교하여 제시할 수 있다. 사회복지 프로그램 욕구를 분석할 때 가장 많이 활용할 수 있는 방법은 응답자의 인구사회학적 특성에 따라 프로그램 욕구를 비교하는 작업이다. 이를 위해 응답자나 지역주민의 성별, 연령, 거주지역, 경제수준, 인구집단의 특성 등을 유형별로 분류하고, 사회복지 프로그램과 교차분석을 실시할 수 있다.

교차분석 결과는 〈표 8-5〉에 제시하였으며, 분석 결과 연령대별로 사회복지 프로그램에 대한 욕구가 다르게 나타나고 있다. 연령대를 기준으로, 가족복지 프로그램에 대한 욕구는 맞벌이 가정 자녀에 대한 방과후 교실에 대한 욕구가 가장 높았는데, 특히 30대에서 자녀의 방과후 교실에 대한 욕구가 가장 높게 나타났다. 이와 함께 가정문제 전문상담에 대한 욕구는 30대와 40대에서 비슷하게 나타난 것을 알 수 있다. 또한 사회교육을 통한 취업 프로그램에 대한 욕구는 40대가 가장 높았고, 30대에서 50대 사이에서 비슷하게 욕구를 보이고 있다. 이러한 결과들을 볼 때, 욕구조사를 실시한 사회복지기관은 30대에서 50대 사이의 지역주민들을 대상으로 맞벌이 가정 자녀의 방과후 교실 프로그램 개발이 필요하다는 것을 확인할 수 있었다. 또한 교양 프로그램은 40대가 가장 높은 응답을 보였고, 부부수영교실 등에 대

표 8-5 연령대별 사회복지 프로그램 욕구 비교 예(다중응답 결과)

연령 구분 / 가족지원 프로그램	30세 미만	30대	40대	50대	60대 이상	합계(%)
가정문제 전문상담	14	34	35	19	23	125(40.7)
맞벌이 가정 자녀의 방과후 교실	17	70	37	23	11	158(51.5)
사회교육을 통한 취업 프로그램	11	29	32	28	12	112(36.5)
청소년 육성사업	19	28	30	12	7	96(31.3)
교양 프로그램	9	29	42	22	13	115(37.5)
부부수영교실 등	10	34	30	24	2	100(32.6)

출처: 신길종합사회복지관(2003), p. 29.

한 욕구는 30대에서 가장 높은 응답을 보여, 사회복지기관에서는 이들을 위한 프로그램을 기획할 필요성을 확인할 수 있었다.

교차분석은 연속변수가 아닌 비연속변수들 간의 관계를 파악하는 통계기법이다. 연구질문의 형태는 두 가지 비연속변수들이 '서로 관련성이 있다' 혹은 '관련성이 없다' 등의 형태로 이루어지며, 교차분석은 가설검정을 하기 위한 목적이 아니라 하더라도 단순빈도분석을 통해서 파악하기 힘든 변수들의 속성별로 빈도분석을 교차한 결과를 보여 줄 수 있다는 장점을 가진다. 지역사회 욕구조사에서 교차분석의 활용방안은 주요 인구사회학적 변인들과 사회복지 프로그램 우선순위나 지역사회 문제 등의 빈도나 백분율을 세부적으로 분석하는 것이다. 예를 들어, 사회복지 욕구조사에 참여한 연구참여자들의 성별이나 소득수준 구분, 연령 구분, 지역 구분 등을 한 축으로 놓고, 지역사회 내에서 요구되는 사회복지 프로그램에 대한 욕구를 한 축으로 놓을 수 있다. 교차분석은 단순히 빈도분석을 통해 파악하기 힘든 소득수준별, 연령 구분, 지역분포에 따른 사회복지 프로그램의 욕구를 쉽게 파악할 수 있도록 결과를 제시해 준다.

앞에서 제시된 것(〈표 8-5〉)은 교차분석의 분석결과를 보고서 형태로 제시한 것이다. 이를 연구질문의 형태로 나타내면, '지역주민의 연령 구분에 따라 가족지원 프로그램 욕구는 차이가 있는가?'로 제시할 수 있을 것이다. 다음 분석결과에서 사용된 변수들은 '연령 구분'과 '프로그램명'으로 모두 비연속변수이기 때문에 교차분석에서 분석할 수 있는 변수의 측정수준을 충족하고 있다.

SPSS에서 교차분석은 메뉴바에서 Analyze ⇒ Descriptive Statistics ⇒ Crosstabs를 클릭하면 된다. Crosstabs를 선택한 후에는 Row(s)(열)와 Column(s)(행)에 분석하고자 하는 변수를 투입한 후 셀에서 분석결과에서 보고자 하는 빈도의 유형과 백분율 종류를 체크할 수 있다. 교차분석에서 실제로 응답한 빈도수를 보고자 할 때는 Observed(관찰빈도)를 체크하면 되고, Percentages에서는 연구자가 원하는 대로 가로축 백분율이나 세로축 백분율을 체크하거나 가로축과 세로축 백분율을 모두 체크하여 결과를 볼 수 있다.

SPSS에서 교차분석은 카이제곱(chi-square) 값의 유의도를 이용하여 가설검정을 실시할 수 있다. 교차분석에서 가설검정은 일종의 비연속변수들의 속성 간에 서로 관련성이 있는지 혹은 독립적인지를 보는 작업이다. 교차분석은 행과 열을 구성하고 있는 변수의 개별 속성이 교차하는 셀의 실제 관찰빈도(observed counts)와 변수들의 속성이 관계가 없다고 가정했을 때 발생하는 기대빈도(expected counts)의 차이값으로 카이제곱 값을 계산한다. 따라서 카이제곱 값이 크다는 것은 기대빈도와 관찰빈도의 차이가 크다는 것을 의미하며, 변수들 간에 특정한 관련성을 찾을 수 있다는 것을 의미한다. 따라서 교차분석 결과에서 카이제곱 값이 크게 나타나고, 카이제곱 값의 유의수준이 낮게 나타날수록(95% 신뢰수준에서 유의수준은 0.05 이하) 영가설 혹은 귀무가설을 기각하고 대립가설, 연구가설, 실험가설을 채택할 확률이 높아진다.

교차분석 실행하기

1. 교차분석 실행은 분석 ⇒ 기술통계 ⇒ 교차분석을 클릭한다.

2. 교차분석을 실행하기 위해서는 명목수준으로 측정된 값을 클릭하여 행과 열에 변수를 입력한다.

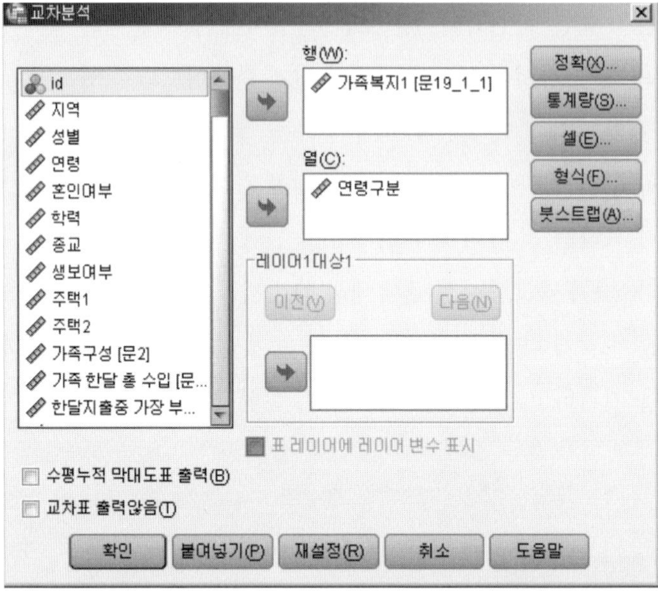

3. 교차분석 결과에서 관찰빈도의 백분율을 변수의 속성별로 보려면 퍼센트에서 행과 열 모두를 체크한다.

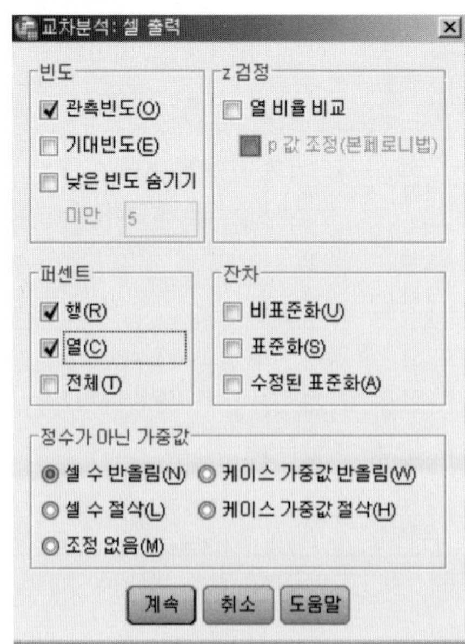

4. 교차분석에서 가설검정을 하기 위해서는 통계량에서 카이제곱을 체크해 주면 카이제곱 값의 유의수준을 볼 수 있다.

교차분석: 통계량

- [x] 카이제곱(H)
- [ ] 상관관계(R)

명목 데이터
- [ ] 분할계수(O)
- [ ] 파이 및 크레이머의 V(P)
- [ ] 람다(L)
- [ ] 불확실성 계수(U)

순서
- [ ] 감마(G)
- [ ] Somers의 d(S)
- [ ] Kendall의 타우-b
- [ ] Kendall의 타우-c

명목 대 등간 척도
- [ ] 에타(E)

- [ ] 카파(K)
- [ ] 위험도(I)
- [ ] McNemar

- [ ] Cochran 및 Mantel-Haenszel 통계량

검정 공통승산비가 동일(T): 1

계속 취소 도움말

〈표 8-6〉, 〈표 8-7〉은 각각 교차분석의 결과표와 가설검정 결과표를 보여 주고 있다. 〈표 8-6〉은 연령 구분을 가로축으로, 가족복지 프로그램을 세로축으로 놓았을 때의 교차분석 결과를 보여 주고 있다. 이러한 분석결과는 연령 구분과 가족복지 프로그램에 대한 욕구의 빈도를 동시에 수행한 결과이기 때문에 단순히 빈도분석에서는 확인할 수 없는 정보를 얻을 수 있다. 분석 결과, 연령대별로 가족복지 프로그램 욕구는 다소 차이를 보이고 있다. 그러나 〈표 8-6〉은 연령대별로 가족복지 프로그램에 대한 욕구가 서로 다르다는 것을 확인할 수 있으나 통계적으로 유의미한 차이를 보이는지는 명확하게 판단할 수 없다. 이를 판단하기 위해서는 교차분석 결과에 나타난 〈표 8-7〉을 보고 분석할 수 있다.

표 8-6 **교차분석 결과표**

가족복지×연령 구분 교차표								
			연령 구분					
			30세 미만	30~39세	40~49세	50~59세	60세 이상	전체
가족복지	방과후 공부방	빈도	6	23	11	6	6	52
		가족복지 %	11.5%	44.2%	21.2%	11.5%	11.5%	100.0%
		연령 구분 %	16.7%	28.8%	14.3%	12.8%	20.0%	19.3%
	사회교육 프로그램을 통한 재취업	빈도	4	21	14	12	8	59
		가족복지 %	6.8%	35.6%	23.7%	20.3%	13.6%	100.0%
		연령 구분 %	11.1%	26.3%	18.2%	25.5%	26.7%	21.9%
	청소년 육성사업	빈도	12	17	19	8	5	61
		가족복지 %	19.7%	27.9%	31.1%	13.1%	8.2%	100.0%
		연령 구분 %	33.3%	21.3%	24.7%	17.0%	16.7%	22.6%
	장애인 여가모임	빈도	7	7	10	5	5	34
		가족복지 %	20.6%	20.6%	29.4%	14.7%	14.7%	100.0%
		연령 구분 %	19.4%	8.8%	13.0%	10.6%	16.7%	12.6%
	각종 교양 강좌	빈도	3	11	22	10	4	50
		가족복지 %	6.0%	22.0%	44.0%	20.0%	8.0%	100.0%
		연령 구분 %	8.3%	13.8%	28.6%	21.3%	13.3%	18.5%
	결혼상담	빈도	4	1	1	6	2	14
		가족복지 %	28.6%	7.1%	7.1%	42.9%	14.3%	100.0%
		연령 구분 %	11.1%	1.3%	1.3%	12.8%	6.7%	5.2%
전체		빈도	36	80	77	47	30	270
		가족복지 %	13.3%	29.6%	28.5%	17.4%	11.1%	100.0%
		연령 구분 %	100.0%	100.0%	100.0%	100.0%	100.0%	100.0%

출처: 신길종합사회복지관(2003), p. 29.

표 8-7 교차분석에서의 가설검정 결과표

카이제곱 검정			
	값	자유도	점근 유의수준(양측검정)
피어슨 카이제곱	35.812[a]	20	.016
우도비	35.642	20	.017
선형 대 선형결합	1.465	1	.226
유효 케이스 수	270		

a. 7셀(23.3%)은 5보다 작은 기대빈도를 가지는 셀이다. 최소 기대빈도는 1.56이다.

교차분석에서 가설검정은 영가설 혹은 귀무가설의 경우 '연령대별로 가족복지 프로그램에 대한 욕구는 차이가 없다.'고 표시할 수 있으며, 이와 반대로 실험가설, 연구가설, 대립가설의 경우는 '연령대별로 가족복지 프로그램에 대한 욕구가 다르다. 혹은 차이가 난다.'라고 볼 수 있다. 가설검정 결과는 '연령대별로 가족복지 프로그램에 대한 욕구가 차이가 있을 것이다.'라는 실험가설이 유의미하게 나타난 것으로 확인되었다.

이러한 해석의 근거는 교차분석 결과표에서 카이제곱 값에 대한 유의수준(Sig) 값이 0.05보다 작은 0.016으로 나타나서 95% 신뢰수준에서 영가설 혹은 귀무가설을 기각할 수 있기 때문이다. 따라서 교차분석 결과에 대한 해석은 '연령대별로 가족복지 프로그램에 대한 욕구가 동일하다.'는 영가설을 기각하고, 95% 신뢰수준하에서 '연령대별로 가족복지 프로그램에 대한 욕구가 차이가 난다. 혹은 다르다.'라는 연구가설(실험가설, 대립가설)을 채택할 수 있다.

교차분석의 원리

교차분석은 주로 명목척도를 이용하여 두 변수 간의 상호관련성을 알아보고자 할 때 사용한다. 따라서 설문조사에서 연구참여자의 인구사회학적 변수들 중 집단으로 구분할 수 있는 비연속변수들은 모두 교차분석에 투입할 수 있는 변수들이 된다. 또한 설문지를 구성하는 질문문항에서 측정수준이 연속변수가 아닌지 여부를 묻는 질문이나 변수의 속성이 상호 배타적으로 구분된 비연속변수들도 교차분석에서 사용할 수 있다. 예를 들어, 성별에 따라 취업 여부에 차이가 있는지를 보거나 연령대별 혹은 지역별로 사회복지 프로그램 욕구가 차이가 있는지를 살펴볼 때 활용할 수 있다.

카이제곱(X^2) 값의 의미

교차분석에서는 기대빈도와 관찰빈도의 차이를 보여 주는 통계량을 계산하는데 이 값이 카이제곱 값이다. 교차분석에서 변수의 속성이 교차하는 지점을 셀(cell)이라고 하며, 카이제곱 값은 각 셀마다 기대빈도와 관찰빈도를 이용하여 계산할 수 있다. 교차분석에서 카이제곱 값은 각 셀의 기대빈도와 실제 빈도 간의 차이를 기대빈도로 나눈 후 모두 합산하면 된다. 교차분석의 기본 원리는 두 변수가 서로 동질하다면 기본적으로 나타나야 하는 기대빈도(expected count)와 실제 관찰빈도(observed count)의 차이를 계산하여, 이 값의 차이를 가지고 분석하는 것이다. 교차분석 결과, 기대빈도와 관찰빈도의 차이가 크게 나타날 경우 카이제곱(x^2) 값은 커지게 되며, 결과적으로 두 변수의 관계가 유의미하다고 해석하게 된다.

카이제곱 계산방법

$$\chi^2 = \sum_{i=1} \frac{(O_i - E_i)^2}{E_i}$$

O_i (관찰빈도) E_i (기대빈도)

x^2의 자유도(Degree of Freedom) = (행의 항목 수−1)×(열의 항목 수−1)

카이제곱 계산하기

교차분석에서 관찰빈도는 실제 응답한 빈도로 확인할 수 있다. 그러나 기대빈도는 각 변수의 카테고리가 있는 셀마다 개별적으로 계산해야 한다. 먼저, 독립변수와 종속변수의 속성이 각각 2개로 구성되어 있는 2×2 교차분석이 있다고 가정하자. 예를 들어, '장애인의 성별과 취업 여부는 관계가 있을 것이다.'라는 가설을 검정하기 위해서 〈표 1〉과 같은 결과를 얻었다. 교차분석의 x^2값을 계산하기 위해서 각 속성들이 있는 셀의 기대빈도를 계산해야 한다. 기대빈도는 각각의 셀이 교차하고 있는 총빈도의 곱을 총합계로 나누면 된다. 남성 장애인과 취업이 교차하는 (a)셀의 기대빈도는 (남성 장애인 10×취업 10)/총합계 20=5가 된다. 또한 (b)셀의 기대빈도는 (남성 장애인 10×미취업 10)/총합계 20=5가 된다. 같은 방법으로 (c)셀과 (d)셀의 기대빈도를 구하면 각각 5가 된다. 이때 x^2값을 계산하게 되면 $[(8-5)^2/5]+[(2-5)^2/5]+[(2-5)^2/5]+[(8-5)^2/5]=1.8+1.8+1.8+1.8=7.2$를 구할 수 있다. 그리고 이 값과 자유도 $(2-1)\times(2-1)=1$에서 95% 신뢰수준이 되는 기준 x^2값과 비교하여 통계치가 크면 영가설을 기각하게 되고, 기준값이 통계치보다 크면 영가설을 채택하게 된다.

〈표 1〉 장애인의 성별과 취업 여부의 교차분석 예

		취업 여부		합계
		취업	미취업	
성별	남성 장애인	8(a)	2(b)	10
	여성 장애인	2(c)	8(d)	10
합계		10	10	20

그러나 SPSS를 활용하여 교차분석을 실시하게 되면 영가설을 기각했을 때 발생할 수 있는 오류인 유의수준 값이 나오기 때문에 x^2값의 자유도에 해당되는 기준값과 통계치를 일일이 비교할 필요가 없다. 따라서 교차분석을 실시한 후 통계치의 유의수준 값이 0.05보다 작게 나타나면 영가설을 기각해도 된다. 이때 유의수준 값은 영가설을 기각했을 때 오류를 범할 확률을 의미하기 때문에 유의수준 값이

0.05보다 작다는 의미는 영가설을 기각해도 오류를 범할 확률이 5% 미만이라는 의미가 된다. 반대로 영가설을 기각하고 대립가설 혹은 연구가설을 채택하는 신뢰수준이 95%라는 것과 동일한 의미라고 해석하면 된다.

한편, 사회복지 프로그램에 대한 욕구는 유사집단인 경우 유사하다고 가정하고, 집단별로 비교하여 제시할 수도 있다. 특히 장애인을 대상으로 욕구조사를 실시할 경우 장애유형은 중요한 집단의 특징을 보여 주는 변인이 된다. 따라서 장애유형에 따른 사회복지 욕구의 차이가 어떠한지를 교차분석을 통해 보여 줄 수도 있다. 〈표 8-8〉에서는 장애아동·청소년의 장애유형별로 가족지원 욕구가 어떻게 다르게 나타나는지를 보여 주고 있다. 분석 결과, 장애아동수당 지원의 경우 지체장애, 뇌병변장애, 언어/청각장애, 지적장애, 자폐성장애 모두 우선순위가 높았는데, 이는 장애유형에 관계없이 경제적 지원의 필요성이 높음을 보여 주고 있다. 특히 뇌병변장애의 경우는 지속적인 물리치료와 작업치료에 대한 욕구가 반영된 것으로 볼 수 있다.

언어/청각장애도 장애아동수당 지원과 장애아동재활치료사업에 대한 욕구가 가장 높았으며, 자녀 교육비 지원에 대한 욕구도 높았다. 지적장애는 장애인복지시책에 대한 욕구가 다양하게 나타났으며, 이는 자녀의 성장과정에서 지속적으로 특수교육과 장기적인 교육계획이 다른 장애유형의 자녀보다 더욱 요구되기 때문으로 추정할 수 있다. 자폐성장애는 지적장애와 유사하게 경제적 지원과 함께 장애아동재활치료사업, 활동보조지원, 공동생활가정에 대한 필요성이 높았다. 특히 공동생활가정에 대한 욕구가 많이 나타난 것은 자폐성장애를 가진 자녀가 학령기 이후 직업재활과 연계될 수 있기 때문에 선호된다고 해석할 수 있으며, 이와 유사한 주간보호 프로그램에 대한 욕구도 높음을 확인할 수 있었다. 이러한 분석결과는 장애인가족을 지원하고자 하는 사회복지기관에게 장애유형에 따른 맞춤형 서비스를 기획하는 데 중요한 기초자료를 제공하고 있다.

표 8-8 장애아동 · 청소년 장애유형별 가족지원 욕구 비교 (단위: 명)

장애가족지원 정책 및 프로그램	장애유형					
	지체 장애	뇌병변	언어/ 청각	지적 장애	자폐성 장애	전체
장애아동수당 지원	11	14	8	31	18	82
장애아동재활치료사업	7	18	5	18	16	64
학교평생교육 프로그램 지원	9	5	1	28	14	57
장애인 의료비 지원	6	15	2	26	4	53
장애인활동보조지원사업	7	5	0	21	17	50
장애인 자녀 교육비 지원	6	5	4	12	5	32
그룹홈 또는 생활시설 이용	3	1	0	17	11	32
학교/사설특수교육실 방과후	3	2	0	18	7	30
특수교육지원센터 이용	4	5	2	8	7	26
지자체에서 운영 돌봄서비스	2	3	3	7	7	22
단기보호(지역사회 재활시설)	2	8	0	7	3	20
학교에서의 치료지원	2	0	1	7	8	18
세금 및 보험료 감면	1	1	1	11	3	17
장애아가족아동양육지원사업	2	2	0	8	1	13
주간보호(지역사회 재활시설)	2	1	0	5	5	13
전체	67	85	27	224	126	529

출처: 유영준, 이명희, 백은령, 최복천(2011), p. 225.

2) 지역사회 문제 분석

욕구조사에서 지역주민들을 대상으로 지역사회 문제에서 가장 심각하다고 생각하는 사안을 질문하였으며, 분석결과는 〈표 8-9〉에 제시하였다. 분석결과는 전체 주민을 대상으로 지역사회 문제의 경험 여부를 질문하였으며, 저소득층과 일반가구를 비교한 결과를 보여 주고 있다. 분석방법은 응답자를 저소득가구와 일반가구로 구분한 다음, 지역사회 문제를 경험했다고 응답한 응답자를 교차분석한 결과다.

분석결과에서 확인할 수 있듯이 저소득가구는 가정의 경제적인 문제를 가장 많이 경험하고 있었으며, 주거 생활과 환경 문제의 발생 빈도가 두 번째로 높았다. 이와는 달리 일반가구의 경우 지역사회에서 경험하는 문제로 정보와 관련된 부분이 가장 높았고, 그다음으로는 자기계발과 여가 문제를 뽑았다. 이와 함께 전체 주민의 경우는 가정경제 문제의 경험 빈도가 가장 높았으나 저소득가구와 일반가구에 따라 지역사회 문제 경험의 빈도는 차이가 있는 것으로 나타났다. 따라서 사회복지 욕구조사를 통하여 지역사회 문제에 대한 경험 빈도와 백분율을 살펴볼 수 있었으며, 저소득가구와 일반가구에 따라 지역사회 문제의 경험 정도에 차이가 있음을 보

표 8-9 지역사회 문제에 대한 인식 비교

	저소득가구			일반가구			전체		
	빈도	백분율	순위	빈도	백분율	순위	빈도	백분율	순위
가정경제	536	76.14	1	115	33.72	3	651	62.30	1
주거 생활, 환경	378	52.94	2	90	26.09	4	468	44.19	2
자기계발, 여가	300	42.92	5	120	35.71	2	420	40.58	3
보건의료서비스	370	51.68	3	57	16.47	6	427	40.21	4
정보	286	40.74	6	125	36.87	1	411	39.48	5
취업 및 직장생활	343	48.93	4	59	17.30	5	402	38.58	6
정신건강	235	33.62	7	46	13.53	7	281	27.05	7
대중교통 이용	236	33.33	8	46	13.29	8	282	26.76	8
집안일	232	32.31	9	47	13.24	9	279	26.00	9
식생활	210	29.45	10	22	6.41	12	232	21.97	10
교육	161	23.03	11	30	9.49	10	191	18.82	11
가족관계	112	16.12	12	29	8.58	11	141	13.65	12
대인관계	99	14.08	13	9	2.62	14	108	10.33	13
개인 위생 관리	50	7.14	14	1	0.30	15	51	4.93	14
음주, 약물남용	36	5.13	15	13	3.85	13	49	4.71	15

출처: 인천시 계양구청(2002).

여 줄 수 있었다. 이러한 결과는 지역주민의 특성에 따라 지역사회 문제의 심각성과 우선순위를 다르게 인식하고 있음을 보여 주고 있다는 점에서 중요한 의의를 발견할 수 있을 것이다.

3) 프로그램 만족도 분석

사회복지 욕구조사는 지역주민들을 대상으로 지역사회가 경험하는 다양한 사회문제를 확인하고, 사회복지 프로그램 욕구를 파악하는 것을 목적으로 실행된다. 한편, 사회복지 욕구조사에서는 지역사회에서 이미 이용 중인 사회복지 프로그램에 대한 이용 만족도를 조사할 수 있으며, 이에 대한 분석결과는 기존 사회복지 프로그램 개선에 필요한 사항과 새로운 프로그램을 기획하는 데 중요한 자료로 활용할 수 있다. 구체적인 질문문항은 사회복지기관 이용 여부를 확인하고 나서 현재 참여 중인 프로그램 및 과거에 참여한 프로그램을 표기하도록 한 후 프로그램의 질적인 측면, 직원에 대한 만족도, 사회복지기관 환경 등으로 구성할 수 있다. 또한 기관 이용 만족도를 전반적으로 측정할 수 있는 척도를 활용하면 주요 변수나 집단에 따른 이용 만족도 점수를 다양하게 비교할 수 있다.

이용 만족도 문항도 다양한 형태와 내용으로 구성할 수 있으며, 분석과정에서는 연구에 사용한 주요 변수에 따라 이용 만족도에 차이가 있는지 분석할 수 있다. 척도를 활용한 경우에는 만족도 문항을 전부 혹은 하위영역별로 합산하여 종속변수로 설정할 수 있다. 다음으로는 이용 만족도 점수를 종속변수로 두고, 주요 변수를 독립변수로 투입하여 분석하는 방법과 결과 해석을 제시하였다. 분석방법으로는 집단 간 평균점수의 유의미한 차이를 보는 독립 t검정과 분산분석을 활용하면 된다. 만약 비교하는 집단이 서로 다른 두 집단일 경우에는 독립 t검정을 실시하고, 독립변수로 투입된 집단이 세 집단 이상일 경우에는 분산분석을 활용하면 된다. 특히 분산분석은 두 집단의 평균 차이 비교에서 활용할 수 있는 통계방법이기 때문에 독립 t검정과 분산분석에 크게 구애받지 않고 분산분석만 실행해도 된다. 또한

기관 이용 만족도 문항 예

• 복지관을 이용하면서 복지관의 전반적인 수준에서 어느 정도 만족하시는지 귀하의 의견과 가장 가까운 보기의 번호에 표시해 주세요. (　　)

① 매우 불만족　② 불만족　③ 보통　④ 만족　⑤ 매우 만족

• 직원, 기관 환경, 프로그램 만족도 질문 예

문항		5 매우 그렇다	4 그런 편이다	3 보통 이다	2 별로 그렇지 않다	1 전혀 그렇지 않다
직원에 대한 만족	01. 프로그램 담당자는 이용자들에게 항상 친절합니까?	5	4	3	2	1
	02. 담당 직원은 귀하의 문제를 이해하기 위해 열심히 듣는 편입니까?	5	4	3	2	1
	03. 담당 직원이 귀하의 문제를 적극적으로 처리한다고 생각하십니까?	5	4	3	2	1
환경에 대한 만족	01. 건물의 외관은 전반적으로 깨끗합니까?	5	4	3	2	1
	02. 건물 내부에서 불쾌한 냄새가 자주 납니까?	5	4	3	2	1
	03. 화장실이 항상 청결하게 관리됩니까?	5	4	3	2	1
	04. 건물 내부가 이용하기에 편리하게 배치되었습니까?	5	4	3	2	1
프로그램 만족	01. 기관은 귀하가 필요한 도움을 신속하게 처리하려고 노력합니까?	5	4	3	2	1
	02. 만약 친구가 귀하와 비슷한 문제로 고민한다면 본 기관의 프로그램을 추천하겠습니까?	5	4	3	2	1
	03. 기관 이용이 전반적으로 문제해결에 도움이 된다고 생각하십니까?	5	4	3	2	1

독립변수가 하나인 경우에는 일원 분산분석을 사용하고, 하나가 아닌 두 가지 혹은 세 가지인 경우에는 각각 이원 분산분석, 삼원 분산분석을 실행하면 된다.

변량분석 혹은 분산분석에서 독립변수를 하나로 설정하는 경우는 일원 변량분석 혹은 일원 분산분석이라고 한다. 이를 실행하는 구체적인 방법은 SPSS 메뉴바에서 Analyze(분석) ⇒ Compare Means(평균 비교) ⇒ One-Way Anova(일원 분산분석)를 클릭하면 된다. 분석 화면에서 Dependent List에는 비교하고자 하는 종속변수를 투입하고(기관 이용 만족도의 하위평균과 전체 만족도 문항의 평균), Factor에는 독립변수를 투입한다.

분산분석의 목적은 다양한 집단 간의 평균 차이가 통계적으로 유의미한 차이를 보이는지 살펴보는 것이기 때문에 분산분석의 결과가 유의미하게 나타날 경우 구체적으로 어떤 집단 사이에서 차이를 보이는지 파악하기 위해 사후검정을 실시하여야 한다. 분산분석의 사후검정은 옵션에서 Post Hoc을 클릭하면 다양한 방법이 제시된다. 일반적으로 집단 간 차이를 분석할 때 엄격성을 강조하기를 원한다면 사후검정 방법 중 가장 보수적인 분석방법인 쉐페(Scheffe) 방법을 활용한다. 쉐페 방법을 사용한 사후검정에서 집단 간 차이가 유의미하게 나타나면 다른 사후검정 통계방법에서도 모두 차이가 나기 때문에 가장 보수적인 방법이라고 할 수 있다.

옵션에서 체크할 사항은 세 가지로 설정하였다. 첫 번째 옵션으로 설정한 Descriptives(기술통계)는 분산분석 결과의 기술통계치를 볼 수 있다. 기술통계치를 통해 비교집단의 종속변수 평균과 표준편차를 확인할 수 있다. 두 번째 Test of Homogeneity of Variance(분산의 동질성 검사)는 분산분석의 전제조건 중의 하나인 비교집단의 분산이 동질하여야 한다는 조건에 적합한가를 분석하기 위해 체크한 것이다. 분석결과에 대한 해석은 분산의 동질성이 확보되어야 하기 때문에 비교집단의 분산이 유의미한 차이가 나지 않아야 분산분석의 기본 가정에 적합하다고 볼 수 있다. 세 번째는 비교집단의 평균을 그래프로 볼 수 있게 하는 옵션으로 분산분석 결과에서 집단 간 평균 차이를 시각적으로 보여 줄 수 있다는 장점이 있다.

분산분석 결과에 대한 해석은 분산분석표를 보고 F값의 유의수준 값으로 가설검정을 수행한다. 연구질문에서 귀무가설 혹은 영가설의 형태는 '집단 간에 평균 차이가 없다.'이며, F값의 유의수준 값이 0.05 이하로 나타나면 95% 신뢰수준에서 집단 간 평균 차이가 유의미하다는 실험가설, 연구가설, 대립가설을 채택하게 된다. 또한 '집단 간 평균 차이가 유의미하다.'는 가설을 채택하였을 때는 사후검정을 실시해서 구체적으로 어떤 집단과 집단에서 평균 차이가 유의미하게 나타나는지를 확인하면 된다. 사후검정의 해석방법도 교차분석이나 분산분석 결과 해석과 동일하게 사후검정 결과표에서 집단 간 차이의 유의수준 값이 0.05보다 작으면 95% 신뢰수준하에서 두 집단의 평균 차이가 유의미하다고 해석하면 된다.

분산분석 실행하기

1. 분산분석 혹은 변량분석을 실시하기 위해서는 메뉴바에서 분석(Analyze) ⇒ 평균비교(Compare Means) ⇒ 일원 분산분석(One-Way Anova)을 클릭한다.

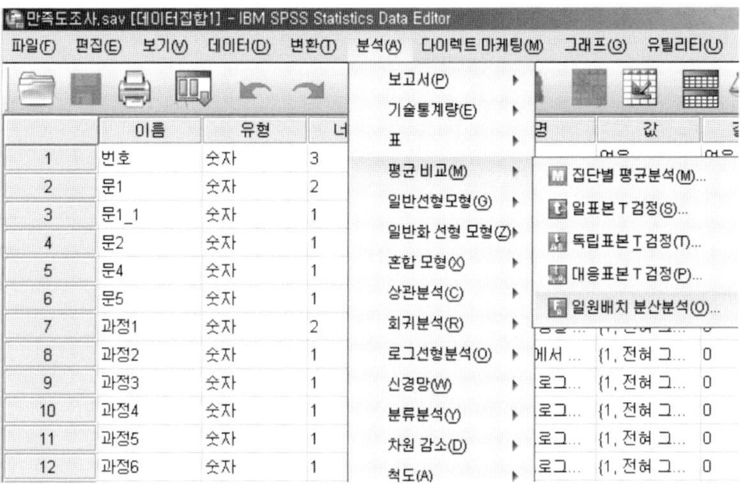

2. 분산분석을 실행하기 위해서는 종속변수에 비교하고자 하는 평균점수 값을 입력하고, 요인에는 독립변수에 해당되는 집단을 투입하면 된다.

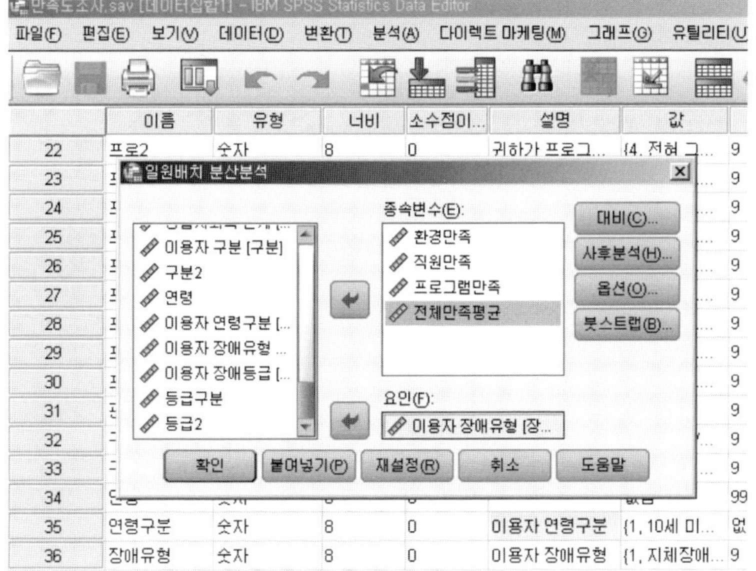

3. 분산분석은 집단 간 평균 차이를 검정하여 볼 수 있으나 개별 독립변수들의 속성별로 평균 차이를 보기 위해서는 사후검정을 실시해야 한다. 사후검정은 여러 가지 방법이 있으나 가장 보수적인 결과를 제시하는 쉐페(Scheffe) 방법을 선택하였다.

일원배치 분산분석: 사후분석 - 다중비교
등분산을 가정함
LSD
S-N-K
Waller-Duncan
Bonferroni
Tukey 방법
제1종/제2종 오류 비율(/): 100
Sidak
Tukey의 b
Dunnett
Scheffe
Duncan
제어 범주(Y): 마지막(T)
R-E-G-W의 F
Hochberg의 GT2
검정
R-E-G-W의 Q
Gabriel
양쪽검정(2) < 통제(O) > 통제(N)
등분산을 가정하지 않음
Tamhane의 T2
Dunnett의 T3
Games-Howell
Dunnett의 C
유의수준(V): 0.05
계속 취소 도움말

4. 분산분석 결과표에서 기술통계, 분산 동질성 검정, 평균 도표를 체크한다. 기술통계는 독립변수 속성별로 기술통계치를 볼 수 있고, 분산 동질성은 분산분석의 기본 가정을 충족하고 있는지를 파악하기 위해 필요하다.

분산분석의 결과와 해석 예

기술통계(Descriptives)

		N	Mean	Std. Deviation	Std. Error	95% Confidence Interval for Mean		Minimum	Maximum
						Lower Bound	Upper Bound		
직원만족	지체장애	8	4.5179	.61178	.21630	4.0064	5.0293	3.21	5.00
	지적장애	36	4.2500	.44411	.07402	4.0997	4.4003	3.29	5.00
	자폐성장애	29	4.4310	.43510	.08080	4.2655	4.5965	3.57	5.00
	뇌병변장애	13	4.4725	.59372	.16467	4.1137	4.8313	3.00	5.00
	Total	86	4.3696	.48497	.05230	4.2656	4.4736	3.00	5.00
환경운영	지체장애	9	4.0175	.62993	.20998	3.5333	4.5018	3.21	4.89
	지적장애	39	3.7233	.62400	.09992	3.5211	3.9256	2.26	5.00
	자폐성장애	29	3.6570	.46814	.08693	3.4789	3.8351	2.68	4.53
	뇌병변장애	15	3.8000	.81177	.20960	3.3505	4.2495	2.42	5.00
	Total	92	3.7437	.61384	.06400	3.6166	3.8708	2.26	5.00
프로그램	지체장애	9	4.0171	.84333	.28111	3.3689	4.6653	3.00	5.00
	지적장애	40	3.8750	.65357	.10334	3.6660	4.0840	2.00	5.00
	자폐성장애	30	3.9564	.56551	.10325	3.7452	4.1676	2.77	5.00
	뇌병변장애	14	4.2473	.81529	.21790	3.7765	4.7180	2.31	5.00
	Total	93	3.9711	.67346	.06983	3.8324	4.1097	2.00	5.00
만족평균	지체장애	7	4.1894	.56601	.21393	3.6660	4.7129	3.20	4.91
	지적장애	34	3.9335	.51140	.08770	3.7551	4.1119	2.63	4.85
	자폐성장애	28	4.0023	.42982	.08123	3.8357	4.1690	3.13	4.61
	뇌병변장애	11	4.2134	.54355	.16389	3.8483	4.5786	3.28	4.91
	Total	80	4.0185	.49517	.05536	3.9083	4.1287	2.63	4.91

- 분산분석 결과의 첫 번째 표는 독립변수로 투입된 집단별로 종속변수에 대한 평균값과 기술통계치 값을 보여 준다. 분석결과를 해석할 경우에는 집단 간의 평균값을 단순 비교할 수 있으며, 표준편차는 개별 값이 평균으로부터 얼마나 떨어져 있는가를 보여 주는 값으로 볼 수 있다.

  표준편차가 크다는 것은 개별 값이 평균으로부터 멀리 떨어져 있어서 개별 값의 편차가 크다는 것을 의미하며, 표준편차가 작다는 것은 개별 값이 평균 근처에 몰려 있다고 해석할 수 있다.

분산의 동질성 검사(Test of Homogeneity of Variances)

	Levene Statistic	df1	df2	Sig.
직원만족	.667	3	82	.575
환경운영	2.323	3	88	.081
프로그램	1.742	3	89	.164
만족평균	.287	3	76	.834

- 분산분석은 비교집단의 종속변수 값의 분산이 동질하여야 한다는 기본 가정을 충족해야 한다. 앞선 표에서는 분산의 동질성을 레빈(Levene) 검사를 통해 살펴보고 있다. 분석결과는 레빈 검사값의 유의수준 값이 0.05보다 크게 나타나서 '분산이 동질하다.'는 영가설을 채택한다. 따라서 분산분석의 기본 가정을 충족하고 있으며, 만약 레빈 검사값의 유의수준 값이 0.05보다 낮게 나타났다면, 분산의 동질성 가정을 충족하지 못함을 의미한다. 이 경우에는 분산분석 결과값을 해석할 때 주의해야 한다.

분산분석(ANOVA) 결과

		Sum of Squares	df	Mean Square	F	Sig.
직원만족	Between Groups	.938	3	.313	1.346	.265
	Within Groups	19.054	82	.232		
	Total	19.992	85			
환경운영	Between Groups	.957	3	.319	.842	.475
	Within Groups	33.333	88	.379		
	Total	34.289	91			
프로그램	Between Groups	1.463	3	.488	1.078	.363
	Within Groups	40.264	89	.452		
	Total	41.727	92			
만족평균	Between Groups	.876	3	.292	1.199	.316
	Within Groups	18.495	76	.243		
	Total	19.371	79			

• 분산분석 결과, 장애유형별로 이용 만족 전체 평균과 이용 만족을 구성하고 있는 직원, 환경, 프로그램 등의 하위영역의 평균값 모두에서 종속변수의 평균 차이가 유의미하지 않게 나타났다. 따라서 '집단 간 평균 차이가 없다.'는 영가설 혹은 귀무가설을 채택하여야 한다. 만약 앞선 분석결과에서 F값의 유의수준 값이 0.05 이하로 나타났다면, 95% 신뢰수준하에서 '장애유형별로 이용 만족에 차이가 있다.'는 실험가설, 대립가설, 연구가설을 채택하여야 한다.

사후검정(Post Hoc Tests) 쉐페

독립변수	(I)장애유형	(J)장애유형	평균 차이 (I-J)	Std. Error	Sig.	95% 신뢰수준	
						Lower Bound	Upper Bound
직원 만족	지체장애	지적장애	0.2679	0.1884	0.5706	−0.2700	0.8057
		자폐성장애	0.0868	0.1925	0.9769	−0.4627	0.6363
		뇌병변장애	0.0453	0.2166	0.9976	−0.5730	0.6636
	지적장애	지적장애	−0.2679	0.1884	0.5706	−0.8057	0.2700
		자폐성장애	−0.1810	0.1203	0.5225	−0.5244	0.1623
		뇌병변장애	−0.2225	0.1560	0.5677	−0.6678	0.2227
	자폐성 장애	지적장애	−0.0868	0.1925	0.9769	−0.6363	0.4627
		자폐성장애	0.1810	0.1203	0.5225	−0.1623	0.5244
		뇌병변장애	−0.0415	0.1609	0.9955	−0.5008	0.4178
	뇌병변 장애	지적장애	−0.0453	0.2166	0.9976	−0.6636	0.5730
		자폐성장애	0.2225	0.1560	0.5677	−0.2227	0.6678
		뇌병변장애	0.0415	0.1609	0.9955	−0.4178	0.5008

• 분산분석에서 독립변수에 따라 종속변수의 평균 차이가 있음을 확인하였다면, 사후검정을 통하여 어떤 집단 간에 평균 차이가 유의미한지를 확인하여야 한다. 앞선 결과에서는 쉐페검정의 유의수준 값이 모두 0.05보다 크게 나타났기 때문에 장애유형별로 직원만족에 차이가 없음을 확인할 수 있다. 만약 쉐페 검정의 유의수준 값이 0.05보다 작게 나타났다면, 두 비교집단에서 종속변수의 평균 차이가 유의미하다고 해석할 수 있다.

Homogeneous Subsets 직원만족

장애유형	N	Subset for alpha = .05
		1
지적장애	34	3.9335
자폐성장애	28	4.0023
지체장애	7	4.1894
뇌병변장애	11	4.2134
Sig.		.544

• 앞선 결과는 장애유형별로 종속변수인 직원만족의 평균값이 장애유형별로 동질한가를 확인한 결과이며, 분석결과에서 장애유형에 따라 직원만족에 차이가 없음을 보여 주고 있다.

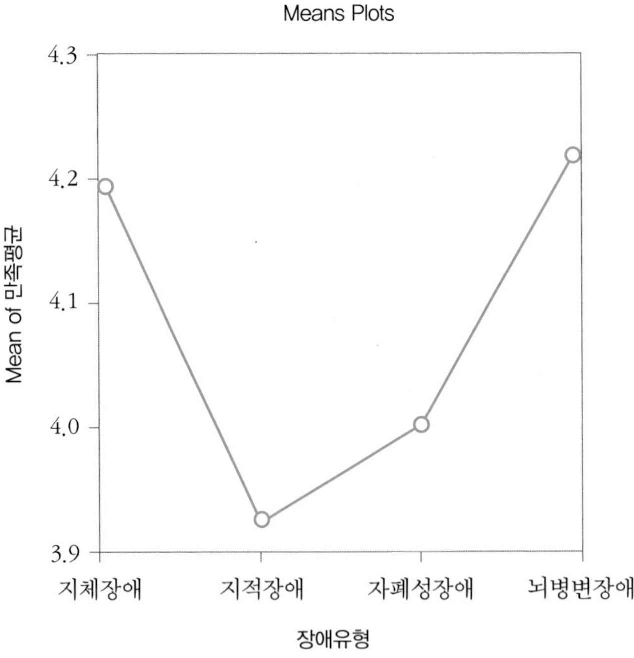

- 앞선 그래프는 장애유형에 따라 전체 이용 만족 평균값을 시각적인 그림으로 보여 주고 있다. 분석 결과, 장애유형에 따라 만족평균의 차이는 유의미한 차이를 보이지는 않았지만 지적장애인과 자폐성장애인의 이용 만족도가 지체장애인이나 뇌병변장애인보다 상대적으로 낮게 나타난 것을 볼 수 있다.

- 분산분석과 t검정 비교
  일반적으로 평균 차이를 검정할 때는 t검정과 변량분석이 사용된다. t검정의 경우는 두 가지 방법으로 구분되는데, 연구질문이 서로 다른 두 집단의 평균 차이를 비교할 경우에는 독립 t검정(Independent-Samples-t test)을 실시하고, 동일집단의 2개의 평균 차이를 비교할 경우에는 대응 t검정(Paree-Samples-t test)을 사용한다. 대응 t검정의 경우는 사회복지 프로그램의 효과를 사전점수와 사후점수의 차이로 평가할 때 사용할 수 있다. 분산분석의 경우에는 두 집단의 평균 차이를 비교할 경우에도 사용할 수 있으나, 일반적으로 세 집단 이상의 평균 차이를 비교할 때 주로 사용된다. 특히 분산분석의 경우 비교하고자 하는 집단의 변량을 이용하여 분석하기 때문에 다수 집단의 평균 차이를 검정할 수 있다. 또한 연구질문에서 독립변수가 하나일 경우에는 일원 분산분석을 사용하여 분석하고, 독립변수가 2개인 경우에는 이원 분산분석을 실시한다.

분산분석 보고서 작성 예

• 분산분석 보고서 작성은 집단별 기술통계치와 F 검정값, 유의수준을 모두 볼 수 있도록 제시하는 것이 좋다. 분산분석 결과를 가지고 보고서를 작성할 때는 다음과 같이 표를 작성하여 분석결과에 대해 기술하면 된다. 다음의 분산분석 결과의 경우 F값의 유의수준(영가설을 기각했을 때 오류를 범할 확률)이 0.05 이상으로 나타났기 때문에 결과적으로 집단 간 종속변수의 평균값은 유의미한 차이가 없는 것으로 결론 내릴 수 있다.

분산분석 보고서 표 작성

	집단구분	사례 수	평균	표준편차	F
직원만족	지체장애	8	4.5179	.61178	1.346
	지적장애	36	4.2500	.44411	
	자폐성장애	29	4.4310	.43510	
	뇌병변장애	13	4.4725	.59372	

• 만약 F값의 유의수준이 0.05 이하와 0.01보다 큰 경우에는 표 아래 왼쪽에 *p<0.05로 표기해 주고, F값에도 *를 표기해 준다. 그리고 F값의 유의수준이 0.01 이하와 0.001보다 크게 나타났다면, 표 아래 왼쪽에 **p<0.01로 표기하고, F값에 **를 표시해 주면 된다. 마찬가지 방법으로 F값의 유의수준이 0.001보다 낮게 나타나면, 표 아래 왼쪽에 ***p<0.001로 표기하고, F값에 ***를 표기해 주면 된다.

분산분석 전체 결과에 대한 해석

• 분석 결과, '장애유형별로 기관 이용 만족에 차이가 있는가?'라는 연구질문은 사회복지기관에 대한 이용 만족이 장애유형에 따라 차이가 없는 것으로 나타났다. 이러한 결과는 사회복지기관 입장에서는 긍정적인 결과로 해석할 수 있다. 왜냐하면 장애유형에 따라 사회복지기관에 대한 이용 만족도가 차이가 났다면

오히려 특정 장애유형을 가진 장애인들이 사회복지기관을 이용함에 있어서 직원이나 프로그램, 기관 환경이 다르게 작용했다는 것을 의미하기 때문이다. 따라서 분산분석은 비연속변수인 집단을 독립변수로 투입하고, 연속변수를 종속변수로 설정하여, 집단 간에 종속변수의 평균값이 유의미한 차이가 있는지를 검정하는 통계기법이다. 이를 활용하기 위해서는 먼저 사회복지기관을 이용하고 있는 다양한 집단이나 주요 인구사회학적 변수들 중 비연속변수를 독립변수로 설정하고, 연구자가 분석하고자 하는 현상을 연속변수로 측정하여 종속변수로 설정하면 독립변수에 따라 종속변수가 차이가 있는지 여부에 대해 가설검정을 할 수 있다.

제9장

실험설계

1. 실험설계의 개요

1) 실험설계의 개념

실험설계는 다양한 사회현상이나 자연현상에서 특정 변인들의 인과관계를 확인할 수 있는 방법으로 널리 사용되고 있다. 실험설계는 주로 자연현상의 인과관계를 검정하는 방법으로 많이 활용되고 있지만 사회현상도 자연과학을 연구하는 방법과 동일한 방법으로 연구할 수 있다는 가정하에 사회현상도 실험설계의 연구대상으로 포함시키고 있다. 사회과학에서 실험설계를 중요하게 간주하는 것은 복잡한 사회현상을 단순화하여 인과관계를 보여 줄 수 있다는 점 때문이다.

실험설계는 실험집단과 통제집단을 구성하는 것에서부터 시작된다. 실험집단은 독립변수의 개입 혹은 실험변수의 조작이 의도적으로 이루어지는 집단이다. 이에 비해 통제집단은 독립변수의 조작이 이루어지지 않고, 실험집단의 변화를 보여 주기 위해 비교되는 집단이다. 따라서 실험설계에서 독립변수는 실험집단에 조작을 가하는 것이며, 종속변수는 연구자가 관심을 두고 측정하는 변수다. 사회복지 실천현장에서 실험설계가 이루어진다면 독립변수는 주로 사회복지사의 개입이나 사회복지 프로그램이 될 수 있으며, 종속변수는 사회복지실천의 개입목표가 될 수 있다.

실험설계의 기본 원리는 시간의 흐름에 따라 실험집단의 변화를 통제집단과 비교하는 것이다. 이때 실험집단과 통제집단의 종속변수 변화를 측정하기 위해서 사전조사와 사후조사가 이루어진다. 또한 실험집단과 통제집단은 무작위배정(randomization)을 통해 배치하도록 요구된다. 실험설계 집단을 구성할 때 무작위배정을 해야 하는 이유는 실험이 시작되는 시점에서 실험집단과 통제집단의 동질성이 확보되어야 하고, 실험이 끝나는 시점에서 실험집단과 통제집단의 변화를 정확하게 비교하기 위함이다.

이와 함께 실험설계에서 독립변수와 종속변수의 인과관계를 보여 주기 위해서 실험이 진행되는 상황을 통제하는 것이 필요하다. 실험설계에서 통제는 측정된 종속변수의 변화가 독립변수로 인한 결과임을 보여 주기 위함인데, 이는 종속변수의 변화가 독립변수 이외의 다른 변수들에 의해 설명이 되어서는 인과관계를 보여 줄 수 없기 때문이다.[1]

그러나 사회과학에서 실험집단과 통제집단 구성, 집단구성과정에서 무작위배정 실시, 사전점수와 사후점수의 측정, 독립변수와 종속변수의 통제 등 실험설계 조건

---

1) 실험설계에서 종속변수의 변화가 독립변수로 인한 결과임을 보여 주는 정도를 내적타당도라고 한다. 또한 실험의 효과를 일반화할 수 있는 정도는 외적타당도다. 실험설계에서 독립변수 이외에 실험결과에 영향을 미칠 수 있는 요인들은 내적타당도 저해요인이 된다. 따라서 실험설계는 내적타당도 저해요인이 발생하지 않도록 실험집단과 통제집단을 구성할 때 무작위배정과 매칭(matching) 방법을 사용하여 두 집단의 동질성을 확보하는 것이 중요하다. 한편, 실험설계에서 외적타당도를 확보하기 위해서는 다양한 특성을 지닌 사례들이 실험에 참여하도록 무작위추출(random sampling)을 하도록 제안하고 있다.

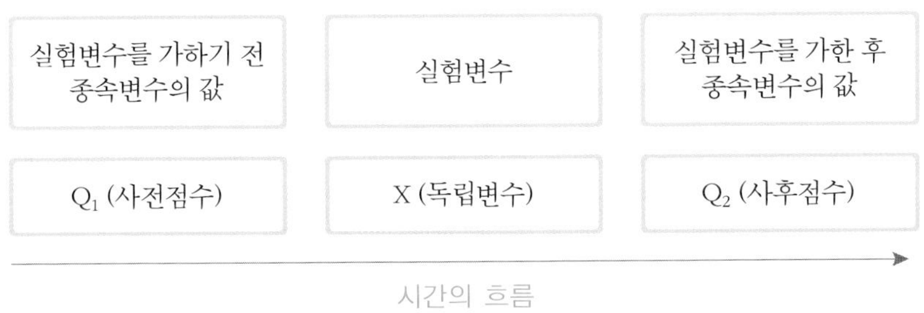

[그림 9-1] 실험설계의 기본 유형

을 엄격하게 충족하기는 쉽지 않다. 따라서 사회과학 연구에서 고전적 의미의 실험설계를 수행하기 어려울 때 유사실험설계를 실행하는 경우가 많다. 예를 들면, 실험설계 참여자가 사회복지기관 이용자이거나 지역주민인 경우 통제집단을 형성하는 것이 쉽지 않아 통제집단 없이 실험설계를 진행하기도 한다. 또한 실험설계과정에서 실험집단과 통제집단을 무작위 배정하는 것은 윤리적인 문제를 초래할 수도 있다. 이는 통제집단에 배치된 이용자들도 실험집단과 마찬가지로 독립변수의 개입이 필요하지만 실험설계에서는 통제집단에 대한 독립변수의 개입을 의도적으로 유보하거나 배제하기 때문이다. 그럼에도 불구하고 사회과학에서 실험설계를 강조하는 이유는 실험설계가 인과관계의 조건을 모두 충족할 수 있다는 장점 때문이다.

2) 실험설계의 구성요소

(1) 실험변수의 조작

실험설계에서 변수의 조작 정도는 연구자가 독립변수를 통제할 수 있는 정도를 의미한다. 연구자가 독립변수를 조작할 수 있는 정도는 실험설계 요소에서 중요한 조건이다. 실험변수의 조작이 갖는 의미는 연구의 초점이 되는 종속변수의 원인을 실험자가 인위적으로 선정하고 개입하는 것을 뜻한다. 따라서 실험설계에서 실험변수의 조작은 독립변수의 개입이 되며, 사회복지 실천현장에서 사회복지사나 실천가의 실천 자체라고 볼 수 있다.

실험의 효과는 실험변수의 조작이 있기 전에 측정한 종속변수의 사전점수와 실험변수의 조작 이후 측정한 종속변수의 사후점수 간 차이라고 볼 수 있다. 따라서 실험변수를 선정하기 위해 연구자는 자신이 관심을 두고 있는 종속변수에 영향을 미칠 수 있는 독립변수가 무엇인지 충분히 검토하는 것이 필요하다. 특히 실험설계에서 종속변수는 실험참여자의 변화를 보여 줄 수 있어야 하고, 실험변수를 무엇으로 선정하느냐에 따라 종속변수의 변화를 이끌어 내기 위한 실천의 방법과 내용이 결정된다.

(2) 외생변수의 통제

실험설계에서는 연구의 대상이 되는 실험변수와 종속변수 이외의 기타 변수들이 실험의 과정과 결과에 영향을 미쳐서는 곤란하다. 만약 실험설계에서 실험변수 이외의 변수들이 실험결과에 영향을 미치게 된다면 실험의 효과를 정확하게 보여 줄 수 없을 뿐만 아니라 독립변수와 종속변수의 인과관계를 명확하게 보여 주는 데 실패하게 된다. 따라서 실험의 정확성을 높이기 위해서는 외생변수의 영향을 체계적으로 제거할 수 있도록 실험을 설계하는 것이 중요하다. 외생변수를 통제하기 위한 방안으로 실험설계에서는 실험집단과 유사한 조건을 가진 통제집단을 선정한다. 또한 외생변수를 통제하였음을 보여 주기 위해 실험변수(독립변수)를 조작하기 이전 실험집단과 통제집단의 종속변수 값을 구하고, 두 집단의 종속변수 값이 통계적으로 유의한 차이가 없음을 보여 주어야 한다.

이를 위해 실험집단과 통제집단을 구분하여 독립변수로 선정하고, 사전점수와 사후점수를 종속변수로 선정하여 독립 t검정을 실시한다. 독립 t검정의 결과는 실험집단과 통제집단의 종속변수 사전점수는 유의미한 차이가 없고, 사후점수에서 유의미한 차이가 있음을 보여 준다. 이와 함께 종속변수의 사전점수를 통제변수로 투입하고, 종속변수의 사후점수의 차이를 분석하는 공분산분석(ANCOVA)을 실시할 수 있다. 따라서 통제집단의 종속변수 값은 실험결과가 외생변수의 영향이 아닌 독립변수의 조작에 의한 결과임을 보여 줄 수 있는 근거로 활용된다.

(3) 실험대상의 무작위화

실험대상의 무작위화는 실험결과를 모집단 전체로 일반화하기 위해서 실험참여자에 대한 정보를 전혀 모른다는 전제하에 무작위로 선정하여 실험집단과 통제집단에 배치하는 것을 말한다. 실험설계에서 실험대상을 무작위로 선정하는 방법에는 무작위배정 방법과 매칭 방법이 있다.

무작위배정은 특별한 기준이나 조건 없이 실험에 참여하기를 원하는 모집단에서 추첨이나 무작위로 한 명씩을 뽑아 실험집단과 통제집단에 각각 배치하는 것을 의미한다. 매칭 방법은 실험집단과 통제집단의 구성원을 유사하게 짝을 지어 배치하는 것을 말한다. 매칭 방법에는 실험집단과 통제집단을 일대일로 매칭하여 집단에 각각 한 명씩 배치하는 일대일 매칭 방법과 실험집단과 통제집단의 전체 평균을 어느 정도 일치하도록 집단을 배치하는 빈도분포 매칭 방법이 있다. 그러나 일대일 매칭의 경우 집단의 동질성을 확보하기 위한 조건이 다양해질수록 매칭이 어려워지는 단점이 있다. 예를 들어, 성별이나 학력, 소득, 연령 등을 일대일 조건으로 선정하고 일대일 매칭을 할 경우 이들 조건을 모두 충족하는 실험참여자를 찾기 어려울 수 있다. 따라서 일대일 매칭을 엄격하게 하기 위해서는 실험에 참여할 참여자

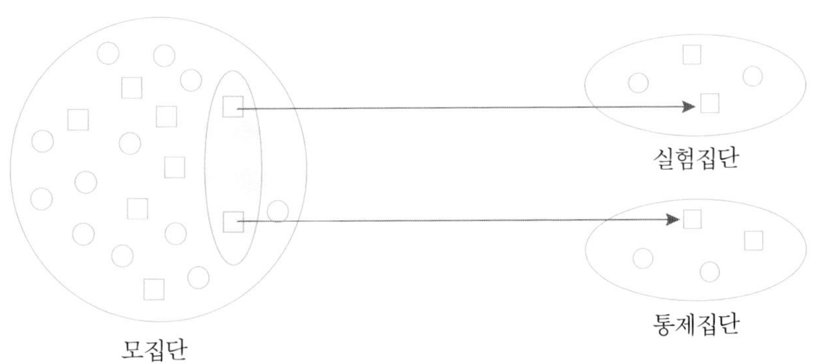

[그림 9-2] 실험설계에서 무작위배정(매칭 방법)

를 충분히 확보해야 한다.

3) 인과관계의 조건

인과관계는 어떤 현상이 나타나기 위해서는 없어서는 안 되는 필요조건이 요구되는 관계를 의미한다. 인과관계는 복잡한 사회현상 안에 존재하는 개념들 간의 관계를 축약해 보여 주는 기능을 한다. 특히 인과관계에서 독립변수는 종속변수가 발생하기 위한 필요조건이 된다. 이러한 인과관계를 충족하기 위해서는 몇 가지 조건을 충족해야 하는데, 이들 조건은 인과관계를 보는 개념들 간의 공변성, 독립변수의 시간상 우선성, 대안적 설명의 배제 등이다.

첫째, 인과관계를 충족하기 위한 기본적인 조건은 변수 간에 상호연관성(association)이 있어야 한다는 것이다. 공변성(covariance)은 원인과 결과가 일관성이 있는 특정한 관계를 보이는 것을 의미한다. 예를 들어, 원인이 생기거나, 사라지거나, 증가하거나, 감소하거나, 변화하면, 그에 따라 결과에서도 일관된 변화가 발생하여야 한다. 현상 A가 발생하면 현상 B가 항상 발생하고, 현상 A가 소멸하면 현상 B가 항상 소멸한다면, 현상 A와 현상 B는 서로 인과관계를 가진다는 추론을 하기 위한 첫째 조건이 충족된다. 사회현상에서 공변관계는 전혀 관련이 없어 보이는 사회현상에서도 통계적으로 상관계수가 높게 나타날 수 있다. 따라서 인과관계를 밝히는 연구에서 공변관계는 이론적 근거를 충분히 확보하거나 선행연구를 통하여 그 근거를 마련하는 것이 중요하다.

둘째, 인과관계를 보이는 두 변수는 어느 정도의 연관성이 있어야 하고, 사건의 발생 시점에서 시간적 순서(time order)가 명확해야 한다. 시간적 순서에서 앞서는 변수가 늦게 발생하는 다른 변수의 원인이 될 가능성이 높기 때문이다. 특히 두 가지 현상이 서로 공변성을 가지지만 동시에 발생한다면 두 가지 현상 중에서 어떤 것이 원인이고 어떤 것이 결과인지를 분명하게 알 수 없다. 따라서 특정 현상 A(원인)가 먼저 변화할 때 현상 B(결과)의 변화가 수반되지만 현상 B가 먼저 변화할 때

현상 A가 발생하지 않는다면, 현상 A가 현상 B에 대한 원인이라는 둘째 조건이 충족된다. 그러나 사회과학에서는 공변관계가 있는 두 변수의 시간적 순서를 명확하게 밝히기 어려운 경우가 많다. 예를 들어, 한 연구자가 가족 기능과 가족임파워먼트의 관계를 인과관계로 설정하였다. 여기에서 가족 기능은 독립변수의 역할을 수행하고, 가족임파워먼트는 종속변수로 선정하였다. 그러나 이 두 변수의 관계를 살펴보면 각각의 변수가 구성하고 있는 개념이 상호 중복될 수 있고 시간적 순서가 명확하게 드러나지 않음에 유의해야 한다. 만약 특정 가족의 가족 기능이 높은 점수를 받았다면 당연히 가족이 갖고 있는 임파워먼트도 상당히 높은 수준임을 예상할 수 있다. 또한 가족임파워먼트가 높은 경우 가족 기능이 상당히 높은 점수를 보일 수도 있다. 따라서 가족 기능과 가족임파워먼트의 관계는 인과관계라기보다는 상관관계가 높다고 볼 수 있을 것이다. 이러한 관계는 사회과학 연구에서 흔히 발생할 수 있으며, 유사한 개념을 인과관계로 설정할 경우 순환적 오류가 발생할 수 있다.

셋째, 대안적 설명의 배제라는 것은 두 변수 간의 관계가 독립변수가 아닌 제3의 변수로 설명이 되어서는 안 된다는 것이다. 한 변수가 다른 변수의 원인이 되는지 아닌지를 알기 위해서는 두 변수 간의 관계에 영향을 미칠 수 있는 제3의 변수들의 영향력을 통제해야 한다. 대안적 설명의 배제는 인과관계에서 원인에서의 변화와 결과에서의 변화를 제외한 다른 모든 현상이 불변이어야 한다는 것을 의미한다. 만약 현상 X와 현상 Y가 동시에 발생하고, 그에 따라 현상 Z가 공변한다면, 현상 Y에 대한 원인이 현상 X인지, 아니면 현상 Z인지를 구분할 수 없다. 이러한 결과는 사회현상의 결과에 영향을 미칠 수 있는 원인이 다수가 존재하고, 연구자가 관심을 두고 있는 독립변수 이외의 제3의 변수가 종속변수에 영향을 미칠 가능성이 높은 경우에 발생하게 된다. 특히 서로 관련이 없는 두 변수 간의 관계가 마치 인과관계가 있는 것으로 보일 때 이 변수들이 갖는 관계적 속성을 가식적 관계(spurious association)라고 한다. 예를 들어, [그림 9-3]에서 교육수준을 생활만족에 영향을 미치는 인과관계로 설정할 수 있으나 실상은 수입이 교육수준과 생활만족에 영향

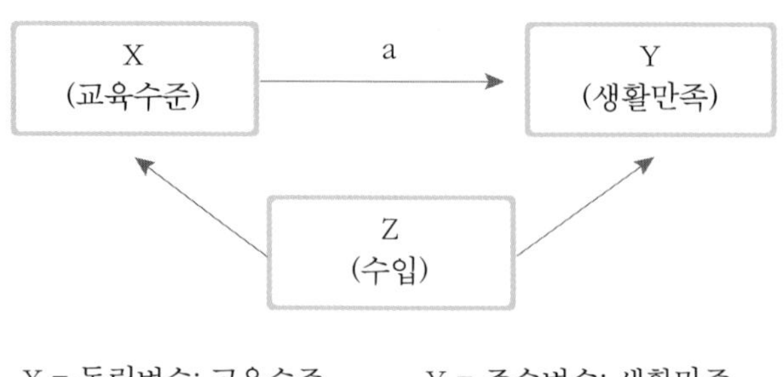

X = 독립변수: 교육수준　　Y = 종속변수: 생활만족
Z = 외생변수: 수입　　a = 가식적 관계

[그림 9-3] 가식적 관계

을 미쳐 마치 교육수준이 생활만족에 영향을 미치는 것으로 보일 뿐이다. 이때 교육수준과 생활만족의 관계는 가식적 관계가 된다.

따라서 인과관계를 살펴보기 위해서는 변수들의 관계가 가식적 관계가 아닌지 확인할 필요가 있다. 가식적 관계를 확인하기 위해서는 독립변수 외에 종속변수에 영향을 미칠 수 있는 제3의 변수들을 통제해야 한다. 제3의 변수를 통제하는 것은 이 변수들이 종속변수에 미치는 영향력을 동일하게 만들어 줌으로써 가능해진다. 그러나 사회과학은 연구 조건들을 인위적으로 동일하게 만들기 어려운 경우가 많다. 따라서 대안적 설명을 배제하기 위해서는 주로 통계적 통제방법을 사용하며, 통계적 통제는 독립변수와 종속변수의 관계를 분석할 때 종속변수에 영향을 미칠 수 있는 독립변수 중 다른 조건들이 유사한 경우끼리 비교하는 것이라고 볼 수 있다(김환준, 2004).

인과관계는 기본 조건들이 반드시 충족되어야 한다. 이 조건들이 충족되지 않으면 가식적 관계가 존재하기 때문에 인과관계인지 혹은 관계가 없지만 관계가 있는 것처럼 보이는 것인지 파악하기가 어려워진다. 이를 종합하면, 인과관계의 첫 번째와 두 번째 조건은 자연계에 대한 단순관찰에서도 충족될 수 있는 조건들이다. 그러나 인과관계를 추정하기 위한 세 번째 조건은 자연계에 대한 단순관찰을 통하여 충족하기 어렵다. 이러한 조건을 만족하기 위해 체계적으로 조직화된 경험을 통하

여 인과관계에 대한 추론을 하기 위해 고안한 것이 실험이다.[2)]

2. 실험설계에서 내적타당도와 외적타당도

실험설계에서 내적타당도와 외적타당도는 실험설계의 결과가 무엇으로 인한 결과인가를 명확히 하는 것과 실험설계의 결과를 어떻게 일반화할 수 있는가에 관한 내용이다. 실험설계에서 내적타당도는 실험의 결과가 의미 있게 나타났을 때 이 결과가 독립변수로 인한 결과임을 보여 주는 정도라고 할 수 있다. 만약 실험의 결과가 독립변수로 인한 결과가 아니라 독립변수 이외의 다른 요인의 영향을 받은 것이라면 실험설계의 내적타당도를 확보하는 데 실패한 것으로 볼 수 있다. 실험설계에서 내적타당도는 다른 영향을 배제한 상태에서 실험의 결과가 독립변수의 영향을 받았으며, 그 결과 의미 있는 차이를 가져왔다면, 독립변수 혹은 실험변수의 개입이 실험설계의 종속변수 변화에 영향을 미쳤다는 것을 의미한다. 이는 실험의 전체 과정에서 종속변수의 변화가 독립변수로 인해 발생한 결과라는 것이 명확하다는 것을 뜻한다. 따라서 내적타당도를 저해하는 요인은 독립변수 이외의 여러 요소가 실험결과에 영향을 미칠 수 있는 요인들이 된다.

이에 비해 실험설계에서 외적타당도는 실험결과를 전체 모집단에 일반화할 수 있는가에 대한 내용이다. 따라서 실험설계에서 외적타당도는 실험결과가 과학적 지식으로서 보편성과 객관성을 확보하였는가에 초점을 둔다. 실험설계에서 외적타당도를 저해하는 요인은 표본의 대표성 문제, 내적타당도를 저해하는 요인들 간의 상호작용 등으로 인해 실험결과를 일반화하기 어려운 경우에 발생하게 된다.

2) 박광배(2003). 다변량분석. 이화여자대학교 사회복지연구센터. 2003년 춘계 자료집.

1) 내적타당도 저해요인

실험설계과정에서 내적타당도를 저해하는 요인들은 다양하게 등장할 수 있다. 만약 실험설계에서 내적타당도를 저해하는 요인들이 발생하게 된다면 독립변수 이외에 연구자가 통제할 수 없는 요소들이 실험결과에 영향을 미치게 되었음을 의미한다. 따라서 내적타당도를 저해하는 요인들은 실험결과가 효과적이었다는 논리적 근거를 위협하는 요인들이 된다.

(1) 역사요인

실험설계에서 내적타당도를 저해하는 요인으로서 역사(history)요인은 실험설계의 사전측정과 독립변수가 개입된 이후에 측정하는 사후측정 사이에 연구자가 통제하기 어려운 사건이 발생하여 실험결과에 영향을 미칠 때 발생한다. 특히 역사요인은 사회적으로 파급효과가 큰 역사적 사건이 발생하거나, 실험참여자의 인구사회학적 특성들이 실험결과에 영향을 미칠 때 벌어질 수 있다. 따라서 역사요인은 실험설계 연구자가 사전에 예측하기 어렵고, 또 연구자가 통제할 수 없는 상황이 대부분이다.

예를 들어, 종합사회복지관 재가복지팀에서 근무하는 사회복지사들이 후원자 개발을 위한 프로그램을 만들어 시행하고 있다고 하자. 그런데 후원자 개발 프로그램을 진행하는 과정에서 우리나라가 경제위기를 맞이하게 되었고, IMF로부터 구제금융을 받기에 이르렀다. 이 시기에 지역사회 내에서 복지관에 후원을 해 왔던 기업들도 운영에 어려움을 겪게 되거나 도산하게 되는 사건이 발생하였다. 따라서 재가복지팀은 후원자 개발을 위한 효과적인 프로그램을 개발하고 실행하였음에도 불구하고, 후원자 개발 프로그램의 효과성을 보여 주는 데 실패하고 말았다. 이러한 결과는 재가복지팀에서 후원자 개발 프로그램을 잘못 운영했다기보다는 국가 전체가 경제적 문제로 어려움을 경험할 수밖에 없는 상황이었기 때문에 나타난 결과다. 결국 내적타당도를 저해하는 역사요인은 실험결과에 중요한 영향을 미치지만 연구자나 실험설계를 주관하는 설계자 입장에서 통제하기 어려운 상황이 등장할 때 발생할 수 있다.

(2) 성장요인

내적타당도를 저해하는 요인으로서 성장(maturation)요인은 실험적 처리를 전후하여 연구참여자 자체 내에서 일어나는 성장적인 요인이 결과에 영향을 미치는 경우에 발생한다. 예를 들어, 장애인복지관에 종사하는 언어치료사가 언어치료의 효과를 보기 위해 6개월 동안 치료한 발달장애아동의 표현 단어 수를 조사하기로 하였다. 분석 결과, 언어치료사는 발달장애아동이 6개월 전과 비교하였을 때 표현할 수 있는 단어 수가 늘었음을 확인하였다. 그러나 이러한 결과가 언어치료의 효과라고만 보기에는 의문점이 발생한다. 왜냐하면 발달장애아동은 언어치료의 효과 이외에 자연스럽게 언어사용 능력이 발달할 수 있기 때문이다. 결과적으로 발달장애아동은 언어치료를 받기 6개월 전과 비교하였을 때 사용할 수 있는 단어 수가 늘어났다고 하더라도 이를 전적으로 언어치료의 성과라고 보기 어려울 수 있다. 이는 언어치료뿐만 아니라 장애아동이 갖고 있는 내적인 성장요인이 언어발달에 영향을 미칠 수 있기 때문이다.

이와는 반대로 노인복지관에 종사하는 사회복지사는 어르신들을 대상으로 건강증진 프로그램을 실시하였다. 일정 기간이 지난 후 사회복지사는 어르신들의 건강검진을 실시한 결과, 오히려 어르신들의 건강상태가 나빠졌음을 확인할 수 있었다. 그렇다면 이러한 결과는 사회복지사의 건강증진 프로그램이 효과가 없었기 때문에 나타난 결과일까? 아니면 일반적으로 어르신들의 건강은 자연스럽게 시간이 지날수록 나빠질 가능성이 높기 때문에 나타난 결과일까? 만약 후자의 결과가 프로그램의 성과보다 크게 작동했다면 단적으로 사회복지사가 개발한 건강증진 프로그램이 효과가 없었다고 결론짓기에는 무리가 있을 것이다.

사회복지기관에서 실행하고 있는 다양한 프로그램은 개별적인 목적과 목표를 달성하도록 기획된다. 그러나 대부분의 프로그램은 단기간에 걸쳐 실행되고 평가

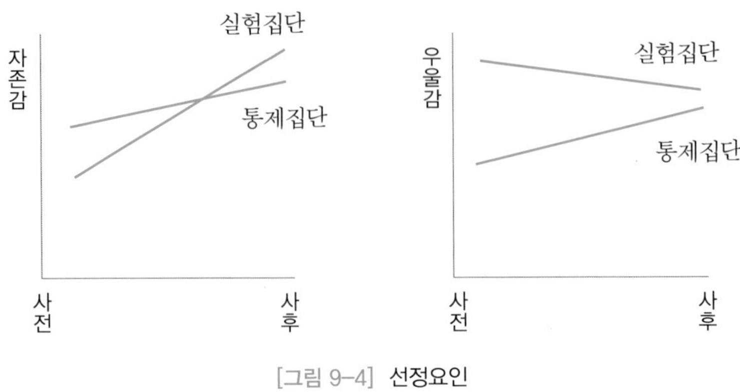

[그림 9-4] 선정요인

되는 경향이 있기 때문에 프로그램이 기획하였던 목적과 목표를 어느 정도 달성하였는가를 평가하는 것은 쉽지 않다. 특히 특정 집단이 갖고 있는 고유한 특성들은 오랜 시간을 걸쳐 형성되어 왔기 때문에 단기간의 프로그램 참여로 쉽사리 변하지 않을 수 있다. 따라서 프로그램에 참가한 이들의 변화는 단순히 프로그램 사전 · 사후의 측정결과로 감지해 내지 못하는 경우도 종종 발생하며, 프로그램을 진행하는 과정에서 참가자들의 개인적 성장이 프로그램의 성과에 영향을 미칠 수 있다는 점에 유의해야 한다. 또 한편으로는 프로그램이 마무리된 후 어느 정도 시간이 지나서야 변화가 나타날 수 있다는 점도 인식할 필요가 있다.

(3) 검사요인

내적타당도를 저해하는 요인으로 검사(testing)요인은 실험적 처리의 전후에 동일한 검사내용을 반복할 경우에 발생할 수 있다. 일반적으로 실험설계를 진행하는 과정에서 종속변수의 변화를 측정하기 위해 사용하는 사전 · 사후 측정도구는 동일한 내용의 척도를 사용하는 경우가 많다. 이 경우 동일한 측정도구를 사용하는 연구참여자는 사전에 측정한 점수에 영향을 받아 사후점수를 표기할 가능성이 높다. 이때 연구참여자의 측정된 종속변수의 사후점수는 독립변수나 실험변수의 개입으로 인한 변화인지 사전점수의 영향을 받은 결과인지 명확하게 가려내기가 어려운 상황이 발생한다.

예를 들어, 첫 번째 운전면허 시험에 떨어진 시험참가자가 거의 유사하거나 동일한 내용의 운전면허 시험을 다시 치른다고 가정해 보자. 이때 운전면허 시험참가자는 첫 번째 운전면허 시험에서 떨어진 후 학원에서 운영하는 시험 대비반에 참석하여 운전면허 시험을 준비하였다. 만약 첫 번째 운전면허 시험에서 낙방한 참가자가 두 번째 운전면허 시험에 합격하였을 때, 그 결과는 운전면허 학원에서 운영한 시험 대비반에 참석한 것이 영향을 미친 것인지 혹은 유사한 시험문제가 출제됨으로 인해 검사요인이 영향을 미친 것인지 가려내기가 쉽지 않을 것이다.

따라서 검사요인을 사전에 예방하기 위해서는 다양한 방법을 고안할 필요가 있을 것이다. 다음에 논의할 도구요인은 검사요인을 예방하기 위한 방안으로 활용될 수 있으며, 이는 실험설계과정에서 측정하는 사전 · 사후 측정도구를 다르게 사용하는 방법이 될 수 있다.

(4) 도구요인

앞서 실험설계의 성과를 파악하는 과정에서 검사요인은 사전검사와 사후검사를 반복적으로 사용할 때 발생하는 내적타당도 저해요인을 말한다. 따라서 실험설계 연구자는 검사요인을 사전에 예방하기 위해서 사전 · 사후 측정도구를 서로 다르게 사용함으로써 검사요인이 갖고 있는 문제점을 해결할 수 있을 것이다. 그러나 실험설계과정에서 도구(instrumentation)요인도 여전히 내적타당도를 저해하는 한계점을 노출하고 있는데, 이는 서로 다른 측정도구를 사용함으로써 사전측정 결과와 사후측정 결과를 명확하게 비교하기 어렵기 때문이다.

예를 들어, 우울과 불안은 서로 유사한 개념을 내포하고 있으며, 모두 개인의 스트레스 수준을 측정하는 도구로 많이 활용되고 있다. 실험설계의 연구자도 검사요인이 내적타당도를 저해한다는 것을 인지하고 특정 프로그램을 실시하기 전에는 우울을 측정하는 척도를 사용하였고, 실험설계를 완료한 사후에는 불안을 측정하는 척도를 사용하였다고 하자. 그렇다면 실험설계의 효과를 어떻게 평가할 수 있을까? 이 경우 실험설계의 연구자가 사용한 도구는 엄밀하게 말해서 서로 다른 개념을 측정하는 척도를 사용하였기 때문에 실험의 효과나 성과를 단적으로 드러내는 것이 쉽지 않을 것이다. 물론 우울과 불안은 서로 유사한 개념을 포함하고 있지만 동일한 측정도구가 아니기 때문에 단순히 측정된 점수로 실험설계의 효과를 보여 주는 데는 한계가 있을 것이다. 이러한 결과는 검사요인을 회피하기 위해 유사한 측정도구를 사용하였지만 서로 다른 개념을 묻고 있는 척도의 타당도가 서로 다를 수밖에 없기 때문에 발생한 것으로 볼 수 있다.

(5) 실험대상의 변동과 상실요인

실험설계는 실험이 진행되는 기간 동안 모든 실험참여자가 중도에 탈락되는 일이 없음을 전제로 진행된다. 그러나 현실적으로 실험설계를 진행하는 과정에서 실험참여자는 여러 가지 이유로 중도에 탈락하는 경우들이 발생할 수 있다. 이때 실험참여자는 본인의 의사와는 무관하게 어쩔 수 없는 상황이 발생하여 실험에 참가하지 못할 수도 있을 것이다.

그러나 실험설계의 내적타당도를 저해하는 요인으로 실험대상이 탈락하게 되는 경우는 실험의 내용에 불만을 가지거나 불성실하게 참여하는 이들이 프로그램의 전체 과정에 참여하지 않은 결과일 수 있다. 따라서 실험에 끝까지 참여한 참가자는 실험이 본인에게 유익하다고 판단되었거나 좋은 성과가 기대되는 이들일 가능성이 높다. 반대로 실험이 진행되는 중간에 탈락한 실험참여자는 프로그램의 성과가 좋지 않은 이들일 수 있다. 따라서 실험의 성과가 긍정적인 결과로 나타났다고 하더라도 이러한 결과가 프로그램이 효과적으로 진행되었기 때문에 나타난 결과인지 혹은 프로그램에 좋지 못한 결과를 가져올 참가자가 제외되었기 때문에 나타난 결과인지 명확하게 판단하기 어려울 것이다.

예를 들어, 학교사회복지사가 학교폭력 가해자를 대상으로 인권의식을 향상할 목적으로 10주 프로그램을 기획하였다고 하자. 이때 학교폭력 가해자 중 인권의식에 관심이 없거나 프로그램에 흥미를 느끼지 못하는 참여자의 상당수가 프로그램

참여를 중단하였고, 재미와 관심을 가지고 적극적으로 참여하는 이들만 10주 프로그램에 참여하게 되었다. 만약 실험설계를 진행하는 연구자들이 프로그램에 끝까지 참여한 이들만을 대상으로 사후 측정하여 그 결과를 사전점수와 비교한다면 프로그램이 성공적이었다고 말하기는 어려울 것이다. 또한 가출청소년 쉼터에서 청소년들을 대상으로 부모와의 관계를 증진시키는 프로그램을 진행하였다. 프로그램을 진행하는 동안 가출청소년 중 부모와의 관계가 긍정적으로 평가된 참가자들이 가정으로 복귀하는 경우가 발생하였고, 프로그램을 마치는 시점에서 남아 있는 참가자들은 대부분 부모와의 관계가 심각하게 손상된 이들이었다. 그렇다면 가출청소년 쉼터에서 이들을 대상으로 프로그램을 진행한 사회복지사의 개입은 전혀 성과가 없어 보일 수 있을 것이다. 그러나 이러한 결과는 프로그램을 진행하는 과정에서 중도에 탈락한 이들 때문에 나타난 결과이지 프로그램 자체가 성과가 없었다고 보기는 힘들 것이다. 따라서 이러한 결과는 실험대상의 변동이나 상실(mortality) 요인으로 인해 실험설계의 내적타당도가 저해받은 결과로 해석하여야 할 것이다.

(6) 선정요인

선정(selection)요인은 실험설계과정에서 연구자가 측정하고자 하는 주요 변인들이 실험설계를 실시하기 전 이미 차이가 있는 집단을 선정할 때 발생한다. 특히 선정요인은 실험집단과 통제집단을 구성할 때 무작위배정을 거치지 않은 경우에 흔히 발견된다. 만약 실험설계를 실시할 때 통제집단과 실험집단이 측정하고자 하는 주요 변인에서 실험에 참여하기 전에 차이를 보인다면 실험의 효과를 평가할 때 사전에 차이가 난 점수 때문인지 실험의 효과로 나타난 결과 때문인지를 확인하기 어렵게 된다.

따라서 실험설계의 내적타당도를 저해하는 요인으로 선정요인은 전통적인 실험설계가 아닌 유사실험설계나 전실험설계에서 통제집단을 선정할 때 발생하며, 이를 사전에 예방하기 위해서는 무작위배정이나 매칭의 방법을 사용해야 한다. 또한 선정요인을 고려하여 실험설계의 효과를 분석하기 위해서는 실험집단과 통제집단의 사전점수를 통제변수로 투입하고 비교집단의 사후점수는 종속변수로 하는 공분산분석(ANCOVA)을 실시할 수 있다. 이는 사전점수를 동일한 값으로 변환한 후 독립 t검정을 실시하는 것으로 볼 수 있으며, 실험집단과 통제집단의 사전점수를 통계적으로 통제하는 방법이다.

[그림 9-4]의 예와 같이, 연구자가 자존감을 향상하고 우울감을 감소시키기 위한 프로그램을 개발하였고, 실험설계를 진행하였다. 또한 프로그램을 진행한 이후 실험집단에 소속된 이들의 자존감과 우울감의 사후점수를 측정한 결과, 유의미한 정도의 차이가 발생하였다. 그러나 [그림 9-4]에서 보듯이 실험집단과 통제집단의 사후점수만을 비교할 경우 두 집단 간에 자존감과 우울감 점수는 큰 차이가 없는 것으로 나타날 수 있다. 따라서 내적타당도를 저해하는 선정요인을 회피하기 위해서는 실험설계자가 실험집단과 통제집단의 자존감과 우울감의 사전점수가 큰 차이가 없었는지 확인할 필요가 있다.

(7) 통계적 회귀요인

통계적 회귀(regression)요인은 실험설계 참여자 중 극단적인 사례를 선정했을 때 발생할 수 있는 내적타당도 저해요인이다. 예를 들어, 사회복지사가 복지관에서 운영하는 방과후 프로그램의 효과를 보기 위해 실험설계를 기획하였다. 사회복지사는 학기 초에 방과후 프로그램을 시작하였으며, 중간고사 성적을 이전 성적과 비교하려고 하였다. 그런데 방과후 프로그램에 참여한 학생 중에 성적이 우수한 몇 명의 학생이 중간고사를 치르기 전 개인적인 사유로 인해 시험준비를 충분히 하지 못했다. 결과적으로 사회복지사는 방과후 프로그램에 참여한 이들의 중간고사 성적을 분석한 결과, 이전 성적보다 낮게 나타났음을 확인하였다. 그렇다면 이때 사회복지사는 자신이 기획한 방과후 프로그램이 성과가 없었다고 결론을 내릴 수 있을까?

반대로 방과후 프로그램에 참여한 학생들 중 하위권 성적에 있는 몇 명의 학생이 중간고사에서 예상 외로 좋은 성적이 나타났다. 그런데 이 학생들은 방과후 프로그램에 성실히 참여하지도 하지 않았는데 우연히 좋은 성적을 낸 것이었다. 그렇다면 이 경우에도 사회복지사는 자신이 기획한 방과후 프로그램의 성과라고 주장하기에는 무리가 있을 것이다. 이러한 결과는 실험에 참여한 학생들 중 성적이 아주 뛰어나거나 하위권에 있는 학생들이 방과후 프로그램과 무관한 사유로 인해 나타난 결과일 뿐이다. 결과적으로 사회복지사는 동일한 학생들을 대상으로 방과후 프로그램을 지속적으로 운영하였으며, 기말고사 성적은 각자 본래의 점수대로 회귀하는 것을 확인할 수 있었다. 이때 학생들의 점수가 기대 이상으로 좋게 나오거나 예상보다 낮게 나타날 수 있는데, 이는 실험설계의 효과를 왜곡하는 결과로 나타날 수 있을 것이고, 따라서 실험설계에서 내적타당도를 저해하는 통계적 회귀요인이 된다.

2) 내적타당도 확보방안

내적타당도는 실험설계에서 종속변수의 변화가 독립변수나 실험변수로 인한 결과임을 보여 주는 정도라고 정의 내릴 수 있다. 따라서 앞서 논의한 내적타당도 저해요인들이 실험과정에서 발생하지 않도록 통제할 수 있어야 실험설계에서 내적타당도를 확보할 수 있다. 실험설계에서 내적타당도를 확보하는 방안은 크게 두 가지로 요약할 수 있다. 첫 번째는 실험설계에서 실험집단과 통제집단을 배치할 때 무작위배정을 수행하는 것이며, 두 번째는 매칭 방법을 활용하여 연구참여자들을 실험집단과 통제집단에 배치하는 것이다. 무작위배정과 매칭 방법을 통해서 사전에 예방할 수 있는 내적타당도 저해요인은 선정요인과 통계적 회귀요인이 대표적이라고 볼 수 있다. 또한 무작위배정과 매칭 방법은 실험집단과 통제집단의 구성을 유사하게 함으로써 참가자가 탈락하는 경우나 성숙요인, 도구요인, 검사요인, 역사요인에서 발생하는 내적타당도 저해요인을 어느 정도 사전에 예방할 수 있을 것이다.

(1) 무작위배정

실험설계에서 실험참여자의 무작위배정은 기본적으로 모든 실험참여자가 실험집단과 통제집단에 배치될 기회가 동등하여야 하고, 실험참여자를 통제집단과 실험집단에 배치하는 과정에서 연구자의 선입견이나 판단이 전혀 개입되어서는 안 된다는 전제조건이 충족되어야 한다.

구체적인 무작위배정 방법은 연구자가 실험참여자를 모집하는 것에서부터 출발한다. 또한 실험참여자의 참여조건을 명시함으로써 실험참여자 전체가 집단으로서의 동질성을 확보하도록 노력하여야 한다. 물론 연구결과의 일반화를 위해서는 다양한 특성을 지닌 연구참여자가 필요하기는 하지만, 극단적인 특성을 가진 실험참여자가 있을 경우에는 집단구성과정에서 선정요인이나 통계적 회귀요인이 발생할 가능성이 높음을 인식할 필요가 있다. 그러나 연구참여자를 모집하는 과정에서 연구자는 신청자의 특성을 알기 어렵기 때문에 실험에 참여할 신청자를 가능한 한 다수 확보하는 것이 요구된다. 특히 무작위배정 과정은 실험설계의 참여자 중 누가 실험집단 혹은 통제집단에 구성될 것인지를 알 수 없기 때문에 독특한 특성을 지닌 참여자가 집단 구성원으로 배치될 수 있다는 한계를 가지게 된다. 이러한 특성으로 인해 무작위배정은 확률표본추출의 단순무작위추출이나 비확률표본추출의 임의표본추출에서 발생할 수 있는 모집단의 대표성 문제를 여전히 해결하지 못하고 있다.

(2) 매칭

실험설계에서 내적타당도를 확보하기 위한 매칭도 크게 두 가지 방법으로 구분할 수 있다. 첫 번째는 실험집단과 통제집단에 선정될 연구참여자를 일대일로 매칭하는 방법으로 정밀통제방법이라고 한다. 이때 매칭을 하기 위한 주요 조건들을 미리 결정하여, 이들 조건이 유사한 두 명을 골라 한 명씩 실험집단과 통제집단에 배치한다. 예를 들어, 실험결과에 영향을 미치는 주요 변수가 연령이라면 일대일 매칭에서 연령이 같거나 유사한 두 명을 선정하여 실험집단과 통제집단에 배치하면 된다. 이러한 방법으로 성별, 수입, 교육수준, 지역 등이 실험설계 결과에 영향을 미칠 수 있다고 예상된다면 동일하거나 유사한 이 변인끼리 매칭을 하면 된다.

그러나 매칭 방법이 실험설계의 내적타당도를 확보할 수 있는 좋은 방법이기는 하나, 실험결과에 영향을 미칠 수 있는 요인들이 다양하다면 당연히 많은 수의 연구참여자가 있어야 가능하다. 또한 어떤 변수 또는 요인을 기준으로 선정하여 배합할 것인지는 연구문제에 따라 달라질 수 있기 때문에 표준화하기 어렵다는 단점이 있다. 결과적으로 일대일 매칭 방법은 선정기준을 결정하기가 어렵고, 모든 사례를 일일이 배치하기 위해서는 많은 노력이 요구된다.

두 번째로, 일대일 매칭을 완벽하게 실행하기 어려운 점을 고려하여 빈도분포를 유사하게 하는 방법도 가능하다. 예를 들어, 실험설계에 참여하는 연구참여자의 연령이나 수입이 실험결과에 영향을 미칠 것으로 예견된다면 실험집단과 통제집단 참여자의 평균 연령과 수입이 유사하도록 배합할 수 있다. 따라서 정밀통제나 빈도분포통제의 배합이 적용될 때는 배합과정에서 통제되지 않은 변수나 요인에 대해 무작위배정을 적용하여 실험집단과 통제집단에서 체계적 차이가 최대한 크지 않도록 유의하는 것이 좋다.

3) 외적타당도 저해요인

실험설계에서 외적타당도는 실험결과를 모집단에 일반화하는 정도를 의미한다. 만약 실험설계에서 외적타당도가 높게 나타난다면 동일한 프로그램을 모집단에 적용하였을 때 실험결과는 유사하게 나타나야 할 것이다. 그러나 특정 사회복지기관에서 실시한 사회복지 프로그램이 개입목표의 효과성이 입증되었다고 해서 동일한 프로그램을 실행한 다른 기관에서도 반드시 동일한 효과성을 보일 것이라고 보장하기는 어렵다.

이러한 결과가 나타나는 것에는 다양한 이유가 있을 수 있으며, 외적타당도를 저해하는 요인들이 작용한 결과라고 볼 수 있다. 예를 들어, 방과후 프로그램이 그것을 운영하는 기관마다 효과에서 차이가 나타나는 것은 프로그램에 참여한 학생들이 운영기관마다 다르기 때문일 수 있고, 프로그램을 운영하는 실천가와 학생들의 독특한 상호작용이 다르기 때문일 수도 있다. 따라서 실험설계에서의 외적타당도를 확보하기 위해서는 외적타당도를 저해하는 요인들을 사전에 파악하고 이를 예방하는 것이 중요하다. 실험설계에서 외적타당도를 저해할 수 있는 요인들은 표본의 대표성이 확보되지 않은 것, 실험설계가 진행되는 상황과 실재의 차이, 선정요인 및 역사요인과의 상호작용, 연구참여자의 반응성 등이 있다.

첫째, 외적타당도를 저해하는 요인으로서 표본의 대표성은 실험참여자들이 모집단을 대표하기에 적합하지 않았을 때 발생한다. 만약 실험참여자들이 모집단의 특성을 잘 반영하지 못하는 집단이라면 실험의 결과는 모집단에 일반화하기 어렵게 될 것이고, 결과적으로 외적타당도가 저해받게 될 것이다. 따라서 표본의 대표성을 확보하기 위해서는 실험참여자들이 다양한 것이 중요하다. 이를 위해 실험설계자는 모집단의 특성에 대해 사전에 충분히 숙지하고 있어야 할 것이며, 모집단의 특성을 갖고 있는 다양한 참여자를 확보할 수 있어야 할 것이다.

둘째, 실험 상황에 대한 통제 정도는 외적타당도를 저해할 수 있다. 보통 실험설계는 실험집단과 통제집단을 구성할 때 동질성을 확보하는 것이 필요하고, 독립변수 이외의 요인이 실험에 영향을 미치지 못하도록 통제하는 것이 요구된다. 그러나 실험 상황에 대한 통제가 엄격할수록 자연스러운 상황과는 차이를 보일 것이며, 현실성은 떨어진다고 볼 수 있다. 따라서 실험 상황에 대한 통제가 엄격할수록 실험결과를 일반화하는 데 실패할 가능성이 증가하게 될 것이다. 이러한 결과는 실험실에서는 엄격하게 통제된 상황을 유지할 수 있지만 현실 상황에서는 통제가 되지 않는 요소가 있거나 예상하지 못한 변수들이 드러날 수 있기 때문이다.

셋째, 선정요인과의 상호작용으로 인해 외적타당도는 저해받을 수 있다. 특히 실험설계에서 나타나는 효과가 통제집단과 실험집단을 선정한 특수한 모집단에만 나타날 수 있다면 이러한 결과를 보편적으로 적용하기가 어려울 것이다. 특히 호손 효과(Hawthorne effect)는 실험대상이 된 참여자들이 평소와는 다르게 행동하기 때문에 나타나는 결과를 대표적으로 보여 주는 예로 자주 등장한다. 호손 효과는 작업조건이 작업집단의 태도와 반응에 어떠한 영향을 미치는가를 연구한 실험이었으며, 작업조건이 열악한 집단에서 오히려 생산성이 향상되는 결과를 보였다. 이는 작업조건이 열악함에도 불구하고 실험에 참여하고 있다는 것을 인식한 참여자들이 평소보다 더욱 생산적으로 일한 결과였다. 호손 효과는 기존의 조직관리에서 과학적 관리법을 강조하여 왔으나 인간관계의 중요성을 부각시키는 결과로 이어졌다.

넷째, 역사요인과의 상호작용은 실험이 실시되었던 상황과 결과를 일반화해서 적용할 때 상황이 다를 수 있기 때문에 나타나는 결과다. 이는 실험이 이루어졌던 시기가 오래 지남에 따라 사회적 환경이 변하였고, 실험의 결과를 지속적으로 일반화하기가 어렵게 된 결과였다.

다섯째, 외적타당도를 저해하는 요인으로는 사전검사와 실험처치의 상호작용이 있다. 사전검사와 실험처치의 상호작용은 실험이 이루어지기 전에 행한 사전점수가 실험대상에 영향을 주어 종속변수를 대하는 방식에 있어서 의미 있는 변화를 가져올 경우 결과적으로 실험결과를 변화시킬 수 있음을 의미한다. 이는 사전점수에 민감하게 반응하게 되는 경우에 외적타당도를 저해하는 요인으로 작용하게 된다(김태성, 김기덕, 이채원, 홍백의, 2010).

4) 외적타당도 확보방안

실험설계에서 외적타당도를 저해하는 요인들을 예방하는 방법은 다양하게 제시할 수 있다. 외적타당도를 확보하기 위해 가장 많이 사용하는 방법은 실험설계에 참여하는 참여자의 대표성을 확보하는 방법이다. 실험설계 참여자들의 대표성을 확보하는 방법으로는 무작위 표본추출(random sampling)을 활용하여 대상집단을 추출하는 방법이 있는데, 이는 외적타당도를 확보하는 가장 강력한 방법이 될 수 있다. 그러나 이 방법은 모집단을 어떻게 정의 내리는가에 따라 모집단이 달라질 수 있기 때문에 모집단에 대한 정확한 설정이 있어야 한다. 또한 무작위 표본추출이라고 하더라도 모집단의 특성을 대표하는 표본이 선정되는 것은 아니기 때문에 연구참여자를 실험집단과 통제집단에 배치하는 과정에서 무작위배정을 거쳐서 배정하는 것이 요구된다.

무작위 표본추출과 함께 실험설계에서 외적타당도를 확보하는 현실적으로 가능한 방법은 모집단의 특성을 반영할 수 있는 이질적인 사례를 실험에 참가시키는 방법이다. 무작위 표본추출이 이론상으로는 이상적일 수 있으나 실제로 모집단 전체를 확보하기가 어렵고 접근성도 낮기 때문에 다양한 특성을 지닌 이들을 실험에 참여시키는 방법을 제언하는 것이다. 이를 위해서는 표본추출을 구상할 때 사전에 계획을 세워서 모집단의 다양한 특성을 갖춘 이들을 확보할 수 있어야 할 것이다. 예를 들어, 프로그램 평가에서 연구대상의 성장배경이나 성취수준, 적성 등이 서로 다른 남녀를 실험에 참여시키는 것이다.

또한 대표적인 사례를 집중적으로 표본으로 선정하는 방법도 외적타당도를 사전에 확보할 수 있는 방법이다. 이 방법은 이질적인 특성을 지닌 이들을 실험에 참여시키는 것과는 달리 모집단의 특성을 대표할 수 있는 전형적인 사례들을 실험에 참여시킴으로써 실험결과의 일반화를 가능하게 하는 방법이라고 볼 수 있다.

3. 실험설계의 유형

실험설계의 유형은 실험설계의 조건을 충족하고 있는가에 따라 세 가지로 구분할 수 있다. 즉, 실험설계의 유형을 구분하는 기준은 실험설계에서 비교집단이 있는지 여부, 집단구성에 있어서 무작위배정을 실시하였는지 여부, 실험설계의 효과를 파악하기 위한 사전 · 사후조사를 측정하는지 여부 등이다. 실험설계의 조건이 대부분 충족될 수 있는 경우는 (진)실험설계([true] experimental design)라고 하고, 실험설계의 형식과 조건을 모두 충족하지는 못하지만 최소한의 조건을 충족하는 경우는 유사실험설계(quasi experimental design)라고 할 수 있다. 이와 함께 실험설계 조건의 대부분을 충족하지 못하는 경우는 전실험설계(pre-experimental design)로 분류한다. 엄격한 의미에서 전실험설계는 실험설계를 통해 실험변수의 효과를 인과관계로 설명할 수 없게 된다.

전통적으로 대표적인 실험설계방법으로는 통제집단 사전·사후설계를 예로 들 수 있다. 통제집단 사전·사후설계는 무작위배정을 통해 실험집단과 통제집단을 구성하고, 사전조사와 사후조사를 통해 독립변수(실험변수)의 개입효과를 파악할 수 있다. 그러나 통제집단 사전·사후설계는 동일한 측정도구를 사전과 사후에 사용함으로써 내적타당도를 저해하는 검사요인을 발생시킨다. 이에 검사요인을 사전에 예방하기 위해 통제집단의 사전검사를 제외하는 통제집단 사후설계로 실험설계를 구성할 수 있다. 이와 함께 앞서 언급한 두 가지 실험설계방법을 동시에 수행하는 솔로몬 4집단 실험설계가 있다. 솔로몬 4집단 실험설계는 실험집단, 통제집단을 두 집단씩 구성하고, 통제집단 사전·사후설계와 통제집단 사후설계를 동시에 설계한 유형이다.

전통적인 실험설계가 갖추어야 할 조건으로는 실험·통제집단, 사전·사후검사, 무작위배정, 독립변수(실험변수)와 종속변수 등이 있으며, 이들 조건을 충족할 수 있을 때 실험설계라고 할 수 있다. 그러나 현실적으로 다수의 사회복지 실천현장에서는 통제집단을 선정하는 것 자체에 어려움이 있을 수 있고, 사전·사후검사와 무작위배정 등을 실시하기가 어려워 엄격한 실험설계의 조건을 갖추지 못한 상태가 일반적이다. 이 경우 유사실험설계를 통해 실험설계 조건을 가능한 한 충족하려고 시도한다. 유사실험설계에서는 비동일 통제집단설계가 있는데, 이 방법은 통제집단 사전·사후설계와 유사하지만 무작위배정을 하지 못하기 때문에 실험집단과 통제집단의 동질성을 확보하지 못한다. 따라서 비동일이라는 것은 실험집단과 통제집단의 선정요인이 이미 작용할 수 있음을 전제하고 실험설계를 실시하는 방법이다. 또한 단순시계열설계와 복수시계열설계 등도 유사실험설계에 속한다.

마지막으로, 전실험설계는 실험설계 조건을 거의 충족하지 못하기 때문에 실험설계라고 보기 어려워 내적타당도와 외적타당도를 충분히 확보할 수 없는 형태로 실험설계를 수행하는 경우를 말한다. 전실험설계에서는 무작위배정을 하지 않기 때문에 실험집단과 통제집단의 동질성을 확보하기 어렵고, 사전 · 사후검사나 통제집단 없이 실험이 수행된다. 대표적인 전실험설계인 단일집단 사전 · 사후설계는 사회복지 실천현장에서 많이 사용하고 있는 것이 현실이다. 또한 단일집단 사후측정과 집단비교설계로 무작위배정을 하지 않고 사후검사만 실시하는 경우가 이에 해당된다.

1) 전실험설계

(1) 단일집단 사후측정

단일집단 사후측정은 실험집단과 비교할 수 있는 비교집단이 없고, 실험의 효과를 비교할 수 있는 사전측정을 실시하지 않는 경우에 해당된다. 단일집단 사후측정은 보통 실험이 종료된 이후 사후측정이 이루어지기 때문에 내적타당도와 외적타당도를 저해하는 요인들이 다양하게 존재하여 실험설계의 인과성을 파악할 수 없는 전실험설계에 속한다. 예를 들어, 단일집단 사후측정은 사회복지사가 기관 이용자를 대상으로 기관 이용 종결 시에 이용 만족도를 한 번 측정한 경우 이용 만족도 수준을 비교할 집단이나 점수가 없는 경우에 해당된다. 또한 사회복지사나 기관 실무자가 사회복지 서비스나 프로그램을 제공하고, 제공된 서비스나 프로그램에 대한 만족도 또는 성과를 종료할 때 1회 측정하는 경우에 해당된다. 이때 사회복지사는 이용자에게 제공된 서비스나 프로그램의 효과를 명확하게 보여 줄 수 없으며, 사회복지사의 개입이 이용자에게 어떤 변화를 가져왔는지 인과관계를 설명하는 데 어려움을 가진다. 그러나 단일집단 사후측정의 경우 기존에 복지관 이용자 만족도나 프로그램 참여 만족도 조사결과와 비교하여 만족도의 추세를 분석할 수는 있다.

(2) 단일집단 사전 · 사후설계

단일집단 사전 · 사후설계(one-group pretest-posttest design)는 통제집단이 없이 하나의 집단을 대상으로 독립변수 개입 전과 후의 종속변수 점수 차이를 비교하는 실험설계에 해당된다. 단일집단 사전 · 사후설계는 통제집단이 없다 보니 집단을 구성할 때 무작위배정을 할 수 없다. 따라서 단일집단 사전 · 사후설계는 사회복지 실천현장에서 간편하게 적용할 수 있고, 시간과 비용을 절감할 수 있다는 장점을 가진다. 그러나 단일집단 사전 · 사후설계는 통제집단이 없으며, 단일집단의 종속변수 값을 측정하여 비교하기 때문에 사전과 사후 점수 차이를 개입의 효과라고 주장하기에는 설득력이 부족하다. 단일집단 사전 · 사후설계는 실험집단의 사전조사와 사후조사를 실시하는 동안 실험집단에서 발생할 수 있는 성숙요인, 역사요인, 선정요인, 도구요인, 검사요인, 통계적 회귀요인 등을 통제하기 어려운 단점을 가지기 때문이다.

사회복지 실천현장에서는 단일집단을 대상으로 프로그램을 실시하는 것이 일반적이기 때문에 현장에서 단일집단 사전 · 사후설계를 자주 사용하는 경향이 있다. 그리고 사회복지사가 자신이 진행할 프로그램의 효과성을 확인하기 위해 프로그램에 참여하지 않는 통제집단을 별도로 만든다는 것은 윤리적인 문제를 발생시킬 수 있다. 따라서 사회복지사는 후속 프로그램에 참여하는 것을 약속하거나 별도의 보상을 지급하는 조건으로 통제집단을 구성하여 실험집단과 사전점수 혹은 사후점수를 비교할 수는 있을 것이다. 그러나 실험집단을 선정할 때 무작위배정을 하지 못하는 경우에는 실험집단과 통제집단의 동질성을 확보할 수 없다는 단점이 여전히 남아 있다.

SPSS에서 대응 t검정하기

대응 t검정은 단일집단 사전 · 사후설계를 분석할 때 단일집단의 사전점수와 사후점수의 차이가 통계적으로 유의미하다고 할 수 있는가를 검정하는 통계기법이다. SPSS 메뉴바에서 Analyze(분석) ⇒ Compare Means(평균 비교) ⇒ Paired-Samples t test(대응표본 t검정)를 선택하면 된다. 독립 t검정과의 차이점은 독립 t검정은 서로 다른 두 집단의 평균 차이의 유의미성을 검정하는 것이고, 대응 t검정은 단일집단을 비교한다는 것이다. 실행방법은 사전점수를 선택한 다음, 사후점수를 선택하면 변수1과 변수2가 활성화된다. 이후에 왼쪽에서 선택한 변수를 오른쪽 창으로 이동시킨 후 OK를 선택하면 실행된다. [그림 1]은 SPSS에서 대응 t검정을 실시하는 화면을 제시하고 있다. 동일집단의 사전점수와 사후점수의 입력창은 다음과 같다.

1. SPSS 화면에서 변수 보기로 들어가 (고유)번호와 사전점수와 사후점수에 해당되는 변수명을 입력한다. 이와 함께 데이터 보기에 들어가서 변수명에 해당되는 원데이터를 입력한다.

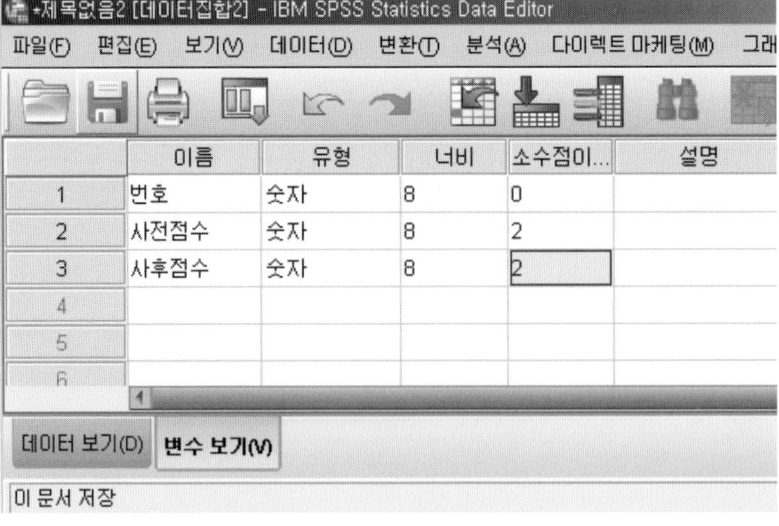

2. 자료 입력을 마친 후, 분석 ⇒ 평균 비교 ⇒ 대응표본 t검정을 클릭한다.

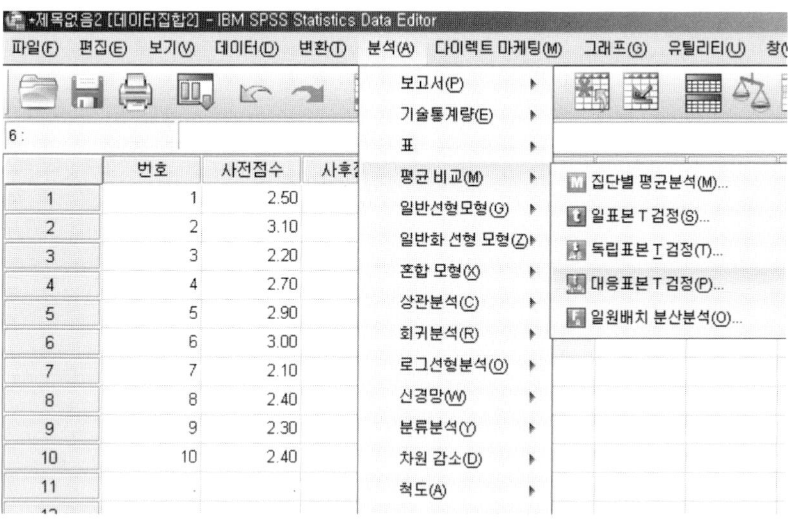

3. 대응표본 t검정을 실행하기 위해 사전점수와 사후점수를 대응변수로 투입한 후 확인을 클릭하면 SPSS가 실행된다.

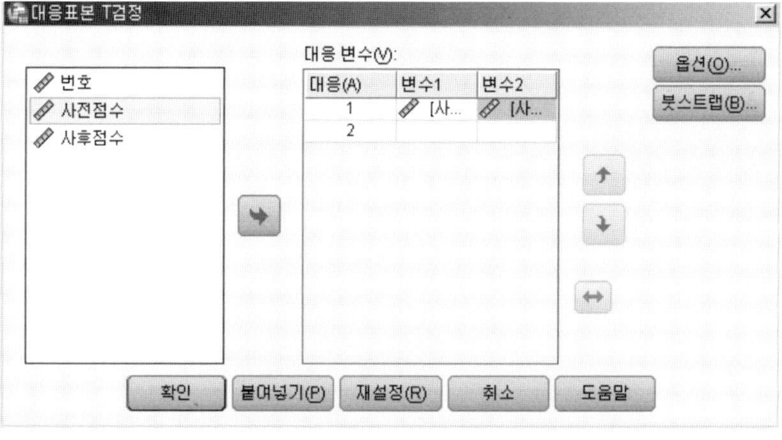

대응 t검정 결과에 대한 해석

Paired Samples Test

		Mean	N	Std. Deviation	Std. Error Mean
Pair 1	사전점수	2.5600	10	.34705	.10975
	사후점수	3.9400	10	.35653	.11274

Paired Samples Correlations

		N	Correlation	Sig.
Pair 1	사전점수와 사후점수	10	−.480	.161

Paired Samples Statistics Notest

		Paired Differences					t	df	Sig. (2−tailed)
		Mean	Std. Deviation	Std. Error Mean	95% Confidence Interval of the Difference				
					Lower	Upper			
Pair 1	사전점수−사후점수	−1.3800	.60516	.19137	−1.8129	−.9471	−7.211	9	.000

- 대응 t검정 결과에서 첫 번째 표는 사전점수와 사후점수에 대한 평균과 사례 수, 표준편차, 표준오차를 보여 주고 있다. 기술통계치의 값은 사전점수의 10개 사례와 사후점수의 10개 사례에 대한 기술통계치다.
- 두 번째 표는 사전점수와 사후점수의 상관관계를 보여 주는 것이고 상관관계의 유의수준은 0.161로 상관관계의 유의미성을 찾기는 어려웠다.
- 세 번째 표는 대응 t검정의 결과로 사전점수와 사후점수의 점수 차이가 통계적으로 유의미함을 보여 주고 있다. 이는 대응 t검정의 t값이 −7.211점이고, 이 값의 유의수준을 보여 주는 Sig값이 0.000으로 나타났다. 이러한 결과는 대응 t검정의 결과를 해석할 때 99.9% 신뢰수준하에서 평균 차이가 유의미하게 나타났다고 주장할 수 있는 값이다.

(3) 정태적 집단비교

정태적 집단비교(static-group comparison)는 실험설계에서 많이 등장하지는 않는 실험설계다. 그러나 단일집단이 아니라 통제집단을 형성하고 있다는 점에서 다른 전실험설계와 차이를 보인다. 또한 실험집단과 통제집단의 사전점수를 측정하지 않고 사후점수를 한 차례 측정하여, 실험집단과 통제집단의 점수 차이를 실험의 효과로 제시할 수 있다.

따라서 실험을 진행하는 과정에서 간편성과 시간 및 조사비의 절감을 장점으로 가진다. 또한 정태적 집단비교는 실험집단에서 발생할 수 있는 역사요인, 검사요인, 도구요인, 통계적 회귀요인 등 내적타당도를 저해하는 요인들을 제거할 수 있다. 그러나 사전점수를 측정하지 못하고, 실험집단과 통제집단을 선정할 때 무작위배정이 이루어지지 못하고 있다는 점에서 실험효과의 인과관계를 보여 주지 못하는 단점을 지닌다.

표 9-1 전실험설계 유형

설계유형	설계모형	장단점
단일집단 사후측정	$\times O_1$	• 간편성과 시간 및 조사비의 절감 • 외생변수 통제가 안 됨 • 비교집단이 없어 개입효과를 보여주기 어려움
단일집단 사전 · 사후설계	$O_1 \times O_2$	
정태적 집단비교	실험집단: $\times O_1$ 통제집단: O_2 실험효과 = $O_1 - O_2$	• 역사요인, 검사요인, 도구요인, 통계적 회귀요인 등은 제거 • 간편성과 시간 및 조사비의 절감 • 집단 선정에서 무작위배정이 안 됨

2) 실험설계

(1) 통제집단 사전 · 사후설계

통제집단 사전 · 사후설계(pretest-posttest control group design)는 전형적인 실험설계방법 중의 하나다. 특히 통제집단 사전 · 사후설계는 실험설계가 갖추어야 할 기본 조건들을 모두 갖추고 있다. 이러한 요소로는 통제집단이 설정되어 실험집단과 비교할 집단이 있다는 점과 사전 · 사후점수를 측정하여 실험변수의 개입으로 인한 차이를 직접 측정할 수 있다는 점이 있다. 이와 함께 통제집단 사전 · 사후설계는 집단을 선정할 때 무작위배정을 실행함으로써 실험집단과 통제집단의 동질성을 확보할 수 있다는 장점을 가지고 있다. 이러한 조건들을 충족함으로써 통제집단 사전 · 사후설계는 실험설계의 내적타당도를 저해할 수 있는 요인들을 대부분 제거할 수 있으며, 실험변수의 효과성을 입증할 수 있다.

(2) 통제집단 사후측정설계

통제집단 사전 · 사후설계는 전형적인 실험설계 유형으로 많이 사용되고 있다. 그러나 실험에 참여하고 있는 실험집단과 통제집단에 대해 동일한 측정도구를 두 번 사용함에 따라 내적타당도를 저해하는 검사요인이 발생하게 된다. 따라서 이러한 단점을 보완한 통제집단 사후측정설계(posttest-only control group design)는 사전점수를 측정하지 않고 사후점수만 측정한 후 이 값을 비교함으로써 실험변수(독립변수)의 개입효과를 보여 줄 수 있는 실험설계방법이다.

그러나 통제집단 사후측정설계는 사전점수를 측정하지 않았기 때문에 실제로 실험변수의 개입효과가 얼마나 있었는지를 보여 줄 수 없다는 단점이 발생한다. 통제집단 사후측정설계는 정태적 비교집단과 집단을 구성할 때 무작위배정을 한다는 점에서 실험설계의 조건을 갖추었기 때문에 실험설계 유형으로 볼 수 있다.

(3) 솔로몬 4집단 실험설계

솔로몬 4집단 실험설계는 실험집단과 통제집단을 각각 2개씩 선정하는 실험설계방법이다. 또한 솔로몬 4집단 실험설계는 통제집단 사전·사후설계와 통제집단 사후측정설계를 동시에 진행하는 것과 동일한 실험설계다. 따라서 실험설계를 수행하는 과정에서 발생할 수 있는 상호작용 효과와 기타 실험설계의 내적타당도를 저해하는 요인들을 모두 제거할 수 있는 이상적인 실험설계방법이라고 할 수 있다.

그러나 사회복지 실천현장에서 실제로 이 방법을 사용하는 것은 현실적으로 무리가 따른다. 특히 일반적으로 실험설계를 사회복지 실천현장에서 실행하는 과정에서 어려운 점은 프로그램에 참여하지 않는 집단을 통제집단으로 선정한다는 점인데, 솔로몬 4집단 실험설계는 이러한 통제집단을 두 집단 선정해야만 가능한 실험설계다. 따라서 솔로몬 4집단 실험설계는 내적타당도를 저해하는 요인들을 모두 제거할 수 있다는 점에서 이상적인 실험설계이지만 현실적으로 사용하기 어렵다는 단점을 가지고 있다.

표 9-2 실험설계 유형

설계유형	설계모형	장단점
통제집단 사전·사후설계	(EG): (R) $O_1 \times O_3$ (CG): (R) O_2 O_4 (효과)=$(O_3-O_1)-(O_4-O_2)$	• 대부분 내적타당도 저해요인 제거 • 내적타당도의 상호작용 효과는 제거하기 어려움
통제집단 사후측정설계	(EG): (R) $\times O_1$ (CG): (R) O_2 (효과)=(O_1-O_2)	• 사전점수와의 차이를 확인할 수 없음 • 정태적 비교집단과는 무작위배정을 한다는 점에서 차이가 있음
솔로몬 4집단 실험설계	(EG1): (R) $O_1 \times O_3$ (CG1): (R) O_2 O_4 (EG2): (R) $\times O_5$ (CG2): (R) O_6	• 통제집단 사전·사후설계와 사후측정설계를 동시에 수행 • 상호작용 효과와 기타 내적타당도 저해요인 제거 • 실험집단과 통제집단을 2개씩 구성하는 것은 현실적이지 못함

3) 유사실험설계

(1) 비동일 통제집단설계

유사실험설계는 실험설계의 조건을 모두 충족하지는 못하기 때문에 엄격한 의미에서 실험설계로 보기 어렵다. 비동일 통제집단설계(nonequivalent control group design)는 전형적인 실험설계의 조건을 충족하기 위해 실험집단과 통제집단을 선정하고, 사전·사후검사를 실시함으로써 내적타당도를 저해하는 요인들을 사전에 제거하려는 시도를 한다. 그러나 비동일 통제집단설계는 실험집단과 통제집단을 배치하는 과정에서 무작위배정을 하지 못하고 임의로 집단을 선정하고 배치한다. 따라서 통제집단 사전·사후설계와 동일한 방식이지만 실험집단과 통제집단의 동질성을 사전에 확보하지 못한다는 단점을 가지고 있다.

(2) 시계열 설계

시계열 설계(time-series design)는 일종의 반복측정설계라고 볼 수 있으며, 실험변수 혹은 독립변수의 개입이 있기 전에 3~4회 종속변수를 측정하여 이 점수를 통제집단의 점수로 간주하는 것이다. 따라서 시계열 설계는 통제집단을 설정하는 효과를 볼 수 있도록 종속변수를 반복 측정함으로써 통제집단과 유사한 집단으로 대체하게 된다. 시계열 설계는 단순시계열 실험설계(simple time-series design)와 복수시계열 실험설계(multiful time-series design)로 구분할 수 있다.

표 9-3 유사실험설계 유형

설계유형	설계모형
비동일 통제집단설계	$O_1 \times O_3$ $O_2 \quad O_4$
단순시계열 실험설계	$O_1\ O_2\ O_3\ O_4 \times O_5\ O_6\ O_7\ O_8$
복수시계열 실험설계	$O_1\ O_2\ O_3\ O_4 \times O_5\ O_6\ O_7\ O_8$ $O_9\ O_{10}\ O_{11}\ O_{12} \quad O_{13}\ O_{14}\ O_{15}\ O_{16}$

SPSS에서 독립 t검정하기

독립 t검정은 서로 다른 두 집단의 평균 차이가 통계적으로 유의미한 정도로 큰 것인지를 검정하는 통계기법이다. 따라서 실험설계에서 사용하기 위해서는 실험집단과 통제집단이 있어야 하고, 사전점수나 사후점수가 있어야 한다. 이때 독립 t검정의 결과는 사전점수를 종속변수로 투입하였을 경우 실험집단과 통제집단이 차이가 없어야 두 집단의 동질성을 확보할 수 있으며, 사후점수를 종속변수로 투입하였을 경우는 실험집단과 통제집단의 점수 차이가 유의미하게 나타나야 실험변수(독립변수)의 효과가 반영된 것이라고 볼 수 있다. 물론 이러한 주장을 하기 위해서는 먼저 실험집단과 통제집단을 선정하고 배치할 때 무작위배정 방법을 사용하거나 매칭 방법을 활용하여 집단을 선정하여야 할 것이다. SPSS 메뉴바에서 분석 ⇒ 평균 비교 ⇒ 독립표본 t검정을 선택하면 된다. 독립 t검정 실행은 먼저 Grouping Variable에 집단구분 변수를 투입한 후 Groups의 속성값을 지정하고(본 자료에서는 실험집단 '1', 통제집단 '2'로 지정), Test Variable에 사후점수를 투입하여 실행한다.

1. 독립표본 t검정을 실행하기 위해 변수 보기에서 집단구분, 사전점수, 사후점수에 해당되는 변수명을 지정한 후, 데이터 보기에서 해당되는 원데이터를 입력한다.

*제목없음2 [데이터집합2] - IBM SPSS Statistics Data Editor

파일(F) 편집(E) 보기(V) 데이터(D) 변환(T) 분석(A) 다이렉트 마케팅

8 :

	번호	집단구분	사전점수	사후점수
1	1	1	2.50	3.00
2	2	1	3.10	4.20
3	3	1	2.20	4.40
4	4	1	2.70	3.80
5	5	1	2.90	3.90
6	6	2	2.20	2.30
7	7	2	3.00	2.90
8	8	2	2.40	2.50
9	9	2	2.80	3.00
10	10	2	2.70	2.80
11				

2. 독립표본 t검정 실행은 분석 ⇒ 평균 비교 ⇒ 독립표본 t검정 순으로 클릭한다.

3. 독립표본 t검정은 검정변수에 종속변수 값을 투입하고, 집단변수에 독립변수를 투입한다. 또한 집단변수에서는 집단에 대한 속성값(VALUE)을 지정해야 한다. 본 예에서는 실험집단을 '1'로, 통제집단을 '2'로 코딩했기 때문에 지정값에서도 동일한 값을 입력하였다. 집단정의를 마무리하고 계속을 누른 후 확인을 클릭하면 SPSS가 실행된다.

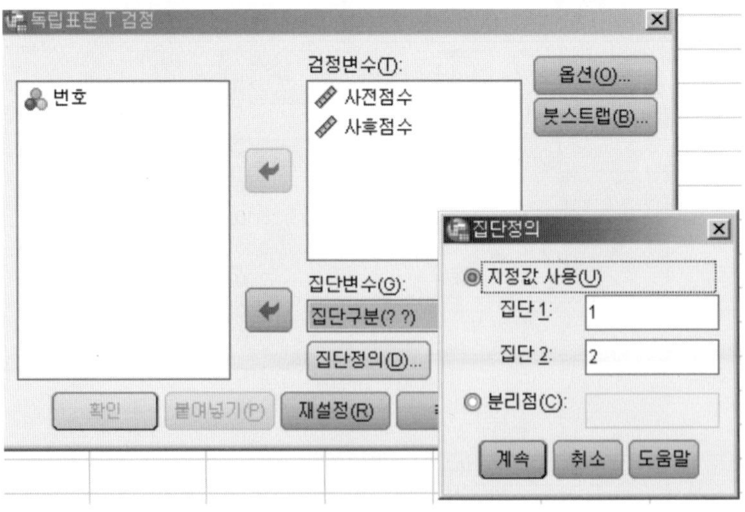

독립 t검정의 분석결과

기술통계량

	실험집단(1) 통제집단(2)	N	Mean	Std. Deviation	Std. Error Mean
삶의 질 사전	실험집단	5	50.60	4.393	1.965
	통제집단	5	48.00	6.285	2.811
삶의 질 사후	실험집단	5	57.60	3.975	1.778
	통제집단	5	50.00	4.416	1.975

Independent Samples Test

		Levene's Test for Equality of Variances		t-test for Equality of Means						
		F	Sig.	t	df	Sig. (2-tailed)	Mean Differences	Std. Error Differences	95% Confidence Interval of the Difference	
									Lower	Upper
삶의 질 사전	Equal variances assumed	1.484	.258	.758	8	.470	2.60	3.429	−5.308	10.508
	Equal variances not assumed			.758	7.156	.473	2.60	3.429	−5.473	10.673
삶의 질 사후	Equal variances assumed	.166	.694	2.860	8	.021	7.60	2.657	1.473	13.727
	Equal variances not assumed			2.860	7.913	.021	7.60	2.657	1.461	13.739

독립 t검정 결과에 대한 해석

독립 t검정은 두 집단의 분산이 모집단에서 동질한가에 대한 부분부터 검정하여야 한다. 먼저, 분산의 동질성을 검정하기 위해 레빈(Levene) 검사를 실시한다. 레빈 검사 결과, F값의 Sig(유의수준)값이 0.258과 0.694로 모두 0.05보다 크게 나타났다. 이는 '분산의 동질성에 차이가 없다(Equal variances assumed).'는 영가설 혹은 귀무가설을 채택한다. 따라서 분석결과에 제시된 2개의 t값의 통계치 중에서 등분산으로 가정되는(Equal variances assumed) t값과 Sig값을 해석해야 한다. 삶의 질 사전점수의 t값과 Sig값은 각각 0.758와 0.470으로, t값의 Sig값이 0.05보다 작게 나타나 실험집단과 통제집단은 통계적으로 유의미한 차이가 나타나지 않았다. 사후점수는 t값과 Sig값은 각각 2.860과 0.021로 나타났으며, Sig값이 0.05보다 작게 나타나 95% 신뢰수준하에서 유의미한 차이가 났다. 이러한 결과는 사전점수의 경우 실험 전 두 집단 간에 동질성을 확인할 수 있는 근거가 되며, 실험변수의 조작 결과 사후검사 결과는 실험집단과 통제집단이 유의미한 차이가 났음을 보여주고 있다. 따라서 결과적으로 실험변수의 조작으로 삶의 질이 긍정적으로 향상되었다고 해석할 수 있다. 이러한 변화는 실험집단과 통제집단의 사후점수 평균값의 변화를 보면 확인할 수 있다. 실험집단의 삶의 질 사후점수는 50.60점에서 57.60점으로 향상되었으며, 통제집단의 사후점수는 48.0점에서 50.0점으로 근소한 차이를 보이고 있다.

SPSS에서 공분산분석 검정하기

공분산분석은 사전점수를 통제한 상황에서 실험집단과 통제집단의 사후점수가 유의미한 차이가 있는가를 분석할 때 사용하는 통계기법이다. 따라서 공분산분석은 통제집단 사전 · 사후설계에서 사용할 수 있다.

공분산분석은 SPSS 메뉴바에서 분석(Analyze) ⇒ 일반선형모델(General Linear Model) ⇒ 일변량분석(Univariate)을 선택하면 된다. 공분산분석은 독립 t검정 실행에서와 같이 모수요인(s)(Fixed Factor)에 집단구분 변수를 투입한 후 종속변수(Dependent Variable)에 종속변수인 사후점수를 투입한다. 또한 통제변수 역할을 하는 변수는 공변량(Covariate)에 사전점수를 투입하여 실행하면 된다. 다음은 SPSS에서 공분산분석을 실시하는 화면을 제시하고 있다.

공분산분석 분석결과

개체 간 요인			
		변수값 설명	N
집단구분	1	실험집단	5
	2	통제집단	5

개체 간 효과 검정					
종속변수: 사후점수					
소스	제 III 유형 제곱합	자유도	평균 제곱	F	유의수준
수정 모형	.446a	2	.223	4.166	.064
절편	.134	1	.134	2.505	.157
사전점수	.085	1	.085	1.591	.248
집단구분	.322	1	.322	6.015	.044
오차	.375	7	.054		
합계	114.390	10			
수정 합계	.821	9			
a. R 제곱 = .543 (수정된 R 제곱 = .413)					

공분산분석 분석결과에 대한 해석

- 공분산분석은 독립 t검정과 유사하지만 실험설계의 효과성을 검정할 때 공변량(사전점수)을 통제한 상황에서 집단의 평균 차이를 검정할 수 있다는 점에서 차이가 있다. 분석결과에서 사전점수는 유의수준이 0.248로 유의수준 0.05보다 크기 때문에 실험집단과 통제집단에서 사전점수는 유의미한 차이가 발생하지 않는다는 것을 보여 준다. 이러한 결과는 실험을 시작하기 전 실험집단과 통제집단의 동질성을 확인할 수 있는 방법이기도 하다. 만약 사전점수의 유의수준이 95% 신뢰수준에서 영가설을 기각하게 된다면 실험집단과 통제집단이 실험을 시작하기 전에 측정하고자 하는 변수에서 이미 유의미한 차이가 나는 것으로 볼 수 있을 것이다.
- 분석 결과, 실험집단과 통제집단으로 구분한 두 집단의 사후점수는 집단구분의 유의수준으로 확인할 수 있다. 예에서는 집단구분의 유의수준이 0.05보다 작은 0.044로 나타났으며, 이는 실험이 종결된 이후 사후점수가 실험집단과 통제집단에서 유의미한 차이가 났다고 해석할 수 있다. 따라서 실험의 효과성이 유의미한 차이가 날 정도로 성공적이었다고 해석할 수 있다.

4. 두 집단 비교 결과분석 사례

1) 장애아동의 학교적응을 위한 지지적 학교 프로그램의 개발과 효과

연구문제: 장애아동의 학교적응을 위한 지지적 학교 프로그램은 학교 내 장애아동의 사회적 관계를 긍정적으로 변화시키는 데에 기여하는가?

- 지지적 학교 프로그램에 참여한 일반아동의 장애아동에 대한 태도가 긍정적으로 변화하는가?

표 9-4 장애아동에 대한 수용적 태도의 개입 전후 평균 차이에 대한 t검정

	실험집단(N=68)		통제집단(N=59)		자유도	t
	평균 차이	표준편차	평균 차이	표준편차		
수용적태도	.19	.45	.06	.54	125	2.899**

** $p < 0.01$

출처: 이지수(2000).

2) 실험집단과 비교집단의 우울증 점수 비교

우울증을 정서적, 인지적, 행동적, 신체적 증상의 4개 하위차원으로 구분하여 각각에서 실험집단과 비교집단 구성원의 사전 · 사후 변화가 있는지를 검정하였다. 먼저, 정서적 우울증상에서 실험집단의 사전 · 사후검사의 평균은 각각 3.08점과 2.60점이었으며, 정서적 우울증상의 감소는 통계적으로 유의미한 것이었다($p < 0.05$). 반면, 통제집단의 정서적 우울증상은 사전 · 사후검사의 평균이 각각 2.77점과 2.79점이었다.

인지적 우울증상의 경우, 실험집단의 인지적 우울증상은 사전·사후검사의 평균이 각각 2.80점과 1.90점으로 프로그램 실시 이후 가장 많은 수준의 감소를 보였으며, t검정 결과 유의미한 변화로 나타났다($p<0.001$). 비교집단은 사전·사후검사의 평균이 각각 2.44점과 2.50점으로 0.06점 정도로, 두 평균의 차이에 관한 t검정 결과, 유의미한 변화는 없었다고 할 수 있다.

행동적 우울증상의 항목에서는 실험집단의 사전·사후검사의 평균이 각각 2.70점과 1.94점으로 프로그램 실시 이후 감소하였다. 두 평균의 차이에 대한 t검정 결과, $p<0.01$ 수준에서 유의미한 변화가 있는 것으로 검정되었다. 비교집단에서는 유의미한 변화가 없었다.

신체적 우울증상은 실험집단의 경우 프로그램 실시 이후 오히려 증가하는 경향을 보였다. 그러나 두 평균의 차이에 대한 t검정 결과, 유의미한 변화는 없었다. 그리고 비교집단도 사전·사후검사의 평균점수가 각각 2.72점과 3.00점으로 증가하였다. 신체적 우울증상에서 변화가 나타나지 않은 것은 본 프로그램이 5주간의 단기개입이었으며, 구성내용 중 정신건강의학과 의사의 개입은 있었으나 구타로 인한 신체적 후유증에 대한 의료적 개입이 충분히 이루어지지 않았기 때문인 것으로 판단된다.

표 9-5 실험집단과 비교집단의 하위 우울증상별 사전·사후점수 비교

구분	처치	실험집단				통제집단			
		평균	사례 수	t	자유도(df)	평균	사례 수	t	자유도(df)
정서적 우울	사전	3.08	10	2.395*	9	2.77	18	−.212	17
	사후	2.60	10			2.79	18		
인지적 우울	사전	2.80	10	4.718***	9	2.44	18	−.443	17
	사후	1.90	10			2.50	18		
행동적 우울	사전	2.70	10	3.324**	9	2.39	18	−.055	17
	사후	1.94	10			2.40	18		
신체적 우울	사전	2.88	10	−.573	9	2.72	18	−1.51	17
	사후	3.00	10			3.00	18		

*$p<0.05$, **$p<0.01$, ***$p<0.001$

출처: 김재엽, 양혜원, 이근영(1998).

제10장

단일사례연구

1. 단일사례연구의 특성

단일사례연구는 사회복지실천의 효과성을 평가할 때 분석단위가 집단이 아닌 개인일 경우 적용할 수 있는 연구방법이다. 단일사례연구는 대규모 서베이를 통한 사회조사나 실험설계와 달리 조사절차가 상대적으로 간단하고, 실천현장에서도 사용하기가 용이하다. 단일사례연구의 목적은 사회복지사의 개입이 연구참여자에게 어떤 영향을 미쳤는가와 문제해결에 얼마나 직접적인 도움이 되었는가를 보여주는 데 있다. 따라서 사회복지사는 단일사례연구 과정을 통해 실천가와 연구자의 역할을 동시에 수행하며, 사회복지 이론과 실천을 접목할 수 있는 기회를 만들 수 있다.

단일사례연구의 진행과정은 연구참여자와 함께 실천가의 개입 목표와 전략을 수립하고, 실천가의 개입이 시작되기 전 기초선 단계에서 개입 목표를 반복 측정하는 것으로 시작된다. 만약 기초선 단계에서 측정한 값이 어느 정도 일관된 형태로 나타나게 되면 본격적인 개입을 시작하게 된다. 따라서 단일사례연구는 기초선 단계와 실천가의 개입을 전후로 반복적으로 측정한 종속변수 값의 변화를 시각적으로 보여 주고, 개입효과를 입증하는 연구방법이다.

단일사례연구가 갖는 유용성이 몇 가지 있다. 첫째, 집단설계에서 보여 주기 어려운 개인의 변화를 보여 줄 수 있다는 점이다. 대표적 집단설계인 서베이 조사는 횡단적 조사를 통해 이루어지며, 수집된 자료를 분석하여 기술통계치나 변수들 간의 관계를 보여 주는 데 유용한 연구방법이다. 그러나 서베이 조사에서 사용하는 측정값은 개별 참여자의 원점수보다 참여자 집단의 평균이나 표준편차 값을 이용하여 분석하기 때문에 연구참여자 개인의 변화를 보여 주는 데 효과적이지 않다. 또한 실험설계도 실험집단에 참여한 개인의 변화를 보여 주기보다는 실험집단 전체를 대상으로 독립변수의 효과성을 보여 주는 데 초점이 맞추어져 있다. 사회복지사는 실천현장에서 가족이나 집단을 대상으로 실천하지만 다양한 개인을 대상으로 실천하는 경우도 많다. 단일사례연구는 집단설계가 보여 줄 수 없는 개인의 변화를 구체적으로 보여 줄 수 있다는 점에서 실천현장에서의 유용성을 제공해 준다.

둘째, 단일사례연구는 연구자가 관심을 두고 있는 종속변수를 반복 측정하기 때문에 측정값의 변화를 한눈에 볼 수 있다는 장점이 있다. 특히 실험설계에서는 실험변수(독립변수) 개입을 전후로 종속변수 값을 측정하거나 실험집단과 통제집단의 점수 차이가 통계적 유의성을 보이는가에 초점을 두기 때문에 연구참여자의 변화과정을 보여 주는 데 한계가 있다. 따라서 단일사례연구는 사회복지사가 연구참여자의 변화과정을 이해하는 데 유용한 정보를 제공해 주며, 실천현장에서의 활용가능성을 높여 줄 수 있는 연구방법이다. 따라서 다양한 단일사례연구가 이루어질 때 사회복지 실천기술 향상에도 기여할 수 있을 것이다.

셋째, 단일사례연구는 연구참여자에게 적합한 개별 목표를 종속변수로 설정할 수 있다. 따라서 단일사례연구는 연구참여자가 원하는 변화를 개입의 목표나 평가지표로 활용할 수 있다. 실험설계의 경우 프로그램에 참여하는 이들의 개별 목표가 다를 수 있음에도 불구하고, 효과성을 보여 주기 위한 종속변수는 연구자가 선택하여 일괄적으로 측정하게 된다. 그러나 단일사례연구의 경우 연구참여자가 원하는 변화를 목표로 설정할 수 있기 때문에 연구과정에서 개별화의 원리를 적용할 수 있게 된다. 따라서 단일사례연구는 연구자와 참여자가 합의해서 개입의 목표를 선정할 수 있으며, 측정 내용도 척도 외에 관찰법을 활용하는 경우도 많다.

넷째, 단일사례연구는 사회복지실천과 연구조사를 접목하는 효과가 있다. 또한 연구자는 연구참여자에게 효과적인 개입방법을 발전시키도록 지원함으로써 당사자의 문제해결에 기여할 수 있는 실용성도 가지고 있다. 따라서 단일사례연구의 실천경험이 축적될 때 사회복지 지식 형성과 이론 발전에 크게 기여할 수 있을 것이다.

이와 함께 단일사례연구는 연구절차가 간단하기 때문에 서베이 조사나 실험설계에 비해 비용이 절감되는 효과가 있다. 또한 단일사례연구는 연구참여자의 변화에 대한 일정한 경향성을 발견하고, 이러한 변화가 독립변수의 개입으로 인한 결과임을 보여 줌으로써 사회복지 실천이나 프로그램 개입에 대한 효과성을 확인할 수 있는 과학적 연구방법이라고 할 수 있다.

2. 단일사례연구의 전개과정

단일사례연구는 사회복지 실천현장에서 집단이 아닌 개별 사례의 변화과정을 보여 줄 수 있는 연구방법이다. 따라서 단일사례연구의 진행과정에서 우선적으로 결정해야 할 사항은 연구의 목적이 되는 개입 목표를 설정하는 일이다. 단일사례연구에서 개입의 목표는 연구참여자의 심리 · 사회적 특성이나 관찰 가능한 행동들 중에서 선정하는 경우가 대부분이다. 특히 개별 사례의 문제행동을 긍정적인 방향으로 변화시키는 것이 목표가 될 것이고, 혹은 개별 사례의 긍정적인 내용을 더욱 증가시키는 것을 개입의 목표로 설정하게 된다. 개입의 목표가 결정되면 단일사례연구에서는 개입 목표의 변화를 보여 주기 위해 기초선 단계를 거치게 된다. 기초선 단계에서는 개입 목표가 되는 변수값을 연구자가 개별 사례에 개입하기 이전에 반복 측정을 수행하면 된다. 기초선 단계에서 측정값의 변화 폭이 커지면 개입의 시기를 결정하는 데 어려움에 봉착하게 된다. 기초선 단계는 최소 3회 정도 개입 목표를 측정하되 측정값을 개입 이후의 값과 비교할 수 있다고 판단될 때까지 진행될 수 있다. 기초선 단계가 마무리되면 본격적으로 실천가의 개입이 시작되고, 개입 목표의 값을 다시 반복 측정하는 과정을 거치게 된다. 또한 단일사례연구의 개입단계에서 개입의 효과성을 확인하기 위해 일시적으로 개입을 중단하고 다시 개입을 하는 경우도 있는데, 이러한 단일사례연구를 반전설계라고 한다.

1) 개입 목표와 전략의 수립

단일사례연구는 먼저 연구자가 개입 목표와 전략을 수립하는 것에서부터 출발한다. 물론 개입 목표를 설정하는 과정은 연구자와 연구참여자가 상호 신뢰관계를 형성하고, 참여자와 함께 개입 목표를 설정하는 것이 중요하다. 이를 위해서 연구자는 참여자의 욕구와 해결해야 할 과업들이 무엇인지 확인하고, 생태체계적 관점에서 종합적으로 사정(assessment)하여 개입전략을 수립하게 된다.

그러나 단일사례연구에서 개입의 목표는 사회복지실천의 효과를 보여 주는 것이기 때문에 경험 가능한 지수로 대체할 수 있는 것이어야 한다. 따라서 측정하거나 관찰하기 어려운 목표를 단일사례연구의 개입 목표로 설정하는 경우 측정 자체가 어려울 수 있다. 또한 사회복지실천의 목표가 장기적인 경우 이를 개입 목표로 설정하기는 현실적으로 어렵기 때문에 단일사례연구 기간 내에 개입을 통해 성취할 수 있는 중간 목표를 수립하고 이에 초점을 맞추는 것이 중요하다.

단일사례연구에서의 개입 목표 설정 예

- 초등학생 아동의 공격행동 수정 표적행동

공격성의 분류	표적행동	표적행동 정의
신체적 공격성	같은 반 친구 때리기	타인의 신체를 상해하는 모든 폭력 행위
언어적 공격성	욕설 및 공격적 언어	욕설이나 친구들을 놀리며 말하는 행위
우회적 공격성	수업 방해행동 및 교사의 지시에 반항하는 단어의 사용과 행동	교사의 지시사항에 반항하는 단어 사용 및 행동

출처: 박경일(2012).

관찰회기	목표	관찰기준
초기	연구자와 신뢰감 및 안정감 형성	• 자발적으로 작업 참여 • 다양한 표현양식 • 적절한 언어 표현 • 다양한 재료 선택 • 자발적 유희
중기	미술에 대한 흥미 유발 및 욕구 인식 감정 표출 및 발산 자율성 회복 자기인식	
후기	자기표현	

출처: 심은지, 이정숙(2009).

이와 함께 개입 목표를 긍정적인 내용으로 설정하는 것도 중요하다. 흔히 단일사례연구에서 개입 목표는 참여자의 문제행동이나 부정적인 태도를 개선하는 것에 초점을 두는 경우가 많다. 그러나 인간행동에서 특정 행동이나 태도 등 이미 발생한 것을 소거하는 시도는 쉽지 않다. 따라서 연구참여자가 이미 하고 있는 긍정적인 행동을 더 하게 하는 것을 개입 목표로 설정하는 것도 좋은 접근방법이라고 판단된다. 또한 단일사례연구에서는 단기간에 변화가 가능한 것을 개입목표로 삼는 경우가 많고, 연구참여자에게 중요한 목표라 할지라도 개입 목표로 설정하는 것은 현실적으로 어려운 상황에 처하게 할 수 있다.

2) 기초선 단계

기초선(baseline) 단계는 단일사례연구에서 연구자의 본격적인 개입이 있기 전 연구참여자의 개입 목표를 여러 번 반복하여 측정함으로써 그 경향을 알아내는 단계를 의미한다. 단일사례연구에서 기초선 측정은 연구참여자가 해결해야 할 심각한 문제 혹은 긍정적인 변화의 목표를 설정하고 최소 세 번 이상 반복 측정이 이루어진다.

단일사례연구에서 기초선의 형태는 다양하게 나타날 수 있으나 기초선이 안정적인 형태를 띠고 있으면 독립변수 개입 이후 이 추세의 변화를 쉽게 파악할 수 있다. 그러나 기초선이 안정적 형태를 보이지 않는 경우에는 개입시기를 결정하기 어렵게 된다. 따라서 단일사례연구에서 참여자는 응급상황이나 위기상황에 있는 경우 연구에 참여하기가 곤란하다. 이와 유사하게 개입 목표로 설정한 측정값이 단기간 급격한 변화를 보이는 참여자는 안정된 형태가 될 때까지 개입단계를 유보해야 할 것이다.

3) 개입단계

단일사례연구에서 기초선 측정이 끝나면 연구자의 개입이 시작되고, 개입 이후 개별 목표의 측정값을 반복하게 된다. 개입단계에서 주의해야 할 것은 개입 목표로 설정한 측정값을 기초선 단계와 동일한 상황에서 실시하여야 한다는 점이다. 또한 개입의 평가에 있어서 치료의 효과성을 보기 위해서는 연구참여자의 문제해결이라는 목표가 충분히 달성되었는지 평가할 수 있어야 하며, 개입단계는 연구참여자의 긍정적 변화를 시각적으로 판단할 수 있는 결과를 보여 주는 것이 중요하다. 연구자 개입의 효과로 인해 참여자가 변화하는 과정을 시각적으로 보여 줄 수 있다는 것은 단일사례연구가 갖는 장점 중의 하나다. 단일사례연구에서는 기초선 단계에서 측정한 개입 목표 값과 개입단계에서 측정한 개입 목표 값의 차이를 함께 보여줌으로써 누구나 쉽게 개입의 효과를 확인할 수 있게 된다. 이와 함께 기초선 단계와 개입단계의 차이가 통계적으로 유의미할 만큼 충분히 큰가를 동시에 평가하여 단일사례연구의 통계적 유의성도 함께 보여 줄 수 있어야 한다.

단일사례연구 효과성을 보여 주는 통계처리

- 통계처리를 통해 개입단계의 유의미성을 보여 주는 방법은 기초선 단계에서 반복 측정된 개입 목표의 평균과 개입단계에서 반복 측정한 개입 목표의 평균이 ±2~3 표준편차 이상 차이를 보이는지를 확인함으로써 통계적 유의성을 보여 주는 것이다. ±2 표준편차가 주는 의미는 비교하고자 하는 기초선 평균값과 개입 이후의 평균값의 차이가 95% 신뢰수준에서 서로 다른 집단이라고 볼 수 있기 때문이다. 이는 정규분포에서 95%를 차지하는 면적은 ±1.96 표준편차 사이이고, 99%를 차지하는 면적은 ±2.58 표준편차 사이가 된다는 점을 활용한 것이다.
- 비교하는 2개의 평균값(단일사례연구에서는 기초선 단계에서 측정한 개입 목표의 평균값과 개입단계 이후에 측정한 개입 목표의 평균값)이 ±3 표준편차 이상 차이가 발생하면 99.9% 이상의 신뢰수준하에서 비교하는 '2개의 평균값이 차이가 없다.'는 영가설(귀무가설)을 기각할 수 있게 된다. 마찬가지로 2개의 평균값이 ±3 표준편차 이상 차이가 발생하면 99.9% 이상의 신뢰수준을 가지고 '2개의 평균값은 차이가 있다.'는 대립가설(연구가설, 실험가설)을 채택할 수 있게 된다.

3. 단일사례연구의 여러 가지 형태

1) AB 설계

AB 설계는 단일사례연구에서 가장 간단하게 실행할 수 있는 설계방법이다. AB 설계는 하나의 기초선 단계(A)와 하나의 개입단계(B)로 구분되며, 설계방법이 간단하여 실천현장에서 적용가능성이 높다. 그러나 AB 설계는 내적타당도 저해요인들을 충분히 통제할 수 없기 때문에 개입단계에서 나타나는 변화가 개입의 효과로 인한 것임을 분명하게 주장할 수는 없다. 이는 AB 설계에서 단일집단 사전·사후설계와 같이 성숙요인, 역사요인, 검사요인 등 내적타당도를 저해하는 요인이 발생할 수 있기 때문이다.

AB 설계의 예

• 분노조절훈련 프로그램 회기의 목표와 진행 내용

<table>
<tr><th>단계</th><th>회기</th><th>제목</th><th>목표</th></tr>
<tr><td>초기</td><td>1</td><td>반가워요</td><td>• 사전평가 실시
• 프로그램 목적과 내용 설명</td></tr>
<tr><td rowspan="2">문제인식</td><td>2</td><td>느낌 알아차리기</td><td>• 감정 및 화남에 대해 이해</td></tr>
<tr><td>3</td><td>어떻게 화를 내는 걸까?</td><td>• 분노의 상황을 이해
• 촉발자극에 대한 이해</td></tr>
<tr><td rowspan="4">문제해결</td><td>4</td><td>무엇 때문에 화가 나지?</td><td>• 비합리적 사고 이해
• 긴장이완훈련 습득</td></tr>
<tr><td>5</td><td>화날 땐 어떻게 하지 1</td><td>• 감정표현 방식 이해
• 자기주장방법을 습득</td></tr>
<tr><td>6</td><td>화날 땐 어떻게 하지 2</td><td rowspan="3">• 분노조절방법 학습
• 사후평가</td></tr>
<tr><td>7</td><td>이젠 잘 할 수 있지!</td></tr>
<tr><td rowspan="2">종결</td><td>8</td><td>이제 안녕!</td></tr>
<tr><td>9</td><td>종결식</td><td>• 프로그램 평가 및 미래서약</td></tr>
</table>

• 연구가설: ○○프로그램 실시 효과에 의하여 프로그램에 참여한 비행청소년의 분노행동 빈도가 유의미하게 감소할 것이다.

• 분노행동 측정지표의 하위영역 및 내용

하위영역	표적행동
언어적 공격	욕하기, 말다툼하기, 놀리기, (대상을 향해) 소리 지르기
신체적 대결	때리기, 발로 차기, 잡아당기기
간접적 표현	물건 집어 던지기, 책상이나 문 등을 내려치거나 발로 차기, 다른 사람들에게 소리 지르기

• 프로그램 회기별 분노행동 관찰 횟수

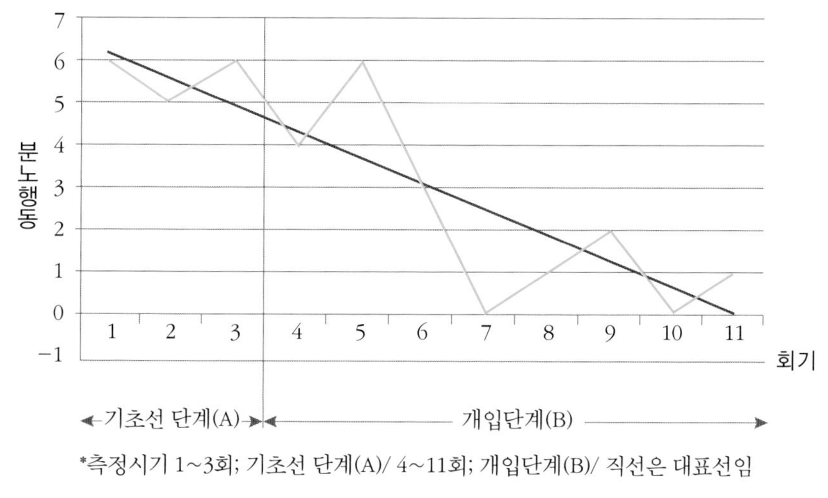

*측정시기 1~3회; 기초선 단계(A)/ 4~11회; 개입단계(B)/ 직선은 대표선임

출처: 임소영(2000), p. 51.

2) 반전설계

반전설계(ABA, ABAB 설계)는 단일사례연구의 가장 단순한 형태인 AB 설계가 실천가의 개입으로 인한 효과성을 인과관계로 설명하는 데 한계가 있기 때문에 이를 보완하기 위해 등장하였다. 단일사례연구에서 반전설계는 연구자가 개입을 시작한 후 일시적으로 개입을 중단하고 다시 기초선 단계로 돌아가서 참여자의 상태가 어떠한지를 측정하는 연구설계다. 따라서 단일사례연구에서 반전설계는 기초선과 개입을 반복하여 측정함으로써 우연한 사건으로 인한 내적타당도 저해를 줄일 수 있다. 결과적으로 반전설계에서는 AB 설계가 개입 목표의 변화를 개입의 결과라고 확신할 수 없었던 인과관계를 주장할 수 있게 된다.

그러나 반전설계는 개입단계와 기초선 단계를 반복함으로써 사회복지 서비스가 필요한 이에게 일시적으로 서비스를 제공하지 않기 때문에 윤리적 문제를 야기할 수 있음에 유의할 필요가 있다. 서비스가 필요한 연구참여자에게 단일사례연구의 효과성을 파악하기 위해 서비스를 중단하는 것은 바람직한 일이라고 보기 어렵다. 또한 반전설계는 기초선 단계와 개입단계를 거쳐서 완성되는 AB 설계에서 한 단계 더 나아가 다시 기초선 단계로 진입하는 과정에서 설계가 완료되는 ABA 설계와 실천가가 개입을 일시 중단한 다음 다시 개입을 시도하는 ABAB 설계로 구분할 수 있다.

ABA 설계: 기초선 단계(A)–개입단계(B)–개입중단–사후측정(A)

ABAB 설계: 기초선 단계(A)–개입단계(B)–개입중단(기초선 단계)(A)–재개입(B)

반전설계(예: ABAB 설계–친사회적 행동빈도의 추세)

- 연구문제: 또래 지도를 통한 신체표현활동이 지적장애아동의 친사회적 행동 증가에 미치는 효과를 밝힌다.

- 친사회적 행동의 목록

친사회적 행동		
1	다른 아동과 잘 어울리는 행동	• 다른 아동에게 먼저 말을 건다. • 다른 아동과 신체적 접촉을 하며 어울려 논다.
2	자기 의사를 잘 표현하는 행동	• 자기 생각을 다른 아동에게 전달한다. • 낯선 사람이라도 자신 있게 말한다.
3	자기 권리를 잘 지키는 행동	• 옳지 않은 일을 시킬 때 거절한다. • 놀이활동에 스스로 참여한다.

- 관찰일수에 따른 친사회적 행동의 빈도

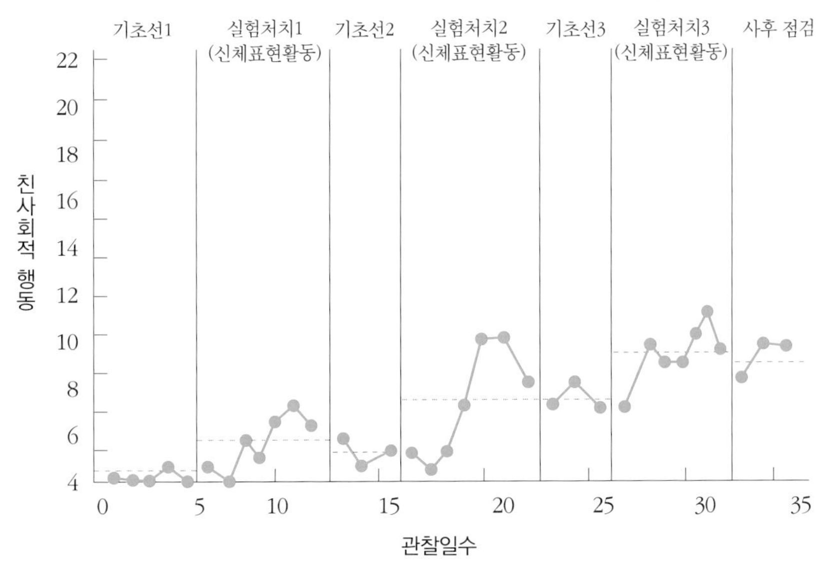

출처: 최영희(1998).

3) 다중기초선설계

다중기초선(복수기초선)설계(multiple baseline design)는 기초선이 하나 이상인 단일사례연구를 지칭하며, 연구자가 동일한 개입방법을 사용하면서 기초선의 길이를 달리하는 다수의 사례에 개입하는 단일사례설계방법이다. 따라서 다중기초선설계는 동일한 클라이언트에 대해 종속변수(반응행동)별로 기초선의 길이를 다르게 적용할 수 있고, 또한 동일한 문제를 가진 여러 명의 클라이언트를 대상으로 개입시점을 달리하는 경우에도 활용할 수 있다(김환준, 2004). 다중기초선설계는 AB 설계가 내적타당도를 저해하는 요인들이 발생할 수 있어 인과관계를 명확하게 보여 주지 못하지만 반전설계 없이 AB 설계를 다수 실행함으로써 개입의 효과성을 보여 줄 수 있는 장점이 있다. 예를 들어, 학교생활 적응에 어려움을 경험하고 있는 초등학생의 단일사례연구에서는 개입 목표를 학급 내에서 또래와의 상호작용 늘리기, 수업시간에 발표하기, 방과후 집단 활동하기 등으로 정한 후 연구자의 개입시기를 달리 시작하면 된다. 또한 학교생활 적응에 유사한 어려움을 경험하고 있는 초등학생 3명에게 동일한 개입 목표를 설정한 후 개입시기를 다르게 AB 설계를 진행할 수도 있다. 따라서 다중기초선설계는 여러 개의 AB 설계를 동시에 진행하되 개입시기를 다르게 하는 것이라고 볼 수 있다.

그러나 다중기초선설계가 갖는 장점에도 불구하고 몇 가지 한계점이 발견된다. 우선, 다중기초선설계에서 단일사례를 대상으로 여러 개의 개입 목표를 설정하여 개입하는 경우, 개입 목표가 다를 수 있기 때문에 동일한 개입방법을 적용하는 것은 현실적이지 않을 수 있다. 따라서 다중기초선설계에서는 여러 개의 개입 목표를 설정할 때 유사한 내용으로 설정해야 하는 제한이 따른다.

또한 유사한 개입 목표를 갖는 다수의 연구참여자에게 개입하는 다중기초선설계의 경우 단일사례연구의 장점인 개별화의 원리를 오히려 적용하기 어렵게 만드는 결과를 초래할 수 있다. 따라서 사회복지 서비스가 필요한 클라이언트에게 우선적으로 개입하기보다는 연구자가 설정한 개입 목표에 적합한 클라이언트를 선정

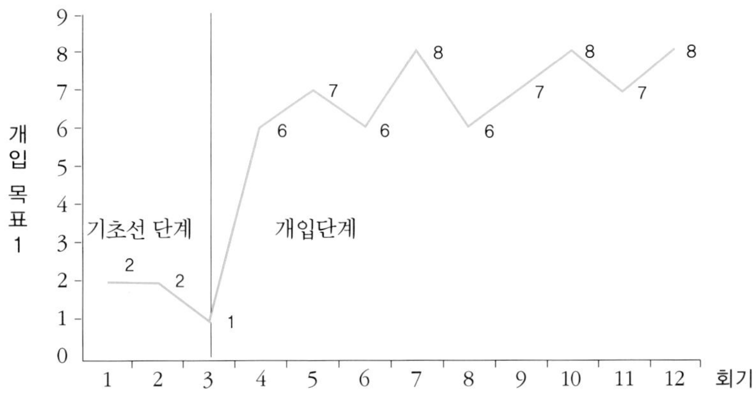

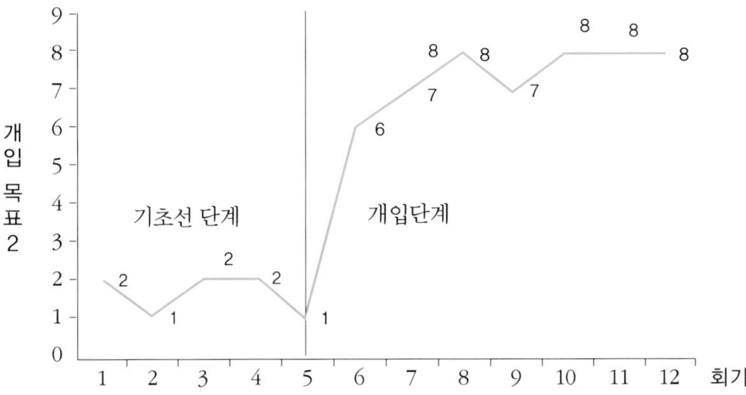

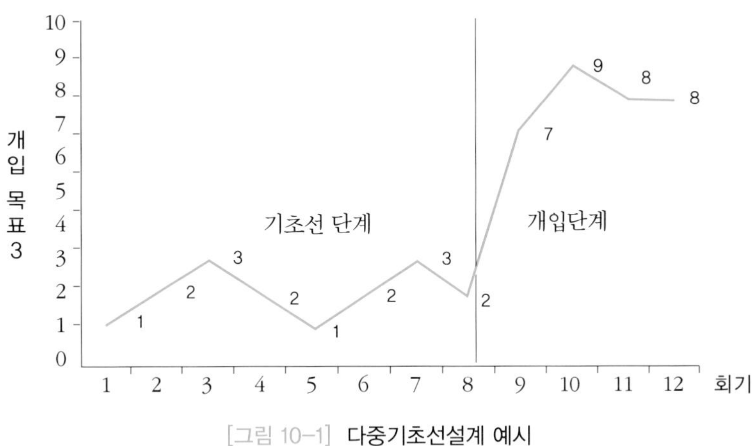

[그림 10-1] 다중기초선설계 예시

해야 하는 경우도 발생할 수 있다.

4) 다중개입설계

다중개입설계는 흔히 ABC 설계라고 불린다. 이 방법은 한 명의 연구참여자에게 서로 다른 개입방법을 적용하는 경우에 해당된다. 따라서 다중개입설계는 특정한 문제를 가진 클라이언트에게 두 가지 이상의 개입전략이 필요하다. ABC 설계는 먼저 기초선 단계(A)를 거친 후 첫 번째 개입방법(B)을 수회 실시하고, 두 번째 개입방법(C)을 실시하면 된다. 다만, 다중개입설계는 연구자가 개입한 효과를 즉각적으로 확인하기 어려운 경우에 어떤 개입이 어떤 결과로 이어졌는지 명확하게 확인하기가 어렵다는 한계점이 있다. 예를 들어, 사회복지사가 자녀와의 관계에서 어려움을 경험하고 있는 부모를 대상으로 개입 목표를 설정하여 기초선 단계(A)를 거친 후, 개인상담(B)을 실시하고, 이후에 가족상담(C)을 실시하여 긍정적인 결과를 보

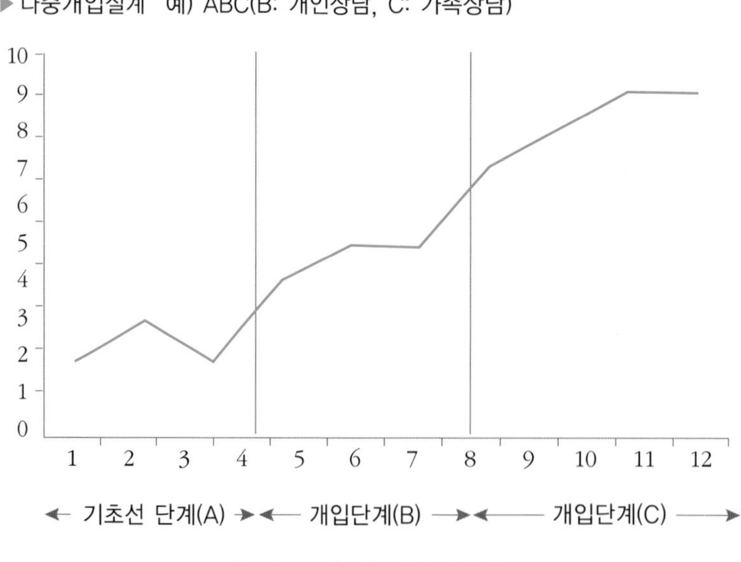

[그림 10-2] 다중개입설계 예

았다. 그러나 이 경우 개입의 효과가 개인상담으로 인한 것인지, 가족상담으로 인한 것인지, 혹은 두 가지 개입방법이 상호작용하여 얻은 결과인지 명확하게 확인하기 어려울 수 있다. 따라서 다중개입설계는 개입방법을 결정할 때 개입의 결과를 확인할 수 있도록 유사한 접근방법으로 개입해서는 안 된다.

4. 단일사례연구의 한계

단일사례연구는 사회복지 실천현장에서 유용하게 사용할 수 있는 연구방법이다. 유용성의 측면에서 보았을 때 단일사례연구는 사회복지실천과 연구조사를 결합하는 효과를 가진다. 따라서 과학적 연구방법을 사회복지실천에 도입하는 것이 가능하고 결과적으로 사회복지 실천기술을 향상하거나 개발하는 데 기여할 수 있을 것이다. 또한 실험연구나 설문조사에 비해 비용과 노력이 크게 절감된다는 점도 사회복지 실천현장에서의 실용성과 적용가능성을 높여 준다.

그러나 단일사례연구가 갖는 여러 가지 장점과 유용성에도 불구하고 몇 가지 한계점은 여전히 남아 있다. 우선, 단일사례연구에서 연구자의 개입단계가 시작되기 전에 기초선 측정을 하다 보니 적절한 개입의 시기를 놓칠 수 있다. 결과적으로 단일사례연구는 도움이 필요한 이들에게 사회복지 서비스를 지연시키는 결과를 가져올 수 있음에 유의할 필요가 있다. 이와 유사하게 단일사례연구의 내적타당도를 높이기 위해 개입을 일시 중단하는 반전설계도 윤리적으로 바람직하지 못할 때가 있다.

또한 단일사례연구는 내적타당도를 저해하는 요인들을 통제하기 어렵기 때문에 인과관계를 확신하기 어렵다. 특히 독립변수의 개입 이전과 이후에 종속변수를 여러 번 반복하여 측정함으로써 내적타당도를 저해하는 검사요인이 발생할 수 있고, 연구자가 통제하기 어려운 역사요인이나 연구참여자의 성장요인도 단일사례연구의 내적타당도를 저해할 수 있다. 이를 보완하기 위해서 반전설계를 실행할 수는 있지만 단일사례연구는 점점 복잡해지고 실행가능성이 낮아진다. 결과적으로 단일사례연구는 인과관계를 명확하게 보여 주지 못하기 때문에 개입결과를 일반화하는 데 무리가 따를 수 있다. 또한 단일사례만을 관찰하기 때문에 연구자의 개인적 편견이나 가치관이 개입될 여지가 많다는 한계점을 가지고 있다.

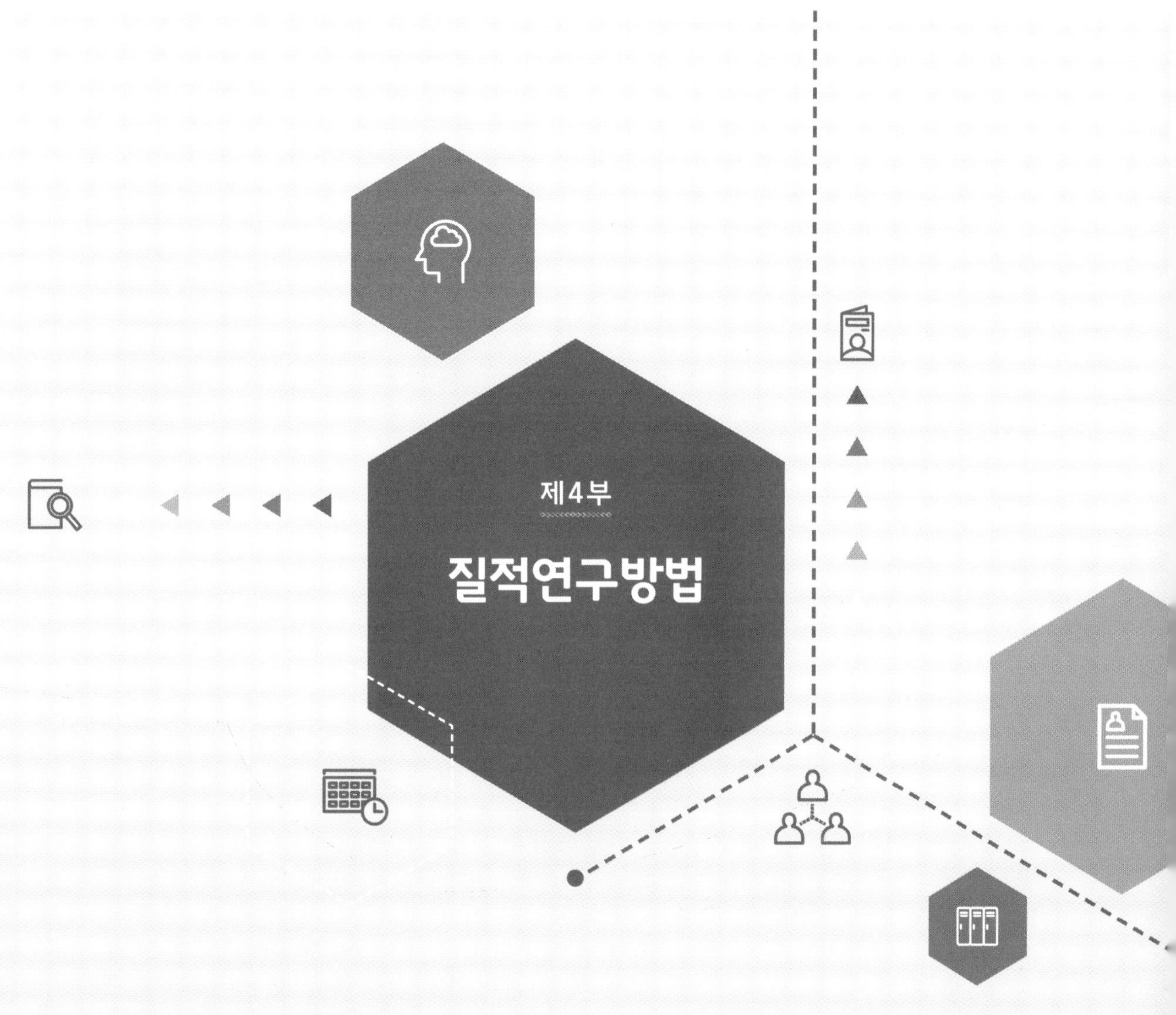

제4부

질적연구방법

제11장

질적연구 개요

1. 질적연구의 성격

사회조사를 위한 연구방법을 연구 패러다임으로 구분하자면 크게 기술적-합리성에 기반을 둔 연구, 해석학적 연구, 비판적 연구로 구분할 수 있다. 기술적-합리성에 기반을 둔 연구는 객관주의와 인간의 합리성에 대한 신뢰 등에 기반을 두고 있으며, 실증주의 전통을 따르는 양적연구가 대표적이다. 실증주의 연구 패러다임은 이론에서 출발하여, 검증 가능한 가설을 설정하고, 조작적 정의와 측정을 통하여 변수들의 인과관계를 보여 줌으로써 이론을 완성하는 순환과정을 거친다. 특히 실증주의 연구 패러다임에서 사회과학 연구방법은 자연과학을 연구하는 방법과 차이를 보이지 않는다. 이에 비해 해석학적 연구는 실증주의에 대해 비판적 입장에 있으면서 인간의 주관적인 삶의 의미와 경험의 본질 등을 연구하고자 한다. 해석학적 연구 패러다임은 다양한 연구전통에 대해 개방적인 태도를 가지고 있으며, 실증주의 연구 패러다임도 다양한 연구방법 중의 하나로 간주된다. 과학의 표준화와 단일연구방법을 지향하는 실증주의적 태도는 확실한 진리를 담보할 수 있는 연구방법을 고민해 왔지만 후기실증주의 시기에 이르러 그들의 주장은 점차 완화되고 있다. 비판적 연구는 프랑크푸르트학파의 비판이론가들에 의해 주장되어 왔으며, 이들 역시 인간과 사회에 대한 연구 패러다임에서 실증주의 관점을 비판하고, 정치적 영향력과 가치개입의 중요성을 강조하고 있다.

서로 다른 연구 패러다임의 차이는 결과적으로 사회조사의 구체적인 연구방법론의 기본 전제와 연구절차의 차이로 이어진다. 실증주의에 기반을 둔 연구방법으로 양적연구는 사회현상에 대해 측정 가능한 지수로 조작적 정의를 내리고, 측정변수들의 인과관계를 파악하는 데 초점을 둔다. 이와 달리 해석주의에 기반을 둔 질적연구에서는 사회현상에 대한 경험이나 현상의 본질과 의미, 경험의 과정 등에 관한 연구들이 주를 이루고 있다. 비판주의에 기반을 둔 연구는 대표적으로 담론연구를 예로 들 수 있을 것이다.

따라서 양적연구와 질적연구는 단순히 연구에 필요한 자료의 특성에 따른 분류라고 볼 수 있으나 연구 패러다임의 차이로 본다면 인식론적 입장이 확연히 다르게 나타난다. 특히 양적연구와 질적연구는 연구자가 관심을 두고 있는 연구질문에서부터 차이를 보이고, 연구문제를 분석하는 방법과 연구가 진행되는 과정에서 많은 차이가 발견된다. 이러한 차이는 결국 사회현상을 바라보는 인식론적 입장에 따른 차이에 기인한다고 볼 수 있다.

실증주의가 갖는 인식론적 입장에서는 사회현상은 측정이 가능하며, 경험이 가능한 지수로 대체할 수 있다고 본다. 따라서 실증주의 패러다임에 입각한 연구방법론에서는 다양한 사회현상을 측정하고, 측정도구의 신뢰도와 타당도의 확보를 중요하게 다룬다. 이와 함께 측정결과를 일반화할 수 있기 위해서는 표본의 대표성을 확보할 수 있는 표본추출방법, 가설검정이나 추정을 위한 추리통계 등이 조사과정의 핵심을 이룬다.

이와 달리 질적연구는 해석학이나 현상학, 상징적 상호작용이론, 구성주의, 문화기술지 등의 영향을 받았다. 질적연구에서는 복잡한 인간의 심리현상과 사회현상에 대한 경험의 의미를 파악하는 데 주력한다. 또한 질적연구는 양적연구에서처럼 표본의 대표성을 확보하여 경험의 일반화에 주력하기보다는 특정 현상의 경험에 관한 독특한 특성을 기술하는 데 관심을 둔다. 따라서 질적연구에서 표본추출방법은 대부분 연구자의 판단에 근거한 유의표집으로 이루어진다. 이와 함께 질적연구는 양적연구가 중요하게 간주하는 연구결과의 일반화에 대해 자연주의적 일반화를 강조하고 있다. 교육학자인 스테이크(Stake, 1995)가 제시한 자연주의적 일반화(naturalistic generalization)는 질적연구의 독자가 마치 그 현상이 자신에게 일어난 것처럼 느낄 수 있는 것을 의미한다.

또한 질적연구자들은 사건의 직접적인 해석을 더욱 중요시하며, 측정자료에 대한 해석은 덜 중요시한다. 양적연구에서는 연구설계가 이루어진 시간부터 자료가 분석된 시간까지 '가치중립'적인 기간으로 간주하면서 개인의 해석을 제한하려고 한다. 이에 비해 질적연구자들은 현장에 있는 동안 자신의 의식을 자각하면서 관찰하고, 주관적 판단을 내리고, 분석하고, 종합하면서 해석에 책임을 지고자 한다.

이러한 차이점은 연구자가 관심을 두는 연구문제와 연구목적에서도 발견된다. 양적연구자는 추상적인 사회현상을 측정하고, 이 값들 간의 관계를 분석하는 데 초점을 둔다. 또한 양적연구의 목적은 사회현상을 인과관계로 설명하고 예측할 수 있는 보편적 법칙을 발견하는 데 있다. 이에 비해 질적연구는 사회현상 자체의 진상을 밝히려는 연구나 특정 집단의 문화적 주제, 경험의 과정이나 본질, 의미 등을 찾는 연구질문들이 주를 이룬다.

질적연구에서 '질적(qualitative)'의 의미는 연역적 방법을 통해서 얻을 수 있는 지식의 유형과 구분되며, 개별적 사물이나 현상의 고유한 속성, 현상의 본질을 그것답게 만드는 내재적 속성을 의미한다. 결과적으로 질적연구가 가지는 독특한 인식론적 속성은 연구대상과 연구주체의 관계를 구분하는 객관주의 인식론과 입장을 달리한다. 오히려 질적연구에서 연구자는 중요한 도구이며, 연구자의 지향이나 연구질문에 대한 관점을 사전에 밝히도록 독려한다. 따라서 사회현상에 대한 질적인 인식을 추구한다는 것은 사물을 최대한 '있는 그대로' 보는 것을 의미하며, 복잡한 사회현상을 몇가지 특징적인 요인들로 설명하려는 환원주의(reductionism)에서 벗어나려는 시도라고 볼 수 있다.

1) 질적연구의 특징

(1) 자연주의적 탐구

자연주의적 탐구(naturalistic inquiry)는 연구자가 연구 상황에 인위적인 조작을 가하지 않고, 연구 상황을 자연스럽게 탐구하고 이해하려는 속성을 의미한다. 예를 들어, 대규모로 이루어지는 서베이 조사나 실험설계, 단일사례연구는 일종의 연구 상황을 연구자가 주도적으로 개입하여 진행되는 조사들이다. 이에 비해 질적연구자는 자신이 연구하려는 현상을 조작하거나 통제하려고 하지 않거나 이를 최소화하고, 실제로 드러나는 현상을 탐색하는 것에서부터 연구를 시작한다. 이러한 의미에서 자연주의적 탐구는 연구 상황에 대한 조작을 최소화하여 연구 상황을 자연스러운 상태로 두려고 노력하며, 연구대상에 대한 발견지향적 접근(heuristic approach)을 추구한다. 발견성은 연구하고 있는 현상에 대해 독자의 이해를 밝혀주는 역할을 의미하며, 과거에 몰랐던 관계라든지 변수를 연구하고 있는 현상을 통해서 다시 생각하게 하는 것을 기대하게 한다(박수연, 1997).

'발견적(heuristics)'이라는 의미는 그리스어 'heuriskein'에서 유래된 용어이며, 질적연구에서 발견지향적 접근은 '스스로 발견하다' 혹은 '찾다'라는 의미를 가진다. 발견지향적 접근에서는 측정도구를 이용한 측정이나 외적인 모양새에 관심을 두기보다는 경험의 의미와 본질, 통찰력, 연구자의 성찰 등을 중요하게 다룬다(Patton, 2000). 또한 발견지향적 접근은 연구자가 자신의 연구방법이 나름대로의 논리적 타당성을 지니고 현상을 이해할 수 있음을 미리 전제하고 있다는 점이 특징이다. 따라서 기존 인식론의 주제가 정당화의 논리에 초점을 맞추었다면, 질적연구에서 요청되는 인식론은 '발견의 맥락'이 갖는 중요성을 강조한다고 볼 수 있다.

(2) 귀납적 분석

질적연구는 탐구하려는 현상을 직접 관찰하는 것에서 출발하여 일반적인 원리를 도출하는 것을 목적으로 하기 때문에 귀납적이다. 질적연구자는 연구 상황 속에서 자료를 검토함으로써 개념을 개발하거나 가설을 만들 수 있다. 따라서 귀납성은 미리 가설을 결정하고 이를 확인하는 것이 아니라 새로운 관계나 새로운 개념을 발견하는 것이고, 이것이 질적연구가 갖는 의미이기도 하다(박수연, 1997). 예를 들어, 질적연구에서 참여관찰방법은 연구대상에 대해 사전에 어떤 가정도 하지 않거나 일정한 결론을 미리 내리지 않고, 연구참여자들과 많은 시간을 보내면서 자료를 수집해 간다. 다만, 질적연구자는 이론적 민감성을 가지고 현상을 관찰하면서 새로운 사실을 발견하고자 시도한다. 이론적 민감성은 연구자가 수집한 자료가 자신의 연구에서 얼마나 중요한 정보인지를 통찰할 수 있는 연구자의 자질이다. 따라서 질적연구자에게 이론적 민감성은 연구자의 통찰력 있는 시각이 필요하다는 것이고, 수집된 자료를 의미 있는 분석으로 이끌어 내는 능력을 말한다. 또한 이론적 민감성은 질적연구의 시작에서부터 전 과정에 걸쳐 연구자에게 요구되는 것이며, 끊임없는 훈련과 연구를 통해 발전할 수 있다(이효선, 2005).

이와 함께 현상학적 연구에서 강조하는 판단중지(epoche)나 괄호치기(bracketing)도 귀납적 분석을 위해 연구자가 갖추어야 할 태도다. 판단중지는 주어진 사태에 대한 판단을 정지시키는 의식의 중립화 작용을 의미한다. 현상학에서는 우리 앞에 나타난 세계가 존재한다는 것은 자연스러운 확신이며, 이를 자연적 태도라고 지칭하고 있다. 따라서 현상학에서 인식주체가 본질을 직관하기 위해서는 자연적 태도에 대한 판단중지가 필요하다(박승억, 2009). 우리는 일상적으로 살아가면서 자연과학적 사유방식에 익숙해 있기 때문에 자연적 인과관계의 틀 속에서 세상이 존재한다는 확고한 믿음을 가진다. 판단중지는 우리가 자연적 태도에서 벗어나 현상 자체에서 필연적인 진리를 찾는 태도로 제시되고 있다(이남인, 2005).

(3) 총체적 관점

질적연구자는 특정 상황에 대한 총체성을 찾으려고 노력한다. 이 질적연구가 갖는 총체적 관점은 소수의 요인으로 전체 현상을 설명하려는 환원주의의 시도와 상반되는 개념이다. 환원주의는 주어진 현상을 가장 잘 설명할 수 있는 몇 개의 요인을 찾으며, 이를 통해 주어진 현상을 간략화하는 것을 강조한다. 환원주의가 전제하고 있는 지향은 효율성의 원칙을 강조하고 있으며, 다양한 학문분야에서 주어진 상황을 설명하기 위해 특정한 관점만을 주장하는 결과로 이어질 수 있다. 그러나 질적연구는 충분한 서술과 깊이 있는 통찰력, 현상을 바라보는 다양한 관점을 제시함으로써 사회현상을 전체적으로 조망하려고 노력한다.

질적연구의 경우 연구자가 관심을 가지고 있는 특정한 사례에 대해 사전에 가설을 설정하지 않고, 가능한 한 현상을 종합적으로 이해하려고 노력하게 된다. 사전에 별도의 가설을 가지고 연구하지 않기 때문에 연구자는 가능한 한 포괄적인 관찰을 할 수 있는 개방적 조건을 만들어 갈 수 있다(조옥라, 1995). 이에 따라 질적연구는 연구대상의 전체적 기술과 설명을 추구하게 되며, 연구대상이 되는 현상에 대한 풍부한 기술(thick description)을 특징으로 한다. '풍부한 기술'이 갖는 의미는 조사하고 있는 사건이나 개체에 대해 완전하게 그려 내듯이 서술하는 것을 말하며, 사례에 대한 문화적 규범이나 사회적 규제, 집단의 가치관, 태도와 관념 등에 기술적인 자료를 총망라한다는 뜻이다. 따라서 질적연구는 환원주의와는 상반되게 가능한 한 많은 변수를 취급하게 되고, 항상 다양한 변수 사이의 상호작용을 장기간에 걸친 관찰로써 묘사하게 된다(박수연, 1997).

(4) 사례의 개별성과 독특성

질적연구는 사회현상을 설명하고 예측할 수 있는 법칙의 정립을 위한 시도라기보다 주어진 현상의 개성을 기술함으로써 그 현상을 이해하는 것을 목적으로 한다. 따라서 질적연구자는 연구의 관심이 되는 현상이 갖는 특수한 상황이나 사건, 프로그램 등 현상 자체를 중점적으로 연구하고자 한다(박수연, 1997). 질적연구에서 자연주의적 일반화가 갖는 의미도 표본의 통계치로 모수치를 추정하는 경험 일반화의 중요성보다 특정 사례나 현상이 갖는 상황을 내부자적인 관점에서 이해하는 것을 강조한 것이다. 신칸트학파의 리케르트(H. Rickert)는 반실증주의 입장에서 지식에 있어서 정신의 활동과 가치의 우선성을 강조하면서 자연과학과 역사학, 법학, 경제학 간에는 기본적인 차이가 있다고 생각했다. 그는 자연과학적 접근이 물리적 인과성을 발견하고 일반 법칙의 예로서 사건을 설명하는 것을 목표로 하는 것이고, 역사과학적 접근법은 개별화하는 것이라고 보았다. 이러한 관점은 특정 사건의 독특성에 초점을 두고 사건의 의미와 구체적 특성을 밝혀내려는 시도라고 볼 수 있다(Polkinghorne, 1983).

(5) 연구설계의 융통성

질적연구가 갖는 특징 중의 하나는 엄격한 연구설계과정을 정해 놓고 진행하는 것이 아니라는 점이다. 양적연구에서 연구설계는 연구문제를 선정하는 것에서부터 출발하여, 이론이나 선행연구를 기반으로 연구문제에 대한 조작적 정의와 가설을 미리 설정한다. 또한 측정도구의 신뢰도와 타당도를 사전에 확보하고, 수집된 자료를 분석하여 연구문제가 제기한 가설이나 이론을 검정하는 과정을 거친다. 따라서 양적연구에서 연구설계는 형식적으로 정형화되어 있다고 볼 수 있다.

이에 비해 질적연구는 연구자가 조사를 진행하는 과정에서 새로운 연구질문을 형성할 수 있다. 특히 질적연구에서 자료수집방법으로 많이 사용하는 인터뷰의 경우 사전에 질문내용을 준비하지만 인터뷰를 진행하고 수집된 자료를 분석하면서 질문내용이 달라지는 경우가 많다. 또한 질적연구가 진행되는 과정에서 자료수집과 자료분석은 동시에 이루어지거나 순환적으로 진행된다. 예를 들어, 영상인류학자가 멕시코 마야족의 가족에 대한 문화기술지 연구를 수행하였다. 그는 마야족의 주 생계활동이 어떠한 작업과정을 통하여 이루어지고 있는지를 보여 주면서 현대 마야인들의 대가족제도를 연구하였다. 이와 같은 문화기술지 연구는 참여관찰을 통해 진행되며, 연구자가 관심을 두고 있는 영역은 있지만 특정한 가설을 안고 연구를 시작하지는 않는다. 오히려 연구자가 별도의 가설을 갖고 연구를 시작하면 연구자의 편견이나 선입관에 따라 자료들을 재구성할 위험성을 갖게 될 것이다(조옥라, 1995).

따라서 질적연구는 연구가 수행되기 전에 연구설계를 명확하게 구체화하기 어려운 점이 있다. 질적연구가 갖는 연구설계의 융통성은 사회현상을 해석하고 이해하는 과정에서 연구자의 개방성과 사회현상의 불확실성이 갖는 특성을 고려한 것이다. 그러므로 질적연구가 연구설계의 융통성을 가진다는 것이 질적연구 결과에 대한 타당성을 저해한다고 보아서는 곤란하다.

2) 양적연구와 질적연구의 특성 비교

사회과학 연구유형을 분류할 때 문헌연구를 제외하면 크게 양적연구와 질적연구로 구분할 수 있다. 이들 연구유형이 갖는 기본 전제와 연구방법에서 보이는 차이들은 〈표 11-1〉에 제시하였다. 양적연구와 질적연구는 연구자가 수집하는 자료의 특성에 따라 차이를 보이지만 이를 인식론적 수준에서 비교하게 되면 연구 패러다임이 갖는 기본 전제에서부터 차이를 보인다. 양적연구는 객관주의 인식론에 기반을 두고 있으며, 관찰된 사상을 객관적인 지표나 측정도구를 사용하여 측정하고, 이에 수를 부여하는 수학적 표현을 사용한다. 따라서 양적연구에서는 현상에 대한 개념화와 이에 대한 조작적 정의가 반드시 선행되어야 한다.

이에 비해 질적연구는 조사자가 참여관찰, 심층면접, 기록의 검토 등의 방법을 사용하여 수집한 자료를 분류하는 작업을 반복 수행하면서 분석결과를 도출한다. 이와 함께 인식론의 입장에서 양적연구는 자연과학적 방법이 유일한 과학적 방법이라고 보고, 사회과학도 이를 따를 것을 주장한다. 이에 비해 질적연구는 사회현상이 자연현상과 본질적으로 다르기 때문에 자연과학의 연구방법과는 달라야 한다고 보는 입장이다. 연구 패러다임의 이론적 근거도 양적연구는 초기실증주의 전통과 논리실증주의로 이어지는 연구전통을 따르고 있으며, 과학적 지식이 되기 위

표 11-1 질적연구와 양적연구의 연구방법론의 목적과 차이

준거	양적연구	질적연구
기본 가정	• 객관적 실재/행동의 규칙성 • 변인에 대한 측정, 통제 가능 • 외부인의 관점 • 기계론적 관점 • 연구방법에 대한 우선권	• 사회적으로 구성된 실재 • 변인에 대한 통제 불가능 • 내부인의 관점 • 인간의 의도 중시 • 연구내용에 대한 우선권
이론적 근거	논리실증주의, 행동주의	현상학, 해석학, 상징적 상호작용론
목적	• 일반화/예측 • 인과관계 설명 • 변인들 간의 관계 결정 • 이론 검정/객관적 실체 규명	• 인간행동 이면의 신념, 심층적 동기 이해 • 해석, 의미 탐색 • 연구참여자의 관점 이해 • 이론 개발/실상의 구성
접근방법	• 가설과 이론이 선행됨 • 조작, 통제 • 형식적 도구 사용 • 실험적, 연역적 • 가치중립적 • 연구설계의 사전 결정	• 가설과 기초이론의 발견 • 묘사(기술) • 도구로서의 연구자 자신 • 자연적, 귀납적 • 가치개입적 • 직관적
표본	• 확률적 • 대규모의 연구참여자 • 무작위 선발	• 유목적적 • 소규모의 연구참여자 • 비대표성
연구결과	• 신뢰성 • 반복 가능한 자료	• 타당성 • 총체적(심층적) 자료
연구자의 역할	• 공정성 • 객관적 기술 • 비관여	• 개인적 관여 • 공감적 이해 • 참여관찰자
도구 · 자료원	• 측정(척도, 검사) • 구조화된 면접과 관찰	• 현장기록, 문서, 사진 • 문화기술적 면접과 관찰

출처: 조영남(1998).

한 엄격한 구획기준을 따르는 경향이 있다. 이에 비해 질적연구는 해석학, 현상학, 상징적 상호작용론, 구성주의 등의 영향을 받았다.

양적연구와 질적연구는 연구의 목적에서도 차이를 보인다. 양적연구는 실증주의의 전통을 이어받아 사회현상의 법칙을 정립하는 것을 사회과학의 궁극적인 목적이라고 보고 있다. 따라서 사회현상을 인과론적으로 설명할 수 있는 연구를 중요하게 다루며, 사회현상을 예측하고 통제할 수 있게 되는 것이 과학의 목적이라고 주장하고 있다. 따라서 양적연구를 수행하기 위해서는 사회현상에 대한 개념을 정립하고, 이를 측정할 수 있는 다양한 측정도구의 개발이 필요하다. 그러나 인간현상을 측정할 수 있는 측정도구의 개발이 실재 개념을 정확하게 반영하고 있는지 일치 여부를 확인하기 어렵고, 이론적으로만 존재하는 개념들은 측정 자체가 불가능하다는 난제가 남아 있다. 또한 인과관계를 보여 주는 실험설계에서도 통제된 상황에서 인간을 대상으로 실험을 할 수 없는 경우가 많다. 이에 비해 질적연구는 인간행위나 사회현상을 인과관계로 설명하기보다는 이해하는 것에 초점을 맞춘다. 특히 상징적 상호작용론에서 인간행위는 일종의 목적을 가지고 있으며, 행위주체는 자신의 행위에 대해 의미를 부여하는 존재라고 주장한다. 이에 따르면 외부자적 입장에서는 행위주체의 목적이나 동기를 정확히 파악하기 어렵다고 본다.

질적연구와 양적연구는 표본추출 전략에서도 차이를 보인다. 양적연구에서 좋은 표본은 모집단을 잘 대표할 수 있는 표본이어야 한다. 이를 위해 양적연구는 확률표본추출방법과 실험설계에서의 집단 선정 시 무작위배정을 강조한다. 따라서 양적연구에서 표본추출의 방법은 모집단의 모수치(parameter)와 표본의 통계치(statistics)의 차이인 표집오차(sampling error)를 최소화하기 위한 표집방법을 발전시켰다. 이에 비해 질적연구에서는 좋은 표본을 얻기 위해서 먼저 연구자의 연구질문을 가장 잘 드러내 줄 수 있는 연구참여자를 선정한다. 왜냐하면 질적연구의 표본추출방법은 대부분 연구자의 판단에 의한 유의표집에 따라 이루어지기 때문이다.

연구결과에 대한 입장은 양적연구에서는 신뢰성 그리고 조사과정과 결과의 반복가능성을 중요하게 다룬다. 이는 과학적 지식의 특징의 하나로, 조사절차가 동일한 경우 결과는 반복적으로 재생 가능해야 과학적 지식이 될 수 있다고 보기 때문이다. 연구자의 역할 면에서는 양적연구의 경우 조사결과에 대한 객관적 기술과 비관여적 성격이 강하나, 질적연구의 경우 참여관찰자가 되거나 개인적 관여가 이루어질 수 있다. 따라서 질적연구자는 연구의 도구가 되며, 질적연구의 결과에도 직접적인 영향을 미치게 된다. 또한 자료원에 있어서의 차이는 양적연구가 측정이나 검사, 구조화된 면접이나 관찰을 통해 자료를 수집하는 경우가 많고, 질적연구에서는 심층면접, 참여관찰뿐만 아니라 각종 문서, 일기장, 자서전, 연설문, 사진, 대중매체 등을 활용하여 자료를 수집한다는 것이다. 따라서 질적연구의 자료원은 다양하게 접근할 수 있는 이점이 있다.

2. 질적연구 전통에 대한 개괄적 고찰

1) 근거이론

근거이론(ground theory)은 1967년 글레이저(Glaser)와 스트라우스(Strauss)에 의해서 출발하였으며, 이들의 저서인 『근거이론의 발견(The Discovery of Grounded Theory)』에서 소개된 질적연구방법이다. 특히 근거이론은 질적연구 전통에서 널리 알려져 있으며, 국내·외 사회복지연구에서 자주 등장하는 질적연구방법이다.

질적연구 전통으로서 근거이론은 연구자가 선험적 가정이나 기존의 연구, 또는 기존의 이론틀에 의존하는 것을 지양하고, 사회현실을 반영하고 있는 자료를 바탕으로 새로운 이론이나 개념, 가설 또는 명제를 발견하는 데 초점을 둔 연구방법이다. 따라서 근거이론 연구방법은 기존의 연구나 사회학, 사회복지학 이론을 바탕으로 자료수집 절차를 미리 정하지 않고 실증적 자료를 수집하고 분석한다. 이러한 특성으로 인해 근거이론은 새로운 이론이나 지식을 개발하는 데 적합한 접근방법이라고 할 수 있다.

근거이론이 등장하게 된 1960년대 중반에는 사회학 분야에서 질적연구가 체계화되지 않은 연구방법으로 인식되었다. 특히 과학적 지식을 중시하는 실증주의 패러다임이 강력한 영향력을 발휘하고 있었다. 실증주의는 과학적 방법 및 지식과 관련하여 객관성, 일반화, 연구의 반복가능성, 대립가설과 이론의 반증을 강조하였고, 사회과학자는 사회현상을 인과적으로 설명하고, 외부세계를 예측할 수 있어야 한다는 신념을 지지하였다. 따라서 실증주의자는 인간의 경험이 갖는 질적인 특성을 계량화된 변인으로 환원하였고, 가치에서 사실을 분리하고, 외부세계는 과학적 관찰자와 분리되어 객관성을 확보하려고 시도하였다. 그러나 실증주의에 기반을 둔 지식체계는 매우 협소한 과학적 방법의 하나일 뿐이라는 반론이 등장하였으며, 계량적 연구설계에 적합하지 않은 연구질문은 무시하는 결과를 초래하고 말았다. 이에 근거이론을 탄생시킨 글레이저와 스트라우스는 당시의 지배적인 연구방법론과 맞서야 했으며, 질적연구 수행을 위한 체계적인 전략을 구축하려고 시도하였다. 이를 위해 글레이저와 스트라우스는 자료수집과 분석 활동이 동시에 이루어지고, 연역적 방법이 아닌 자료로부터 개념과 범주를 개발하고, 이론 개발을 목표로 하는 근거이론을 개발하기에 이른다(Charmaz, 2006). 또한 스트라우스는 질적연구의 오랜 전통을 가진 시카고 대학에서 상징적 상호작용론과 실용주의 학자들에 의해 영향을 받았으며, 글레이저는 1950년대 컬럼비아 대학에서 질적 분석과 이론 개발에 관한 교육과 훈련을 받았다. 이들은 병원에서 죽음을 앞둔 사람들을 대상으로 죽음에 관한 환자들의 경험을 질적연구하였으며, 그들이 수행한 연구과정에 대해 공동으로 책을 기술하였다(최귀순, 2005).

미드(Mead)가 제안한 상징적 상호작용론은 인간과 인간 사이의 사회적 과정에 대한 연구를 목적으로 하고 있다. 상징적 상호작용의 핵심으로 블루머(Blumer, 1968)는 인간의 행동에 대해 언급하면서 인간은 사물에 대해 지니고 있는 의미를 바탕으로 그 사물에 대해 행동한다고 말한다. 여기에는 인간이 자기 세계에서 감지하는 모든 것이 포함된다(Blumer, 1968). 인간의 행위는 스스로 운동을 조절할 수 있는 행위의 결과다. 또한 그것은 목적성(purposiveness)을 가지며 의도성(intention)을 지닌다는 측면에서 자연발생적으로 발생하는 운동과는 다르다. 따라서 인간행위의 본질은 의도된 활동라고 볼 수 있으며, 의도된 활동은 그 행위를 하는 인간에게 의미가 있기에 가능해진다(Polkinghorne, 1983). 또한 상징적 상호작용론은 사물에 대한 의미가 사람들이 그의 동료들과 갖는 상호작용으로부터 나온다는 점을 강조한다. 상징적 상호작용론이 가지는 세 번째 전제는 인간이 사물에 갖는 의미들은 해석과정 속에서 변형된다는 점이다. 현대 사회과학이나 심리학의 사상은 인간이 사물에 대해 지니고 있는 의미를 바탕으로 그 사물에 대해 행동한다는 점을 무시하거나 간과하여 왔다. 이는 사회과학이나 심리학에서 인간행위를 인간에게 작용하는 다양한 요인의 산물로 보는 경향이 강하기 때문이다. 따라서 상징적 상호작용론에 따르면 인간이 사물에 부여하는 의미란 의미를 지니고 있는 사물에 내재해 있는 것은 아니며, 단순한 심리적 첨가물로 간주할 수도 없다. 상징적 상호작용론에서 의미는 사람들 사이의 상호작용과정을 통해 나타난다고 보고, 이러한 의미는 변형될 수 있다는 입장을 견지한다(Blumer, 1968).

스템(Stem, 1980)은 근거이론이 다른 질적연구 전통과 비교하였을 때 갖는 차이점으로 다섯 가지 특성을 제시하였다. 이를 요약하면, 첫째, 근거이론은 개념적 틀이나 이론이 기존 연구결과물의 종합이 아닌 실제 자료를 통해 개발되어야 한다. 둘째, 근거이론은 특정 단위에 대한 기술보다는 사회적 현상 내에 존재하는 주요 과정에 대한 발견에 초점을 둔다. 셋째, 각 자료는 다른 자료와의 지속적 비교를 통해 분석한다. 넷째, 자료수집의 전략은 도출되는 이론에 따라 조정이 가능하다. 다섯째, 연구자는 자료의 수집과 동시에 분석을 시도하며, 메모를 기록한다(김소선, 2003 재인용). 근거이론이 갖는 특성은 다른 질적연구 전통과 차이점을 보이기도 하지만 자료수집과 자료분석의 주요한 도구로서 연구자의 귀납적 자세를 중시한다는 점은 기존의 질적연구 전통과 크게 다르지 않다.

근거이론은 자료로부터 의미를 도출하고 이론 개발을 목적으로 하기 때문에 토대이론이라 불리기도 한다. 따라서 근거이론의 관심은 '이론 검정'이 아닌 '이론 창출'에 있으며, 사회적 환경과 맥락이 어떻게 사람들의 행동과 상호작용을 설명할 수 있는가에 있다(김인숙, 2011). 따라서 다른 질적연구방법론과 비교하였을 때 근거이론의 가장 큰 특징은 이론발달을 강조한다는 데 있다. 근거이론에서 언급되는 이론의 의미는 기존의 이론이 담고 있는 개념과는 다소 차이를 보인다. 예를 들어, 근거이론에서 이론의 의미는 거대담론을 의미하기보다는 실재적 이론(substantive theory) 혹은 실질적 이론의 의미가 강하다. 실재적 이론이란 거대담론에 대한 대안으로 등장하였으며, 논리 영역적 과정을 거쳐 이론에 도달하는 과정을 비판적으로 바라보고 있다(Glaser & Strauss, 1967). 구체적으로 실재적 이론이란 사회 구성원들이 살아가는 실세계의 상황들을 대상으로 삼으며, 연구주제가 특정성을 가지지만 연구범위는 총체적인 관심을 포함하고 있다. 또한 실재적 이론이 갖는 속성은 범주, 성질, 가정 등으로 구분하며, 범주와 성질은 이론의 개념적 구성요소를 의미하고, 가정은 범주와 성질로부터 도출된 관계를 일시적으로 형성하는 것을 말한다(Merriam, 1998).

이와 함께 근거이론은 자료로부터 이론을 생성하기 때문에 자료수집방법으로 이론적 표본추출(theoretical sampling)을 강조한다. 이론적 표본추출은 사람에 대한 표집이 아닌 개념에 대한 표집이기 때문에 특정 현상과 관련된 새로운 개념적 정보가 나타나지 않을 때까지 계속 진행된다. 또한 자료분석과정에서 도출되는 가설이나 이론이 어떻게 구체화되느냐에 따라 자료수집은 추가로 이어질 수 있다(김소선, 2003). 이론적 표본추출은 자료수집과정에서 어떤 자료를 어디서 수집할 것인지 유동적이며, 불확실한 특징을 지닌다. 따라서 이론적으로 적합한 표본을 선정하기 위해서 연구자에게는 '이론적 민감성(theoretical sensitivity)'이 요구된다. 근거이론에서 이론적 민감성은 자료로부터 개념을 발견하고 범주화하면서 이론을 개발할 수 있는 감각이나 통찰력을 의미한다(이동성, 김영천, 2012). 따라서 이론적 민감성은 기존 자료에 대한 고찰이나 직접 경험을 통해 축적한 현상에 대한 지적 수준을 의미하며, 연구자가 현상을 전체적으로 볼 수 있게 하고, 비교분석을 가능하게 한다. 연구자의 이론적 민감성을 향상하기 위한 방안으로 스트라우스와 코빈(Strauss &

Corbin, 1988)은 연구자의 편견을 배제하고 한 걸음 물러서서 자료를 대할 것과 분석결과에 대해 회의적인 태도를 유지할 것, 엄격한 연구절차를 따를 것을 요구하였다(김소선, 2003 재인용). 이를 위해 근거이론 연구자는 자신의 기질적 취향을 성찰하고, 이론적 편향성을 경계하면서 연구주제에 대한 이론적 통찰을 얻기 위해 노력할 필요가 있다. 또한 이론적 표본추출은 이론적 포화도(theoretical saturation)에 따라 결정되는데, 연구자는 사전에 이론적 포화도를 예측하기 어렵다. 다만, 근거이론을 통해 발견되는 핵심범주(core category)는 다양한 사건을 총체적으로 분석할 필요가 있으며, 추상적 범주로서 핵심범주는 이론적 포화도의 지표가 될 수 있다(이동성, 김영천, 2012).

근거이론에서 자료에 대한 분석은 수집된 원자료에 대한 지속적 비교방법(constant comparative method)을 활용하여 이루어지고 있다. 지속적 비교방법은 자료로부터 새로운 의미단위와 개념을 생성할 때 새로운 개념이 등장하면 과거의 자료로 다시 돌아가 관련된 개념을 재검토하는 방식으로 이루어진다. 지속적 비교방법을 활용하기 위해서는 원자료가 갖고 있는 의미단위들의 유사점과 차이점을 지속적으로 비교하여야 하며, 새롭게 생성된 의미단위들을 속성(property)과 차원(dimension)에 따라 구분해 보는 작업이 병행될 수 있다. 여기서 속성은 새롭게 생성된 의미단위나 개념들이 하나의 범주로 발전하게 될 때 범주가 갖는 독특한 특성을 의미한다. 차원은 속성의 위치를 연속선상에 나타낸 결과다. 또한 지속적 비교방법은 동일한 면접에서 얻은 진술문들을 서로 비교할 수도 있고, 상이한 시점이나 장소에서 일어난 사건의 관찰 혹은 다른 면접에서 얻은 진술문과 대조하며 비교할 수도 있다(Charmaz, 2006).

또한 질적연구 분석과정에서 원자료를 부호화하는 것을 코딩(coding)이라고 한다. 스트라우스와 코빈(1988)은 저서 『Basics of Qualitative Research』에서 코딩이 자료를 분해하고 개념화하며 이론을 생성하기 위해서 개념들을 통합하는 과정이라고 하였으며, 이론 생성의 토대가 되는 개념을 발견하고 발전시킨다고 보았다. 근거이론의 코딩방법은 개방코딩(open coding), 축코딩(axial coding), 선택코딩

(selective coding) 등으로 구분할 수 있다(이동성, 김영천, 2012 재인용). 개방코딩은 자료를 한 줄이나 한 문장 등으로 검토하면서 개념화하고 자료 내에 숨어 있는 과정을 파악하는 것이다. 예를 들어, 새, 연, 비행기라는 사물은 이들 간의 공통된 속성을 표현하는 것으로 '비행물체'라는 범주로 묶을 수 있고, 소주, 와인, 양주, 포도주 등은 '술'이라는 범주로 묶을 수 있다(김소선, 2003). 따라서 개방코딩은 자료로부터 의미단위들을 생성하고 범주와 속성을 발견하는 것을 말한다. 개방코딩은 범주와 하위범주의 이름을 짓고, 속성과 차원에 따라 범주를 발전시키는 과정까지 포함한다.

축코딩의 경우는 개방코딩을 통해 생성된 범주들을 하위범주들과 연결하고 주요 범주들을 통합하는 과정이다. 근거이론에서 축코딩은 과정분석이나 패러다임 모형을 활용하여 범주들을 연결해 간다. 특히 스트라우스와 코빈(1998)은 코딩 패러다임(coding paradigm)이라는 분석적 도구를 이용해, 중심현상을 둘러싼 조건적 맥락과 과정을 도식으로 통합하여 조건과 과정을 연결시키고자 하였다. 축코딩은 개방코딩을 통해 분해되었던 자료들을 중심현상을 중심으로 재조합함으로써 단일한 개념이나 범주를 집약적으로 분석한다(이동성, 김영천, 2012 재인용). 근거이론 분석에서 축코딩은 패러다임 모형을 활용하여 범주들 간의 연결을 시도한다. 패러다임 모형은 중심현상과 결과, 조건 등으로 구성된다. 구체적으로 패러다임 모형은 인과적 조건(causal conditions), 중심현상(phenomena), 맥락(context), 중재적 조건(intervening conditions), 상호작용(action/interaction), 결과(consequence) 등으로 구분하여, 개방코딩을 통해 구성된 범주들을 재구성하여 완성한다.

선택코딩은 범주를 최대한 통합하고 핵심범주를 생성하는 것을 의미한다. 따라서 선택코딩은 분석결과들을 추상화된 이론으로 전환하는 과정으로 볼 수 있다(이동성, 김영천, 2012 재인용).

근거이론은 글레이저와 스트라우스(1967)가 제시한 이후 새롭게 변형되어 가고 있다. 특히 글레이저와 스트라우스는 근거이론을 개발한 공동연구자임에도 불구하고 근거이론에 대한 코딩방법과 분석과정에 대해서 서로 이견을 보였다. 특히 글레이저는 근거이론이 지향하고자 했던 본래의 의도를 왜곡할 수 있다는 점에서 스트라우스와 코빈이 제시한 축코딩과 선택코딩을 반대하였다. 이는 근거이론의 출발이 사회현상에 대한 실재적 이론을 개발하는 것에 목표를 두었음에도 불구하고, 글레이저와 스트라우스는 절차나 분석방법을 지나치게 강조하는 근거이론의 경향을 경고한 것이다. 근거이론의 절차나 코딩방법에 대한 논쟁은 여전히 명확한 결론을 내지 못하고 있다. 그러나 근거이론은 진술된 원자료의 핵심범주를 밝히는 것보다는 자료로부터 기본적인 사회적 과정을 발견하는 것을 강조하는 경향이 있다. 따라서 근거이론에 대한 깊은 이해는 기본적인 사회적 과정에 대한 이해를 필요로 한다.

한편, 국내 질적연구 결과물에서 근거이론은 이론적 추상성과 설명력을 갖추어야 하는 기준에 적합한가라는 자성의 목소리도 등장하고 있다. 특히 국내에서 근거이론에 의해 진행된 질적연구들은 획일화된 모형 제시에 머물러 있는 경우가 많아 이론적 추상성과 설명력이 높은 근거이론 연구들이 요청되고 있다(김인숙, 2012).

2) 문화기술지

문화기술지(ethnography)는 민속지학이라는 용어로도 통용되며, 현장연구를 수행하는 질적연구방법으로 많이 사용되고 있는 연구전통이다. 특히 참여관찰법은 특정 문화나 사회의 '있는 그대로의 모습'을 이해하고 기술하기 위한 문화기술지 자료수집방법으로 널리 사용된다. 문화기술지 연구자는 장기간에 걸쳐 연구참여자의 삶에 동참하면서 삶의 과정을 배우게 되며, 집단 구성원들이 지니는 행동이나 신념, 태도, 가치 등을 기술하게 된다. 문화기술지는 인류학자들에 의해 수행되면서 하나의 질적연구 전통으로 발전하였는데, 이는 서구 중심의 세계관에서 다른 문화를 이해할 필요성이 제기되었기 때문이다. 대항해 시대 이후 19세기 초부터 서구 사회는 전 세계로 교역을 확대하면서 자국의 이익을 확보하기 위해 타민족을 연구하기 시작했는데, 이것이 문화기술지 연구를 촉진시켰다(조명옥, 2003).

국내에서도 2000년대 이후 새터민, 이주노동자, 국제결혼 여성, 화교 등 다양한 문화적 특성을 지닌 집단에 대한 관심이 증대하고 있다. 기존의 한국 사회를 이끌어 왔던 주류문화는 다른 문화권을 가진 이들의 문화적 특징과 차이를 보일 것이며, 이들 집단의 사회적응 등을 연구하기 위해서는 문화기술지 연구전통을 따르는 것이 필요할 것이다. 또한 문화기술지 연구는 한국 사회 내에서 독특한 문화를 지닌 이들을 대상으로 이루어질 수 있다. 사회복지 분야별로 독특한 집단문화를 지닌 이들을 제시해 본다면, 독거노인, 여성 장애인, 노숙인, 가출청소년, 중도탈락 청소년, 조손가족, 한부모가정, 입양가족 등 다양하다. 따라서 이들 집단이 지닌 문화적 특성에 대해 관심이 있는 연구자들은 이들 집단이 지닌 독특한 문화적 주제를 탐구할 수 있다. 이러한 연구들은 사회복지 실천가에게 클라이언트 집단에 대한 이해를 촉진시킬 수 있고, 이들을 대상으로 한 사회복지 실천기술을 향상하는 데에도 중요한 정보를 제공할 수 있을 것이다.

문화기술지 연구가 갖는 주요 특징으로는, 첫째, 총체적인 입장에서의 접근이다. 총체적인 접근은 어떤 사물의 부분이 전체를 떠나서는 정확히 파악될 수 없고, 전체에 대한 인식도 부분에 대한 치밀한 지식이 없으면 정확하게 인식될 수 없다는 관점이다. 따라서 인간 행태를 연구하기 위해서 문화기술지는 인간의 심리, 생리, 병리적 과정, 사회적 특성 등을 개별적으로 탐구하는 것이 아니라 인간 상황의 모든 측면을 연구하고자 시도한다(조명옥, 2003).

둘째, 문화기술지 연구자는 연구참여자의 내부자적 입장에서 특정 문화나 사람의 주관적 경험들을 분석한다. 내부자적 관점은 독특한 문화적 집단에 속해 있는 구성원들의 시각에서 그들만이 지닌 독특한 삶의 방법을 이해하기 위해 요청되는 질적연구자의 태도이기도 하다. 내부자적 입장의 질적연구자는 문화현상이 어떤 질서를 지니고 있고, 정보제공자가 사물을 정의하는 방식에 가깝게 수집된 자료의 의미 범주를 찾기 위해 노력해야 할 것이다(조명옥, 2003). 특히 현지조사는 연구대상의 삶에 대한 맥락을 이해하고, 연구참여자의 입장에서 본 사회, 문화, 세계관에 대한 이해를 얻을 수 있는 좋은 수단이 된다(윤택림, 2002).

문화기술지로서의 기념비적인 연구로는 문화인류학자인 말리노프스키(Malinowski)가 1922년에 트로브리안드 군도(Trobriand Islands) 주민들의 일상적인 삶을 있는 그대로 기술한 것을 들 수 있다. 이러한 연구는 초기 문화기술지 연구로서 비서구적 사회의 특성을 서구적 관점에서 바라본 것이라고 볼 수 있다. 또한 1955년 화이트(Whyte)가 쓴 '거리의 아이들(corner boys)'은 고전적인 문화기술지 연구로 이탈리아 빈민가 젊은이들의 삶에 대한 관찰결과를 보여 주었다는 것이 특징이다. 특히 이 연구는 거리에서의 삶에 대한 일반적인 견해와는 달리 거리의 청년들의 행동을 구조화하는 질서구조가 있음을 기술하여 문화기술지의 특성을 잘 보여 주고 있다.

또한 다양한 질적연구의 전통에도 불구하고 문화기술지 연구는 연구하고자 하는 현상, 대상, 지역에 대한 선행연구나 사전지식이 거의 없을 때 활용할 수 있으며, 복잡하고 미묘한 사회적 관계나 상징적 상호작용을 탐구할 때에 적합한 연구전통이다. 또한 소집단이나 소규모 사회의 역동성을 총체적으로 연구하면서 현상 이면의 가치체계, 신념, 행위규칙, 적응전략 등을 파악할 때 유의미하게 사용할 수 있다(정용교, 2001).

전통적인 문화기술지는 계속해서 분화되고 있는데 이에 대한 해석은 다양하다. 우선, 문화기술지 영역의 확장이 바람직한 현상인가에 대한 논란으로, 지나친 분화와 확장이 연구자들을 혼란에 빠뜨리고 실용성을 떨어뜨린다는 지적이 있다. 한편으로는 문화기술지의 분화와 확장은 문화기술지가 갖는 비정형적 특성 때문이기에 그것이 연구의 지평을 확대시킬 수 있다는 긍정적인 평가도 함께 주장된다. 분화 및 확장된 문화기술지는 문화기술지 연구가 갖는 고유한 특성에 따라 해석적 문화기술지(interpretive ethnography), 비판적 문화기술지(critical ethnography), 여성주의 문화기술지(feminist ethnography), 조직적 문화기술지(organizational ethnography), 자기 문화기술지(auto ethnography) 등으로 다양하게 제시할 수 있다. 이와 함께 제도적 문화기술지는 일상생활을 하는 행위자의 관점으로 그들의 삶이 그들을 둘러싼 제도나 지배관계에 어떻게 관련되어 있는지를 객관적으로 보여 주는 방법으로 소개되고 있다. 특히 전통적 문화기술지가 특정 집단에 속한 이들의 행위를 문화적 맥락과 연관 지어 설명한다는 측면에서 제도적 문화기술지가 갖는 고유한 특징을 두드러지게 보여 주는 데는 한계가 있어 보인다. 그러나 제도적 문화기술지는 사회현상의 미시적 측면과 거시적 측면을 모두 능동적 주체로 간주하고, 행위자들의 경험적 실제가 조정되는 과정을 사회로 보고 연구한다는 점에서 차이점이 있다. 또한 제도적 문화기술지는 개인적 문제나 고통을 불평등의 문제로 보여 주는 정교한 도구로서 해석된 실제가 아닌 실제 자체를 그려 주려고 노력한다는 특징을 가진다. 이러한 연구들은 기존의 질적연구들이 제도와 같은 거시적 맥락과의 정교한 연결 없이 주관적 경험에 치우치게 되는 한계들을 극복할 수 있는 대안으로 제시될 수 있다(김인숙, 2012). 따라서 문화기술지는 단순히 특정 집단의 문화적 주제를 기술하는 수준에서 출발하였으나 개인이나 집단이 지닌 문화적 특징을 그들을 둘러싼 제도나 정치적 맥락과 연결 지어 미시적 측면과 거시적 측면을 통합적으로 보여 주는 다양성을 지니고 있는 질적연구 전통이라고 볼 수 있다.

3) 현상학적 연구

현상학은 하나의 개념이나 현상(phenomenon)에 대한 체험의 의미를 기술하는 철학이다. 현상학자들은 인간의 경험에서 의식의 구조를 탐색하며, 에드문트 후설(Edmund Husserl), 하이데거(Heidegger) 등의 철학적 논의에 뿌리를 두고 있다. 현상학적 연구방법은 지오르기(Giorgi), 콜라지(Colaizzi), 반 마넨(van Manen) 등 여러 연구자가 적용해 왔다(이남인, 2005; 조홍식 외 역, 2010). 현상학적 연구(phenomenological study)는 인간 경험의 중심 기저에 있는 의미를 탐색하며, 경험 자체를 탐구하기보다는 의식의 지향성(intentionality of consciousness)을 밝히는 것이 목적이다. 특히 지향성이라는 개념은 후설의 현상학에서 핵심적인 주제다. 지향성은 '의식은 무엇에 관한 의식이다.'라는 것으로 표현될 수 있고, '의식은 언제나 그 무엇을 향한 의식'이라는 것은 의식이 지닌 본질적 속성이라고 볼 수 있다(이남인, 2005).

현상학에서 지향성의 의미는 의식이 항상 일정한 대상을 지향하고 있는 일 자체를 뜻한다. 따라서 현상학은 의식의 근본적인 특성을 지향성으로 보고 있으며, 의식이 대상에 대해 갖는 관계를 파악하는 철학인 것이다. 지향성은 인간이 지각하고 판단하는 모든 의식행위를 포함하며, 인간 의식행위의 본질적 구조인 노에시스(noesis)와 이 행위에 대응하는 객관적인 것 노에마(noema)를 발견하는 것을 목표로 한다. 특히 노에시스는 인식의 대상인 질료에 의미를 부여함으로써 지향적 대상을 성립하는 것이며, 이때 성립된 대상을 노에마라고 볼 수 있다. 따라서 지향성의 개념은 의식이 능동적으로 세계를 구성하고, 세계는 의식에 의해 구성된다는 입장을 내포하고 있다. 유의해야 할 점은 후설의 지향성 개념은 의식과 사물이 단순히 대응관계에 머물러 있는 것이 아니며, 의식의 구조적 특성을 가리키는 개념이라는 점이다. 또한 지향성은 의식이 대상을 지각할 때 대상에는 실제로 존재하는 것 외에 관념적인 것까지 포함된다는 것이다. 이런 점에서 후설의 현상학은 객관적 실체에 관심을 두기보다는 의식 내의 실체에 관심을 갖는 관념론이라고 볼 수 있다(최정실, 1990).

지향성과 함께 현상학적 연구의 또 다른 핵심적인 요소는 현상학적 환원(reduction)이다. 현상학적 환원은 연구자가 기존에 가지고 있는 모든 종류의 편견이나 선입관을 일시 중단하고 괄호로 묶어 내려는 노력이다. 이는 연구자가 자신에게 주어진 세계를 끊임없이 새롭게 보려는 노력을 의미하며, 개방성, 민감성, 융통성이 요구된다. 또한 현상학적 환원을 위해 필요한 괄호치기나 판단중지는 사물을 대하는 주체의 태도는 다양할 수 있지만 연구자가 기존에 갖고 있는 사물을 보는 자연적 태도를 변경함으로써 가능해진다(이근호, 2007; 이남인, 2012).

따라서 현상학적 자료분석은 인간의 지향성을 환원의 방법론, 구체적인 진술과 주제의 분석, 모든 가능한 의미들의 탐색을 통해서 이루어진다. 특히 현상학적 연구자는 현상학적 환원을 위해 모든 편견을 제쳐 두고, 자신의 경험을 괄호 치기하고, 판단중지하며, 경험의 그림을 획득하기 위해 통찰, 상상, 보편적 구조를 언급할 수 있어야 한다. 현상학적 연구에서 괄호치기는 경험주체의 의식 속에 주어진 자연과학적 태도를 '괄호치기'하고 '본질직관'을 통해 직각하는 방법으로 진행된다. 현상학에서 경계해야 할 자연적 태도란 우리가 일상생활에서 취하고 있는 태도를 의미하며, 우리가 사물을 지각할 때 그 대상이 총체인 세계가 지각된 그대로 객관적으로 실재한다고 소박하게 확신하고 있는 것을 말한다(장혜경, 2006).

생활세계는 일상적이고 자연적인 태도 속에 삶이 영위되는 곳이며, 생활세계는 진실이 무시되거나 소홀히 취급될 가능성을 내포하고 있다(이근호, 2007). 또한 자연적 태도는 인간이 경험하는 매 순간 세계가 존재하는 모든 것의 총체이고, 주관 역시 세계의 조그만 부분에 불과하다는 믿음을 가지고 살아가게 한다(이남인, 2005). 따라서 후설은 세계 확신을 수반하는 생활태도를 자연적 태도라고 지칭하면서, 현상학적 태도는 의식이 생활세계 내 존재하는 사상들을 지향하면서 의식에 주어지는 자연적 태도를 배제하고 판단중지함으로써 얻게 되는 선험적 주관임을 강조하였다. 선험적 주관은 대상이 '어떻게' 형성되고, 인식이 '어떻게' 이루어지는가를 살펴볼 수 있게 해 준다. 따라서 소박하게 수락된 일체의 정립에 대해 판단중지함으로써 밖으로 향한 우리의 시선을 인식주관과 그 대상형성 작용으로 돌려 인식이 어떻게 이루어지는가를 살필 수 있는 자유를 얻게 된다(장혜경, 2006).

현상학에서 본질직관은 어떤 본질을 구현하고 있는 대상에서 출발한다. 또한 본질직관은 자유변경을 통해 본질을 구현하고 있는 무수한 개별적 대상을 상상 속에서 만들어 가면서 개별적 대상들의 보편적 본질을 파악하는 과정을 의미한다. 본질직관의 과정은, ① 다양한 변경체를 모두 살피는 과정, ② 모든 변경체의 공통적인 요소를 통일적으로 연결하는 과정, ③ 차이점을 배제하면서 공통적인 요소를 직관하는 단계를 거치게 된다. 이러한 본질직관의 방법은 다양한 유형의 지향성의 본질구조를 파악하기 위해 적용될 수 있다(이남인, 2005).

한편, 기존의 현상학적 질적연구는 후설이 언급한 현상학적 환원과 본질직관의 방법과는 다른 접근방법이라고 비판받고 있다. 이는 현상학적 연구가 광범위하게 사용되고 있음에도 불구하고, 과연 현상학적 철학에 비추어 보았을 때 타당한 방법인가에 대해서는 지속적으로 논란이 있어 왔기 때문이다. 이러한 결과는 현상학적 질적연구방법이 현상학이 지향하는 철학적 토대에 기반을 둔 체계적이고 종합적인 방법으로 제시되지 못한 까닭이다. 예를 들어, 후설이 제시하는 본질은 개념 혹은 보편자를 의미하며, 이를 파악하기 위한 본질직관은 어떤 추론과정이나 추론과정과 유사한 활동이 포함되지 않는다는 것이다. 따라서 기존의 현상학적 질적연구는 다른 사람들로부터 자료를 수집하는 과정을 포함하고 자료를 분석하는 과정에서 일종의 추론을 필요로 하는 경험적 활동이 된다. 그렇기 때문에 이러한 접근이 현상학의 철학에 적합한 것인가에 대해 비판을 받기도 한다. 그럼에도 불구하고 현상학적 질적연구는 후설의 현상학의 핵심 주제인 지향성을 드러내 보임으로써 현상학의 철학을 담아낼 수 있다고 본다(이남인, 2005).

이를 종합하면, 현상학적 질적연구는 '현상학적 판단중지와 환원의 방법' '본질직관의 방법'을 통하여 연구가 수행되어야 한다는 점에서 여타의 체험연구와 구별된다. 현상학적 질적연구에서 현상학적 판단중지는 자료수집과정에서 수집될 자료와 관련하여 연구자들이 가진 선입견에 대해 판단중지해야 한다는 의미다. 이를 위해 현상학적 질적연구는 무엇보다도 자료분석과정에서 '본질직관의 방법'이 요구된다. 이는 현상학적 질적연구가 갖는 특성이 어떤 체험의 사실적인 구조를 밝히는 것이 연구의 목적이 아니라 특정 경험의 본질적인 구조를 탐구해야 한다는 점을 강조한 것이다(장혜경, 2006).

4) 질적 사례연구

일반적으로 사례연구(case study)는 여러 학문분야에서 이용되는 연구방법이다. 예를 들어, 사례연구는 의학이나 법률학에서 중요한 학문적 의의를 갖고 있으며, 교육학, 인류학, 심리학, 사회학, 사회복지, 정치학 등에서 학문발전에 중요한 기여를 하였다. 특히 사례연구는 실험연구나 조사연구가 아닌 것을 지칭하는 표현으로 많이 등장하였고, 현장연구나 탐색적 연구 등의 개념과 혼용되어 왔다(박수연, 1997).

사례연구는 연구의 분석단위를 하나의 사례로 보고, 연구대상을 전체로 파악하는 것이 특징이다. 이는 사례연구의 분석단위가 하나의 유계체계(bounded system)이어야 함을 뜻하고, 조사연구의 초점이 되는 분석단위가 분명한 체계를 가지고 있어야 한다는 것이다. 사례연구에서 분석단위의 예로는 하나의 프로그램, 사건, 인물, 과정, 기관 혹은 사회단체 등을 들 수 있으며, 개인, 집단, 조직, 사건, 과정 등과 같은 독립된 사회적 단위와 현상도 예가 될 수 있다. 이를 위해 사례연구는 연구대상이 상황적 맥락과 맺고 있는 관계를 있는 그대로 생생하고 종합적으로 파악하기 위해 다원적인 자료원을 가지고 경험적 연구를 수행한다. 자료수집방법으로는 각종 문헌이나 기록물, 면접, 관찰 등 다양한 출처의 자료를 수집할 수 있다. 사례연구는 연구현상과 그 맥락 간의 경계를 분명히 구분하기 힘든 경우에 적합하며, 생생한 맥락(real-life context)들에 대해 다원적인 자료들을 사용하여 분석한다(Yin, 2003). 이러한 의미에서 사례연구는 어떤 특정한 연구방법만을 의미하는 것은 아니며, 연구하려는 사회적 목적물의 독특한 성격을 밝히기 위해 관계자료를 조직화하는 연구방법이다. 또한 사례연구는 시간적 요인을 중요한 분석의 기준으로 삼을 수 있으며, 정태적 분석이 아닌 동태적 과정이나 관계 분석에 초점을 둘 수 있다(이지훈, 2000).

특히 메리엄(Merriam, 1988)은 질적 사례연구가 갖는 독특한 특성들에 대해 개별성(particularistic), 기술성(descriptive), 발견성(heuristic), 귀납성(inductive) 등으로 설명하고 있다. 개별성은 사례연구가 개별적인 특수한 상황이나 사건, 프로그램, 현상을 연구대상으로 삼고, 특별한 문제에 당면한 개별적 집단을 중점적으로 연구하는 경향이 강하다는 것이다. 기술성은 질적 사례연구가 연구대상이 되는 현상에 대해 풍부한 기술(thick description)을 하고 있다는 것이다. 이러한 기술의 내용은 문화적 규범이나 사회적 규제, 집단의 가치관, 특정 현상에 대한 태도와 관념 등이 될 수 있다. 발견성은 연구자가 연구하고 있는 현상에 대해 독자의 이해를 밝혀주는 것을 의미한다. 발견성은 독자가 새로운 의미를 발견하고, 경험을 확대할 수 있도록 돕고, 새로운 지식을 습득하는 데 기여한다(박수연, 1997). 발견적 패러다임은 연구를 설계하면서 특정 자료 선택방법이나 자료분석방법을 선택했는지 설명할 것을 적극적으로 권장하는 연구철학을 의미하며, 사람들의 문제해결을 위한 행동들은 일련의 가정을 필연적으로 사용하는 것을 전제하고 있다(Sherman & Reid, 1994: 유영준, 2006 재인용). 또한 연구자가 연구를 진행하기 전에 임시로 가설을 설정할 수는 있으나 사례연구는 미리 가설을 설정하거나 이를 확인하기 위한 것이 아니라 새로운 관계나 개념을 발견하기 위한 것이기에 귀납성을 지니게 된다(박수연, 1997).

한편, 스테이크(1995)는 질적 사례연구를 연구의 목적에 따라 본질적 사례연구, 도구적 사례연구, 집합적 사례연구로 구분하였다. 본질적 사례연구는 연구의 목적이 사례 자체에 대한 흥미에서 출발하며, 이를 이해하는 것이 연구의 목적이 된다. 따라서 본질적 사례연구는 연구자가 연구를 통해서 알고자 하는 것 자체가 목적이며, 그것을 통해 다른 무엇을 알려고 하는 것이 아니게 된다. 반면, 어떤 특정 상황이나 이해하기 힘든 현상을 연구함으로써 좀 더 일반적인 사실이나 현상의 과정을 발견하기 위한 질적 사례연구는 도구적 사례연구라고 할 수 있다. 도구적 사례연구는 연구의 관심이 되는 현상 그 자체를 알고 싶어서가 아니라 사례의 연구를 통해서 다른 것을 알려는 도구적 연구라고 할 수 있다. 집합적 사례연구의 경우는 한 사람이 아닌 여러 사람을 대상으로 그들 간의 공통점을 살펴보고자 할 때 이루어진다. 이러한 분류는 연구의 목적에 따라 다양한 질적 사례연구가 수행될 수 있음을 보여 주는 예다(Stake, 1995).

질적 사례연구는 일반적으로 수량화된 자료를 이용하여 가설을 검정하는 방법보다 특정 사례를 관통하고 있는 독특한 특성들에 대한 통찰력, 발견적 맥락, 맥락에 대한 해석에 관심을 두고 있다(Merriam, 1991). 또한 연구질문에 대한 가설검정을 목표로 하는 실증주의적 관점과는 달리, 연구 분석대상이 되는 현상을 전체적으로 이해하는 데 초점을 두고, 분석대상에 대한 이해를 목표로 특정 현상에 내재된 의도와 의미를 그 현상이 관련되어 있는 상황적 맥락 속에서 파악하고자 노력한다는 특징을 가진다.

질적 사례연구는 '상황 속에서의 해석'을 위한 연구계획의 결과로 이루어진다. 이를 위해 질적 사례연구자는 어떤 현상이 지닌 중요하고 의미 있는 요인의 특성을 발견하고 파악하려는 데 연구의 목적을 두어야 할 것이다. 특히 질적 사례연구는 관찰의 대상이 되는 현상이 지닌 변수가 본질적으로 전체적인 상황을 떠나서 설명되지 않음을 보여 주어야 한다. 또한 연구자는 연구대상을 복합적이며 종합적인 현상으로 기술하고, 분석하는 과정을 개념화하려고 시도해야 한다(박수연, 1997).

5) 포토보이스

포토보이스(photovoice)는 1994년 왕(Wang)과 버리스(Burris)가 창안한 포토 노벨라(photo novellar)로부터 시작하여, 참여적 행동연구(participatory action research)의 방법론으로 다양한 분야에서 활용되고 있다. 래츠(Latz, 2017)는 포토보이스의 특징으로 공동체를 기반으로 행해지며, 연구참여자들이 자료수집에서 자료 해석에 이르기까지 참여하고, 수동적 피험자가 아니라 능동적으로 연구과정에 개입하여 공동연구자로서 위상을 갖는다고 보았다. 역사적으로 포토보이스는 사진, 서술, 비판적 대화 및 사회적 행동을 통해 개인의 고통을 알리고 사회적으로 이슈화하려고 시도하였고, 특히 사회에서 소외된 이들의 목소리를 통하여 그들의 경험과 관점을 부각시키는 데 사용되어 왔다.

포토보이스의 철학적 배경으로는 프레이리(Freire, 1970)가 제시한 페다고지, 여성주의 이론 등이 있다. 특히 페다고지는 소외되고 차별받는 인구집단에게 학습 경험을 촉진시키기 위해 전문가 중심의 교육이 아니라 공동체 의식에 기반을 두고 당사자들과 함께 지식기반을 창조해 나가는 것을 강조한다. 나아가 페다고지는 각 개인이 주체가 되어 기존의 지배적인 이념이나 행동방식, 사회적 상황을 관습적으로 받아들이지 않고 주체적인 역할을 담당하도록 변화를 지향한다(이솔지, 2013 재인용). 따라서 포토보이스는 연구참여자들이 적극적으로 지식 창출과정에 참여하는 역사적 배경을 가지고 있으며, 기존의 지배적인 지식체계와는 다른 새로운 관점에서 지식을 창출할 수 있는 기회를 제공할 수 있다.

왕과 버리스(1994)는 포토보이스가 사람들이 그들 공동체의 강점과 문제에 대해 기록하게 하고, 사진을 활용하여 중요한 이슈들에 대해 대화를 촉진하며, 정책 결정자들과 관련 사안에 대해 논의할 수 있도록 돕는 것이 목표라고 하였다(이솔지, 2013). 이들은 중국 남부의 낙후된 지역에 사는 여성의 환경과 삶이라는 주제를 연구하면서 중국 시골지역의 여성들이 자신들의 사회적 불평등을 사진으로 표현하게 하였다. 이를 통해 여성의 역량강화를 도모하고, 이들의 목소리를 대중과 이해관계자, 정책 입안자들에게 알림으로써 사회변화를 이끌어 내기 위해 포토보이스를 활용하였다. 따라서 포토보이스는 지역사회의 관심사나 문제를 당사자들의 입장을 표현한 사진을 통해 취약계층들의 의견을 시각적으로 전달하여 공감대를 형성하고, 정책과 사회변화에 영향을 미칠 수 있게 한다는 논리에 기반하고 있다.

포토보이스를 활용한 기존의 연구에서 참여자들은 소외된 여성, 노숙인, 지적장애인, 정신장애인, 암 생존자 등이며, 이들은 사회적 약자나 소수집단을 대표하는 이들이다. 나아가 포토보이스는 지역사회의 건강과 사회문제에 대해 학술적인 연구보다 실천적·학문적 효용성에 무게를 둔 연구들이 진행되었다. 국내에서는 2012년 워크숍을 통해 학교사회복지사들에게 소개되었으며, 사회적으로 소외계층과 저소득층을 대상으로 사회복지 서비스를 제공하는 사회복지분야에서 활용되기 시작하였다(허원빈, 정하은, 2019).

포토보이스의 진행과정은 연구자들마다 다양하게 나타나고 있으며, 래츠(2017)는 포토보이스의 진행과정을 모두 8단계로 제시한 바 있다. 포토보이스는 먼저 연구 장소, 연구대상, 연구 목적을 분명히 하는 파악단계를 거쳐 연구참여자의 모집단계와 교육단계로 이어진다. 특히 교육단계에서는 포토보이스의 진행 방법뿐만 아니라 참여에의 동의 여부를 확인하고 사진의 사용방법에 대한 논의 등도 이루어진다. 다음으로 포토보이스 참여자들은 연구목표와 관련하여 관련된 사진을 촬영하는 기록단계와 개인별 혹은 포커스그룹 인터뷰를 통해 사진 내용에 대해 논의하는 서술단계를 거친다. 서술단계에서 참여자는 자신의 서술을 통해 사진의 이미지에 의미나 맥락을 부여하게 된다. 다음으로 관념화단계에서는 참여자가 직접 참여할 수도 있고 연구자만 참여할 수 있으며, 질적 분석을 활용하여 참여자들의 서술 속에 공통적으로 발견되는 주제들을 뽑아낸다. 다음은 전시방법을 활용하여 발표단계를 거치며, 전시 방법은 포스터, 안내책자, 웹사이트, 디지털 스토리, 박물관 전시 등의 형태로 다양하게 이루어질 수 있다. 또한 포토보이스는 발표단계에서 참여자들이 정책결정권을 가지거나 중요한 권한을 가진 이들과의 교류가 발생한다는 특징을 가지고 있다. 마지막 단계는 확증단계로 포토보이스를 통해 달성하고자 하였던 연구목적이 분명히 전달되었는지와 문제제기와 관련된 정책들이 실제로 변화되었는지를 확인하는 단계로 마무리된다.

포토보이스는 본격적인 조사가 이루어지기 전에 포토보이스 교육과정을 통해 연구주제와 과제에 대해 설명하는 시간을 가지며, 브레인스토밍을 거쳐 포토보이스 활동을 위한 주제를 선정할 수 있다. 또한 연구자는 기록과정을 거치면서 참여

표 11-2 포토보이스의 진행과정

단계	내용
파악	• 연구 장소, 연구대상, 연구목적 파악
모집	• 포토보이스 참여자 모집
교육	• 포토보이스 진행 방법 및 참여에 수반되는 것들에 대한 공지 –참여동의 여부 확인, 사진의 사용 방법에 대한 논의 포함
기록	• 연구목적과 관련된 사진 촬영
서술	• 개인별 혹은 포커스그룹 인터뷰, 글쓰기 –사진의 내용에 대한 서술, 참여자가 찍은 이미지에 의미나 맥락을 부여
관념화	• 참여자들의 서술 속에 공통적으로 들어 있는 주제 선정 • 선정된 주제들은 연구결과로 전환
발표	• 전시(포스터, 안내책자, 웹사이트, 디지털 스토리 등) –참여자들은 정책결정자나 결정권을 가진 이들과 교류
확증	메시지가 분명히 전달되었는지 혹은 정책이 변화되었는지에 대해 확인

* 출처: Latz(2017); 김동렬 역(2018), pp. 16-17 재구성.

자들이 3~5장의 사진을 선택하게 하고, 참여자와의 개별 인터뷰와 포커스그룹을 통해 사진을 선택한 이유에 대해 다른 참여자들과 함께 서술을 진행하게 된다(이솔지, 2013).

포토보이스의 장점과 단점에 대해 래츠(2017)는 참여자의 삶을 향상시킬 수 있는 정책변화에 대한 역량을 기울일 수 있으며, 참여자가 중심이 된다는 점과 사진이 전달할 수 있는 강력한 힘 등을 예로 들었다. 이에 반해 포토보이스는 사진촬영에 따르는 비용 발생, 장기간의 시간이 필요한 경우가 있다는 점, 연구과정의 복잡성 등을 언급하고 있다. 왕과 버리스(1997)도 포토보이스는 다른 연구방법과 비교할 때 참여자의 관점을 중시한다는 점, 사진이 강력한 의사소통의 수단이 될 수 있다는 점, 소외된 이들의 입장을 대변할 수 있다는 점, 다양한 환경에서 표본집단을 모을 수 있다는 점, 지역사회 참여가 지속되고 연구목표의 융통성이 허용된다는 점, 참여자가 지역사회 내 다른 구성원들과 이야기를 공유할 수 있고, 사회적 행동이 촉진되는 장점이 있다고 강조하였다. 그러나 민감한 주제를 연구하는 경우 잠재적인 위험성이 있으며, 사진 분석과정이 쉽지 않다는 점, 방법론적으로 이상적인 과정이 실제로는 지켜지기가 어려울 수 있다는 점 등을 단점으로 제시하였다.

사회복지연구에서 포토보이스의 활용가능성이 높음에도 불구하고, 포토보이스 연구방법에 대 해 몇가지 논의할 점은 남아 있다. 사회복지 관련 연구에서 포토보이스를 적용한 연구의 동향분석에 따르면, 연구방법과 관련하여 사진 논의를 위한 구체적인 기법을 사용한 연구는 23%수준에 그쳤으며, 포커스그룹 인터뷰를 통한 자료수집방법이 대부분을 차지하고 있었다. 또한 사회복지연구에서 포토보이스를 활용한 연구들의 대부분이 도출된 연구결과를 적극적으로 활용하지 못하고 있는 점에서 한계를 보였으며, 연구자료의 진실성을 확인하는 적절한 기준이나 전략이 제시되지 않는 경우가 많이 발견되었다는 점에서 개선의 여지를 남기고 있다(허원빈, 정하은, 2019).

3. 질적연구 전통 비교

질적연구는 양적연구가 전제하는 연구 패러다임과 인식론적 기반을 달리함으로써 근본적인 차이를 보이는 연구방법이다. 그러나 질적연구는 단일한 학문영역에서 출발한 것이 아니라 연구전통에 따라 학문영역의 기반이 서로 다르다. 따라서 질적연구는 양적연구와 다른 철학적 기반을 지향함으로써 일종의 유사점을 가지고 있으나 각각의 연구전통에 따라 연구의 초점이나 적합한 연구질문의 형태에서 차이를 보이며 발전해 왔다.

질적연구를 연구전통에 따라 비교해 보면, 연구의 초점이나 연구자가 관심을 가지는 영역이 다름을 알 수 있다. 현상학의 경우 후설의 현상학을 기반으로 하여 경험의 본질을 이해하는 데 관심을 둔다. 이에 비해 근거이론의 경우는 상징적 상호작용론에 기반을 두며, 현장에서 나온 자료로부터 이론을 생성하는 데 연구의 초점을 두고 있다. 문화기술지의 경우는 동일한 문화현상을 가진 문화공유 집단을 기술하고 해석함으로써 특정 집단이 가진 문화적 주제를 다룬다는 점에서 다른 질적연구 전통과 차이를 보인다. 질적 사례연구의 경우는 사례에 초점을 두면서 단일사례나 다중사례의 분석을 통해 사례가 갖는 특성을 보여 주는 데 연구의 초점을 두고 있다.

질적연구의 연구전통이 상이함에 따라 각각의 연구설계에 적합한 문제유형도 다소 차이가 난다. 예를 들어, 현상학의 경우는 현상의 본질을 기술하는 연구질문이 적합하며, 근거이론의 경우는 이론 개발을 위한 연구질문이 가장 적합하다. 또한 문화기술지는 문화적 주제를 다루면서 공유된 문화의 패턴을 기술하고 해석하는 연구질문이 적합하고, 사례연구는 깊이 있는 사례에 대한 이해를 목적으로 하는 연구질문이 가장 적합하다고 볼 수 있다. 그러나 이러한 구분은 절대적인 것이 아니다. 예를 들어, 현상학적 연구나 문화기술지 연구는 질적 사례연구방법을 통해서 수행할 수 있으며, 현상학적 연구자에 따라 다양한 현상학적 질적연구가 이루어질

표 11-3 질적연구 전통의 특성 비교

특성	현상학	근거이론	문화기술지	사례연구
초점	경험의 본질을 이해	현장에서 나온 자료를 근거로 이론을 개발	문화공유집단을 기술하고 해석	단일사례나 다중사례에 대한 심층 기술과 분석을 전개
설계에 가장 적합한 문제유형	체험한 현상의 본질을 기술하고자 할 때	연구참여자의 관점에서 근거이론을 개발하고자 할 때	문화의 공유된 패턴을 기술하고 해석하고자 할 때	단일사례나 여러 사례에 대한 깊은 이해를 제공하고자 할 때
학문 배경	철학, 심리학, 교육학	사회학	인류학, 사회학	심리학, 법학, 정치학, 의학
분석단위	경험을 공유해 온 여러 개인들을 연구	많은 개인들이 관여하는 과정, 행동, 상호작용을 연구	문화공유집단을 연구	사건, 프로그램, 활동, 한 명 이상의 개인을 연구
자료수집 형식	주로 개별면접이지만, 문서와 관찰, 예술 작품도 활용	주로 20~60명 정도의 개인과 면접	주로 관찰과 면접을 활용. 현장에서 오랜 시간을 보내면서 다른 자료원들을 수집	면접, 관찰, 문서, 인공물과 같은 다양한 자료원들을 활용
자료분석 전략	의미 있는 진술, 단위, 텍스트에 근거한 기술, 구조적 '본질'에 대한 기술	개방코딩, 축코딩, 선택코딩	문화공유집단에 대한 기술, 집단에 대한 주제	사례에 대한 기술, 주제, 사례 간 주제
보고서	경험의 '본질' 기술	실체이론 창출	문화공유집단이 생활하는 방식 기술	사례에 대한 상세한 분석

출처: Creswell (2007).

수 있기 때문이다.

또한 분석단위, 자료수집, 분석전략에 있어서도 질적연구는 연구전통에 따라 다소 차이가 난다. 특히 분석단위는 대부분 개인을 대상으로 진행되지만 문화기술지의 경우는 문화를 공유하는 집단을 연구하며, 질적 사례연구의 경우는 특정 사건이나 프로그램 등도 분석의 대상이 될 수 있다. 자료수집방법도 질적연구 전통에 따라 다소 차이를 보이고 있지만 대부분 개별 면접이나 관찰, 문서, 인공물과 같은 다양한 자료원을 활용할 수 있다. 자료분석 전략의 경우는 현상학이나 문화기술지, 질적 사례연구 등에서는 정형화된 분석전략이 명확하게 드러나지 않는 편이고, 근거이론의 경우 개방코딩, 축코딩, 선택코딩 등 분석전략을 체계적으로 제시하고 있다.

크레스웰(Creswell, 2007)은 질적연구 전통의 일반적인 연구과정은 공통적인 과정을 거친다고 보았다. 그러나 질적연구 전통에서 현상학 연구는 개인의 인생이 아닌 사람들이 경험하는 하나의 현상에 초점을 두고 이 현상에 대한 경험의 의미를 이해하고자 한다고 보았다. 또한 근거이론은 사람들의 경험의 의미에 초점을 맞추기보다는 실재적 이론을 생성하려는 목표를 가지기 때문에 이론 개발을 위한 절차가 엄격하고 과학적 신빙성을 강조한다. 문화기술지의 경우도 집단의 문화에 대한 상세한 기술을 제공하고, 문화공유집단이 생활하는 방법에 대한 주제들을 확인하는 작업을 중시한다는 측면에서 다른 질적연구 전통과 상이한 점이라고 제시하고 있다. 질적 사례연구는 분명한 경계를 가진 사례를 선택하고, 사례를 기술하는데 필요한 맥락적 자료수집이 중요하며, 사례에 대한 폭넓은 정보를 확보하는 것이 중요하다고 언급하고 있다. 따라서 질적연구자는 질적연구 전통이 갖는 서로 다른 접근법을 충분히 이해하고, 각 접근에 따른 선행연구들을 구체적으로 연구함으로써 자신의 연구질문에 적합한 질적연구 전통을 선택해야 할 필요가 있다(Creswell, 2007).

제12장

질적연구 조사과정

1. 질적연구의 연구질문

질적연구에서 연구질문은 양적연구에서 얻고자 하는 연구내용과 차이점을 보인다. 특히 양적연구의 경우 연구자의 연구질문은 조작적 정의를 통해 측정이 이루어지고, 이를 통해 추상적인 개념은 측정 가능한 지수로 대체된다. 또한 연구자가 관심을 두고 있는 주요 개념들은 측정된 결과로 대체되며, 개념들의 추세변화나 변수(조작화된 개념)들 간의 인과관계나 경로분석을 통해 사회현상을 설명하려고 시도한다. 이에 비해 질적연구에서 연구질문은 다양한 사회현상의 경험의 본질, 경험이 주는 의미, 경험의 과정 등으로 구성되는 경우가 많다. 또한 질적연구의 경우 연구전통에 따라 연구질문이 갖고 있는 문제제기가 각각 다르게 나타날 수 있으며, 연구질문을 통해 연구자가 제기한 문제를 해결할 수 있어야 할 것이다.

예를 들어, 생애사나 내러티브 연구에서는 개인의 서술적인 이야기가 주요 연구질문의 형태로 나타난다. 또한 현상학의 경우 연구질문은 특정 현상에 대한 개인들의 공통된 경험들이 주는 의미를 포함해야 할 것이다. 근거이론의 경우는 기존 이론이 부적절하거나 이론이 부재한 상황에서 특정 현상을 파악하기 위한 과정에 대한 내용이 연구질문의 형태로 제시될 필요가 있다. 마찬가지로 문화기술지의 경우 특정 집단의 문화적 행동을 기술하고 해석하는 것이 얼마나 중요한지 보여 주어야 하기 때문에 문화기술지 연구질문에는 특정 집단의 문화적 주제가 담겨 있어야 할 것이다. 이러한 차이에도 불구하고 질적연구의 연구질문은 연구 전체를 대표할 수 있는 하나의 연구질문을 제시하고, 여러 개의 하위질문으로 정리할 수 있다 (Creswell, 2007).

2. 질적연구 자료수집

1) 질적연구 전통에 따른 자료수집방법 비교

질적연구에서 자료수집은 정형화된 방법으로 제시되어 있지는 않다. 다만, 연구전통과 연구질문에 따라 연구자는 자신의 연구질문을 풍부하게 수집할 수 있는 자료수집방법을 선택하게 된다. 질적연구의 특성상 다양한 자료수집원을 가질 수 있으며, 동시에 여러 가지 방법이 혼용되기도 한다. 질적연구에서 자료수집방법은 연구전통에 따라 다소 차이를 보일 수 있으나 공통적으로 사용되는 방법들도 있다. 근거이론이나 현상학적 질적연구에서는 심층면접이나 참여관찰 등의 방식을 활용하여 자료를 수집하는데, 생애사나 질적 사례연구, 문화기술지 연구에 있어서는 역사적인 기록물이나 신문기사, 자서전, 일기나 일지, 사진이나 물리적인 인공물 등도 활용할 수 있다. 한편, 질적연구에서 수집되는 자료의 질은 연구자와 연구참여자의 상호작용에 의해 결정된다. 따라서 질적연구에서 자료수집은 연구자가 중요한 도구가 될 수 있음에 유의할 필요가 있다. 이를 위해 연구자는 연구주제와 관련

표 12-1 연구전통에 따른 자료수집활동

자료수집활동	현상학	근거이론	문화기술지	사례연구
무엇을 연구하는가	그 현상을 경험하는 다수의 개인	중심현상에 대한 과정에 참여한 여러 명의 개인	문화공유집단의 구성원 또는 집단의 대표	과정, 활동, 사건, 프로그램 또는 다수의 개인과 같이 경계를 가진 체계
라포 형성에서 이슈	현상을 경험한 사람들을 찾음	동질적인 표본을 찾음	문지기를 통한 접근, 정보제공자에 대한 신뢰	문지기를 통한 접근, 참여자의 신뢰
현장과 개인의 선택	현상을 경험한 개인들 기준에 근거한 표본 선택	동질적인 표본을 찾음, 이론적 표본추출	대표적 표본을 찾음	사례나 사례들, 비전형적인 사례, 최대편차 혹은 극단적 사례
자료수집의 형태	5~25명 면접	이론의 세부사항들을 달성하기 위해 20~30명과 면접	참여관찰, 면접, 인공물, 문서	문서와 기록, 면접, 관찰, 인공물 등 다양한 형태
정보기록	면접, 다수의 면접	면접지침서, 메모하기	현장노트, 면접과 관찰 지침서	현장노트, 면접과 관찰 지침서
자료수집에서의 이슈	자신의 경험을 괄호치기, 면접의 논리구조	면접구조, 개방성	반영성, 반응성, 호혜성	면접과 관찰 이슈
정보저장	필사본, 컴퓨터 파일	필사본, 컴퓨터 파일	현장노트, 필사본, 컴퓨터 파일	현장노트, 필사본, 컴퓨터 파일

출처: Creswell (2007), p. 174 재구성.

된 사전조사를 실시할 수 있고, 선행연구에서 자료수집과정에 중요하게 작용하는 것, 상황적 요소나 주요 이슈들이 무엇인지 미리 파악할 필요가 있다. 또한 연구주제와 관련된 주요 정보제공자가 누구인지, 어떻게 그들과 접촉하고 자료수집을 위해 동의를 받을 수 있는지 등도 미리 설계할 필요가 있다.

현상학적 연구에서 연구참여자의 선정은 연구될 현상을 경험하였고, 자신들의 생생한 경험을 잘 표현할 수 있는 개인들 중에서 이루어져야 할 것이다. 특히 근거이론의 경우 연구참여자의 선정은 코딩 단계에서 범주를 개발하는 데 유용한 정보를 제공할 수 있도록 이론적 표집방법을 통해 이루어지기도 한다. 또한 사례연구의 경우 프로그램, 사건, 과정, 활동, 개인 혹은 다수의 개인과 같은 연구현장을 적절하게 선택할 필요가 있다. 다수의 개인을 연구할 경우 각각을 한 사례로 정의하고 집합적인 사례연구를 수행하는 것이 적절한 방법일 수 있다(Creswell, 2007).

2) 질적연구의 자료원

질적연구의 자료수집에서 질적 사례연구는 가장 다양한 자료수집방법을 활용하고 있다. 따라서 질적 사례연구에서의 자료수집방법의 장단점을 파악함으로써 질적연구 자료수집방법의 활용가능성을 타진해 볼 수 있을 것이다. 특히 옌(Yin, 2003)은 사례연구의 자료출처원으로 문서, 기록물, 면접, 직접관찰, 참여관찰, 인공물 등을 제시하였다. 그러나 면접의 경우는 모든 질적연구 전통에서 자료수집방법으로 활용하고 있으며, 문화기술지의 경우 참여관찰, 기록물 등이 대표적인 자료원이기도 하다.

(1) 문서

문서(documentation)적인 정보는 모든 사례연구 주제와 관련되어 있다. 문서형태의 정보는 다양한 형태를 가지며, 명확한 자료수집 계획의 목표가 있어야 한다. 문서는 유용한 정보를 제공하기는 하지만 정확성에 대한 근거를 확보하는 것이 중요하다. 따라서 문서들을 이용할 때 가장 중요한 것은 그 문서들의 진위를 확인하고, 다른 자료원으로부터 나온 근거들과 함께 평가하는 것이다.

문서정보가 갖는 장점은 다른 자료원들부터 얻은 정보들의 진위를 검정할 수 있도록 해 준다는 것이다. 만약 문서들의 근거들이 기존 연구결과와 반대되는 경우에는 연구주제에 추가적인 질문을 함으로써 무엇이 문제인지 파악하는 것이 필요하다. 또한 관련된 문서들을 체계적으로 검토하는 것은 자료수집에 대한 계획을 수립하는 데 있어서 아주 중요하다. 현장방문을 하는 경우에도 지역의 소규모 도서관이나 다른 관련기관들의 자료를 활용하거나 현재 연구 중인 연구와 관련된 조직의 자료들을 검토할 필요가 있다. 이 밖에 신문기사들도 특정 주제에 대한 훌륭한 자료원이 될 수 있다.

그러나 질적연구 자료원으로서 문서에 지나치게 의존하는 것에 대해 유의해야 한다. 이는 다양한 형태의 문서들에 대한 확신이 갖는 위험성 때문이다. 예를 들어, 모든 문서는 특정 목표를 가지고 있으며, 특정 집단을 위해 쓰였을 수 있다. 문서들이 가지는 타당성의 근거는 서로 다른 관점을 가진 사람들의 의사소통을 반영하는 것이다. 따라서 지속적으로 문서들이 갖는 의도나 목적이 무엇인가에 대해서 확인해야 하며, 문서들이 갖는 신빙성에 대해 잘못된 해석을 비판적으로 바로잡을 수 있어야 할 것이다.

문서정보

- 편지, 비망록(memorandum), 다른 공식 성명서(communiques)
- 의사 일정(agendas), 성명서(announcements), 사건 기록
- 행정문서-계획서, 진행보고서, 정기간행물
- 공식적 연구물이나 평가보고서
- 신문기사, 기타 매스미디어나 지역홍보물에 있는 문헌들

(2) 기록물

많은 사례연구의 경우 기록물(archival records)을 중요한 자료원으로 이용하고 있다. 기록물은 질적연구를 수행함에 있어서 다른 자료원과 결합되어 사용될 수 있다. 그러나 문서적인 근거보다 기록물이 갖는 유용성은 보다 다양하다. 어떤 연구에서는 기록물이 갖는 중요성으로 인해 분석결과를 수정하기도 한다.

질적연구에서 기록물은 연구와 충분히 관련성이 있어야 하며, 연구자는 그 기록

물이 가지는 정확성뿐만 아니라 그것이 기록된 상황이 어떠했는지도 주의 깊게 확인해야 한다. 경우에 따라서 기록물은 양적인 자료일 수 있으며, 이때 수량적인 자료가 반드시 정확성을 담보하는 것이 아니라는 것을 명심하여야 할 것이다. 대부분의 기록물도 문서정보의 일종이기 때문에 특정한 목표를 위해 만들어졌으며, 특정한 독자들을 가지고 있기 때문에 결과를 해석하는 데 있어서 충분히 고려할 부분을 점검하면서 정확성과 해석의 적절함을 얻을 수 있을 것이다.

(3) 면접

면접(interview)은 질적연구를 수행하는 데 필요한 정보로서 가장 중요한 자료원 중의 하나다. 일반적으로 질적연구에서 면접방식은 구조화된 질문의 형태보다 어느 정도 대화방식의 형태가 지배적이다. 질적연구를 위한 면접질문은 연구문제를 해결할 수 있어야 하기 때문에 일관성과 지속적인 경향성을 반영해야 한다. 그러나 질적연구 면접에서는 엄격성보다 유동적인 측면이 많이 나타나고 실제 질문에서는 융통성 있는 대화형식이 대부분이다.

일반적인 질적연구에서 면접은 개방형 질문들로 구성되며, 주요 정보제공자에게 사건이나 특정 현상에 대한 사실적인 부분뿐만 아니라 사건에 관한 그들의 의견을 청취할 필요도 있다. 어떤 상황에서는 정보제공자들 자신의 통찰력에 대해 질문을 하거나 발전적인 질문을 수행하기 위해 추가적인 질문을 적절히 던질 필요가 있다. 따라서 주요 정보제공자들은 질적연구의 성공에 있어서 결정적인 역할을 수행한다. 그들은 질적연구자에게 통찰력을 제공해 줄 뿐 아니라 질적연구를 수행하는 과정에서 중요한 정보를 확인시켜 주거나 반대되는 증거를 제시해 주기도 한다. 물론 질적연구에서 주요 정보제공자에 대한 의존성이 커지는 것은 경계해야 한다. 특별히 사람들과의 상호작용이 주는 영향력을 감안할 때, 정보제공자가 이따금 연구자를 압도할 수 있다. 따라서 정보로부터 얻게 되는 통찰에 대한 확인은 반대되는 증거들도 주의 깊게 찾으면서 진행되어야 할 것이다.

이와 함께 두 번째 형태의 면접방식은 '핵심주제'를 어느 정도 파악하기 위한 면접을 수행하는 것이다. 이 경우 응답자는 단기간 동안 면접에 참여한다. 면접은 개방형 질문으로 이루어질 수 있으나, 연구자가 어떤 특정한 방식으로 대화를 이끌어 간다. 어느 정도 질문구성을 계획한 후에 어떤 사실들에 대한 간단한 질문을 통해서 연구질문의 목적을 달성해 갈 수 있다. 이 경우 질문은 주의 깊게 구성되어야 한다. 그리고 호기심을 가지고 질문하며, 연구참여자의 응답내용에 따라 추가질문(probing)도 유용하게 사용할 수 있다.

세 번째 면접방식은 보다 구조화된 질문을 통해 조사를 실시하는 것이다. 이러한 조사는 서베이 조사를 실시하는 경우에 해당되며, 질적연구에서 양적 자료를 얻게 된다. 면접은 대부분의 질적연구 자료수집방법으로 인간행위들을 다룬다는 측면에서 중요한 자료원이다. 인간행위는 특별한 면접자들의 시각을 통해서 보고되는 동시에 해석되는 것이다. 그러나 면접은 연구참여자의 언어로 이루어진다는 의미에서 일반적으로 편견이 반영될 수 있으며, 명확하지 않은 기억에 의존하거나 정확하지 않은 결과를 만들 수 있음을 명심해야 할 것이다.

(4) 직접관찰

질적연구를 수행하는 과정에서 자료수집을 위해 연구현장을 방문하여 직접적인 관찰을 할 수 있다. 관찰은 정형화된 행동의 발생을 측정하도록 요청받을 수도 있다. 이와 달리 직접관찰(direct observation)은 현장방문을 통하여 비정형화된 방법으로 이루어질 수 있으며, 면접처럼 다른 방법들도 사용할 수 있다. 예를 들어, 건물의 상태나 작업현장은 분위기나 조직이 개선해야 할 점들을 지적해 줄 수 있으며, 위치나 응답자의 사무실 구조들은 조직 구성원으로서 응답자의 지위를 알려 줄 수도 있다.

관찰을 통한 자료수집은 종종 연구하고 있는 주제에 대한 추가적인 정보들을 제공해 주는 유용한 방법이 될 수 있다. 또한 이웃이나 조직단위에 대한 관찰은 상황적인 맥락이나 연구되고 있는 현상을 이해하도록 하는 새로운 차원을 보여 줄 수 있다. 그리고 관찰된 자료들의 신뢰성을 증진시키기 위해 일반적으로 수행하는 절차들에는 여러 사람의 관찰자를 통하는 방법이 있으며, 관찰의 정확성을 확보하기 위해서 질적연구자는 다른 관찰자의 사용을 허락하는 것이 좋다.

(5) 참여관찰

참여관찰(participant observation)은 관찰의 특수한 형태로서, 단지 수동적인 관찰에만 머물지 않고 연구하고 있는 사건에서 참여자의 역할을 수행할 수 있게 한다. 참여관찰의 기술은 서로 다른 문화나 사회집단에 관한 인류학 연구에서 자주 이용되고 있으며, 거대 조직이나 비공식적 소규모 집단을 연구하는 데 적용될 수 있다.

참여관찰은 질적연구 자료수집을 위한 특별한 기회들을 제공해 줄 수 있다. 때로는 연구주제에 따라 참여관찰이 가장 적절한 방법이 될 수밖에 없는 상황이 있다. 이와 함께 참여관찰은 질적연구를 수행함에 있어서 외부자의 입장에서가 아니라 내부자의 입장에서 '실재'를 파악할 수 있는 기회를 제공할 수 있다. 참여관찰과 관련하여 가장 중요한 문제들은 잠정적으로 일종의 편견들을 낳을 수 있다는 것이다.

따라서 참여관찰자는 어떤 현상에 대한 일반적인 견해를 따르는 경향이 있을 수 있고, 연구되고 있는 집단이나 조직의 지지자가 될 수도 있음에 유의할 필요가 있다. 참여관찰자는 충분히 현장을 기록할 시간이 부족할 수 있고, 다른 관점으로 사태를 파악하고자 하는 호기심을 놓칠 수도 있기 때문에 충분한 시간을 두고 참여관찰을 수행할 필요가 있다.

(6) 인공적 가공물

질적연구의 자료로 기술적인 장치나 도구, 예술작업, 혹은 다른 가공적인 자료들 등 인공적인 것이나 문화적 가공물 등도 적절한 자료원이 될 수 있다. 이러한 가공물들은 수집되거나 관찰될 수 있으며 현장방문을 통해 수집될 수 있다. 인공적 가공물(physical artifact)들은 전형적인 질적연구와의 관련성이 부족할 수 있으나 전체 연구대상에서 중요한 요소가 될 수 있다.

표 12-2 질적 사례연구에서의 자료수집방법과 장단점

자료의 형태	장점	단점
문서	• 안정적-반복적으로 검토 가능 • 사례연구의 결과에 대한 설득력 • 정확성-이름, 인용문, 사건의 상세한 기록 • 포괄적 적용	• 복구의 어려움 • 미완성의 경우 편견이 작용 가능 • 작가의 편견 가미 • 접근성의 어려움
기록물	• 정확성과 양적인 요소 가미	• 접근성의 제한
면접	• 사례연구 주제에 대해 초점 • 통찰력-인과적 추론을 제공	• 구조화되지 못한 질문으로 인한 편견 • 상호작용적 편견 • 기억에 의존한 부정확성 • 반영성-연구자와 연구참여자의 상호작용
직접관찰	• 실재성-실시간의 사건들 • 상황 맥락적-사건의 맥락에 대한 이해	• 장기간의 시간이 요구 • 선택적 관찰 • 반영성-관찰로 인한 부자연스러움 • 비용
참여관찰	• 〔직접관찰과 동일〕 • 사람 사이의 행동과 동기들에 대한 통찰	• 〔직접관찰과 동일〕 • 사건에 대한 참여자에 의한 조작
인공적 가공물	• 문화적 특성에 대한 통찰 • 기술적 측면에 대한 통찰	• 선택 • 활용성이 떨어짐

출처: Yin (2003), p. 145.

3) 삼각측정방법

질적연구에서 삼각측정은 자료수집과정에서 등장하지만 결과적으로 질적연구의 신뢰성과 타당성을 확보하는 방법으로 활용되고 있다. 삼각측정방법(triangulation protocol)은 자료원을 다양하게 하거나 여러 명의 연구자와 함께 분석하는 방법 등이 있다. 자료원에 대한 삼각측정은 연구자가 관찰하고 보고하는 것들이 다른 상황들에서도 같은 의미를 가지고 있는지를 보고자 하는 것이다.

따라서 질적연구를 수행하는 과정에서 면접을 실시하면서 연구주제와 관련된 기록물이나 문서정보, 연구집단에 대한 참여관찰 등 자료원을 다양하게 확보함으로써 삼각측정이 가능해진다.

이와 함께 삼각측정은 연구자 삼각측정(investigator triangulation)을 통해서도 가능하다. 예를 들어, 관찰을 통해 자료를 수집하는 과정에서 다른 연구자로 하여금 같은 장면이나 현상을 관찰하게 하는 것이다. 다른 연구자들의 관찰결과나 그들의 반응은 연구자의 분석과 결과에 대한 해석을 지지하거나 반박하는 역할을 할 뿐만 아니라 질적연구에서 추가적인 자료가 될 수도 있다.

마지막으로 이론적 삼각측정(theory triangulation)은 서로 다른 이론적 배경을 갖고 있는 사람을 공동 관찰자나 패널리스트, 검토자로 선택하는 방법이다. 그러나 삼각측정방법은 단지 하나의 의미에 대한 확증을 얻기 위한 것이라기보다는 여러 가지 부가적인 해석을 얻기 위한 노력이며, 질적연구의 신뢰성과 타당성을 높일 수 있는 방법이다. 따라서 질적연구를 위한 연구설계과정에서는 자료원의 다양성을 통해 삼각측정을 수행할 것인지, 연구자 삼각측정을 진행할 것인지 미리 결정해야 할 것이다.

3. 질적연구에서 표본추출 전략[1)]

질적연구에서 표본추출 전략은 흔히 양적연구 연구에 비해 엄격성이 낮은 것으로 인식된다. 그러나 크레스웰(Creswell, 2007)은 질적연구에서 열여섯 가지 표본추출 전략을 소개하고 있으며, 연구질문의 특성과 연구의 규모, 질적연구 전통에 따

1) 조홍식 외(2005). **질적 연구방법론**. 서울: 학지사, p. 151.

라 적합한 표본추출방법을 선택하도록 제안하고 있다.

일반적으로 질적연구는 양적연구에서 연구결과의 일반화를 위한 대규모의 표본을 추출하지는 않는다. 또한 질적연구는 연구결과를 일반화하는 것을 목적으로 하지 않는다. 따라서 질적연구에서 표본추출 전략은 양적연구에서와 같이 연구의 대상이 되는 전체 모집단을 대표할 수 있는 확률표본추출이 아닌 비확률표본추출을 따른다. 특히 질적연구는 대부분 비확률표본추출에서 유의표집의 방법을 활용하는 경우가 많다. 유의표집은 연구자가 자신의 연구질문에 적합한 표본을 판단하고 선택하기 때문에 판단표집이라고도 불린다. 질적연구에서의 표본추출은 유의표집 방법을 다양하게 활용하며, 연구질문을 풍부하게 제공해 줄 수 있는 표본을 선별한다.

질적연구에서 연구참여자의 수는 수집된 자료가 충분하고, 분석 결과 새로운 의미단위들이 추출되지 않는 상황이면 자연스럽게 중단한다. 그러나 질적연구는 다양한 연구전통에 따라 연구의 목적이 다르기 때문에 표본추출 전략이나 연구참여자의 수에서 다소 차이를 보일 수 있다. 예를 들어, 근거이론의 경우는 실재적 이론을 개발하는 것이 목적이기 때문에 이론적 표집을 통해 수집된 자료가 포화상태가 될 때까지 표본 수는 20개 사례 이상 늘어날 수도 있다. 특히 근거이론의 경우 개방코딩이나 축코딩이 충분히 이루어지도록 하기 위해서는 이질적 표본까지 추가하는 경우가 있으며(Creswell, 2007), 이 경우에는 연구참여자가 다른 질적연구 전통에 비해 상대적으로 많아지는 경우가 발생할 것이다.

이에 비해 질적 사례연구나 문화기술지, 현상학적 연구의 경우는 대부분 표본의 수가 10개 사례 내외로 진행되는 경우가 많다. 또한 생애사 연구의 경우는 1~2명의 연구참여자로 자료수집이 진행되기도 하며, 질적 사례연구의 경우는 사례들의 주제가 드러나고 사례 간 분석을 진행할 수 있도록 연구참여자를 선정해야 할 것이다. 문화기술지 연구의 경우는 관찰과 면접이 가장 일반적인 자료수집 형태이지만 문서나 인공물을 통해 특정 집단의 행동에 대한 기술을 다양하게 필요로 한다(Creswell, 2007). 따라서 질적연구에서 표본의 수는 연구전통과 연구질문에 따라

표 12-3 질적연구의 표본추출 전략 유형

표본추출 유형	목적
최대편차 (maximum variation)	다양한 변이(variation)를 기록하고 중요한 공통적 패턴을 확인한다.
동질성(homogeneous)	초점화하고 줄이고 단순화하여 집단 면접을 촉진한다.
결정적 사례(critical case)	논리적 일반화와 다른 사례들에 대한 최대한의 정보 적용을 가능하게 한다.
이론 기반(theory based)	이론적 구성체의 예를 발견하고 그것에 대해 상세히 설명하며 고찰한다.
확증적/비확증적 사례들 (confirming and disconfirming cases)	초기 분석에 대해 상세히 설명하고 예외를 탐색하며 변이를 찾는다.
눈덩이 굴리기 (snowball, chain)	풍부한 정보를 가진 사례에 대해 알고 있는 사람을 아는 사람으로부터 관심 사례를 확인한다.
극단적 또는 일탈적 사례 (extreme or deviant case)	관심 현상이 매우 특이하게 표출되는 것으로부터 배운다.
전형적 사례(typical case)	정상적이거나 평균적인 것을 강조한다.
강도(intensity)	현상을 강렬하지만 극단적이지 않게 표출하는, 풍부한 정보를 제공하는 사례들
정치적으로 중요한 사례들	원하는 주의를 끌거나 원하지 않는 주의를 끄는 것을 피한다.
무작위 의도적 (random purposeful)	가능한 의도적 표본이 클 때 표본에 신빙성(credibility)을 더해준다.
층화된 의도적 (stratified purposeful)	하위집단을 묘사하고 비교를 촉진한다.
기준(criterion)	몇 개의 기준을 충족하는 모든 사례들, 질 보증에 유용하다.
기회적(opportunistic)	새로운 단서(leads)를 따른다. 기대하지 않았던 것을 이용한다.
조합 또는 혼합 (combination or mixed)	다원화, 융통성, 다양한 관심과 욕구를 충족한다.
편의(convenience)	정보와 신빙성을 희생하는 대가로 시간, 비용, 노력을 절약한다.

출처: Creswell (2007), p. 182 재인용.

차이를 보일 수 있으며, 이에 따라 표본추출 전략도 다소 차이를 보일 수 있다.

질적연구에서 표본추출 전략으로 최대변량을 선택하는 경우는 연구자가 관심을 두고 있는 현상에 대해 다양하고 상이한 의견을 수집할 수 있다(Creswell, 2007). 최대변량의 경우는 근거이론에서 이론적 표집을 위해 상반된 사례를 찾는 것과도 유사하다고 볼 수 있다. 그러나 질적연구의 특성상 극단적인 사례를 의도적으로 표집할 수는 있으나 분석결과는 자료의 공통성을 찾는 경우가 많기 때문에 일반적으로 동일한 사회현상을 경험하고 있는 이들을 표집전략으로 선택하는 경우가 대부분이다. 이러한 의미에서 눈덩이 표집이나 전형적 사례표집은 대부분의 질적연구에서 흔히 사용하는 표본추출 전략 중의 하나가 될 수 있다.

이와 함께 질적연구의 표본추출 전략에서 연구집단의 특성에 대해 어느 정도 인지한 상황이라면, 연구대상의 특징을 유목화한 후 이들 특성을 대변할 수 있는 이들을 표본 추출하기 위해 할당표집이나 층화된 의도적 표집을 사용할 수도 있을 것이다. 또한 질적연구에서 표본추출은 기본적으로 유의표집이기 때문에 자신의 연구에 적합하다고 판단한 기준을 미리 설정하는 경우가 많다.

질적연구 연구참여자 선정기준의 예

본 연구의 목적은 조현병 현상 경험의 본질을 알아보는 데 있으므로, 이 현상을 경험하는 동시에 깊은 이해와 통찰을 가지고 있는 참여자를 의도적으로 선정하여 풍부하고 깊은 정보를 제공받음으로써 연구의 목적을 달성할 수 있다. 질적연구의 유의표집방법 중 집중 표집은 현상을 강렬하게 드러내는 사례를 선정하는 것이다. 따라서 본 연구에서는 조현병 현상의 경험과 의미에 대해 풍부한 자료를 제공해 줄 수 있는 집중 사례들을 표집하였다.

연구자가 현상의 집중 사례라고 판단한 구체적인 기준들은 다음과 같다. 첫째, 10년 이상 조현병을 경험해 온 사례다. 포괄적인 현상의 경험에서 시간성은 매우 중요한 요소가 된다. 짧은 기간 동안 포괄적인 현상을 모두 경험하기는 매우 어렵다. 또한 축적된 경험은 대부분 회상의 형태로 드러난다. 따라서 10년 이상 조현병을 경험한 역사는 현상의 본질을 파악하는 데 중요한 조건이 된다.

둘째, 입원 경험이 있는 사례다. 입원 경험은 조현병 현상의 경험에서 자기감각에 많은 영향을 끼친다. 입원은 조현병 현상이 그 사람에게 일어났음을 공식적으로 선언하는 것과 같다. 따라서 입원은 조현병 현상의 경험에서 중요한 분기점이 되는 사건이 된다. 또한 조현병을 경험하는 사람들의 글에서는 입원과 퇴원을 통해 겪게 되는 자기감각의 변화에 대한 언급이 빠지지 않는다.

셋째, 조현병 현상에 대한 경험을 기꺼이 나누려는 의향을 가지고 있어야 한다. 연구참여자로서 연구과정에 참여하는 일은 많은 시간을 할애하여야 하는 일이며, 어쩌면 괴로움을 줄 수도 있는 자신의 과거를 회상하고 현재를 사유하여야 하는 일이다.

넷째, 사고와 정서를 언어로 전환하여 표현할 수 있어야 한다. 조현병 경험은 의식에서 일어나는 것이며 누구나 자신의 의식에서 일어나는 것을 직관할 수 있다. 그러나 연구자에게 그 의식의 경험을 전달하는 것은 대화를 통해서이며 대화는 언어로 매개된다. 따라서 자신의 경험을 연구자에게 전달하기 위해서 사고와 정서를 언어로 전환하여 표현하는 능력은 꼭 필요하다.

출처: 장혜경(2006), pp. 32-33 재인용.

특히 현상학적 연구의 경우 연구참여자들은 그 현상을 경험한 사람들을 대표하기 때문에 연구참여자로 선정하기 위한 기준을 자세히 제시하기도 한다. 그리고 편의표집의 경우는 연구자가 임의로 연구참여자를 선정하기 때문에 연구의 신빙성이 결여되는 한계가 있는 표본추출 전략이라고 할 수 있다(Creswell, 2007).

4. 질적연구 자료분석

질적연구 자료분석은 공통적으로 정형화된 분석 절차나 방법을 제시하기 어렵다. 이러한 특성으로 인해 질적연구에서 자료분석은 연구과정에서 가장 중요한 부분 중의 하나이지만 가장 막연하고 진행하기 어려운 과정이기도 하다.

질적연구에서의 자료분석은 질적자료를 통해 개념을 창출하고, 다양한 의미단위를 생성하는 것에서부터 출발한다. 특히 의미단위를 생성하거나 범주를 구분할 때 연구자는 자신이 제기한 연구질문과 문제를 염두에 두면서 일관성 있게 분석을 진행하는 것이 중요하다. 또한 새롭게 생성된 의미단위들을 범주로 구분하거나 패턴을 개발하여 유형화하는 작업을 수행하는 과정은 공통적으로 진행된다. 이 과정에서 질적연구자는 연구참여자나 동료 연구자들과 연구결과를 확인하는 작업을 거쳐 연구의 신뢰성과 타당성을 확보할 수 있어야 한다. 또한 질적연구에서의 자료분석은 자료수집과정과 동시에 이루어지기 때문에 흔히 자료의 수집과 분석은 나선형으로 진행된다고 볼 수 있다.

1) 질적연구 분석의 공통된 과정

(1) 전사과정

전사과정은 주로 면접이나 심층면접을 통해 수집한 자료를 녹취록으로 전환하는 과정이다. 넓은 의미로 전사과정도 질적연구 자료분석의 과정이라고 볼 수 있으며, 가장 기초적인 분석단계에 속한다. 특히 질적연구 자료분석의 전사과정은 본격적인 질적연구 분석을 위한 아이디어들이 도출되며 자료와의 지속적인 상호작용이 이루어지기 때문에 질적연구 분석과정에서 중요한 의미를 갖는다(김영천, 2012).

(2) 초기 분석틀의 설정

초기 분석틀을 설정하기 위해서는 녹취록 작성을 마친 후 자료분석을 위한 준비과정이 필요하다. 이를 위해 녹취록을 사전에 전반적으로 검토하거나 자료수집과정에서 작성한 일지나 메모 등을 확인하는 과정이 필요하다. 우선, 질적연구의 자료분석은 초기 단계의 코딩(first level coding)을 거쳐 의미단위를 확인하고, 이를 통해 구성된 범주들을 만들어 간다. 특히 의미단위를 나눌 때에는 줄단위나 문장단위로 분석하는 것이 모두 가능하다.

초기 단계의 코딩에서 의미단위는 원자료가 내포하고 있는 개념을 추상적인 개념으로 재명명한 것이다. 따라서 의미단위를 생성하는 과정은 결과적으로 원자료를 축약한 결과로 나타나지만 연구자의 이론적 민감성과 직관, 통찰력 등에 따라 다르게 표현될 수 있다. 〈표 12-4〉에서는 여성노숙인 쉼터에서 사회복지사가 만난 노숙인과의 실천과정을 일지형태로 기술한 것이며, 원자료를 의미단위의 형태로 전환시켜 제시하였다.

표 12-4 질적연구에서 의미단위 생성의 예

원자료	의미단위
서울역에서 오랜 기간 동안 거리노숙을 하다가 상담원들의 도움으로 꽃동네에 입소하여 2년간 생활하던 Y씨가 다시 거리로 나왔다. 2년 전에 다리가 부러져서 국립의료원에서 입원치료를 한 후에 꽃동네로 의뢰되었던 분이다.	지속된 거리노숙–과거로부터의 인연
이틀간은 버텼으나 그 이후 20~30분간 계속 소리를 지르셔서 상담을 시작하였다.	대치–피할 수 없는 대면
다시 서울역에 데려다 달라고 하신다. 여기는 답답하고 싫다고 거리에서 사는 것이 훨씬 낫다고 하면서 안 데려다주면 본인이 기어서라도 가신다고 한다. 설득을 하였으나 막무가내로 고집을 피우셨다.	억지. 변덕스러운 클라이언트
어쩔 수 없이 옷을 갈아입히고, 양말을 신기고 신발을 새로 꺼내서 신겨드리고 차에 태워서 서울역 광장으로 모셔다 드렸다. 그리고 일주일에 두 번 정도는 밤에 나와서 목욕하고 다시 거리로 모셔다 드릴 테니 쉼터에 꼭 오시라고 전했다.	타협과 협상

목발을 구해서 앞으로는 목발을 짚고 다니시라고 하며 인사를 건넸다. 걷지도 못하는 60이 다 되어 가는 Y씨를 거리로 다시 데려다주는 일은 정말 하고 싶지 않았다. 명색이 사회복지사인데 시설에서 어떻게 거리로 데리고 나가나. 그래서 이틀은 그분의 요구를 일부러 외면했다.	최대한의 호의/사회복지사의 역할에 대한 성찰
설득했지만 그분은 예전에 꽃동네에서 나올 때도 자신이 고집을 피워서 그 시설의 실무자가 데려다줬다고 하며 고집을 피우는데 한숨만 나왔다. 다른 시설의 실무자도 그렇게 했으니 나의 이러한 행동을 위로받아도 되는 것인가? 이럴 때는 클라이언트의 자기결정권을 무시하고 이분이 편안하게 생활할 수 있는 장기시설에 입소시키는 것이 더 타당한 일이 아닌가 싶기도 했다.	더 나은 대안 찾기
사회복지시설의 환경이 아무리 좋다 한들, 이분이 그 시설에서 생활하면서 만족할 수 없다면 이분에게는 또 다른 고통이지 않을까? 이분이 시설의 좋은 환경보다도 거리 생활에서 편안함을 느낀다면 그것도 보장되어야 하지 않을까 하는 생각이 들었다. 열악한 거리환경으로 내보내는 행동이 사회복지사로서 적절하지 않아서 고통스러울지라도 Y씨가 거리를 선택했다면 그 선택을 보장하는 것이 더 윤리에 맞는 것이 아닐까 생각된다.	클라이언트의 행복에 대한 고민
다만, 그분에게 우리가 당신을 버린 것이 아님을 확인해 주는 방편으로 매주 정기적으로 목욕하고 옷을 갈아입을 수 있도록 모시러 오겠다는 마음을 전하였다. Y씨를 거리로 보내 드린 것은 실무자로서는 괴로운 일이었지만, 그분을 위해서는 잘한 일이라는 생각이 든다.	선의 베풀기-기약 없는 헤어짐
실무자의 입장에서 생각하는 거리는 비인간적인 환경일지라도 이미 그 환경에 익숙해진 그분을 설득할 수 없다면 전문가의 권위로 그분의 처소를 규정할 수는 없다는 생각이다.	실천행위에 대한 의미 만들기
이번 일을 해결하면서, 클라이언트의 가치와 사회복지사의 가치의 충돌이 있을 때, 어떻게 결정해야 할 것인가에 대해서 다시 생각해 보았다. 사회복지사는 시설에서 생활하는 것이 훨씬 더 안전하고 위생적이고 인간다운 환경이라고 생각하여 쉼터를 권할지라도, 클라이언트 스스로가 그러한 안전보다는 좀 더 자신에게 익숙하고 편안한 거리를 택한다면 그것을 보장해야 한다는 것이다. 다만, 그 클라이언트를 포기하지 않고, 서서히 시간과 정성을 들여서 클라이언트의 마음을 돌리고, 정기적으로 쉼터를 이용하도록 하면서, 쉼터환경에 새로이 적응할 수 있는 기회를 줘야 한다고 생각한다	의사결정의 혼란, 사회복지 정체성 혹은 사회복지사의 역할 찾기

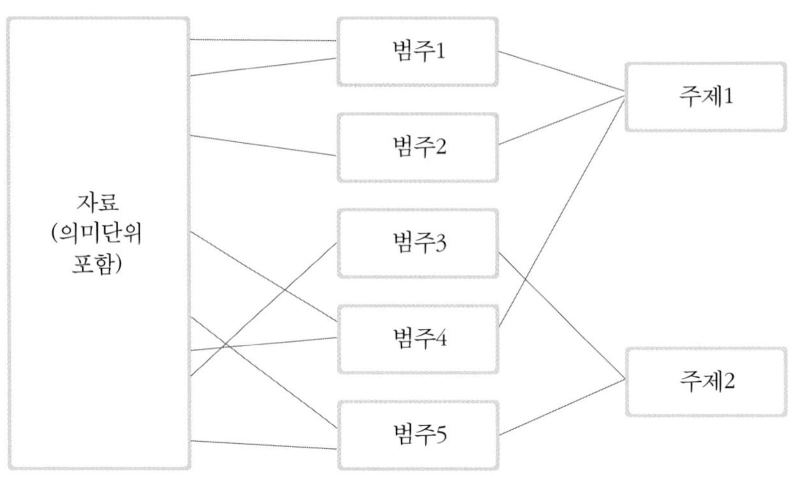

[그림 12-1] 질적연구 자료분석과정

초기 단계의 코딩을 거친 후 두 번째 단계의 코딩(second level coding)은 범주 간의 비교를 통해 개념들을 분류하고, 주제와 이론을 제시하는 다음 단계의 분석으로 진행된다. 이때 범주화는 연구주제와 관련된 어떤 패턴이 자료에서 도출되는 것을 의미하며, 주제를 도출하기 위해 연구의 목적에 부합되는 개별 자료를 찾아 코드를 부여하고 범주화하는 과정이 지속적으로 이루어진다.

질적연구 자료분석에서 의미단위와 범주의 규모는 연구참여자의 규모나 연구의 목적에 따라 차이를 보이겠지만 수십 개 이상의 의미단위가 도출될 수 있다. 또한 의미단위들은 하위범주들로 묶이게 되고, 하위범주들은 다시 보다 큰 범주로 합산된다. 하위범주들은 10~20개 정도로 구성될 수 있으며, 최종적인 연구의 주제는 단지 몇 가지로 제시될 수 있다. 따라서 질적연구에서 자료분석은 원자료를 의미단위로 전환시키고, 이를 다시 범주로 유형화하는 작업을 진행시키는 과정이다. 또한 여러 개로 구성된 범주들을 추상화하여 몇 가지 핵심범주나 주제로 재구성하는 과정으로 이어진다.

표 12-5 의미단위와 범주합산의 예

<table>
<tr><th>의미단위</th><th>하위범주</th><th>범주합산</th></tr>
<tr><td>가치충돌의 지점을 발견
대상자와의 갈등을 확인—딜레마의 발견
딜레마를 발견하다
클라이언트의 자기결정권에 대한 고민
판단하기 어려운 상황들</td><td>가치갈등—딜레마</td><td rowspan="6">실천현장의
불확실성을 인식</td></tr>
<tr><td>현장에서 이론 적용의 어려움
이론적 기반과 실천의 차이</td><td>실천과 이론
사이의 공백</td></tr>
<tr><td>클라이언트가 원하는 것
실천가의 불안한 사회적 지위
끊임없이 변하는 실천현장
프로그램의 실패
지속되는 긴장
예상하지 못한 결과들, 프로그램 효과에 대한 의문
자신의 오류를 발견하는 것
클라이언트의 불확실한 삶</td><td>의도하지 않은
결과들</td></tr>
<tr><td>즉각적인 판단을 요하는 상황
기관정체성의 혼란
시시각각 저질러지는 사건들</td><td></td></tr>
<tr><td>설득의 실패
불안한 마음의 깊이</td><td>이해하기 어려운
클라이언트</td></tr>
<tr><td>현재로서의 최선
자기결정의 가변성
의사결정 이후의 고민들
성찰을 할 수밖에 없는 이유—나의 결정은 적절하였나?
프로그램 운영상의 판단에 대한 어려움
클라이언트의 다양성
최선의 실천에 대한 방안
프로그램의 개선점에 대한 고민</td><td>최선의
선택을 위한 여정</td></tr>
</table>

(3) 의미와 관계 찾기

초기 분석틀은 질적연구 분석이 여전히 미완성된 상태라고 볼 수 있다. 초기 분석틀을 구축한 이후에는 자료에 대한 심층적인 해석과 이론 구축을 위한 의미 찾기가 이어진다. 또한 분석결과와 연구결과의 진실성을 평가하기 위한 신뢰성 확립, 일관성 확보, 편견과 선입관 통제를 위한 기록 등에 대한 분석도 추가되어야 할 것이다.

2) 근거이론에서의 코딩–개방코딩, 축코딩, 선택코딩

질적연구의 자료분석과정은 질적연구 전통에 따라 다양한 차이가 있다. 그러나 질적연구의 자료분석은 일반적으로 근거이론에서 제시하는 개방코딩의 과정을 거치면서 새롭게 생성된 의미단위들을 범주로 묶는 과정이 유사하게 진행된다. 근거이론이 아닌 다른 질적연구는 개방코딩을 거쳐 하위범주와 큰 범주 및 주제로 이어지는 분석과정을 거쳐 코딩과정을 마치기도 한다. 따라서 질적연구 자료분석의 절차를 가장 구체적으로 제시하고 있다는 측면에서 근거이론의 코딩과정을 제시하였다.

표 12-6 코딩과정: 개방코딩–축코딩–선택코딩

	특성
개방코딩	• 범주와 속성을 생성하고 범주들이 어떻게 변화하는가? • 범주 발견하기(이름 짓기–속성과 차원에 따라 범주 발전시키기)
축코딩	• 범주는 체계적으로 발전되고 하위범주들과 연결 • 과정분석, 패러다임(왜, 어떻게, 어디서, 언제, 어떤 결과와 같은 질문에 대한 대답을 찾으며, 범주들 간의 관계를 밝혀낸다) • 축코딩은 범주들을 속성과 차원에 따라 하위범주들과 연결시키는 작업
선택코딩	• 범주를 통합하고 정교화하는 과정–핵심범주 찾아내기 • 유형분석(이론적 포화)

근거이론의 코딩과정에서 개방코딩은 주로 녹취록을 반복해서 읽고, 의미단위와 범주를 생성해 간다. 이어서 축코딩은 축이 되는 범주와 나머지 범주와의 관계를 규정짓는 과정이다. 또한 축코딩의 경우 과정분석과 패러다임 모형을 분석에 활용할 수 있다. 이와 함께 범주들은 속성과 차원으로 구분할 수 있다. 범주(category)는 특정 현상을 대표하는 개념이며, 속성(property)은 범주의 특징으로 범주에 대한 서술이라고 볼 수 있다. 또한 차원(dimension)은 이러한 범주의 일반적 속성이 변화되는 범위를 의미하며, 범주에 구체성을 주고 이론에 변화를 준다. 축코딩에 이어 선택코딩은 이론적 모형을 만들어 내기 위한 핵심범주를 중심으로 스토리텔링(storytelling)을 이어 간다.

근거이론을 통한 자료분석의 예로 소아암 부모모임 리더들의 자조집단 참여 경험을 분석한 김진숙(2005)의 연구결과를 제시하였다. 저자는 본 연구의 연구 목적으로 우리나라 자조집단의 특성과 참여과정에서 발생하는 어려움, 이것을 해결하고자 하는 전략, 그리고 집단의 리더십 등에 대한 경험을 집단 리더들의 관점에서 살펴보고자 하였으며, 구체적인 연구질문은 '소아암 부모모임 리더들의 자조집단 참여경험은 무엇인가'다.

개방코딩의 결과, 모두 94개 개념과 27개 하위범주, 17개 범주가 도출되었으며, 축코딩을 통하여 범주와 하위범주를 연관 지어 패러다임 모형으로 자료를 조합하고 있다. 근거이론을 통한 분석의 결과는 〈표 12-7〉에 제시하였다. 개방코딩을 통해 분류한 범주들은 축코딩에서 패러다임 모형으로 재분류되어 있으며, 축코딩을 통해 범주들은 속성과 차원으로 구분되어 제시되어 있다. 속성은 범주들의 본질을 보여 주는 내용으로 구분할 수 있으며, 본 연구결과에서는 강도나 관여도, 본질, 정도 등으로 구분하였고, 차원의 경우는 강함과 약함, 적극적인 것과 소극적인 것, 큼과 작음, 긍정적인 것과 부정적인 것 등으로 구분하여 제시하고 있다.

근거이론 분석과정에서 활용하는 패러다임 모형은 축코딩 과정에서 등장하며, 근거이론 자료분석이 갖는 독특성을 보여 준다. 특히 근거이론의 경우 연구의 목적이 실재적 이론을 창출하는 것이기 때문에 패러다임 모형은 이론 생성의 틀을 쉽게

표 12-7 근거이론 코딩 분석

개방코딩		축코딩		
하위범주	범주	조건	속성	차원
소아암 부모로서의 고통스러웠던 경험 가족처럼 느껴짐	유대감 형성	인과적 조건	강도	강함-약함
정신을 추스림	정신 추스림		강도	강함-약함
부모모임의 도움을 받음 부모모임의 힘을 느낌	부모모임 필요성 느낌		강도	강함-약함
나서기 어려움 해내기 버거움	등 떠밀려 나섬	중심현상	관여도	적극적-소극적
현재에 대한 감사함 도와주고 싶음	돕고 싶음	맥락적 조건	강도	강함-약함
내가 할 일이라고 생각함 기존 단체에 대한 문제의식을 가짐	소명의식		강도	강함-약함
의료진에 대한 불만 사회 및 국가정책에 대한 불만	처해 있는 치료환경에 불만을 느낌		정도	큼-작음
가족에게 미안함 부모회원들에게 미안함	활동에 대한 자기반성	중재적 조건	본질	있음-없음
부모회 활동에 대한 가족들의 태도	가족들의 반응		본질	긍정적-부정적
전문가가 필요하다고 느낌 투병 중인 아이들을 위한 꿈	발전시키고 싶음		강도	강함-약함
모임을 이끌어 감	발로 뛰기	작용/상호작용 전략	관여도	적극적-소극적
익숙해져 감	경험을 축적함		정도	많음-적음
몰입하기 어려움	역할범위 설정하기		본질	넓음-좁음
개인적인 위안이 됨	위안받음	결과	정도	큼-작음
내가 변했다고 느낌	긍정적인 자기인식		본질	있음-없음
개인적인 만족감 보람을 느낌	보람		정보	큼-작음
부모모임에 대한 한계를 느낌 그만두고 싶음	임원을 그만두고 싶음		강도	강함-약함

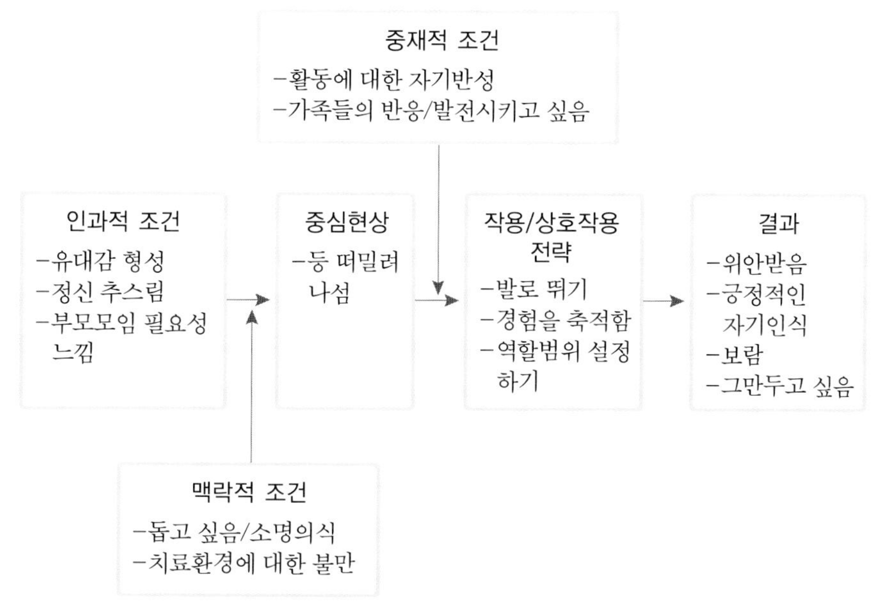

[그림 12-2] 근거이론에서 패러다임 모형의 활용

보여 줄 수 있다는 이점을 살릴 수 있다. 이 예에서 '소아암 부모모임 리더들의 자조집단 참여경험'의 중심현상은 등 떠밀려 나선다는 것으로 나타났다. 인과적 조건은 유대감 형성, 정신 추스림, 부모모임 필요성 느낌 등으로 구성되어 있다. 인과적 조건과 중심현상은 작용 및 상호작용 전략, 결과로 스토리가 전개되고 있다. 특히 결과는 작용 및 상호작용 전략에 따라 달라진다는 점에 유의할 필요가 있다. 이와 함께 맥락적 조건은 인과적 조건과 중심현상 사이에서 차이를 제공해 주며, 중재적 조건은 중심현상과 작용 및 상호작용 전략 사이에서 나타나는 다양한 유형의 차이를 설명해 줄 수 있다. 예를 들어, 중재적 조건으로 가족들의 반응에 따라 작용 및 상호작용 전략이 달라질 수 있으며, 결과는 위안을 받거나 그만두고 싶어지는 것으로 나타날 수 있다.

5. 질적연구의 신뢰성과 타당성

질적연구의 신뢰성과 타당성을 평가하는 방법은 다양하게 제시되어 있다. 대표적으로 링컨과 구바(Lincoin & Guba, 1985)는 질적연구의 신빙성을 확보하기 위해 신뢰성과 전이가능성, 의존성, 확증성 등의 방법을 활용할 수 있다고 제시하고 있다(Padgett, 1998 재인용).

1) 신뢰성

질적연구에서 신뢰성(credibility)은 연구자가 가능한 한 분명하게 참여자들의 관점을 반영하고 있음을 보여 주는 것을 의미한다. 양적연구의 신뢰성은 주로 측정도구의 일관성을 중심으로 이루어지지만 질적연구의 신뢰성은 자료수집과정과 분석결과의 적합성을 보여 줌으로써 확보할 수 있다. 특히 질적연구에서는 자료수집과정과 자료분석과정에서 연구참여자들에게 분석에 포함된 자료들과 분석결과들을 다시 확인하는 과정을 거치는 방법을 많이 사용하였다. 이러한 과정을 거쳐 질적연구 전체의 신뢰성을 확보할 수 있으며, 참여자의 관점과 연구자의 관점이 일치하고 있는지를 확인할 수 있게 된다. 예를 들어, 조사에 참여한 이들에게 지속적으로 분석결과를 보여 주면서, 현장의 요인들이 잘 반영되고 있는지, 연구의 핵심주제들이 잘 기술되어 있는지 등을 확인할 수 있다.

2) 전이가능성

질적연구에서 전이가능성(transferability)은 양적연구의 외적타당성 개념과 유사하며, 연구결과의 일반화와 비교할 수 있다. 특히 질적연구에서 전이가능성은 연구결과가 연구 상황과 다른 맥락이나 다른 집단, 다른 장소에 적용될 수 있는가를 의미한다. 예를 들어, 연구 진행과정에서 동일 집단에서 본 연구에 참여하지 않는 몇 명을 선정한 후 연구결과에 대해 공감하고 있는지 논의할 수 있다. 또한 질적연구에서의 일반화는 자연주의적 일반화(naturalistic generalization)로 볼 수 있다. 자연주의적 일반화는 연구결과를 일상사에서 개인적 관여 또는 사람들에게 마치 자신에게 일어난 것처럼 느끼도록 하는 것이며, 분석결과가 대리경험을 통해서 이르게 되는 결론들임을 보여 줌으로써 가능해진다(Stake, 1995).

3) 의존성

질적연구에서 의존성(dependability)은 연구결과의 일관성을 의미하며, 이는 동일한 참여자들이 상이한 맥락에 있을 경우나 상이한 참여자들이 유사한 맥락에 있는 질문을 반복했을 때 연구결과들 간에 관련성을 확보할 수 있는가를 의미한다. 예를 들어, 자료수집원을 심층면접과 문헌조사로 하여 자료를 수집하였을 때, 이들 자료들이 일관성 있게 나타나고 있는지 비교할 수 있을 것이다. 또한 연구질문이 드러나는 현장과 유사하거나 혹은 서로 다른 맥락에 있는 참여자의 진술이나 기록 내용을 비교하여 연구의 일관성을 확인할 수 있다.

4) 확증성

확증성(confirmability)은 다른 연구자들과의 의견교환이나 참여자와의 지속적인 접촉을 통해 자신이 연구에 편향성을 가지고 있는지를 파악함으로써 확보된다. 확증성은 연구의 중립성을 지키기 위한 방법으로 연구자의 선이해를 미리 제시하고, 동료 연구자들과의 논의 등을 거쳐 연구자의 편향성을 파악함으로써 확보할 수 있다. 질적연구자는 자료수집을 진행하면서 연구참여자들과의 개별적인 만남을 통하여 연구의 목적과 의도를 사전에 밝힐 수 있다. 또한 연구자의 선이해를 반영하고 있음을 사전에 밝히면서 연구자가 편향성을 갖고 연구결과를 분석하지 않도록

표 12-8 질적연구의 타당성을 확보하기 위한 방법

기준영역	방법
신뢰성	(1) 신뢰성을 높일 가능성이 있는 현장 활동들 ① 오랜 연구기간 ② 지속적인 관찰 ③ 삼각측정-자료, 방법, 조사자 (2) 동료 조언 (3) 부정적인 사례 분석 (4) 참조적 적절성 (5) 참여자 확인
전이가능성	(6) 풍부한 기술
의존성	(7) 의존성 검사
확증성	(8) 확증성 검사
모든 기준 영역	(9) 성찰적 일기 쓰기

출처: 이혁규(2004).

지속적으로 반성해 가는 방법을 활용할 수 있을 것이다.

6. 질적연구에서의 성찰성

성찰성은 다양한 학문분야에서 여러 가지 의미로 사용되고 있으나 질적연구에서는 연구자가 자신의 신념과 연구에 대한 기본 가정들이 연구과정에 어떤 영향을 미치고 있는지 스스로 검열하는 성찰과정을 의미한다. 여기서는 Ramani, et al., (2018)가 질적연구에서 성찰성을 어떻게 교육할 것인가에 대해 제안한 내용을 중심으로 소개하고자 한다.

성찰성은 연구과정에 미치는 연구자의 영향력뿐만 아니라 연구가 연구자에게 미치는 영향도 함께 고려하는 것도 포함한다. 따라서 성찰성은 질적연구과정에서 연구자와 연구문제, 연구참여자 등이 서로 간의 관계에서 일방적인 영향을 주는 것이 아니라 쌍방향 간에 미치는 영향력에 주목하고 있으며, 연구결과의 타당성과 관련하여 상호주관성을 확보할 수 있는 방안으로 제시되기도 한다.

성찰성은 협의의 의미로 연구자 개인에 초점을 둔 성찰행위로 볼 수 있으나 광의의 의미로는 지식 창출과 관련된 인식론에 대한 성찰까지 포함된다. 특히 인식론에 대한 성찰은 연구자가 새로운 지식을 생성하는 과정에서 자신의 연구에서 어떤 연구 패러다임이 작동하고 있는지 혹은 연구자가 창출하는 지식이 어떤 특성을 지니고 있는지에 대한 성찰이 이루어진다. 예를 들어, 연구자는 자신의 연구 패러다임이 실증주의적 접근법, 구성주의적 접근법, 실용주의적 접근법 등에 따라 지식 생성에 대한 접근 방법이 다르다는 것을 인식할 수 있을 것이다.

성찰성은 질적연구가 진행되는 전체 과정에서 작동하며, 표본추출전략, 자료원과 자료수집, 자료분석과 해석, 결과를 제시하는 과정에서 이루어질 수 있다.

표본추출의 전략들에 대해 개인적 차원에서는 일반적인 사례들만을 포함시키는데 그치지 말고, 연구와 관련된 다양한 사례를 최대한 포함시켰는가에 대해 성찰할 수 있다. 또한, 인식론적 차원에서는 기존의 지식과 서로 다른 관점을 가진 참가자와 다양한 실재를 보여줄 수 있는 참여자를 포함시켰는가에 대해 점검할 수 있다.

개인적인 차원에서 성찰성은 자료수집과정에서 권력이나 계층구조의 차이로 인해 대안적 관점을 표현하는 것을 방해하지는 않았는지 또는 개인적인 신념과 의견 차이로 인해 특정 질문이나 자료가 간과되지는 않았는가에 대해 점검할 수 있다. 인식론적 차원에서는 연구결과에 대한 연구자의 해석이 정당화되고, 새로운 개념의 발견이 가능하도록 데이터 수집을 다양하게 하였는가에 대해 질문할 수 있다.

자료분석과 해석과정에서는 연구자들이 자료에 충실하고, 보완적이며, 다른 의견을 적극적으로 탐색하였는지, 연구참여자들의 단어를 사용하고 있는지, 메모를 사용하여 연구자의 가정들을 서술하고 있는지 등을 포함하여 성찰하고, 인식론적 차원에서는 복수의 연구가가 자료 해석과정에 독립적인 분석을 수행하였는지, 참여자의 내러티브에 기초한 분석이었으며 연구참여자와 함께 해석을 검증하였는지 등이 포함될 수 있다.

마지막으로 질적연구에서 성찰성은 개인적 차원에서는 연구자들이 그들의 선입견, 신념, 가치관, 가정, 입장 등이 연구과정에 어떤 영향을 미쳤는지 기록하는 것과 관련되어 있으며, 인식론적 차원에서 연구참여자의 목소리가 어떻게 기존 지식에 새로운 반향을 주었는지, 새로운 개념의 발견을 허용하고, 글쓰기 과정에서 어떤 영향을 미쳤는지를 기록하는 것으로 실천할 수 있다.

표 12-9 질적연구에서의 성찰성

	개인적 성찰성	인식론적 성찰성
개념 정의	연구자들은 그들 자신의 신념과 가정이 그들의 연구에 어떻게 영향을 미치는지 그리고 그 연구가 연구자들 자신에게 어떻게 영향을 미치는지에 대해 성찰한다.	연구자들은 지식 생성에 대한 접근 방식에 대해 성찰한다. (실증주의적 접근법은 경험적 관찰, 추론 및 가설검증에 기초하고, 구성주의적 접근법은 연구자와 참여자의 신념과 경험 사이의 상호작용에 기초하며, 실용주의적 접근법은 실천에 기초한다.)
표본추출 전략들	연구자들은 극단적인, 비판적이고, 다양한 사례들을 최대한으로 포함시켜야 하며, (반대되는, 독특하지만 중요하고, 가변적인 의견을 얻기 위해) 일반적인 사례들만을 포함해서는 안 된다.	연구자들은 비록 그들의 관점이 기존의 지식과 모순되더라도 연구주제에 대해 서로 다른 관점을 가진 참가자와 다양한 실재를 보여 줄 수 있는 참가자를 환영해야 한다.

자료원과 자료수집	개방질문을 하였는가? 권력 또는 계층 구조가 대안적 관점의 표현을 방해하는가? 개인적인 신념과 의견 때문에 어떤 질문이나 자료가 간과되고 있는 것은 아닌가?	연구 결과에 대한 연구자자의 해석이 정당화되고 연구 문제와 연계된 새로운 개념의 발견이 가능하도록 데이터 수집을 삼각측량(즉, 복수의 데이터 출처에서)하고 있는가?
자료분석과 해석	연구자들은 자료에 충실하고, 보완적이며, 다른 의견을 적극적으로 찾고, 참가자들의 단어를 사용하여 코드를 만들고, 메모를 사용하여 연구자의 가정들을 서류로 제작한다.	복수의 연구자가 독립적인 분석을 수행하여 자료 해석이 참가자의 내러티브에 기초하는지 확인한 다음 참가자와 함께 해석을 검증한다(즉, 구성원 확인에 참여).
발견들과 이야기	연구자들은 그들의 선입견, 신념, 가치관, 가정, 입장이 연구과정에 어떤 영향을 미쳤을지 기록한다.	연구자들은 참가자들의 목소리가 어떻게 기존의 중심 개념에 대한 지식을 일깨우고, 새로운 개념의 발견을 허용하며, 스토리 라인에 영향을 미쳤는지 기록한다.

* 출처: Ramani, et al., (2018)

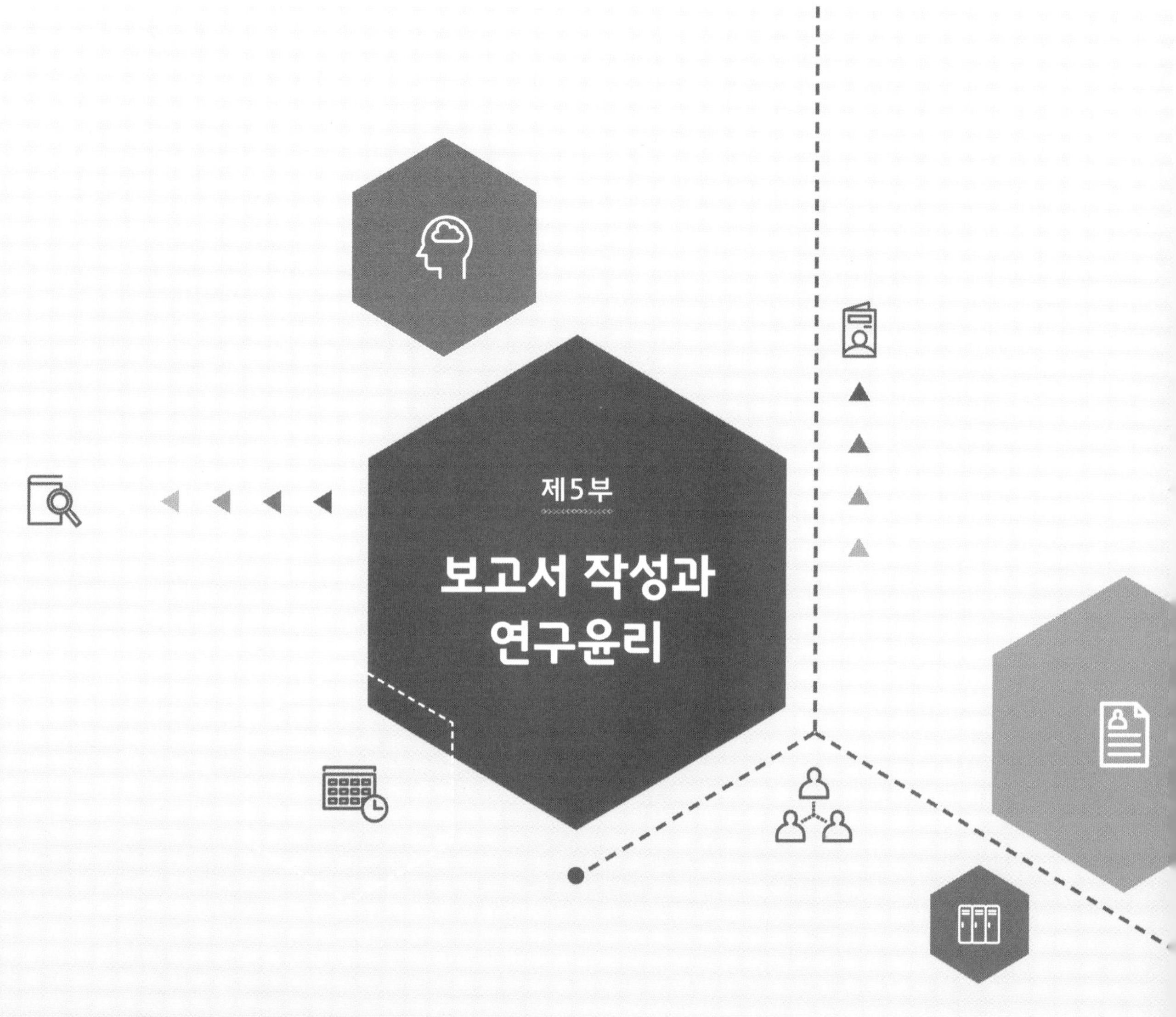

제5부

보고서 작성과 연구윤리

제13장

연구보고서 작성

연구보고서의 작성은 조사설계에 따라 수집된 자료를 분석하고 연구결과물을 제시하는 과정이다. 결과물을 제시할 때 유념할 것은 분석된 결과를 논리적으로 제시하고 분석결과에 대한 풍부한 함의를 제시하는 일이다. 또한 연구보고서 작성의 틀은 기존의 연구보고서나 학위논문 등을 참고하되 대체로 서론, 문헌고찰(이론적 배경), 연구방법, 분석결과, 결론 및 제언 등의 순서로 제시한다. 각각의 영역에 포함되어야 할 내용을 간단하게 제시하면 다음과 같다.

1. 서론

서론에서 가장 중요한 것은 연구질문의 문제제기(문제의 심각성, 현재의 대안, 대안의 한계, 새로운 대안모색)이며, 여기에는 선행연구와 어떤 차이가 있는가도 함께 논의할 필요가 있다. 또한 자신이 연구하고자 하는 연구질문이 등장하게 된 동기나 연구의 필요성을 논리적으로 제시하여야 한다. 특히 사회복지 프로그램을 기획하거나 제안서를 준비하는 경우는 자신의 연구가 왜 필요한가에 대한 객관적인 자료를 제시하거나 연구하고자 하는 사회문제나 특정 집단이 경험하는 사회현상의 심각성을 제시함으로써 연구의 필요성을 설득할 수 있다.

서론은 전체 연구의 청사진을 제시하는 부분이며, 보고서 작성단계에서 논리적인 글쓰기가 요구되는 부분이다. 또한 서론에서는 연구를 수행해야 할 필요성을 설득력 있게 기술하여야 하고, 연구질문의 문제제기가 선명하게 드러나게 하는 것이 중요하다.

2. 문헌고찰(이론적 배경): 변수들 간의 관계를 설명한 이론이나 기존의 문헌 검토

문헌고찰과 이론적 배경은 보고서를 작성하는 과정에서 가장 많은 시간을 할애해야 하는 부분이다. 이 부분은 자신의 연구주제와 관련된 주요 선행연구를 치밀하게 살펴보고, 자신의 연구질문과 문제제기를 고려하면서 체계적으로 정리하는 것이 필요하다.

특히 연구에 사용된 주요 변수들에 대한 선행연구 결과를 종합하면서 개념적 정의를 다시 내려야 하며, 주요 변수들 간의 관계에 관한 이론과 문헌을 정리하여 재구성하여야 한다. 또한 선행연구에 사용된 독립변수와 종속변수, 통제변수 등을 파악하고, 측정도구에 나타나는 하위영역들에 대한 설명과 연구질문 혹은 가설이 어떤 결과로 나타났는가에 대해서 확인할 필요가 있으며, 기존 연구가 주는 함의나 추후연구에 주는 시사점이나 제언 등을 검토하는 것이 중요하다.

3. 연구방법

연구방법에는 앞서 조사설계과정에서 다루었던 내용이 포함되는데, 여기에는 모집단과 대상자 선정방법과 절차, 표본추출방법, 자료수집방법, 조사과정, 설문지 구성, 척도(신뢰도, 타당도) 구성, 자료분석방법(구체적 통계기법), 주요 변수들의 조작적 정의 등에 대해 상세히 기술하는 것이 중요하다.

4. 연구결과: 조사대상자의 일반적 사항, 연구질문별 자료분석

조사결과는 주로 서론에서 제시한 주요 연구질문별로 분석결과를 제시하는 것이 좋으며, 설문에 참여한 이들에 대한 일반적 사항과 주요 변수들에 대한 기술통계 결과, 연구질문별 가설검정이나 분석결과를 결과물과 함께 제시하여야 한다. 특히 분석결과에 대해서는 단순히 연구결과만을 제시하기도 하지만 연구자가 분석결과에 대한 해석을 내릴 수 있다. 이때 연구자는 분석결과에 대해 주관적 판단을 강조할 것이 아니라 자신의 연구결과에 충실하면서 연구결과에 대한 설명이나 결과가 주는 함의 등에 대해 기술할 수 있다. 또한 자료분석 결과는 학술지나 논문양식에 맞추어 제시하는 것이 요청된다.

5. 결론 및 제언: 자료분석 결과를 근거로 결론 도출 및 추후연구를 위한 제언

결론 및 제언은 다양한 방식으로 제시할 수 있다. 일반적으로 결론은 분석결과를 간략하게 정리할 수 있으며, 특히 중요한 연구결과들은 선행연구와 어떤 차이가 있었거나 동일한 결과가 나왔는지 등을 체계적으로 정리하는 것이 중요하다. 또한 결론 및 제언에서는 전체 연구과정에서 드러난 한계점을 기술하거나 연구결과나 추후연구에 대한 제언을 제시할 수 있다. 사회조사과정은 자신의 연구가 체계적으로 기획되었고, 과학적인 절차를 거쳐 완성되었다는 것을 보여 주기 위해서 중요하다. 이는 결과적으로 자신의 연구가 체계적인 절차나 방법을 통해 만들어진 지식임을 강조함으로써 연구결과에 대한 타당성을 높일 수 있기 때문이다. 결국 과학적 지식은 지식의 내용도 중요하지만 지식을 형성한 과정이 논리적이고 체계적이었음을 보여 줄 수 있어야 한다. 사회조사의 전체 과정을 간략한 그림으로 제시하면 [그림 13-1]과 같다. 먼저, 연구과정은 자신이 연구하고자 하는 연구주제를 문제제기와 함께 제시하고, 이에 대한 문헌고찰과 선행연구 검토를 충실히 해야 하며, 조사설계과정을 통해 전체 연구를 기획하게 된다. 수집된 자료는 자료분석과정을 거쳐 보고서 작성으로 이어진다. 물론 조사과정은 연구주제나 연구방법에 따라 다소 차이가 날 수 있지만 대부분의 연구는 이러한 절차를 따른다. 물론 질적연구의 경우에는 자료의 수집과 분석이 동시에 실행되기도 하며, 연구과정에 따라 연구질문이 새롭게 재구성되기도 하기 때문에 조사과정을 단계별로 명확하게 구분하기 어렵기도 하다.

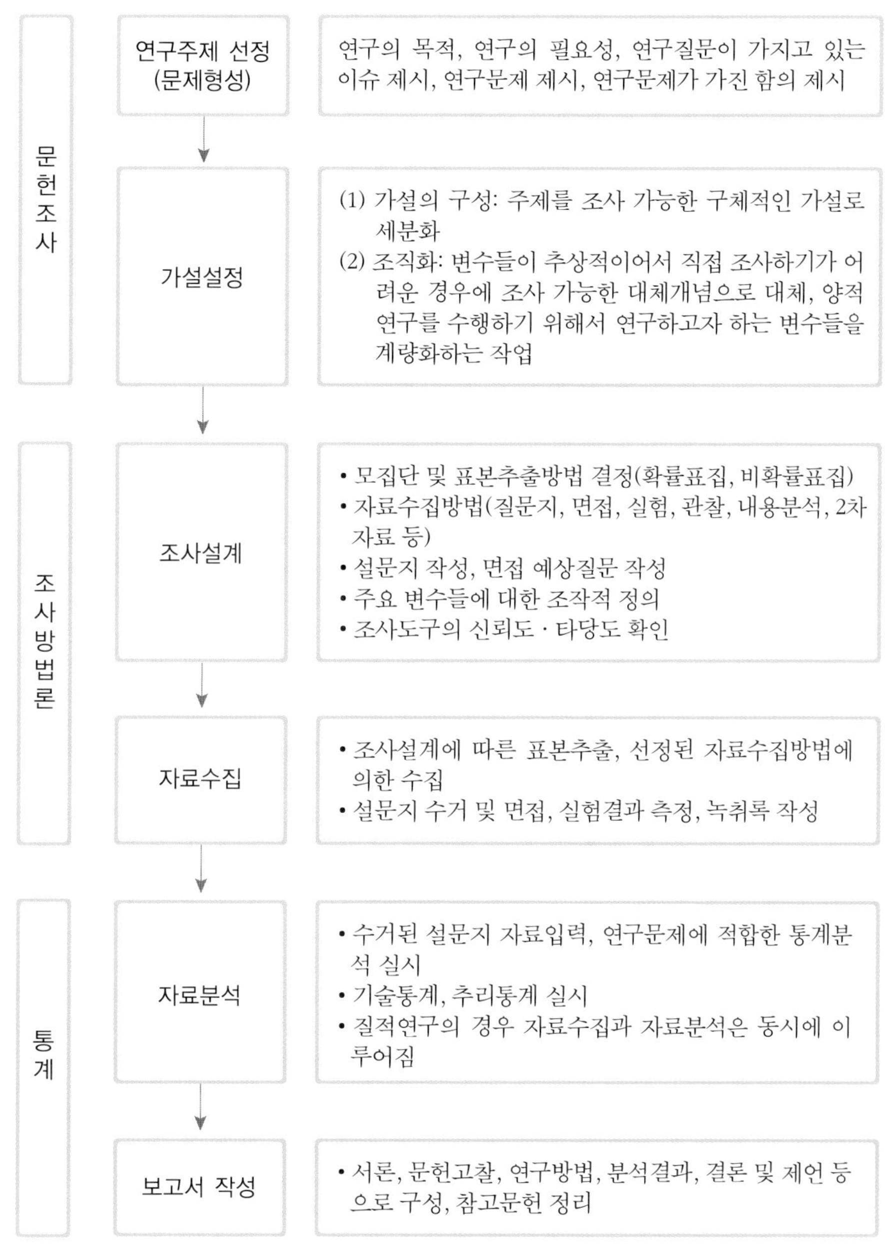

[그림 13-1] 사회조사과정

제14장

연구윤리

연구윤리는 연구과정에서 연구자가 마땅히 수행해야 할 규범을 의미하며, 연구 수행 과정에서 실천해야 할 가치나 규범을 말한다. 이를 따르기 위해 연구자는 연구과정에서 진정성을 가지고 객관성, 정직성, 개방성, 공정성, 책무성, 관리 등 연구의 핵심가치를 지켜 나가야 한다(한국연구재단, 2019).

연구자가 연구윤리를 위반하는 경우는 부당한 연구행위라고 볼 수 있다. 2016년 한국연구재단에서는 연구윤리 확보를 위한 지침에서 연구부정행위의 유형을 위조, 변조, 표절(plagiarism), 부당한 논문저자표시, 본인 또는 타인의 부정행위 의혹에 대한 조사를 고의로 방해하거나 제보자에게 위해를 가하는 행위, 그 밖에 인문 · 사회 및 과학기술 분야 등 각 학문분야에서 통상적으로 용인되는 범위를 심각하게 벗어난 행위, 부당한 중복게재 등으로 구분하여 제시하였다. 국내에서 정부 차원의 연구윤리 확보를 위한 지침은 2007년 2월 과학기술부 훈령으로 제정되었으며, 2015년 개정된 교육부 훈령 제153호를 발표하기까지 6차에 이르는 개정이 진행되어 왔다(교육부, 한국연구재단, 2016). 연구윤리에 위반되는 연구부정행위는 주제 선정, 조사설계, 자료수집, 자료분석, 보고서 작성 등에서 발생할 수 있다. 따라서 본 장에서는 연구부정행위의 개념과 유형을 소개하고, 조사과정에서 발생할 수 있는 다양한 연구부정행위를 제시하고자 한다. 또한 대학 연구기관에서 제시하는 생명윤리위원회 승인 절차와 사회복지윤리강령에서 연구윤리와 관련된 내용을 검토하고자 한다.

1. 연구윤리의 중요성

연구윤리를 지키는 것은 연구자의 연구결과에 대한 신뢰성을 결정하는 중요한 요인이며, 연구행위도 사회적 행위의 일부이기 때문에 연구자로서 사회적 규범을 지키는 것은 당연한 의무이기도 하다(노성호 외, 2020). 사회과학 연구는 과학적 절차에 따라 진행되었고 연구자는 연구윤리를 준수하였음을 전제로 연구결과에 대한 신뢰성을 얻게 된다. 또한 연구자는 공공의 이익과 관련된 연구일 경우 연구결과에 대해 사회적 책임을 질 의무가 있다. 따라서 연구가 진행되는 전체 과정에서 연구윤리에 어긋나는 행위가 발견되는 경우 연구자는 연구결과에 대한 신뢰성을 상실하게 된다.

특히 연구자가 자신의 연구를 수행하는 과정에서 부당한 방법으로 자료를 수집하는 경우, 연구참여자에게 피해를 입힐 경우, 연구과정과 결과가 미칠 영향 등에 관해 사전고지를 하지 않는 경우, 수집된 자료를 분석과정에서 변조하는 경우, 타인과 자신의 연구결과를 표절하거나 위조하는 경우, 부당한 논문저자 표기 등을 고의로 숨길 경우 제3자가 연구부정행위를 발견하기는 쉽지 않다. 이를 위해 연구자는 연구윤리에 대해 민감하고, 연구과정에서 진실성을 유지할 수 있어야 한다. 이를 위해 연구윤리와 관련된 법률을 제정하거나 연구절차를 관리하는 체계를 구축할 필요가 있다.

2. 연구부정행위의 범위

교육부와 한국연구재단(2016)은 연구부정행위가 연구개발 과제의 제안, 수행, 결과 보고 및 발표 등에서 발생할 수 있으며, 연구부정행위의 범위로 위조, 변조, 표절, 부당한 저자 표기, 부당한 중복게재, 연구부정행위에 대한 조사 방해 행위, 그 밖에 각 학문분야에서 통상적으로 용인되는 범위를 심각하게 벗어나는 행위 등 7가지로 제시하고 있다. 교육부와 한국연구재단(2016)에서 편찬한 '연구윤리 확보를 위한 지침 해설서'에서 제시하고 있는 연구부정행위 범위는 다음과 같다.

첫째, '위조'는 존재하지 않는 연구 원자료 또는 연구자료, 연구결과 등을 허위로 만들거나 기록 또는 보고하는 행위를 말한다. 예를 들어, 존재하지 않았던 배아복제 줄기세포를 마치 실험에 성공한 것처럼 논문을 작성한 것은 위조에 해당한다. 대한의학학술지편집인협의회(2013)는 위조라는 표현 대신에 '날조'라는 개념을 사용하고, 날조에 해당하는 예로 시행하지 않은 실험의 연구자료를 부정하게 생성하는 행위나 실험결과의 통계적 유의도를 얻기 위해 허구의 자료를 첨가하는 것을 사례로 제시하고 있다(교육부, 한국연구재단, 2016 재인용).

둘째, '변조'는 연구재료 · 장비 · 과정 등을 인위적으로 조작하거나 연구 원자료 또는 연구자료를 임의로 변형 · 삭제함으로써 연구 내용 또는 결과를 왜곡하는 행위이다. 위조의 경우 애초 존재하지 않는 것을 허위로 만드는 것이며, 변조는 원자료 또는 연구자료를 임의로 변경하는 행위라고 할 수 있다.

셋째, '표절'은 타인의 독창적인 아이디어 또는 창작물을 적절한 출처표시 없이 활용함으로써 제3자에게 자신의 창작물인 것처럼 인식하게 하는 행위를 말한다. 표절의 유형으로는 타인의 연구내용 전부 또는 일부, 타인의 저작물의 단어 · 문장 구조의 일부 변형, 타인의 독창적인 생각, 타인의 저작물을 번역하여 활용하면서 출처를 표시하지 않는 경우로 제시하고 있다.

넷째, '부당한 저자표시'는 연구 내용 또는 결과에 대해 공헌 또는 기여를 한 사

표 14-1 연구부정행위의 범위

<table>
<tr><th>구분</th><th colspan="2">내용</th></tr>
<tr><td>위조</td><td colspan="2">존재하지 않는 연구 원자료 또는 연구자료, 연구결과 등을 허위로 만들거나 기록 또는 보고하는 행위</td></tr>
<tr><td>변조</td><td colspan="2">연구 재료 · 장비 · 과정 등을 인위적으로 조작하거나 연구 원자료 또는 연구자료를 임의로 변형 · 삭제함으로써 연구 내용 또는 결과를 왜곡하는 행위</td></tr>
<tr><td rowspan="2">표절</td><td colspan="2">일반적 지식이 아닌 타인의 독창적인 아이디어 또는 창작물을 적절한 출처표시 없이 활용함으로써, 제3자에게 자신의 창작물인 것처럼 인식하게 하는 행위</td></tr>
<tr><td>표절 유형</td><td>가. 타인의 연구내용 전부 또는 일부를 출처를 표시하지 않고 그대로 활용하는 경우
나. 타인의 저작물의 단어 · 문장구조를 일부 변형하여 사용하면서 출처표시를 하지 않는 경우
다. 타인의 독창적인 생각 등을 활용하면서 출처를 표시하지 않은 경우
라. 타인의 저작물을 번역하여 활용하면서 출처를 표시하지 않은 경우</td></tr>
<tr><td rowspan="2">부당한 저자표시</td><td colspan="2">연구 내용 또는 결과에 대하여 공헌 또는 기여를 한 사람에게 정당한 이유 없이 저자 자격을 부여하지 않거나, 공헌 또는 기여를 하지 않은 사람에게 감사의 표시 또는 예우 등을 이유로 저자 자격을 부여하는 행위</td></tr>
<tr><td>부당한 저자표시 유형</td><td>가. 연구 내용 또는 결과에 대한 공헌 또는 기여가 없음에도 저자 자격을 부여하는 경우
나. 연구 내용 또는 결과에 대한 공헌 또는 기여가 있음에도 저자 자격을 부여하지 않는 경우
다. 지도학생의 학위논문을 학술지 등에 지도교수의 단독 명의로 게재 · 발표하는 경우</td></tr>
<tr><td>부당한 중복게재</td><td colspan="2">연구자가 자신의 이전 연구결과와 동일 또는 실질적으로 유사한 저작물을 출처표시 없이 게재한 후, 연구비를 수령하거나 별도의 연구 업적으로 인정받는 경우 등 부당한 이익을 얻는 행위</td></tr>
<tr><td colspan="3">'연구부정행위에 대한 조사 방해 행위'는 본인 또는 타인의 부정행위에 대한 조사를 고의로 방해하거나 제보자에게 위해를 가하는 행위</td></tr>
<tr><td colspan="3">그 밖에 각 학문분야에서 통상적으로 용인되는 범위를 심각하게 벗어나는 행위</td></tr>
</table>

* 출처: 교육부, 한국연구재단(2016), p. 55. 재구성.

람에게 정당한 이유 없이 저자 자격을 부여하지 않거나, 공헌 또는 기여를 하지 않은 사람에게 감사의 표시 또는 예우 등을 이유로 저자 자격을 부여하는 행위로 규정하고 있다. 부당한 저자표시의 유형으로 연구과정에 기여가 없음에도 저자 자격을 부여하는 행위나 기여가 있음에도 저자 자격을 부여하지 않는 경우, 지도 학생의 학위논문을 학술지 등에 지도교수의 단독 명의로 게재하거나 발표하는 행위 등이 있다.

다섯째, '부당한 중복게재'는 자신의 이전 연구결과와 같거나 실질적으로 유사한 저작물을 출처표시 없이 게재한 후, 연구비를 받거나 별도의 연구 업적으로 인정받는 경우 등 부당한 이익을 얻는 행위를 말한다. 연구자는 이전에 발표한 자신의 연구를 후속연구에 활용할 때에도 출처를 밝혀야 한다. 또한 연구자는 공식적으로 출판된 자신의 저작물의 주된 내용과 같거나 실질적으로 유사한 내용을 다른 저작물에서 다시 활용할 경우에도 출처를 밝혀야 한다. 그러나 학술대회에서 발표하였던 원고를 수정하여 학술지에 게재하고 학술대회에서 발표한 사실을 밝힌 경우는 중복게재의 사례로 인정되고 있다.

여섯째, '연구부정행위에 대한 조사 방해 행위'는 본인 또는 타인의 부정행위에 대한 조사를 고의로 방해하거나 제보자에게 위해를 가하는 행위를 말하며, 일곱 번째, '그 밖에 각 학문분야에서 통상적으로 용인되는 범위를 심각하게 벗어나는 행위'도 연구부정행위의 범위에 포함된다.

3. 사회조사와 연구윤리

사회복지조사는 인간을 대상으로 연구하기 때문에 조사과정에서 윤리적인 문제가 발생할 여지가 많다. 특히 사회복지시설 이용자나 사회복지기관 종사자들을 대상으로 연구하는 경우 연구주제를 선정하는 것에서부터 조사설계나 자료수집과정에서 윤리적인 문제가 발생하지 않도록 주의해야 한다. 또한 연구자는 수집된 자료를 분석하고, 결과물을 작성하고 발표하는 과정에서도 윤리적인 문제들을 민감하게 다루어야 할 것이다.

1) 연구주제 선정과 연구윤리

사회복지연구의 궁극적인 목적은 사회복지 지식을 창출하는 데 있다. 사회복지는 태생적으로 공공의 복지를 위해 사회로부터 위임받은 소임을 수행하는 것이기 때문에 사회복지 지식을 생성하는 과정과 결과물도 사회복지 전문직이 지향하는 가치와 부합되어야 할 필요가 있다. 나아가 사회복지연구를 수행하면서 사회적으로 통용되는 보편적인 윤리기준에서 벗어난 연구주제를 선정하는 것은 문제가 있다(김기덕, 2003).

연구자가 반윤리적인 연구주제에 관심을 가지는 이유 중의 하나는 진리의 탐구라는 목적을 지나치게 강조하기 때문이다. 그러나 연구자의 학문적인 호기심이 앞서 윤리적이지 못한 주제를 연구하는 것은 연구자 이전에 사회 구성원으로서 바람직한 행위라고 보기 어렵다(김환준, 2004). 반사회적인 연구주제를 연구한 경우로 1800년대 말 영국에서 시작된 우생학연구를 들 수 있다. 이 연구는 기본적으로 인류를 유전적으로 개량하는 것을 목적으로 시작되었으나 인류사회에 우월한 유전자와 열등한 유전자가 있다고 보았으며, 인류의 발전을 위해서 열등한 인류를 단종시켜야 한다고 주장하였다. 이들의 주장은 유대인 대량학살과 같은 정책의 근거로 등장하였으며, 사회문제가 되었다(노성호 외, 2020).

한편, 사회복지에 관한 연구주제를 선정할 때, 특정 집단이 경험하는 사회문제에 대해 연구자의 선입관이 영향을 미치지 않도록 주의할 필요가 있다. 예를 들어, 특정 집단에 대해 부정적인 선입관을 가진 연구자가 그들의 가정환경 요인이나 개인적 특성들이 사회부적응, 일탈 행위, 공격성, 스트레스, 성격장애 등에 미치는 영향을 연구할 때, 연구자의 편견이 연구주제를 선정하는 과정에 영향을 미칠 수 있기 때문이다. 특히 사회복지연구는 주 대상이 되는 이들이 사회적 약자나 소수집단일 경우가 많으며, 연구자는 이들이 처한 어려움과 사회문제의 심각성을 알리려는 노력이 먼저 필요하다(김환준, 2004). 따라서 연구자는 연구주제를 선정할 때 연구과정과 연구결과를 기술하는 과정에 연구자 자신이 어떤 영향력을 미칠 수 있는가에 대해 주의 깊게 성찰(reflexivity)하는 것이 요청된다.

2) 연구대상자와의 관계

(1) 연구대상자에게 피해를 미치는 경우

연구대상자는 연구과정에 참여하면서 신체적 · 정신적 · 물질적 · 법적 피해를 경험할 수 있어서 연구자는 연구과정에서 연구대상자가 어떤 피해를 당할 수 있는지 세심하게 점검하여야 한다. 제2차 세계대전 당시 독일 나치나 일본 관동군에 의해 이루어진 생체실험 등은 연구대상자에게 피해를 미치는 대표적인 실험이었다. 이러한 피해를 예방하기 위해 1966년 미국 보건성은 연구대상자에게 연구와 관련된 모든 정보와 발생할 수 있는 피해를 사전에 충분히 알리고, 자발적 참여 동의를 얻을 것을 규정하였으며, 1974년 미국 보건후생성은 의학분야의 규정을 사회과학 연구에서도 적용하도록 대학 및 연구기관의 연구수행절차를 감독하는 체계를 확립하였다(Monette et al., 2002: 김환준, 2004 재인용).

연구대상자가 직접적으로 신체적 피해를 입는 경우도 있지만, 간접적으로 신체적 · 정신적 피해를 주는 경우가 발생할 수 있다. 예를 들어, 가정폭력이나 학교폭력 피해, 아동학대 경험, 심리적 트라우마 등과 같이 연구대상자가 기억하기 싫은 과거의 일들에 대해 응답을 요구하는 경우 응답자는 스트레스나 불편함을 경험할 수 있다. 그러나 연구대상자에게 피해를 주는 조사를 엄격하게 규제하면 사회현상에 대한 연구 자체가 어려울 수 있다. 따라서 연구자는 연구참여자가 조사과정에서 발생할 수 있는 모든 형태의 피해를 미리 인지할 수 있도록 해야 하며, 발생할 수 있는 피해를 최소화하도록 주의를 기울여야 한다(채구묵, 2007).

(2) 자발적 참여와 연구대상자를 속이는 행위

사회조사의 경우 연구자는 연구대상자가 연구에 자발적으로 참여할 수 있도록 하여야 한다. 또한 연구자는 연구대상자에게 언제든지 연구참여를 철회할 수 있는 권리가 있음을 사전에 알려야 한다.

사회복지사 윤리강령에도 "클라이언트를 대상으로 연구하는 사회복지사는 저들의 권리를 보장하기 위해, 자발적이고 고지된 동의를 얻어야 한다."라고 규정하고 있으며, 고지된 동의(informed consent)는 연구의 목적과 내용, 소요시간, 참여자에게 주어지는 혜택, 연구과정에서 발생할 수 있는 위험과 피해 등 참여자가 알 필요가 있는 정도를 충분히 알리고, 동의를 얻어 내야 함을 의미한다. 특히 사회복지연구과정에서 신체적 · 정신적 장애가 있거나 인지 및 판단 능력이 부족한 이들이 연구에 참여할 때 진정으로 자발적 선택을 통하여 연구에 참여하는 상황인지 충분히 검토해 보아야 한다(김환준, 2004).

그러나 연구의 특성상 연구대상자에게 연구 의도를 숨겨야 정확한 결과를 파악할 수 있는 연구도 있을 수 있다. 이 경우에도 최소한의 범위에서 연구과정에 대해 설명하여야 하고, 참여자에게 의견을 표현할 기회를 주어 조사로 인한 피해가 발생하지 않도록 주의해야 할 것이다. 특히 실험설계의 경우 통제집단에 참여한 연구대상자는 연구참여 기간 동안 필요한 서비스를 받지 못하는 경우가 발생하며, 단일사례설계에서 반전설계는 연구대상자에게 제공되어야 할 서비스를 일시적으로 중단하는 상황이 발생할 수 있음을 사전에 충분히 알려야 할 것이다. 2013년 시행된 한국사회복지학회 연구윤리 규정에서도 연구대상자를 보호하기 위해 연구대상자 혹은 연구대상자 스스로 동의 여부를 결정하기 어려운 경우에는 보호자에게 연구목적과 연구결과의 이용, 윤리적 고려사항, 연구에 의한 혜택과 불이익에 관해 설명하고, 연구참여에 동의를 받은 사실을 연구물에 명기하도록 규정하고 있다.

(3) 개인정보 보호와 비밀보장

개인정보 보호와 비밀보장과 관련된 내용은 연구대상자의 익명성을 보장하는 것과 관련 있다. 특히 심각한 사회문제와 관련되거나 연구에 참여한 것이 밝혀지면 불이익을 받을 수 있는 경우에 연구자는 자료원이 누구인지 비밀을 지킬 의무가 있다. 만약 연구결과를 보고하는 과정에서 익명성 보장이 어려운 경우에는 연구대상자에게 사전에 승낙을 받아야 할 것이다.

조사과정에서 연구대상자의 익명성을 보장하는 방법으로는 자료수집과정에서 연구자가 연구대상자가 누구인지 모르게 개인정보와 관련된 내용을 제외하는 방법, 개인정보와 관련된 내용을 수집한 경우라도 자료분석과정에서 개인정보를 삭제하는 방법, 개인정보를 연구자가 인지하는 경우 연구목적 이외 사용하지 않고 외부에 유출하지 않는 방법 등이 있다(김환준, 2004).

한국사회복지학회 연구윤리규정

제4조(연구대상자 보호)

1. 연구대상자(또는 연구대상자 스스로 동의여부를 결정하기 어려운 경우 연구대상자의 보호자)에게 연구목적과 연구결과의 이용, 윤리적 고려사항(비밀보장, 참가자 권리, 데이터 수집과정 등), 연구에 의한 혜택과 불이익 등에 대해 설명을 제공하고, 이에 대해 동의를 받은 사실을 연구물에 명기해야 한다. 단, 2차 자료를 활용한 연구는 예외로 한다.

출처: 한국사회복지학회 홈페이지 https://www.kasw.org/연구윤리규정

3) 분석과정 및 보고서 제출과정에서 고려해야 할 연구윤리

(1) 자료분석 및 연구결과 기술과정에서 위조, 변조, 표절

교육부와 한국연구재단(2016)에서 제시하고 있는 연구부정행위는 전체 연구과정에서 일어날 수 있으나 위조, 변조는 주로 자료를 분석하는 과정이나 연구결과를 기술하는 과정에서 발생한다. 자료를 분석하는 과정에서 존재하지 않는 자료를 허

위로 만드는 것이 위조이며, 변조는 수집된 자료를 임의로 수정하거나 삭제하여 연구결과를 왜곡하는 행위를 포함한다. 특히 연구자가 본인이 의도한 연구결과를 얻기 위해 분석 자료를 위조하거나 변조하는 경우에 제3자가 이를 확인하기는 쉽지 않다.

이와 함께 표절은 타인의 아이디어나 저작물을 인용 없이 자신의 창작물인 것처럼 타인에게 인식시키는 행위를 말한다. 한국사회복지학회의 연구윤리규정에서는 '발표되거나 출간된 타인의 연구결과들 중 주요 개념의 전부 또는 일부를 인용 없이 자신의 연구 개념인 것처럼 발표하거나 출간한 경우'와 '타인의 논문에서 연속적으로 6단어 이상을 인용 없이 사용하는 것'을 표절로 규정하고 있다.

또한 기출판된 저작물이나 타인의 연구결과물을 다른 형태로 변화시켜 사용하는 때도 적절한 출처표시가 없는 경우도 표절에 해당한다. 또한 타인의 저작물을 직접인용하는 경우에는 큰따옴표(" ")를 사용하고, 40단어 이상은 인용 내용 전체를 블록인용하고 인용 페이지를 밝히도록 하였다. 이와 함께 연구자가 타인의 저작물을 간접인용하거나 자신의 출판물의 내용을 요약하거나 문장이나 용어의 순서를 바꾸어 인용할 때에도 원저자와 출처를 밝혀야 한다.

한국학술지인용색인(Korea Citation Index)에서는 2014년 5월부터 한국학술지인용색인에 등록된 국내 논문과 비교하여 논문 유사도 검사결과를 보여 주는 시스템을 운영하고 있다. 논문유사도 검사시스템에서 유사율은 문서 내 유사의심영역 어절 수/문서 전체 어절 수×100%, 문장 유사율은 문장 내 유사의심영역 어절 수/문장 전체 어절 수×100%로 계산하며, 국내 학회에서 학술지 원고 투고 때나 학위논문 제출 시 논문유사도 검사를 요구하는 경우가 늘어나고 있다.

(2) 연구결과 발표과정에서 고려해야 할 연구윤리

연구결과를 완성된 형태의 원고로 작성하고 연구결과를 발표하는 과정에서는 부당하게 저자를 표기하거나 부당한 중복게재 등이 발생할 수 있다. 부당한 저자표기는 연구과정이나 결과를 작성할 때 기여 정도가 있음에도 저자 자격을 부여하지 않거나 저자 자격이 없는 사람에게 저자 자격을 부여하는 경우를 말한다. 부당한 중복게재는 이미 출판된 저작물과 동일하거나 실질적으로 유사한 저작물을 출처 없이 출판하여 부당한 이익을 얻으면 해당한다.

4. 생명윤리 및 안전에 관한 법률

연구윤리와 관련하여 국내에서는 2004년 「생명윤리 및 안전에 관한 법률」을 제정하였다. 이 법은 생명과학기술에 있어서 생명윤리 및 안전을 확보하여 인간의 존엄과 가치를 침해하거나 인체에 위해를 주는 것을 방지하고 생명과학기술이 국민의 건강과 삶의 질 향상에 이바지함을 목적으로 하고 있다.

「생명윤리 및 안전에 관한 법률」의 기본 원칙에는 연구대상자의 인권과 복지에 대한 우선적 고려를 명시하고 있으며, 연구대상자의 자율성 존중 및 충분한 정보제공과 자발적인 동의, 사생활보호 및 개인정보에 대한 비밀 유지, 위험의 최소화, 취약한 환경에 있는 개인이나 집단에 대한 특별한 보호, 국제 협력과 보편적 국제기준 준수 등으로 명시하고 있다.

이와 함께 국가생명윤리심의위원회의 설치와 기관생명윤리위원회의 설치를 규정하고 있다. 국가생명윤리심의위원회는 대통령 소속으로 국가의 생명윤리 및 안전에 관한 기본 정책의 수립을 위해 설치하고, 인간을 대상으로 연구를 수행하는 자나 인체유래물연구를 수행하는 자가 소속된 교육 · 연구 기관 또는 병원 등에는 기관생명윤리위원회를 설치하도록 규정하고 있다.

기관생명윤리위원회는 연구계획서의 윤리적 · 과학적 타당성, 연구대상자 등으로부터 적법한 절차에 따라 동의를 받았는지 아닌지, 연구대상자 등의 안전에 관한 사항, 연구대상자 등의 개인정보 보호 대책, 그 밖에 기관에서의 생명윤리 및 안정에 관한 사항을 심의하는 업무를 수행한다. 또한 해당 기관의 연구자나 종사자 교육, 취약한 연구대상자 등의 보호 대책 수립, 연구자를 위한 윤리지침 마련 등의 활동을 수행한다.

이와 함께 같은 법 시행규칙에는 "일반 대중에게 공개된 정보를 이용하는 연구 또는 개인식별정보를 수집 · 기록하지 않는 연구"로서, 연구대상자에게 침습적 행위를 하지 않거나 신체적 변화가 따르지 않는 단순 접촉 측정장비 또는 관찰장비만을 사용하는 연구, 연구대상자를 직접 대면하더라도 연구대상자 등이 특정되지 않고 「개인정보 보호법」에 따른 민감정보를 수집하거나 기록하지 않는 연구, 연구대상자 등에 대한 기존의 자료나 문서를 이용하는 연구 등은 기관생명윤리위원회 심의를 면제할 수 있도록 규정하고 있다.

생명윤리 및 안전에 관한 법률

제3조(기본 원칙)

① 이 법에서 규율하는 행위들은 인간의 존엄과 가치를 침해하는 방식으로 하여서는 아니 되며, 연구대상자 등의 인권과 복지는 우선적으로 고려되어야 한다.

② 연구대상자 등의 자율성은 존중되어야 하며, 연구대상자 등의 자발적인 동의는 충분한 정보에 근거하여야 한다.

③ 연구대상자 등의 사생활은 보호되어야 하며, 사생활을 침해할 수 있는 개인정보는 당사자가 동의하거나 법률에 특별한 규정이 있는 경우를 제외하고는 비밀로서 보호되어야 한다.

④ 연구대상자 등의 안전은 충분히 고려되어야 하며, 위험은 최소화되어야 한다.

⑤ 취약한 환경에 있는 개인이나 집단은 특별히 보호되어야 한다.

⑥ 생명윤리와 안전을 확보하기 위하여 필요한 국제 협력을 모색하여야 하고, 보편적인 국제기준을 수용하기 위하여 노력하여야 한다.

제10조(기관생명윤리위원회의 설치 및 기능)

③ 기관위원회는 다음 각 호의 업무를 수행한다.

1. 다음 각 목에 해당하는 사항의 심의
   가. 연구계획서의 윤리적 · 과학적 타당성
   나. 연구대상자등으로부터 적법한 절차에 따라 동의를 받았는지 여부
   다. 연구대상자등의 안전에 관한 사항
   라. 연구대상자등의 개인정보 보호 대책
   마. 그 밖에 기관에서의 생명윤리 및 안전에 관한 사항
2. 해당 기관에서 수행 중인 연구의 진행과정 및 결과에 대한 조사 · 감독
3. 그 밖에 생명윤리 및 안전을 위한 다음 각 목의 활동
   가. 해당 기관의 연구자 및 종사자 교육
   나. 취약한 연구대상자등의 보호 대책 수립
   다. 연구자를 위한 윤리지침 마련

생명윤리 및 안전에 관한 법률 시행규칙

제13조(기관위원회의 심의를 면제할 수 있는 인간대상연구)

① 법 제15조 제2항에서 "보건복지부령으로 정한 기준에 맞는 연구"란 일반 대중에게 공개된 정보를 이용하는 연구 또는 개인식별정보를 수집 · 기록하지 않는 연구로서 다음 각 호의 어느 하나에 해당하는 연구를 말한다.

1. 연구대상자를 직접 조작하거나 그 환경을 조작하는 연구 중 다음 각 목의 어느 하나에 해당하는 연구
   가. 약물투여, 혈액채취 등 침습적(侵襲的) 행위를 하지 않는 연구
   나. 신체적 변화가 따르지 않는 단순 접촉 측정장비 또는 관찰장비만을 사용하는 연구

다. 「식품위생법 시행규칙」 제3조에 따라 판매 등이 허용되는 식품 또는 식품첨가물을 이용하여 맛이나 질을 평가하는 연구

라. 「화장품법」 제8조에 따른 안전기준에 맞는 화장품을 이용하여 사용감 또는 만족도 등을 조사하는 연구

2. 연구대상자등을 직접 대면하더라도 연구대상자등이 특정되지 않고 「개인정보 보호법」 제23조에 따른 민감정보를 수집하거나 기록하지 않는 연구

3. 연구대상자등에 대한 기존의 자료나 문서를 이용하는 연구

② 제1항에도 불구하고 제1항 제1호 및 제2호의 연구 중 「의약품 등의 안전에 관한 규칙」 별표 4 제2호더목에 따른 취약한 환경에 있는 시험대상자 제2호더목에 따른 취약한 환경에 있는 피험자(vulnerable subjects)를 대상으로 하는 연구는 기관위원회의 심의를 받아야 한다.

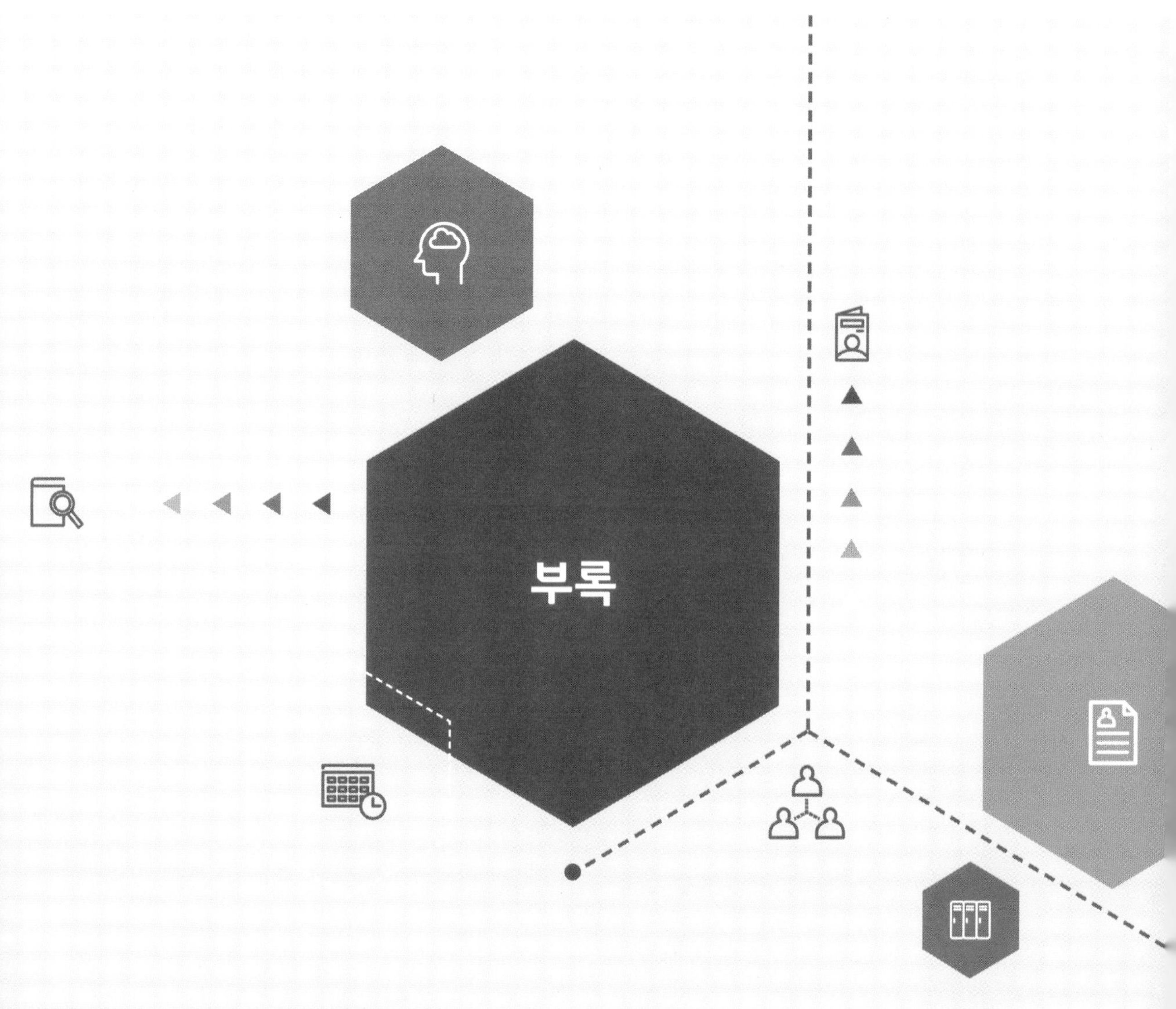

SPSS에서 자료분석 전 단계 매뉴얼

자료분석 및 해석 단계는 조사설계에 따라 자료를 수집한 이후 수집된 자료를 분석 가능한 형태로 전환시키거나 컴퓨터 프로그램에 자료를 입력하고 분석하는 단계다. 수집된 자료를 숫자로 전환시키는 양적연구의 경우 엑셀이나 한글, 통계 패키지인 SPSS, SAS 등에 자료를 직접 입력하게 되는데 이를 코딩(coding)이라고 한다.

코딩이 완료된 이후는 수집된 자료의 빈도를 구해서 잘못 입력된 값이 있는지 확인하는 절차를 거친다. 이때 분석을 시작하기 전에 전체 문항의 빈도를 출력하여 입력될 수 없는 값이 입력되었는지 확인하는 과정을 거쳐야 한다. 이때 잘못된 입력 내용이 확인되면 설문지에 기록한 고유번호를 찾아 입력된 값이 정확한지를 사례 정렬(sort cases) 기능과 사례 찾기(find) 기능을 활용하여 확인하고 수정하는 과정을 거친다.

사례 정렬 기능은 분석 시에 조건을 선정해 주고, 그 조건에 맞도록 내림차순이나 올림차순으로 새롭게 자료를 정리해 주는 기능을 한다. 앞서 코딩과정에서 잘못 입력한 자료를 수정할 때 사례 정렬 기능을 활용하면 쉽게 자료를 수정할 수 있다. 예를 들어, 사례 정렬 기능은 입력한 자료값을 내림차순이나 올림차순으로 재정렬하여 자료를 보여 줄 수 있기 때문에, 입력된 값을 개별적으로 찾는 번거로움을 없애 줄 수 있다. 또한 정렬은 한 가지 순으로 할 수도 있지만 여러 개의 변수를 동시에 투입하면 두 가지 이상의 정렬로 재배열하는 것도 가능하다.

사례 찾기 기능은 주어진 조건에 만족하는 사례를 찾을 때 활용할 수 있는 기능이다. 특히 통계를 분석하기 전에 빈도를 실행하여 잘못한 값이 발견되었을 때, SPSS 화면에서 변수 입력란에 커서를 갖다 놓고, 사례 찾기 기능을 활용하면 커서가 그 값을 찾아 그 값이 위치한 곳에 머물게 된다. 따라서 사례 찾기 기능을 활용하면, 입력한 사례 수가 많은 경우에도 쉽게 설문지 번호를 찾을 수 있다.

또한 자료를 본격적으로 분석하기 전에 측정도구에 역점수 문항이 있는지 확인하고 역점수 문항이 있는 경우에는 코딩변경(record) 과정을 거쳐야 한다. 이때 역점수 문항을 찾아 변환하기 위해서는 원자료에 덧붙일 것인지, 아니면 새로운 변수를 만들 것인지에 따라 '같은 변수에 코딩변경' '다른 변수에 코딩변경'을 할 것인지를 결정해서 실행하면 된다. SPSS 활용이 용이한 실천가는 같은 변수에 코딩변경을 해도 크게 무리가 없다. 그러나 SPSS를 충분히 활용하기 힘든 경우에는 원자료를 보관하기 위해 다른 변수에 코딩변경을 선택해서 작업을 수행하는 것이 좋을 것이다. 이는 '같은 변수에 코딩변경' 하기를 선택한 경우 원자료에 역점수가 된 점수가 덧붙여져서 원자료가 소실되기 때문이다. 따라서 SPSS를 활용하는 데 익숙하지 않은 사용자의 경우 '다른 변수에 코딩변경'을 해서 새로운 변수에 역점수 자료를 저장하는 것이 원자료를 보관할 수 있다는 점에서 좋을 수 있다. 이와 함께 설문지에서 척도를 사용한 경우 분석을 실행하기 위해서는 척도 개별 문항값의 평균과 합계를 구해야 한다. 이를 위해서는 변수계산(compute) 작업을 수행한 이후에 척도의 신뢰도를 확인하고, 본격적인 자료분석 단계로 넘어간다.

자료분석 전에 수행해야 하는 작업

① 설문지 수거 ⇒ 설문지 고유번호 부여하기

② 자료 입력하기(coding)

③ 빈도 구하기－잘못 입력된 자료 찾기(sort 기능, find 기능 활용)

④ 역점수 문항 전환하기－(record 기능 활용)

⑤ 척도의 평균 및 합계 구하기－(compute 기능 활용)

⑥ 척도의 신뢰도 및 타당도 검사

⑦ 연구문제에 적합한 통계기법 결정

⑧ 자료분석 실시

• 사례 정렬(sort) 기능 활용하기(자료 ⇒ 사례 정렬)

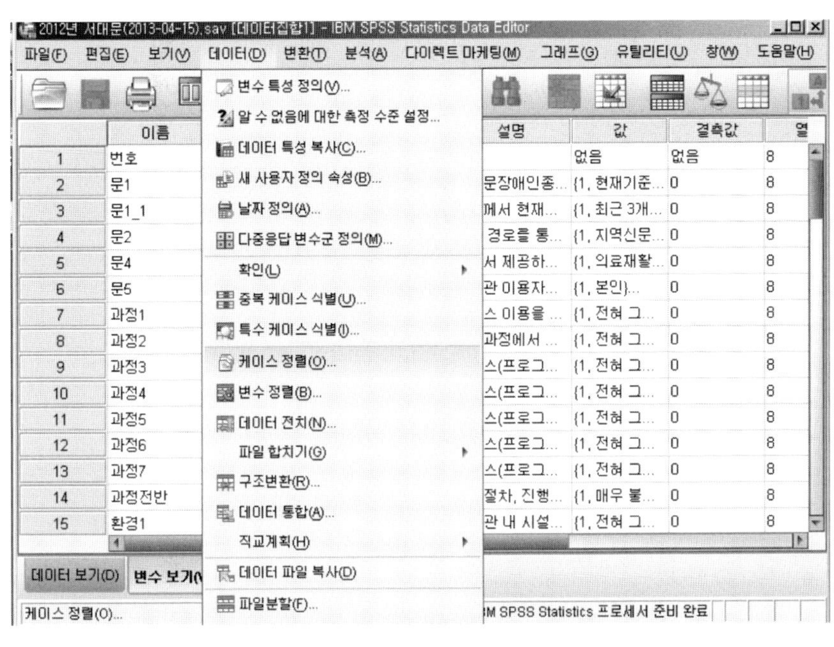

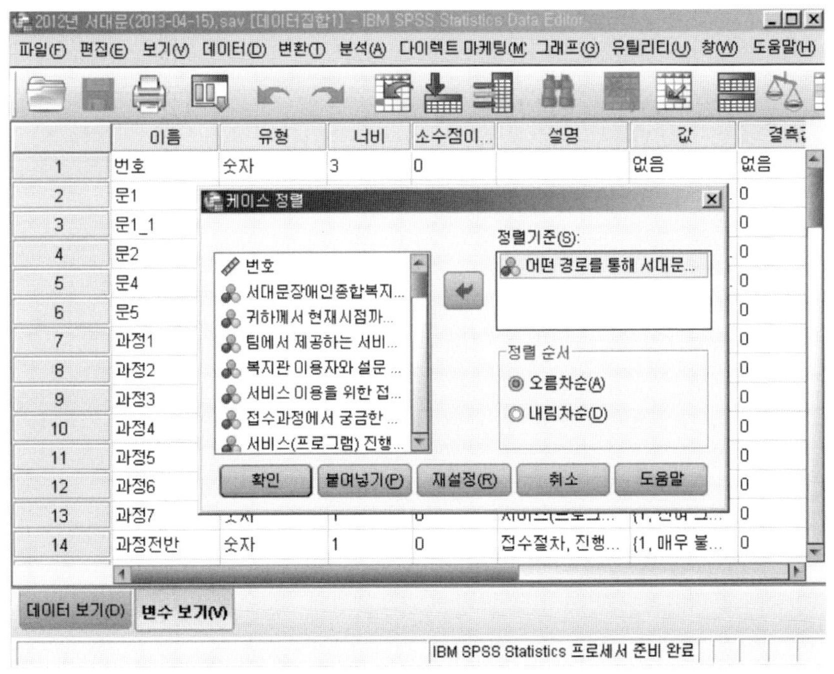

• 사례 선택(select) 기능 활용하기(자료 ⇒ 사례 선택)

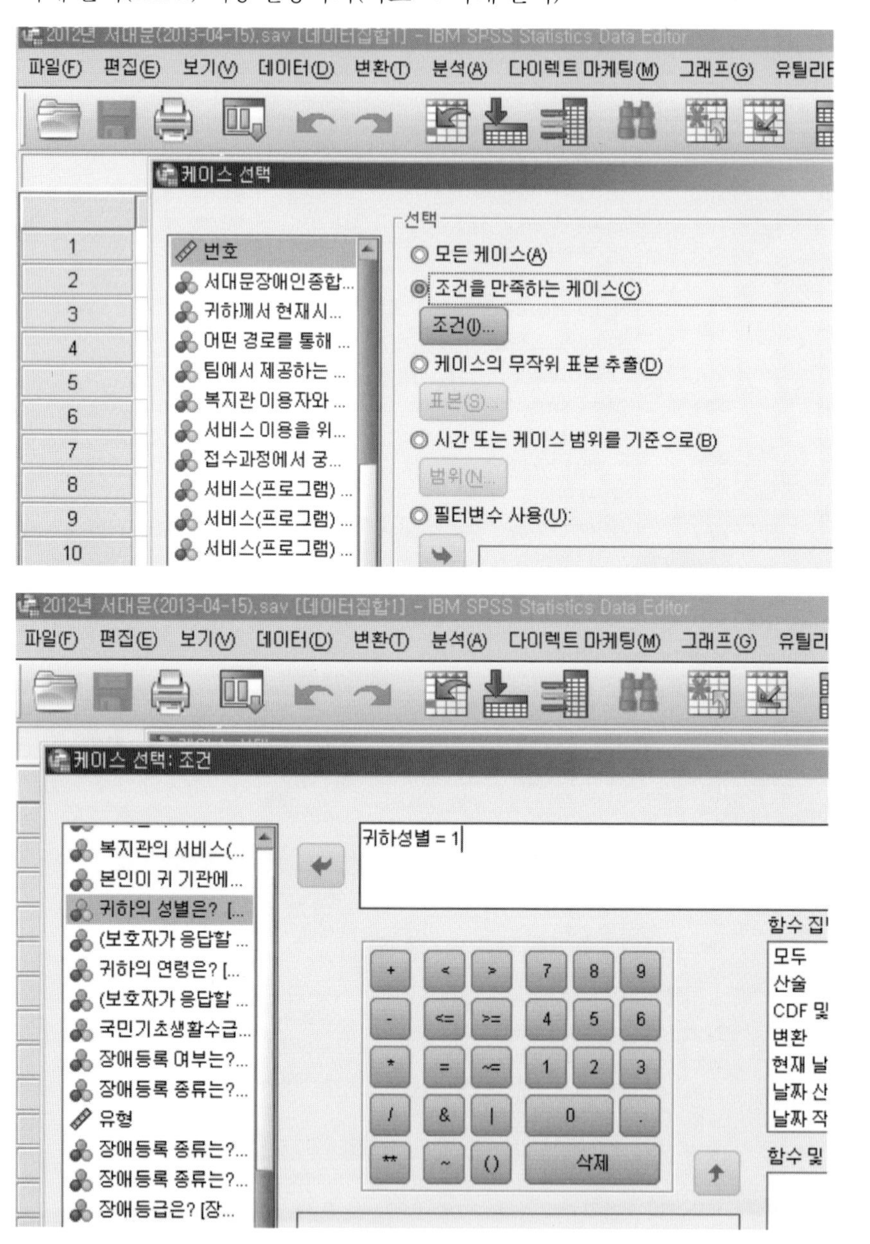

사례 선택 화면에서 성별이 '1'로 입력된 경우에만 자료를 분석하라는 명령을 내린다. 만약 성별 중 남자를 1로 입력했다면 남자만 선택하게 된다.

• 사례 찾기(find) 기능 활용하기(편집[edit] ⇒ 찾기[find])

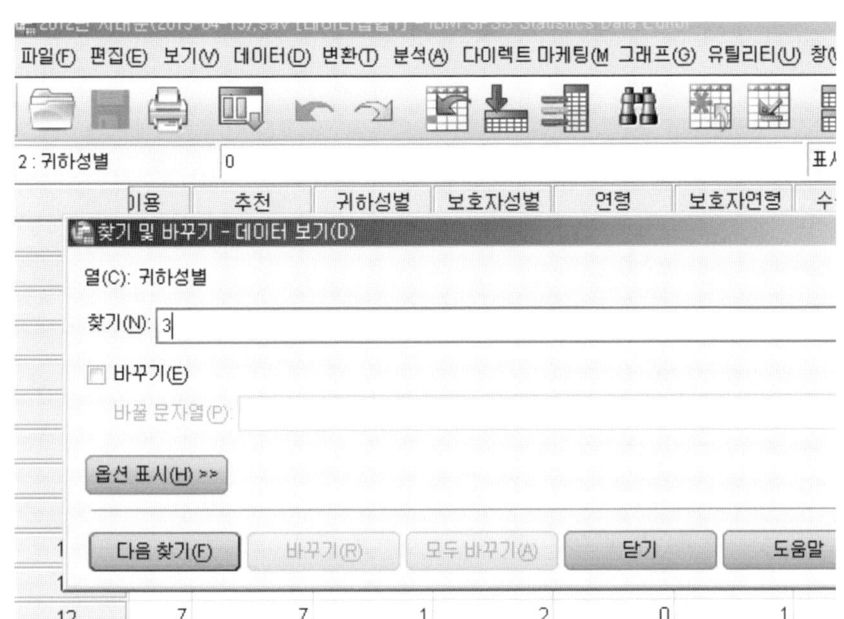

–사례 찾기 기능은 SPSS 화면에서 찾고자 하는 변수 입력란에 커서를 갖다 놓은 후에 찾고자 하는 값을 기입해 주면, 찾고자 하는 값에 자동으로 커서가 위치하게 된다. 위의 예에서는 변수 성별에서 3의 값을 입력한 사례를 찾으라는 명령을 보여 주고 있다. 성별은 남성인 경우는 '1', 여성인 경우는 '2'로 입력하였기 때문에 '3'으로 입력된 사례를 찾는 것은 코딩과정에서 성별을 3으로 잘못 입력한 설문지를 찾기 위해서다.

–성별에서 빈도를 실행시킬 경우 '3'이 발견된다면 이는 입력과정에서 잘못한 것이고, 본 분석에 들어가기 전에 성별에서 '3'을 입력한 설문지를 찾아서 값을 확인하고 수정해야 한다. 이를 실행하기 위해서는 먼저 SPSS 화면에서 성별이 위치해 있는 입력란에 커서를 클릭한 후 메뉴바에서 편집(edit) ⇒ 찾기(Find)를 누르고, 찾고자 하는 값으로 '3'을 입력한 후 '다음 찾기'를 실행하면 된다. '다음 찾기'를 실행한 후 SPSS 화면으로 되돌아가면 커서가 성별에서 '3'을 입력한 칸에 자동으로 위치해 있게 되고, 이때 설문지 번호를 확인하면 된다.

• 변환 기능 활용하여 계산하기: 변환(transform) ⇒ 변수 계산(compute)

–먼저, 3개의 문항으로 구성된 자존감 척도가 있고, 자존감 척도를 모두 입력하였다.

*제목없음2 [데이터집합2] - IBM SPSS Statistics Data Editor

파일(F) 편집(E) 보기(V) 데이터(D) 변환(T) 분석(A) 다이렉트 마커

	자존감1	자존감2	자존감3	변수
1	3	4	3	
2	4	4	3	
3	5	3	3	
4	5	3	4	
5	3	3	4	
6	3	4	4	
7	3	5	3	
8	4	4	4	
9	5	3	5	
10				

–통계결과를 분석하기 위해서는 자존감 문항을 모두 합산하여 평균값을 구해야 한다. 이를 위해 변환 ⇒ 변수 계산을 선택한다.

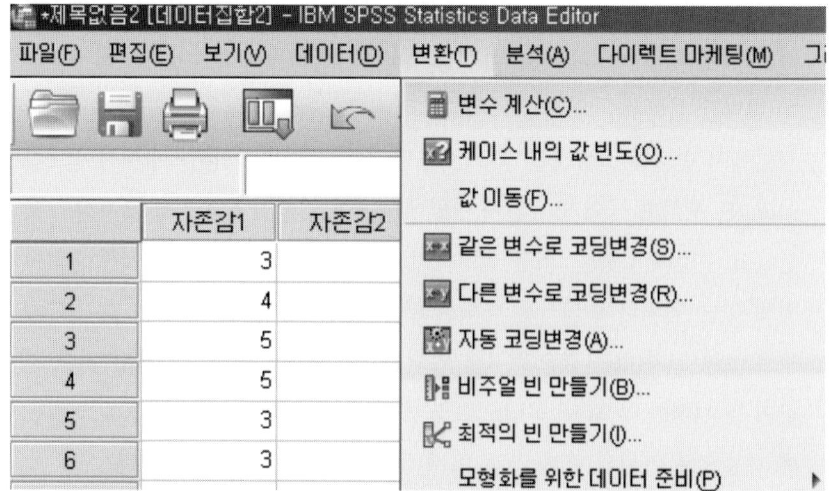

–'변수 계산'에서 '대상변수(target variable)'에 새로운 변수명을 입력한다. 예에서는 대상변수에 자존감평균이라는 값을 입력하였다. 숫자표현식에서는 자존감 척도의 3문항을 모두 합하고 문항 수로 나누었다.

–문항 수로 나눈 이유는, 자존감 척도의 3문항을 합산한 경우는 전체 합을 구할 수 있으나 실제 분석에서는 평균값을 가지고 분석을 하기 때문이다. 만약 자존감 척도를 구성하는 문항이 모두 20문항이었다면 자존감 20문항을 모두 더한 후에 문항 수인 20으로 나누어 주면 된다.

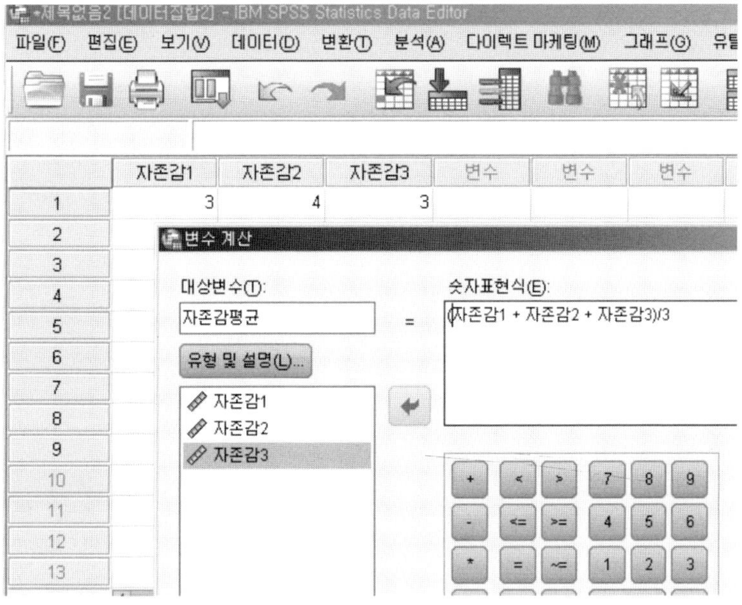

–실제로 연구문제를 측정하기 위해 사용되는 척도는 하나의 문항으로 구성된 것이 아니라 측정하고자 하는 개념을 묻는 여러 개의 문항으로 구성된 것을 사용한다. 척도의 개별 문항 수는 정해져 있지 않으며, 척도에 따라 적게는 10문항에서 많게는 50문항이 넘는 경우도 있다.

–'변수 계산'을 실행한 이후에 원자료 화면으로 돌아가면, 이전에는 없었던 새로운 변수명이 만들어져 있다. 이때 변수명은 변수 계산과정에서 설정한 '대상변수' 이름으로 만들어지게 된다.

–설문과정에서 척도를 사용한 경우에 SPSS의 실행은 개별 문항값으로 분석하는 것이 아니라 척도의 평균점수를 사용하게 된다. 설문지에서 척도를 사용한 경우 척도의 개별 문항은 모두 합산하여 문항 수로 나누어 준 평균값으로 변환시킨 후에 분석을 시작할 수 있다. 따라서 변환과정은 척도를 사용한 경우 분석을 하기 전에 필수적으로 수행해야 하는 과정 중의 일부다.

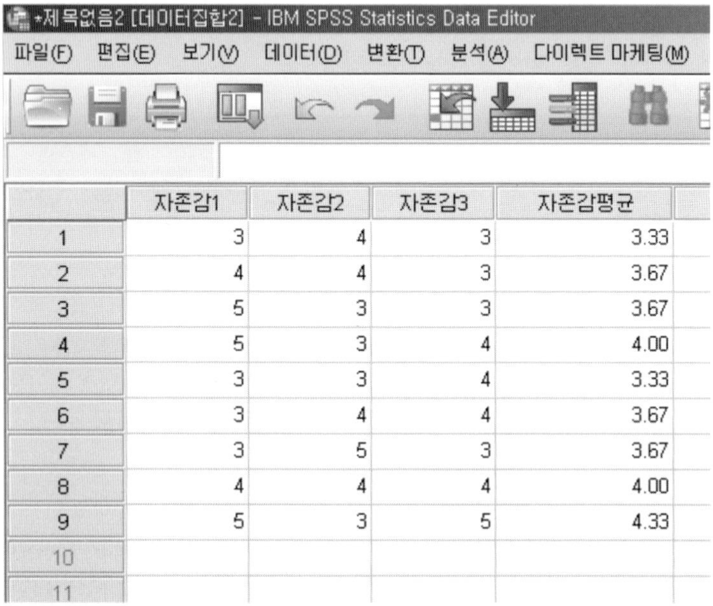

*제목없음2 [데이터집합2] - IBM SPSS Statistics Data Editor

파일(F) 편집(E) 보기(V) 데이터(D) 변환(T) 분석(A) 다이렉트 마케팅(M)

	자존감1	자존감2	자존감3	자존감평균
1	3	4	3	3.33
2	4	4	3	3.67
3	5	3	3	3.67
4	5	3	4	4.00
5	3	3	4	3.33
6	3	4	4	3.67
7	3	5	3	3.67
8	4	4	4	4.00
9	5	3	5	4.33
10				
11				

–일반적으로 척도는 단일한 개념을 묻는 여러 개의 문항으로 구성되는 경우도 있지만 몇 개의 하위영역으로 구성되는 경우도 많다. 이 경우에는 본격적인 분석에 들어가기 전에 하위영역별로 모두 평균값을 구하고, 전체 문항의 평균도 구해야 한다. 따라서 만약 3개의 하위영역으로 구성된 척도라면 하위영역별 평균과 전체 문항의 평균을 구해야 하기 때문에 모두 네 번의 '변수 계산'을 수행해야 하고 총 4개의 변수를 새롭게 만들어야 할 것이다.

• 변환 기능을 활용하여 역점수 변환하기: 변환 ⇒ 코딩변경(record)

–'변수 계산'을 통해 척도문항의 평균값을 구하기 전에 척도의 개별 문항 중에 역점수로 질문한 문항이 있다면 사전에 점수를 변환시키는 작업을 먼저 실행해야 한다.

*제목없음2 [데이터집합2] - IBM SPSS Statistics Data Editor

파일(F) 편집(E) 보기(V) 데이터(D) 변환(T) 분석(A) 다이렉트 마케팅(M)

7 :

	자존감1	자존감2	자존감3	변수
1	3	4	3	
2	4	4	3	
3	5	3	3	
4	5	3	4	
5	3	3	4	
6	3	4	4	
7	3	5	3	
8	4	4	4	
9	5	3	5	
10				

–'코딩변경'은 '같은 변수'와 '다른 변수'로 코딩하기로 구분되어 있다. 다음의 예에서는 입력된 원자료 위에 전환된 값을 그대로 덧붙이는 '같은 변수로 코딩변경'을 선택하였다. 이때는 원점수가 소실된다는 점에 유의해야 한다.

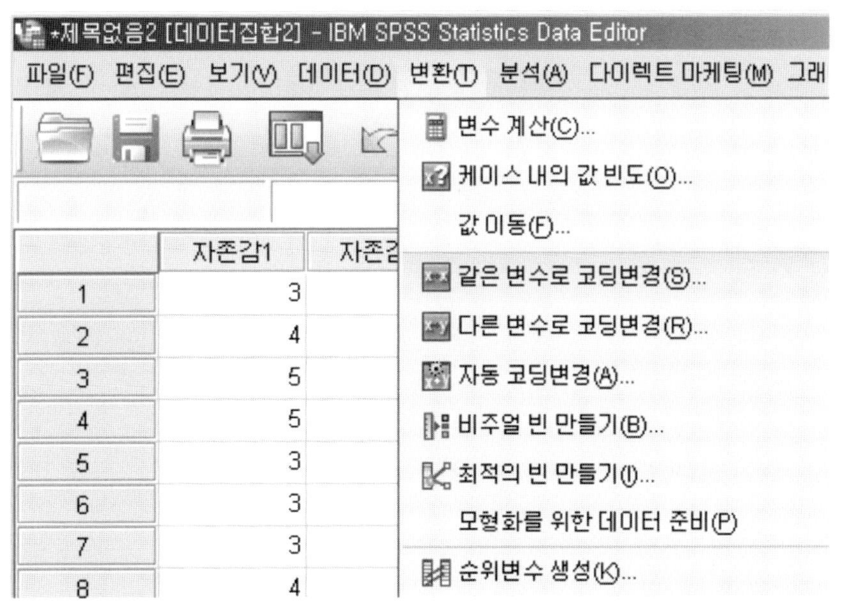

• 변환 기능을 활용하여 역점수 변환하기: 변환 ⇒ 코딩변경

–'같은 변수로 코딩변경'을 실행하면 변경할 문항을 숫자 변수로 이동시킨다. 아래의 예에서는 자존감 문항 모두를 이동시킨 후 '기존값 및 새로운 값'을 클릭한다.

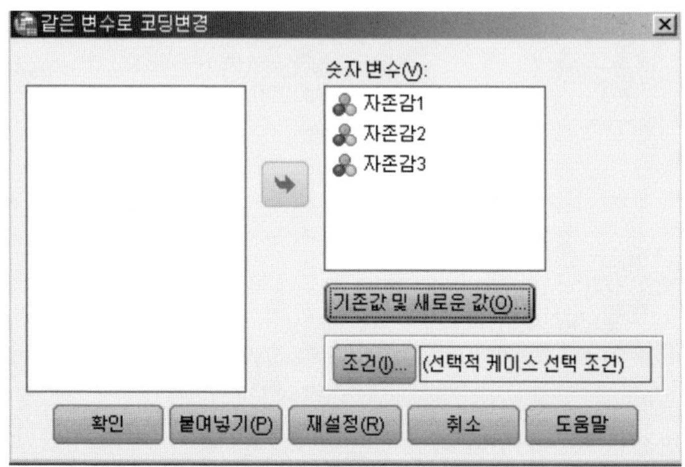

–'기존값 및 새로운 값'을 클릭한 이후에 변경되는 값을 입력해서 '추가'를 실행한다. 아래의 예에서는 기존값 '5'를 새로운 값 '1'로 바꾸도록 설정한 것이다. 기존값 1, 2, 3, 4, 5는 각각 새로운 값 5, 4, 3, 2, 1을 입력하면서 '추가'를 누르면 된다. 새로운 값을 입력한 이후에 '계속'을 실행하면 새로운 값으로 변환이 이루어진다.

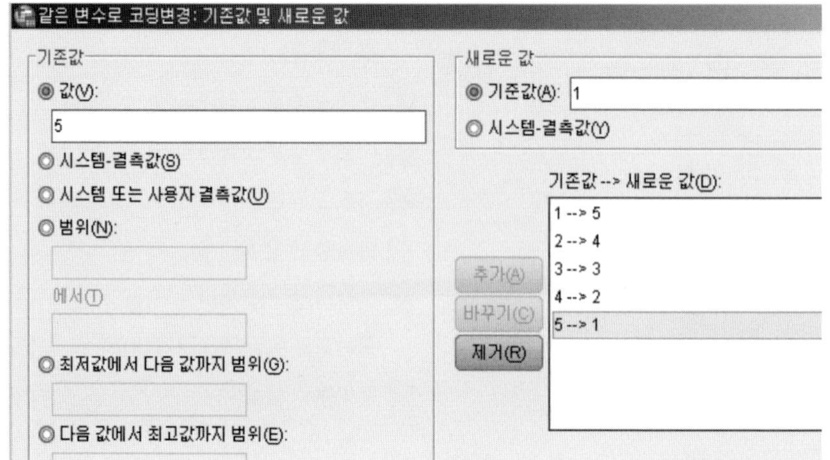

• 변환 기능을 활용하여 역점수 변환하기: 변환 ⇒ 코딩변경

–변환 기능을 활용하여 역점수 문항을 변경한 결과다. 아래의 그림에서 변환 전 자료와 변환 후 자료를 비교하면 변환 전 자료값이 새로 지정한 값으로 변환되었음을 확인할 수 있다.

〈변환 전 자료〉

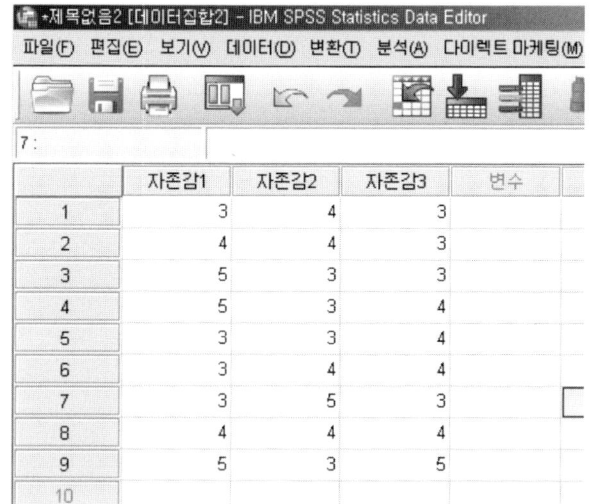

*제목없음2 [데이터집합2] - IBM SPSS Statistics Data Editor

파일(F) 편집(E) 보기(V) 데이터(D) 변환(T) 분석(A) 다이렉트 마케팅(M)

7 :

	자존감1	자존감2	자존감3	변수
1	3	4	3	
2	4	4	3	
3	5	3	3	
4	5	3	4	
5	3	3	4	
6	3	4	4	
7	3	5	3	
8	4	4	4	
9	5	3	5	
10				

〈변환 후 자료〉

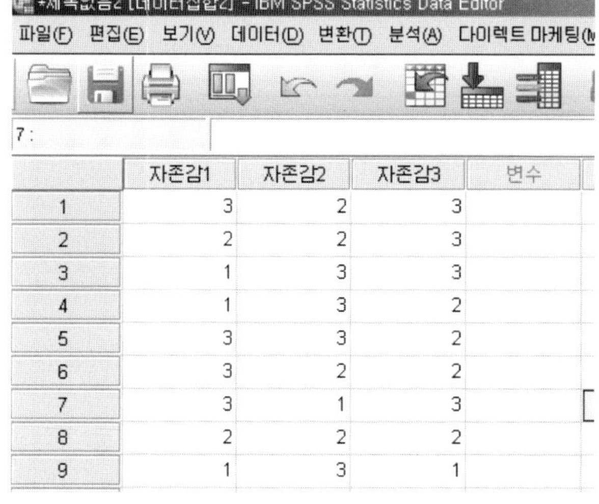

*제목없음2 [데이터집합2] - IBM SPSS Statistics Data Editor

파일(F) 편집(E) 보기(V) 데이터(D) 변환(T) 분석(A) 다이렉트 마케팅(M)

7 :

	자존감1	자존감2	자존감3	변수
1	3	2	3	
2	2	2	3	
3	1	3	3	
4	1	3	2	
5	3	3	2	
6	3	2	2	
7	3	1	3	
8	2	2	2	
9	1	3	1	

참고문헌

고미영(2000). 구성주의와 정신보건 사회사업 실천의 접목에 관한 연구. 정신보건과 사회사업, 10, 5-23.

고미영(2005). 구성주의 사회복지 실천의 이론. 서울신학대학교 교수논총, 17, 7-30.

고창택(1995). 바스카의 비판적 실재론과 사회과학적 지식의 가능성. 철학, 43(1), 444-471.

곽영순(2001). 구성주의 인식론의 이론적 배경. 한국지구과학학회지, 22(5), 427-447.

광명종합사회복지관(2007). 광명시 지역주민 욕구조사.

교육부, 한국연구재단(2016). 연구윤리 확보를 위한 지침 해설서.

김기덕(2002). 사회복지 윤리학. 서울: 나눔의집.

김기덕(2003). 사회복지지식의 인식론적 기초. 상황과 복지, 15, 13-43.

김동배(2007). 한국 노인의 성공적 노화 척도 개발을 위한 연구. 한국사회복지학, 60(1), 211-231.

김만희, 김범기(2003). 과학지식의 객관성에 관한 고찰: 마이클 폴라니의 인식론을 중심으로. 한국과학교육학회지, 23(2), 100-116.

김설화(2011). 집단미술치료 프로그램이 모자보호시설 이혼여성의 불안, 우울 및 자아존중감에 미치는 영향. 원광대학교 대학원 박사학위논문.

김소선(2003). 근거이론 연구방법의 이론과 실재. 간호학 탐구, 12(1), 69-81.

김영석(2002). 사회조사방법론 SPSS WIN 통계분석. 경기: 나남.

김영종(2009). 사회조사방법론. 서울: 학지사.

김영천(2012). 질적연구방법론. 서울: 아카데미프레스.

김용석(2009). 사회복지 서비스 이용자 만족도 척도의 개발과 평가. 한국사회복지행정학, 11(3), 127-160.

김용석, 이은영, 고경은, 민은희(2007). 한국어판 사회복지서비스 이용자 만족도 척도(Client

Satisfaction Inventory)의 신뢰도와 타당도 평가: 종합사회복지관을 중심으로. **한국사회복지학**, 59(4), 83-109.

김인숙(2007). 한국 사회복지 질적연구: 동향과 의미. **한국사회복지학**, 59(1), 275-300.

김인숙(2011). 근거이론의 분기: Glaser와 Strauss의 차이를 중심으로. **사회복지연구**, 42(2), 351-380.

김인숙(2012). 근거이론 담론과 사회복지 지식형성: 그 지형과 의미. **비판사회정책**, 34, 77-128.

김인숙, 유영준(2004). 사회복지사의 가족인식에 관한 연구. **한국사회복지학**, 56, 283-307.

김재엽, 양혜원, 이근영(1998). 아내구타 피해여성의 우울증 개선을 위한 통합적 집단프로그램의 효과. **한국사회복지학**, 38, 68-99.

김진숙(2005). 소아암 부모모임 리더들의 자조집단 참여경험. **한국사회복지학**, 57(2), 405-434.

김태성, 김기덕, 이채원, 홍백의(2012). **사회복지조사론**. 서울: 청목출판사.

김통원(2009). **사회복지 프로그램 기획과 평가**. 서울: 신정.

김환준(2004). **사회복지 연구조사방법론**. 경기: 나남.

김희용(2009). 형이상학적 지식관과 극복과정의 철학사적 고찰. **교육사상연구**, 23(3), 209-235.

노성호, 구정화, 김상원(2020). **사회과학 연구방법론**. 서울: 박영사.

노형진(2001). **한글 SPSS 10.0에 의한 조사 방법 및 통계분석**. 경기: 형설출판사.

대한의학학술지편집인협의회(2013). 의학논문 출판윤리 가이드라인.

박광배(2003). 다변량분석. 이화여자대학교 사회복지연구센터. 2003년 춘계 자료집.

박경일(2012). 차별강화에 의한 초등학교 아동의 공격 행동 수정 사례 연구. 전남대학교 대학원 석사학위논문.

박경수, 장혜경, 유영준, 이은정(2009). 서울시 사회복지공동모금회의 지역사회 변화창울을 위한 아젠다 설정과 적용방안 연구. 서울시사회복지공동모금회.

박수연(1997). 교육학에 있어서 사례연구의 중요성. **교육과학연구**, 26, 197-215.

박승억(2009). 현상학적 판단중지와 가능세계. **철학과 현상학 연구**, 43, 1-23.

박희서, 김용오(2001). 실증적 사회과학방법론의 탐색. **지역발전**, 6(2), 29-56.

백은령, 유영준, 이명희, 최복천, 김기룡, 박혜성(2010). 장애아동 · 청소년의 삶의 질 향상을 위한 지원방안 연구 II: 가족지원 서비스 개선방안 연구. 한국청소년정책연구원.

서울특별시(2002). 재가 여성장애인 욕구조사 및 프로그램 개발.

서인해, 공계순(2001). 종합사회복지관 욕구조사보고서 실태분석: 이론적 접근에서 살펴본 욕구조사방법과 조사내용유형. **사회복지연구**, 17(1), 65-97.

성북구청, 정릉종합사회복지관(2000). 성북구 지역사회 복지자원 현황과 복지욕구에 관한 조사.

송선희(2003). 구성주의 교수-학습 실천 모형. **교육심리연구**, 17(4), 1-22.

신기현(1999). 교육분야에서의 전기적 방법의 가능성 탐색. **교육원리연구**, 4(1), 89-110.

신길종합사회복지관(2003). 신길복지관 욕구조사.

심은지, 이정숙(2009). 자폐장애 아동의 사회적 행동과 자기표현을 위한 비지시적 미술치료 단일사례연구. **한국아동심리치료학회지**, 4(1), 25-49.

양병화(2000). **다변량 자료분석의 이해와 활용**. 서울: 학지사.

엄태동(1998). **교육적 인식론 탐구**. 경기: 교육과학사.

유영준(2006). 사회복지사의 반성적 실천에 관한 연구. 가톨릭대학교 대학원 박사학위논문.

유영준(2007). 지식창출을 위한 인식론적 고찰. **지속가능성연구**, 1(1), 123-145.

유영준(2008). 사회복지사의 인식론적 신념과 지시적 실천정도. **사회복지연구**, 36, 227-252.

유영준, 김수진(2011). 장애아동재활치료사업에서 가족중심실천이 가족임파워먼트에 미치는 영향. **재활복지**, 15(4), 183-205.

유영준, 이명희, 백은령, 최복천(2011). 장애아동 · 청소년 가족의 양육부담 및 가족지원욕구에 관한 연구. **특수교육**, 10(1), 209-234.

윤석경, 이상용(1998). 과학철학의 변천에 관한 연구. **사회과학논총**, 9, 189-213.

윤택림(2002). 질적 연구 방법과 젠드: 여성주의 문화기술지(feminist ethnography)의 정립을 향하여. **한국여성학**, 18(2), 201-229.

윤종건(2000). 포스트모더니즘, 구성주의, 그리고 바람직한 교사상. **한국교사교육**, 17(3), 213-229.

이근호(2007). 질적 연구 방법론으로서의 현상학-독특성과 보편성 사이의 변증법적 탐구 양식-. **교육인류학연구**, 10(2), 41-64.

이남인(2005). 현상학과 질적연구방법. **철학과 현상학 연구**, 24, 91-121.

이남인(2012). 현상학적 환원과 현상학의 미래: 현상학적 환원의 현상학을 위한 하나의 기여. **철학과 현상학 연구**, 54, 89-121.

이동성, 김영천(2012). 질적 연구방법으로서 근거이론의 철학적 배경과 방법론적 특성에 대한 고찰. **열린교육연구**, 20(2), 1-26.

이상균(1999). 학교에서의 또래폭력에 영향을 미치는 요인. 서울대학교 대학원 박사학위논문.

이솔지(2013). 알코올중독자의 삶의 대한 현상학적 연구-포토보이스를 활용하여-. 부산대학교 박사학위논문.

이애리(2002). 폴라니의 개인적 지식에 함의된 지식학습의 성격. 영남대학교 대학원 석사학위논문.

이종일(1999). 사회적 구성주의. **대구교육대학교 초등교육연구 논총**, 13, 1-18.

이중서, 배승오, 안용민, 박두병, 노경선, 신현균, 우행원, 이홍식, 한상익, 김용식(2005). 한국판 Hamilton 우울증 평가 척도의 신뢰도, 타당도 연구. **신경정신의학**, 44(4), 456-465.

이지수(2000). 장애아동의 학교적응을 위한 지지적 학교 프로그램의 개발과 효과. 서울대학교 대학원 박사학위논문.

이지원(2006). 가족기능이 대학생의 결혼관 및 자녀관에 미치는 영향. 영남대학교 대학원 석사학위논문.

이지훈(2000). **사례연구방법**. 서울: 대경.

이혁규(2004). 질적 연구의 타당성 문제에 대한 고찰. **교육인류학 연구**, 7(1).

이현욱(2004). 교과서적 지식의 인식론적 한계와 대안 탐색. **교육학연구**, 42(1), 275-275.

이황직(2006). 사회과학 글쓰기의 논리와 과제. **작문연구**, 9-36.

이효선(2005). **사회복지실천을 위한 질적 연구－이론과 실제－**. 경기: 학현사.

인천시 계양구청(2002). 보건/복지 기능연계 사업추진에 따른 계양구 지역욕구 조사 및 자원조사.

임소영(2000). 비행청소년을 위한 분노조절훈련 프로그램의 효과성 연구. 연세대학교 대학원 석사학위논문.

장혜경(2006). 현상학적 태도로 조망한 정신분열 현상－나와 세계의 모양새 짓기. 가톨릭대학교 대학원 박사학위논문.

전경갑(2004). **현대와 탈현대의 사회사상**. 경기: 한길사.

정상모(1994). 현대 과학철학의 흐름. **현대사상연구**, 8, 5-25.

정용교(2001). 문화기술지의 의의와 교육적 함의. **대구교육대학교 초등교육연구논총**, 17(2), 331-356.

조명옥(2003). 질적 간호 연구 방법: 문화기술지. **간호학탐구**, 12(1), 97-118.

조성우, 노재현(2009). 알기 쉽고 바로 활용하는 사회복지 성과측정 자료집. 사회복지공동모금회.

조영남(1998). 구성주의 교수-학습. 대구교육대학교 초등교육연구논총, 12, 93-122.

조영남(2001). 질적 연구와 양적연구. 초등교육연구논총, 17(2), 307-329.

조옥라(1995). 가족연구에 있어서 질적 연구방법. 간호학탐구, 4(2), 216-225.

조은수(2007). 대학생이 지각한 원가족 건강성이 결혼관 및 가족가치관에 미치는 영향. 대구대학교 대학원 석사학위논문.

조인래(2003). 20세기의 과학 전쟁-전통적 과학관과 그 적들-. 철학사상, 16(3), 29-58.

조흥식 외(2005). 질적 연구방법론. 서울: 학지사.

채구묵(2007). 사회복지조사방법론. 경기: 양서원.

채오병(2007). 실증주의에서 실재론으로. 한국사회학, 41(5), 249-283.

최경일(2010). 학교사회복지사의 대인관계 능력이 직무만족에 미치는 경로분석: 학교사회복지사와 교사 간 신뢰와 협력의 매개효과. 청소년복지연구, 12(1), 145-164.

최귀순(2005). Strauss와 Glaser의 근거이론방법론 비교. 정신간호학회지, 14(1), 82-90.

최영희(1998). 또래 지도를 통한 신체표현 활동이 정신지체아의 위축행동 수정에 미치는 효과. 대구대학교 대학원 석사학위논문.

최우원(1997). 실증주의에 관한 연구. 인문논총, 50, 141-156.

최재성, 임진섭(2009). 사회복지시설의 전문성이 사회통합지향성에 미치는 영향 연구-조직문화의 조절효과를 중심으로. 한국사회복지행정학, 11(3), 97-125.

최정실(1990). 지식교육에 대한 현상학적 고찰. 이화여자대학교 대학원 박사학위논문.

한국연구재단(2019). 신진연구자를 위한 연구 윤리 첫걸음.

한국표준과학연구원(1993). 실험실형 세슘원자시계 개발(제5차년도).

허원빈, 정하은(2019). 포토보이스를 적용한 사회복지 관련 연구의 동향분석. 보건사회연구. 39(4), 320-355.

홍경준(2002). 사회복지 연구방법론의 동향과 전망. 비판복지학회 자료집.

홍백의(2005). 우리나라 노인 빈곤의 원인에 관한 연구. 한국사회복지학, 57(4), 275-290.

홍은숙(2003). 지식과 교육. 경기: 교육과학사.

황영주(2009). 실증주의와 후기실증주의의 중도(via media): 영국학파 다시보기. 국제정치연구, 12(2), 23-46.

Allen, R. I., & Petr, C. G. (1996). Toward developing standards and measurements for family-centered practice in family support programs. In S. Singer, L. E. Powers, & A. L. Olson (Eds.). *Redefining family support: Innovations in public-private partnerships* (pp. 57-86). Baltimore: Paul H. Brooks.

Beck, A. T. (1967). *Depression: Clinical, experimental and theoretical aspects.* New York: Harper and Row.

Blumer, H. (1968). **사회 과학의 상징적 교섭론** (박영신 역, 1990). 서울: 민영사.

Burris, J., & Guadalupe, K. (2003). Constructivism and the Constructivist Framework. In J. Anderson, & R. W. Boston Carter (Eds.), *Diversity Perspectives for Social Work Practice* (pp. 199-226). London: Pearson Education.

Charmaz, K. (2006). **근거이론의 구성-질적 분석의 실천 지침** (박현선, 이상균, 이채원 역, 2013). 서울: 학지사.

Creswell, J. W. (2005). **질적 연구방법론-다섯 가지 접근-** (조흥식, 정선욱, 김진숙, 권지성 역, 2010). 서울: 학지사.

Cronin, J. J., & Taylor, S. A. (1992). Measuring service quality: a reexamination and extension. *Journal of Marketing, 56,* 55-68.

Durkheim, E. (1897). **자살론** (황보종우역, 2008). 서울: 청아출판사.

Freire, P. (1970). *Pedagegy of the Oppressed.* New York: Continuum.

George, D., & Mallery, P. (2003). *SPSS for Windows step by step: A simple guide and reference.* (11.0 update. 4th ed.). Boston: Allen & Bacon.

Glaser, B. G., & Strauss, A. L. (1967). **근거이론의 발견-질적연구전략** (이병식, 박상욱, 김사훈 역, 2011). 서울: 학지사.

Harbermas, J. (1970). Toward a theory of communicative competence. In H. Dreitzel (Ed.), *Recent sociology no. 2: Patterns of communicative behavior* (pp. 114-148). NY: Macmillan.

Jonassen, D. H. (1991). Objectivism versus constructivism: Do we need a new philosophical paradigm? *Educational Technology Research & Development, 39*(3), 5-14.

Koren, P. E., DeChillo, N., & Friesen, B. J. (1992). Measuring empowerment in families whose children have emotional disabilities: Abrief questionnaire. *Rehabilitation Psychology, 37*, 305-321.

Ladyman, J. (2002). **과학철학의 이해** (박영태 역, 2003). 서울: 이학사.

Latz, A. O. (2017). **포토보이스 연구방법-참여적 행동 연구** (김동렬 역, 2018). 서울: 학지사.

McMurtry, S. L., & W. W. Hudson. (2000). The client satisfaction inventory: results of an initial validation study. *Research on Social Work, 10*(5), 644-633.

Merriam, S. B. (1991). **질적 사례연구법** (허미화 역, 1997). 경기: 양서원.

Merriam, S. B. (1998). **정성연구방법론과 사례연구** (강윤수, 고상숙, 권오남, 류희찬, 박만구, 방정숙, 이중권, 정인철, 황우형 역, 2005). 서울: 교우사.

Noller, P., Seth-Smith, M., Bouma, R., & Schweutzer, R. (1992). Parent and adolescent perceptions of family functioning: a comparison of clinic and nonclinic families. *Journal of Adolescence, 15*, 101-114.

Patton, M. Q. (2000). *Qualitative evaluation and research methods*. SAGE.

Padgett, D. K. (1998). **사회복지 질적연구방법** (유태균 역, 2001). 경기: 나남출판.

Peile, C., & McCouat, M. (1997). The rise of relativism. *British Journal of Social Work, 27*, 343-360.

Polkinhorne, D. (1983). **사회과학 방법론** (김승현, 이경숙, 심미선, 황치성 역, 2003). 서울: 일신사.

Ramani, S., Konings, K. D., Mann, K., & van der Vleuten, C. (2018). A Guide to Reflexivity for Qualitative Researchers in Education. *Academic Medicine: 93*, 1257.

Reid, W. J. (1998). The Empirical Practice Movement. *Social Service Review, 68*(2), 165-184.

Sahin, F. (2006). Implications of Social Constructionism for social work. *Asia pacific journal of social work and development, 16*(1), 58-65.

Sherman, E., & Reid, W. (1994). **사회복지 질적 연구방법의 이론과 활용** (유태균, 이선혜, 서진환 역, 2003). 경기: 나남출판.

Stake, R. E. (1995). **질적 사례 연구** (홍용희, 노경주, 심종희 역, 2000). 서울: 창지사.

Wang, C., & Burris, M. (1994). Empowerment through Photonovella: Portraits of participation. *Health Education Quarterly, 21*, 171-186.

Wang, C., & Burris, M. (1997). Photovoice: Concept, Methodology, and Use for Participatory Needs Assessment. *Health Education and Behavior, 24*, 369-387.

Wallace, W. (1971). **사회학 방법론** (김영정, 남재봉 역, 1995). 경기: 한울아카데미.

Yin, R. K. (2003). **사례연구방법** (신경식, 서아영 역, 2005). 서울: 한경사.

동아일보 홈페이지 http://news.donga.com/3/all/20111216/42676250/1

한국사회복지학회 홈페이지 https://www.kasw.org/연구윤리규정

뉴스토마토 2012. 07. 12일자

아시아경제 2012. 07. 13일자

찾아보기

인명

내용

저자 소개

유영준(You Youngjun)

한양대학교 무역학과 졸업

가톨릭대학교 대학원 사회복지학과(문학석사)

가톨릭대학교 대학원 사회복지학과(문학박사)

현 대구가톨릭대학교 사회복지학과 교수

〈저서 및 논문〉

『지역복지네트워크의 이론과 전략』(공저, EM커뮤니티, 2006)

『장애인가족지원』(공저, 양서원, 2010)

「사회복지사의 반성적 사고수준과 사회복지실천기술의 활용정도」(2009)

「사회복지사의 반성적 실천과정에 관한 질적 사례연구」(2009)

「지역복지 네트워크 수준 및 영향요인에 관한 연구: 서울지역 사회복지기관을 중심으로」(2009)

「가족중심실천이 장애아 가족의 양육부담에 미치는 영향」(2013)

「청소년 위험요인이 위기결과에 미치는 영향」(2013)

사회복지조사론의 이해(2판)

Research Methods in Social Welfare (2nd ed.)

2014년 8월 10일 1판 1쇄 발행
2018년 3월 15일 1판 3쇄 발행
2021년 1월 25일 2판 1쇄 발행

지은이 • 유영준
펴낸이 • 김진환
펴낸곳 • ㈜학지사
04031 서울특별시 마포구 양화로 15길 20 마인드월드빌딩
대표전화 • 02-330-5114 팩스 • 02-324-2345
등록번호 • 제313-2006-000265호

홈페이지 • http://www.hakjisa.co.kr
페이스북 • https://www.facebook.com/hakjisabook

ISBN 978-89-997-2297-4 93330

정가 21,000원